练春海———

主编

制 器 尚 象

中国古代器物文化研究

GUANGXI NORMAL UNIVERSITY PRESS

广西师范大学出版社 ·桂林·

ZHI QI SHANG XIANG

项目统筹：廖佳平
责任编辑：廖佳平　刘　玲
营销编辑：李迪斐
责任技编：王增元
装帧设计：李浩丽

图书在版编目（CIP）数据

制器尚象：中国古代器物文化研究 / 练春海主编. ——
桂林：广西师范大学出版社，2021.5（2023.11 重印）
　ISBN 978-7-5598-3769-1

　Ⅰ. ①制… Ⅱ. ①练… Ⅲ. ①古器物－文化研究－中
国－文集 Ⅳ. ①K875.04-53

中国版本图书馆 CIP 数据核字（2021）第 074853 号

广西师范大学出版社出版发行

（广西桂林市五里店路 9 号　邮政编码：541004）
（网址：http://www.bbtpress.com）
出版人：黄轩庄
全国新华书店经销
广西广大印务有限责任公司印刷
（桂林市临桂区秧塘工业园西城大道北侧广西师范大学出版社
集团有限公司创意产业园内　邮政编码：541199）
开本：720 mm × 970 mm　1/16
印张：28.75　字数：400 千
2021 年 5 月第 1 版　　2023 年 11 月第 3 次印刷
定价：108.00 元

如发现印装质量问题，影响阅读，请与出版社发行部门联系调换。

序

人类脱离动物界，开始刀耕火耨的文明进程，通常是以出现人工造物这一标志性事件开始算起的。造物不仅是人类历史发展的里程碑，还是人类文明的记录者。造物既是图像表现的对象之一，也是图像依附的主要载体。回首往昔，古代中国的辉煌早已湮没于历史的尘埃之中，传世文献中的有关记载云遮雾罩，无从证实，我们唯有通过出土的遗物，透过青铜器上的斑斑锈迹，玉器中的丝丝沁纹，陪葬坑中发掘出来的吹弹可破的漆皮……才能捕捉到过往千年的蛛丝马迹。然而，即便如此，这些古代造物所受到的关注仍然十分有限。通常情况下，研究者们只是对古代造物进行分门别类，对古代造物的材料进行一些走马观花或者笼而统之的考察，至于器物的雕琢工艺、刻画细节、形制起源以及相关的制度、规范却有意无意地被轻描淡写，甚至忽略。而那些鲜见的微观研究，实际上也是剥离了器物所属原境的望文生义，有关造物本身的多样性与丰富性在探讨时往往由抽象的时代特征取而代之。

以墓葬为例，造物遗存有时会成为对墓葬年代、死者身份以及与图像意义进行有效解读的重要证据。正如考古研究的类型学方法所揭示的那样，通过对造物遗存形制的排比，可以确定特定范围内相关事物的时空关系。如果没有具体的造物遗存[1]，比如商代的铜鼎、战国的车迹、汉代的漆器、唐代的三彩瓷器、明代的香炉等，没有它们所携带的信息，多数情况下，我们很难判断一座墓葬所处的确切时空坐标，掌握墓主的身份、社会地位、时代背景等相关信息。即使我们假定墓葬中可能存在疑似为墓主的画像，但它们所具

---

[1] 这些造物遗存中的一部分带有清晰可辨的自铭，能够准确地提供关于墓主身份及生卒年月，墓葬建造者、出资者以及墓葬建造年代等信息。

有的参考价值也远不及前者，毕竟中国的肖像画传统表明：所谓的写真（像）往往与真人相去甚远，甚至根本不去关注或传达本人（在墓葬语境中则为墓主）的基本视觉特征。从这个意义上来看，古代造物遗存不仅可以记录历史、反映时代，还可以成为社会活动重要节点的指示符号。换句话说，造物在人类文明史中其实可以起到标签的作用，它们存储了所属时代[1]的坐标信息，一旦被封藏于墓葬或其他礼仪性瘗坎，便脱离了自身所属时代的历史轨迹，成了那个时代的化石。

对造物进行系统研究的意义其实远不止于此，它还可以在多学科的横向及交叉研究中发挥作用。众所周知，古代文化遗产，大多数是以器物形态留传下来的。但已有研究中，在深化对其认知上的努力似乎微不足道。远的以广西合浦出土汉代器物来看，其中有些反映了中西方文化交流的状况。它们不仅保留了古代丝绸之路遗留下来的烙印，甚至从中还可以看出不同文化之间交流、影响与互动的脉络，但是因为相关研究极少，因此人们对它的了解也非常片面、有限。近的就拿清末民初的皮影艺术遗存来看。从现象上看，它们大多是进入了博物馆或者个人收藏的物质形态的文明碎片，但是它原生态的存在形式实际上与民族、民间文化都息息相关。形而下的，表现为物质形态的皮影道具还在，但是活态层面的皮影表演艺术却随着社会的发展与嬗变消失了。从更深层次上来看，代表工业文明的影视文化、多媒体艺术的当代发展，对代表农业文明的皮影艺术造成了巨大的冲击，在图像时代下讨论皮影艺术的非遗保护问题，恐怕只谈皮影的美学价值是非常不够的。近年来，考古学的研究有艺术史化的趋势，这种趋势与欧美的中国古代艺术乃至东亚艺术的研究更加注重艺术多视角与多元化综合考察的特点遥相呼应。[2]它们均打破了学科自身的囿限，把目光投向更广阔的学术视界。对造物进行传统意义上的金石学研究，或者近现代出现的历史学、考古学、社会学、艺术人类

1　"所属时代"指造物被生产并按生产预期的目的来使用时所对应的历史阶段。对陪葬物而言，就是指它们被殉葬之前所对应的历史时期。

2　孙健：《美国学术界中国古代书画研究的现状及趋势》，载《美术观察》，2017（8），4—6页。

学研究,以及利用最新的科学技术或研究方法(如大数据统计分析)进行研究,这个进程不断地刷新了人们对造物所能包蕴的信息容量的认识。多学科、跨学科的携手合作与探索,日益增进我们对传统造物的认知。

研究造物意味着读取被造物封存的历史信息,意味着我们要对它们进行有效的解码。解码是有条件的,首先要对造物与图像共处的场域作正确的认知。[1]以往的研究对关于造物所处场域方面的问题缺乏应有的关注和讨论:研究壁画者通常不大关心壁面下方放置何物,壁面前方又有何物,壁面朝向有何特点;研究器物者一般也不关心器物的摆放方式、位置、组合规律,器物品质的对比关系等。这样的研究随意性很大,不是在一个统领全局的整体意识或场域观指导下展开,其结果往往不是盲人摸象,就是隔靴搔痒,抓不住问题的关键,在遇到解释不清的细节和问题时,往往采取"回避政策",或者毫无根据地胡乱揣摩,甚至只选择有利于文本讨论的细节、论据,或者个案,结论自然靠不住,遑论学术价值。

然而,出土的造物或者是遗物在历史空间中其实是一个似是而非的存在。今天博物馆中呈现于我们眼前的造物,多数情况下既非古人眼中所见的造物,也不是与当下人们生活息息相关的事物。我们甚至不能说今天所见到的"古代造物"就是古代人们所创造之物的遗存。在马王堆汉墓发掘的现场,膏泥内发现的翠绿竹叶,一暴露到空气中就瞬间碳化,其陨灭的速度可谓令人"猝不及防"。兵马俑也有类似的情况,它们身上的色彩在穿越千年的时光隧道中,大多数都消褪无遗,只有极少量的兵马俑,出土时身上尚且残留着五颜六色,有些甚至可以用艳丽来形容(虽然这种情况目前尚不能推广到全部的兵马俑上,但很有代表性)。画像石也是如此,神木大保当的画像石是彩色的,但是更多地区的画像石什么颜色也没有。当然,我们也不能因此一概而论,那些

---

1 关于这个概念,笔者在《器物图像与汉代信仰》第一章《导论:物、像与场》中专门作了探讨,探讨了关于器物与空间关系以及它们所构成的场域的内容。"图像、器物与死者(包括棺椁)之间的空间与逻辑关系则构成一种意义的'场',包含多种维度的'场'。"练春海:《器物图像与汉代信仰》,生活·读书·新知三联书店,2014,1—14 页。

灵光乍现的惊艳瞬间就是古代造物封存于地下之时的本来样子。但从考古发掘出土的总体情形来看，色彩消褪，痕迹模糊，却是出土遗物蜕变的大致趋势，可见它既不是古人造作它们或者埋瘗它们时的原本面目，也非大多数人在博物馆中所见到的样子。[1] 更多的情况是，我们常常以"包浆""沁""拙朴"之类的标准用来审视和评价古代物质遗存。问题是，古人——造物的使用者或拥有者[2]——是如何看待那些事物的？他们喜欢外观富有历史沧桑感，光泽含蓄、古雅的器物，还是鲜艳华美、流光溢彩的器物？以笔者所见，事物之表面饰以各种间色、复色为基础的灰色装饰图案组合，恰恰反映了现代文明语境下的色彩观。在中国古代，人们使用的着色剂以矿物质颜料和植物颜料为主，其颜色与今天的化工颜料相比，色彩的饱和度并不见得会低多少，不足之处仅在于可能会比较容易褪色，即色彩的纯度（或饱和度）不易保持。曾有当代艺术设计理论提出，古人所使用的颜色以灰色系列为主，色阶差别较小，对比温和，显得高贵、典雅，并极力主张弃用现代工业生产带来的鲜艳色系，恢复古典时代的色彩观，甚至回归到手工萃取色素的手法上去。但问题是，古人其实一直致力于提高色彩的饱和度、稳定性。就陶器装饰（陶器上的色彩经过高温条件下的化学反应，相对来说不易受环境影响，表现极为稳定）规律的发展状况来讲，越是鲜艳、对比强烈的颜色出现得越早。原始时期的彩陶，色彩单纯、热烈，发展到磁州窑时，虽然一般只装饰黑白两色，但是其对比度也极为强烈，景德镇的青花瓷系，再往后出现了斗彩，颜色越来越多样，甚至是五彩缤纷。可见寻找色彩对比强烈、富丽堂皇一直是古人在追求装饰品质上努力的方向，而并不像现代设计师们所理解的那样。灰色或者灰色调子，其实是为古人所鄙弃的。认识灰色的价值是现代科学的产物，

1　博物馆中展示的古物，或者因为修补（出土时为碎片，并且可能是不全的碎片），或者因为保护的需要（器物上的残留色彩不能受强光照射，或者必须浸泡在特殊的保存液体中），或者因为不可修复和不恰当的修复，与它们被埋瘗之前的样子相去甚远。

2　造物的拥有者也可以指现代的古董收藏者，但文中特指与具有使用权的主体（使用者）相对应的具有所有权的主体（拥有者）。

科学的发展，尤其是光学、视神经学的发展，使人们对色彩、光、视网膜成像规律有了深入、系统的了解。对色彩在各种场合中的作用、功能和特点加以研究，在这个过程中发现了灰色作为一种中性、温和的色彩所具有的特殊价值。同时，由于它与老旧的古物、苍白的遗存相联系，因此，在情感上也逐渐被抬高到高贵、典雅的贵族地位。可见古董有其当代性，文物遗存在某种意义上是一种悖论性的存在。

正因为出土造物本质上的这种特殊性，对它进行研究绝不能简单地停留在利用图像来证史或对器物作图像志描述上，而是要通过梳理图像（或造物形象）与文献之间的内在理路来恢复历史原境，勾勒故事。当代艺术史、艺术考古研究中最新出现的一些研究范式，比如整体研究[1]和超细研究（也有人称为超细读），它们中多数的研究重点都聚焦于考察造物遗存上，可见造物在揭示古代文化内涵上所起的作用越来越大，在弥合传统文化中宏观概论与微观探究之间的鸿沟上起到了很好的连通（缓解张力）作用，以造物为中介，传统文化中存在的诸多问题与争议得到了很好的梳理。正是基于此，对造物如下几个研究方向的集中交流与讨论就显得意义非常：第一，器物辨识。包括名物考证，器物上的铭文、图案、刻划的研究，等等。第二，器物与环境研究。包括器物的具体适用环境，以及使用方式、时间及对象等的研究。第三，器物与文化研究。包括造型演变、源流，与特定的文化、事件、现象、信仰之间的关系等。笔者策划与发起的"制器尚象"学术研讨会虽然已经结束，但它所带来的影响才刚开始，并将持续发酵，本书的编写便是其中的一个自然延伸，希望有更多的学者了解到，有那么一批出色的学者，也希望更多的研究者可以从他们的成果中受益。

1　廖明君、练春海：《视觉形象材料与早期中国的文化艺术：练春海博士访谈录》，载《民族艺术》，2012（4），45—49页。

目录

器物源流研究

器物名物研究

器物周边研究

器物源流研究

周代的"行钟"与"行器"

张闻捷

厦门大学历史系

摘　要：文章通过考察"行器"的内涵以及礼制文献中的相关记载，探讨周代"行钟"所具有的特殊含义及演变情况。

关键词：周代；行钟；行器

两周时期，铜钟自铭上多有限定其音律或使用场合的语辞，如林、衡、宝、旅、和、协、歌、御、游、走等[1]，而"行钟"亦是其中重要一例。安徽寿县蔡侯墓出土编钟上便分别有"歌钟"和"行钟"的称名[2]，李纯一先生通过测音后发现，"歌钟用于上层贵族日常宴飨之时，所以它是按照一个完整音阶（或调式）而定音而组合；行钟为上层贵族巡狩征行时所用，因而它的定音和组合是以一个音阶（或调式）中的骨干音为根据"[3]。

1　饶宗颐、曾宪通：《随县曾侯乙墓钟磬铭辞研究》，香港中文大学出版社，2007，28—30页。

2　钮钟三至七皆自铭"行钟"，编镈及其余钮钟自铭"歌钟"，见安徽省文物管理委员会、安徽省博物馆主编：《寿县蔡侯墓出土遗物》，科学出版社，1956，10页。

3　即行钟之音较之歌钟更为高亢。见李纯一《关于歌钟、行钟及蔡侯编钟》，载《文物》，1973（7），15—19页。

简言之，"歌钟"为宴饮之用，"行钟"为出行之备，二者不仅称名方式不同，功能和定音上亦各有差别。但近来，在安徽蚌埠双墩一号墓中亦出土了一套（9件）完整编钟，皆自铭"钟离君柏作其行钟"，可见均属"行钟"之列，然而墓中却并未见其他歌钟、宝钟、旅钟等，由此不免令人产生疑问：何以钟离国君仅有巡狩征行之钟，而无祭祀宴飨之钟呢？对其进行测音后也发现，该组编钟使用的是"徵—羽—宫—商—角—羽—商—角—羽这样的音阶结构，在春秋时期南、北两系编钟里都比较常见，是当时9件组合编钟的固定音阶模式"[1]，即并未见到较之其他编钟音色更为高亢的特点，所以这里的"行钟"显然不合于巡狩征行之需。（图1）

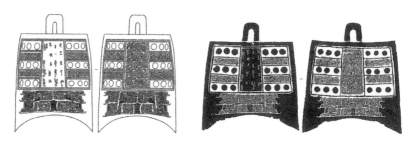

图1　钟离君柏墓出土编钟及拓片

实际上卞庄一号墓出土编钟上自铭称"童丽（钟离）公柏之季子康，择其吉金，自作和钟……以从我师行，以乐我父兄"[2]，可见"和钟"亦可兼备于师行之用，而不必专称"行钟"。所以这一时期"行钟"的含义恐怕是需要重新斟酌的。

所幸自春秋至战国初年，许多出土青铜礼器上亦存在着自铭中有

<hr>

1　阚绪杭、周群、钱仁发、王元宏：《春秋钟离君柏墓发掘报告》，载《考古学报》，2013（2），239—244页；方建军：《钟离国编钟编镈研究》，载《中国音乐学》，2012（3），45—49页。

2　安徽省文物考古研究所、凤阳县文物管理所：《安徽凤阳卞庄一号春秋墓发掘简报》，载《文物》，2009（8），21—28页。

"行"字的现象，不妨可统称为"行器"[1]。而周代社会礼、乐并重，青铜礼器与乐器之间通常有着近似的使用方法和原则，故可以通过考察"行器"的内涵及变化，并参之以礼制文献中的相关记载，来推断周代"行钟"所具有的特殊含义及演变情况。

一、行器：巡狩征行之器

"行器"的本意确是从巡狩征行活动而来，其初见于西周时期，器铭后多有"用征用行"的固定语辞。《大戴礼记·主言》"行施弥博"王聘珍解诂称："行，谓行师征伐"；《周礼·春官·太卜》"一曰征"郑玄注："征亦曰行，巡狩也"，故知"行"为总括之名，兼及征伐、会盟、田猎等远行活动。如"卫文君夫人鬲""卫文君夫人叔姜作其行鬲，用从遥征"（《集成》·595），"为甫人盨""□□为甫（夫）人行盨，用征用行，万岁用常"（《集成》·4406），等等。此类语辞亦见于"侯母戎壶""侯母作侯父戎壶，用征行，用求福无疆"（《集成》·9657）、"纪伯子父征盨""纪伯子□父，作其征盨，其阴其阳，以征以行"（《集成》·4442—4445）等器物上，"戎""征"二字皆与军旅有关，是亦可证此时行器的功能。

近来在随州叶家山墓地西周早期 M65、M111 又各出土"田壶"1 件，

1　有关周代铜器称谓的研究，可参看：张亚初《商周青铜鼎器名、用途研究》，见《古文字研究》第十八辑，中华书局，1992，301—309 页；黄盛璋《释旅彝——铜器中"旅彝"问题的一个全面考察》，载《中华文史论丛》，1979 年第 2 辑，345—365 页；陈昭容《两周婚姻关系中的"媵"与"媵器"——青铜器铭文中的性别、身份与角色研究之二》，载《中央研究院历史语言研究所集刊》第七十七本第二分，193—242 页；陈英杰《西周金文作——器用途铭辞研究》，线装书局，2008；邹芙都《铜器用途铭辞考辨二题》，载《求索》，2012（7），109—111 页；陈双新《青铜乐器自名研究》，载《华夏考古》，2001（3），96—104 页；黄铭崇《殷代与东周之"弄器"及其意义》，载《古今论衡》第 6 期（中央研究院历史语言研究所编，2001），66—88 页；张吟午《"走"器小考》，载《江汉考古》，1995（3），79—80 页等。

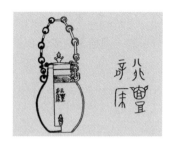

图 2 "田壶"与"薛侯行壶"
（左：叶家山墓地 M65 出土田壶；中：叶家山墓地 M111 出土田壶；右：薛侯行壶）

铭文称"曾侯作田壶"，虽然形制各异，但使用功能应是相同的，为田猎之游而作[1]。另有"晋侯对盨"铭曰："其用田狩"，明证古人可为田狩活动而作器，亦属广义的"行器"范畴。冯时先生即称"田游之器为方便携带和使用，遂制为提梁，或加錾流，以区别与一般的标准形制"[2]，而这种提梁壶的形制同样见于"薛侯行壶"（提链）、"侯母戎壶"（两小环形耳）、"樊夫人龙嬴行壶"（两贯耳穿绳）、"奚季宿车行壶"（两贯耳穿绳）等一类器物之上（图 2）[3]，与祭祀所用底部设禁的铜壶明显有异，可见周人对不同功能的铜器型制是有相应安排的，这也是"行器"出现的重要思想根源——铜器功能差异化的需要。

只是在西周时期，这种祭祀礼器与实用铜器间的区别尚不严格，铜器功能的分工并不完善，故而一种铜器常被兼用于不同的礼仪场合中。如"膳夫克盨"铭文称"克拜稽首，敢对天子丕显鲁休扬，用作旅盨，

1　湖北省文物考古研究所、随州市博物馆：《湖北随州叶家山西周墓地发掘简报》，载《文物》，2011（11），4—60 页。《湖北随州叶家山西周墓地》，载《考古》，2012（7），31—52 页；《湖北随州叶家山M65 发掘简报》，载《江汉考古》，2011（3），3—40 页。

2　冯时：《叶家山曾国墓地札记三题》，载《江汉考古》，2014（2），57—62 页。

3　铜壶早期作为盛水使用时，多配以贯耳或提梁。但西周中期后作为宗庙祭祀礼器盛酒时，由于仅陈设使用，且随底部"禁"一起移动，故双耳多转作装饰部件，如衔环耳、透雕爬兽耳等。参看高崇文《西周时期铜壶的形态学研究》，见俞伟超主编：《考古类型学的理论与实践》，文物出版社，1989，177—233 页。

唯用献于师尹、朋友、婚媾，克其用朝夕享于皇祖考"（《集成》·4465），即见这件盨不仅用于祭祀皇祖考，也同时兼用于和师尹、朋友以及婚媾等各种宴饮场合。"行器"亦是如此，"用征用行"的语辞也见于一些宗庙祭祀的宝、尊、旅器上，如"陈公子叔原父甗""唯九月初吉丁亥，陈公子子叔原父作旅甗，用征用行，用饎稻粱，用祈眉寿，万年无疆，子孙是常"（《集成》·947），"史免簠""史免作旅簠，从王征行，用盛稻粱，其子子孙孙永宝用享"（《集成》·4579），"曾伯霙簠""唯王九年，初吉庚午，曾伯霙哲圣元武……余用自作旅簠，以征以行，用盛稻粱，用孝用享于我皇祖、文考"（《集成补》·4631），等等，皆表明宗庙祭祀之器也常被拿来作为出征远行之用。故而上举春秋晚期卞庄铜编钟以"和钟"兼用于"师行"和"祭祀"（乐我父兄）两事，显然是西周传统制度的孑遗。

文献中亦有关于此类"行器"的专门记载。如《左传·昭公元年》："具行器矣！楚王汰侈而自说其事，必合诸侯。吾往无日矣。"杜预注："行器，会备。"杨伯峻注："准备行装为盟会之用。"故《周礼》一书中设有大行人、小行人之职以专司会盟，《周礼·秋官》大行人"掌大宾之礼及大客之仪，以亲诸侯"，小行人"掌邦国宾客之礼籍，以待四方之使者"，且"行人"一职亦广泛见于《左传》《国语》《管子》《论语》《史记》等文献之中[1]，显然这些"行"的含义均是从上述"行器"一脉相承而来。

在此基础上，周人又进一步衍生出祭祀"行神"的祀典。《仪礼·聘礼》有"释币于行，告将行也"，郑玄注云："行者之先，其古人之名未闻……今时民春秋祭祀有行神。"胡培翚《仪礼正义》称："谓古有始教行之人，后遂祀为道路之神，其名未闻也"，即"行神"为远行护佑之神，以保路途平安。清人孙希旦又将其区分为"宫中行神"和"国外行神"两类，《礼记·月令》"其祀行"孙希旦《集解》："行谓宫内道路之

1 宗福邦等主编：《故训汇纂》，商务印书馆，2003，2044 页。

神也……行神所主不同：《月令》'冬祀行'，《聘礼》'释币于行'，此宫中之行神也；《聘礼》记云：'出祖释軷'，軷，祭行神，此国外之行神也。行神皆主道路，但所主不同耳。"而在战国时期楚地盛行的卜祀祭祷简中，也大量见到关于"祀行"的记载，并多用白犬，如包山简233"举祷行一白犬"；望山简28"舆祷宫行，一白犬，酒食"；葛陵简乙一28简"就祷行一犬"；天星观一号墓简38"举祷行一白犬"；秦家咀M99简"赛祷行一白犬"；江陵九店M56日书简27"以祭门行，享之"等。[1]《礼记·祭法》篇中还将其列为与司命、中霤等并重的七祀（或称"五祀"）之一[2]，足见其在这一时期的兴盛程度和时人对远行一事的重视。

因此，上述行器、行人与行神皆是因巡狩征行活动而来，为其备器、专设官职与祀典，这是"行"字具有的第一层含义，也是行器制作的初衷和本意。

二、行器：大行之器

但东周之后，在汉淮地区的一些国家，"行器"又被赋予了一种全新的功能和使用方式，这是"行器"开始具有的第二层含义，并对西周以来的葬器制度产生了显著影响。

在枣阳郭家庙曾国墓地GM17（春秋早期）中，墓葬主室被盗而南侧的附葬箱保存完好，共出土铜鼎2件、壶2件，鬲1件，应是一套完整

---

1 湖北省荆沙铁路考古队：《包山楚简》，文物出版社，1991，36页；河南省文物考古研究所编：《新蔡葛陵楚墓》，大象出版社，2003，203页；湖南省文物考古研究所、北京大学中文系：《望山楚简》，中华书局，1995，70页；荆沙铁路考古队：《江陵秦家咀楚墓发掘简报》，载《江汉考古》，1988（2），36—43页；王明钦：《湖北江陵天星观楚简的初步研究》，北京大学1989届硕士学位论文，44页。

2 《礼记·祭法》："王为群姓立七祀，曰司命，曰中霤，曰国门，曰国行，曰泰厉，曰户，曰灶。"《礼记·月令》中又有"五祀"之说，郑玄注云："五祀，门、户、中霤、灶、行也。"见（清）阮元校刻：《十三经注疏附校勘记》，中华书局，1980，17.154b（1382a-b）、46.362a（1590b）页。

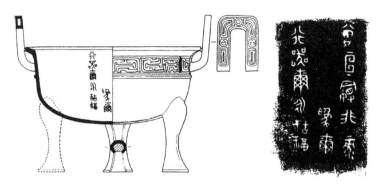

图 3　枣阳郭家庙墓地 M17 出土"曾亘嫚非录行鼎"

的组合。而且发掘报告介绍，这些器物出土时"器身残存范土，无使用痕迹，推测这三种礼器可能是在墓主人下葬前不久新铸之器"[1]。其中两件铜鼎上均有铭文称"曾亘嫚非录为尔行器，尔永祐福"（图 3），故知是为嫁入曾国（姬姓）的嫚姓女子所做的"行器"。这里有两点值得特别注意：一是铜鼎两件成套使用的方式，且形制、纹饰一致，大小相次，与周礼"鼎俎奇而笾豆偶"（《礼记·郊特牲》）的原则不合；二是虽然亦属"行器"，但显然与传统的巡狩征行之器不同，因为器身上并无任何使用痕迹且残留范土，并非墓主人的生前常用之物。

　　类似的情况亦见于河南光山宝相寺黄君孟夫妇墓（春秋早期）中。黄君孟之墓（G1），出土立耳无盖鼎 2 件、镂孔豆 2 件、矮颈扁壶 2 件、醽 2 件、盘 1 件、匜 1 件，铭文多为"黄君孟自作行器……"；黄夫人孟姬墓（G2），随葬立耳无盖鼎 2 件、镂孔豆 2 件、矮颈扁壶 2 件、醽 2 件、鬲 2 件、盂 2 件、盘 1 件、匜 1 件，铭文多为"黄子作黄夫人孟姬行器，

1　襄樊市考古队等：《枣阳郭家庙曾国墓地》，科学出版社，2005，61 页。董珊先生认为"非录"即"不录"或"无录"，是对死亡的讳称，此器为"曾亘嫚死后，他人为之作丧葬用器"，引自冯峰：《东周丧葬礼俗的考古学观察》，北京大学博士学位论文，2010，92 页。

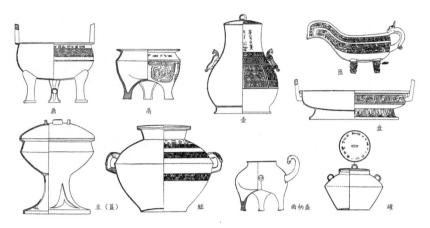

图 4　黄君孟夫妇墓 G2 出土成套行器组合

则永祜福，灵终灵后"（图 4）[1]。从礼制的角度看，此两墓亦皆以 2 件铜鼎随葬，与周礼不同，尤其是黄夫人还来自姬姓之国，所以采用上述器用制度应是具有特殊的含义[2]。而且墓中全用行器随葬，组合完整、数量严格，显然是参照一定的标准而铸造，与此前零星出土的征伐远行之"行器"（一墓多仅 1—2 件）完全不同。同时若干器物形体巨大、厚重（如盛水的醽），并不适宜于远行携带。

　　此外，在信阳平桥樊君夒及其夫人龙赢的同穴合葬墓（春秋早期晚段）内，樊君夒随葬铜鼎 2 件、簠 2 件、壶 2 件、盘 1 件、匜 1 件，夫人龙赢随葬铜鼎 1 件、壶 1 件、鬲 2 件、盆 1 件、盘 1 件、匜 1 件，铭文多为"樊夫人龙赢用其吉金，自作行器"[3]。其他如随州桃花坡 M1[4]，随州

1　河南信阳地区文管会、光山县文管会：《春秋早期黄君孟夫妇墓发掘报告》，载《考古》，1984（4），302—332 页。

2　黄夫人墓中两件铜鼎不仅形制、纹饰略有差别，铭文字体、位置亦不相同，显然是为了凑成特定的组合而后配的。

3　河南省博物馆等：《河南信阳市平桥春秋墓发掘简报》，载《文物》，1981（1），9—14 页。

4　随州市博物馆：《湖北随县安居出土青铜器》，载《文物》，1982（12），51—57 页。

制器尚象：中国古代器物文化研究

何店古墓[1]、随州周家岗墓（若依墓中铜簋铭文，墓主人曾任曾国太保一职，显然身份不会在士一级，却也用2件铜鼎随葬）[2]、随州80刘家崖墓[3]、罗山高店黄国奚子宿车墓（行器鼎、盆、盘、匜一套）[4]、桐柏月河M1[5]、M4[6]、桐柏新庄养国贵族墓[7]、信阳杨河番国贵族墓[8]等汉淮地区的贵族墓葬，亦多采用成套的"行器"随葬，且遵循着与周人迥异的偶数鼎制。所以无论从器物形制还是礼制组合上看，此处的"行器"皆与西周以来的巡狩征行之器有着截然不同的特点。

　　张昌平先生在统计曾国所出"行器"时发现，这些行器铭文之末多配有"永祜福"的固定嘏辞[9]，而非西周晚期以来常见的"永命""眉寿""难老""万年无疆"等祈求物主长寿的语句（长寿语辞表明铜器铸造于物主生前）；同时上述行器均为"自作"（黄君孟行器、奚子宿车行器、黄仲酉行器等）或夫妻间互作（黄夫人行器、曾亘嫚非录行器等），不见为父、母等祖先所作的器例；器物的功能均为"自用"，如"洛叔鼎""洛叔之行鼎，永用之"（《集成》·2355），"奚子宿车鼎""唯奚子宿车作行鼎……自用"（《集成》·2603、2604）等，故铭文后无"用享孝于宗庙"或"用享孝于皇祖、文考"等语辞。这些铭文内容上的深刻变化都暗示了此类"行器"功能的特殊性。而更显著的证据来自淅川下寺M1出土的"敬事天王钟"，铭文称"唯王正月，初吉庚申，自作铃钟，其眉

1　随州市博物馆：《湖北随县新发现古代青铜器》，载《考古》，1982（2），139—141页。

2　随州市博物馆：《湖北随县发现商周青铜器》，载《考古》，1984（6），510—514页。

3　随州市博物馆：《湖北随县刘家崖发现古代青铜器》，载《考古》，1982（2），142—146页。

4　信阳地区文管会等：《河南罗山县发现春秋早期铜器》，载《文物》，1980（1），51—53页。

5　南阳市文物研究所、桐柏县文管办：《桐柏月河一号春秋墓发掘简报》，载《中原文物》，1997（4），8—23页。

6　河南省文物考古研究所、桐柏县文物管理委员会：《河南桐柏月河墓地第二次发掘》，载《文物》，2005（8），21—38页。

7　南阳地区文物工作队：《河南桐柏县发现一批春秋铜器》，载《考古》，1983（8），701—702页。

8　信阳地区文管会：《河南信阳发现两批春秋铜器》，载《文物》，1980（1），42—45页。

9　张昌平：《曾国青铜器研究》，文物出版社，2009，240—251页。

寿无疆，敬事天王，至于父兄，以乐君子，江汉之阴阳，百岁之外，以之大行"（《集成》·73-4 至 80-1），"百岁"之辞亦见于山东费县所出"徐子余鼎"[1]，"徐子余之鼎，百岁用之"，显然是与"永寿用之"类似，表明生前的含义。所以"百岁之外，以之大行"就应是指死后，将这件器物用作大行之器。《诗·唐风·葛生》"百岁之后，归于其居"即是悼亡之意，《史记·李斯列传》中亦有："胡亥喟然叹曰：'今大行未发，丧礼未终，岂宜以此事干丞相哉！'"即将始皇之丧称为"大行"。《后汉书·安帝纪》"大行皇帝不永天年"李贤引韦昭曰："大行者，不反之辞也。"由此说明在这一时期的江汉地区已经出现了将死亡理解为"大行"不返的思想。再结合上述成套行器组合随葬的现象（图 5），即可明晰这里的"行"字所采纳的正是"大行"之意：行器专为丧葬活动而备，用以大行，故不再祈求器者长寿难老；其铸造于丧葬活动之前不久，故没有使用痕迹，并皆为自用之物，遵循特定的礼制规范。

与此相应的是，这一时期的铜器铭文与文献记载中亦出现了关于死后世界的清晰描述。在中原地区其被称作"黄泉""下土"或"下都"，《左传·隐公元年》中即有著名的郑庄公"黄泉见母"的故事，"不及黄泉，毋相见也"。杜预注云："黄泉，地中之泉"，原是指地下之意，为死者埋藏之所，故可用来代指死亡，亦见于《荀子·劝学》《孟子·滕文公下》等著作中。[2]"下土"一词见于"哀成叔鼎"铭，曰："嘉是隹（唯）哀成叔之鼎，永用禋祀，□于下土，台（以）事康公，勿或能怠"[3]，就明

1 心健、家骥：《山东费县发现东周铜器》，载《考古》，1983（2），188 页。

2 《荀子·劝学》："上食埃土，下饮黄泉"；《孟子·滕文公下》："夫蚓，上食槁壤，下饮黄泉。"（清）王先谦撰，沈啸寰、王星贤点校：《荀子集解》卷一，中华书局，1988，8 页；《孟子注疏》卷六下，见（清）阮元校刻：《十三经注疏附校勘记》，中华书局，1980，6.51a（2715c）页。

3 洛阳博物馆：《洛阳哀成叔墓清理简报》，载《文物》，1981（7），65—67 页；释文参见赵振华：《哀成叔鼎的铭文与年代》，载《文物》，1981（7），68—69 页；张政烺：《哀成叔鼎释文》，见《古文字研究》第五辑，北京：中华书局，1981，27—83 页；蔡运章：《哀成叔鼎铭考释》，载《中原文物》，1985（4），56—62 页。

言哀成叔死后在"下土"继续"以事康公"。"下都"则见于"郑藏（庄）公之孙鼎"，铭曰："佳正六月吉日唯己，余郑藏公之孙，余剌之□子虘，作铸□彝，以为父母。其□于下都曰：'呜呼，哀哉！剌叔剌夫人，万世用之'"[1]，显然也是认为其逝去的祖先在于"下都"。

在南方则被称为"幽都"，战国时期成书的《楚辞·招魂》篇中有"魂兮归来，君无下此幽都些"，王逸注云："幽都，地下后土所治也。地下幽冥，故称幽都。""幽都"本来是指北方偏远之地，《尚书·尧典》有"申命和叔宅朔方，曰幽都"，此后为南方的楚人所借用，因其为极寒之地，适宜阴气聚集，故引申为灵魂的安置所，里面又有土伯、敦胧、参目等官吏或恶兽。

既然死后已有明确的归宿，那么死亡的过程便自然被理解为通向这些地下世界的漫长行途，而"行器"便是这随行所用之物。在包山二号墓遣策简中单设有"相尾之器所以行"组简（简260—264），正对应脚箱

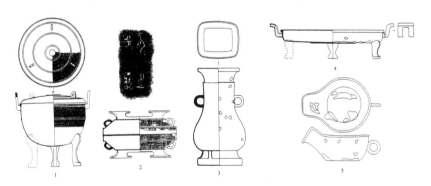

图 5　随州东风油库 M2 可墓中出土成组"明器化"行器

1　黄锡全、李祖才：《郑臧公之孙鼎铭文考释》，载《考古》，1991（9），855—858 页。

（箱尾）所藏各种冠服、安寝、梳妆用具[1]，而未见兵革之物，所以这里的"行"字恐怕也应理解为大行途中所备之物。至汉代画像石中多见"车马出行图"题材，便正是展现了墓主死后通向东王公、西王母所在仙境的行程[2]，而其思想根源即在于先秦时期的"行器"所延伸出的大行观念（唯目的地不同而已）。

在此基础上，便进而出现了著名的"明器"概念，即孔子所言专致鬼神的"器不成用"之物[3]，实则也是丧时制作、不具实用的随葬品的统称，与"行器"之间含义多有相通之处。故《仪礼·既夕礼》中记载："（大遣奠毕）行器，茵、苞、器序从，车从。"郑注："（行器者）目葬行明器，在道之次。"贾疏："包牲讫，明器当行乡圹，故云'行器'。"即此行器就是指"当行向圹"的明器。

实际考古所见亦能清晰反映二者渐趋重合的态势（当然行器未必即为明器，亦有以生前实用礼器改作充当的可能）。除上述"曾亘嫚非录行鼎"外，另像春秋晚期的东风油库M1（曾少宰黄仲酉墓）、M2（可墓）中，随葬青铜器鼎、簋、壶、盘、匜等各1件，皆自铭为"行器"，属一套完整的组合，但均胎体轻薄、制作粗陋，无任何使用痕迹，铜壶器、盖浑铸一体且"口、足镂孔多未穿透，圈足内残存范土"，明显属明器之列（见图5）。[4] 而在出土了"洓叔之行鼎"的刘家崖墓中，5件铜编钟均

---

1 湖北省荆沙铁路考古队：《包山楚墓》及附录一《包山二号楚墓简牍释文与考释》，文物出版社，1991，276、348—399页。

2 吴雪杉：《汉代启门图像性别含义释读》，载《文艺研究》，2007（2），111—120页；信立祥：《汉代画像中的车马出行图考》，载《东南文化》，1999（1），47—63页；信立祥：《汉代画像石综合研究》，文物出版社，2000，281页；罗二虎：《汉代画像石棺研究》，载《考古》，2000（1），31—62页。

3 孔子历来主张："之死而致死之，不仁而不可为也。之死而致生之，不知而不可为也。是故竹不成用，瓦不成味，木不成斫，琴瑟张而不平，竽笙备而不和，有钟磬而无簨虡。其曰明器，神明之也。"（《礼记·檀弓上》）明器正是在丧时制作、致送于神明的不成用之物。（汉）郑玄注，（唐）孔颖达疏：《礼记正义》卷八，《礼记·檀弓上》，（清）阮元校刻《十三经注疏附校勘记》，8.61a（1289c）页。

4 湖北省文物考古研究所：《曾国青铜器》，文物出版社，2007，338—361页。

为素面，铸造粗糙、胎体轻薄，表面无任何敲击的痕迹[1]，很显然也十分吻合"器不成用"的明器特点。既然该墓铜鼎已自称行器，那么是否这些编钟也可依例称为"行钟"呢？

也就是说，在东周时期，"行钟"可能亦如"行器"一样，指专备随葬的明器化铜钟。实际上，东周时期不仅明器化的青铜礼器日趋增多，明器铜钟的数量也出现显著的增长。在临淄淄河店 M2，临淄大夫观，阳信西北村，长清仙人台 M6，后川 M2040、M2041，潞城潞河 M7，侯马上马 M5218 等墓葬中皆出土了青铜制作的明器编钟[2]，如后川 M2040 中 16 件甬钟枚里，甬内仍残留泥芯，器壁厚仅 0.2 厘米，铸造十分粗糙，"经测音鉴定似非实用乐器"[3]；而在临淄大武，郯城二中一号墓，易县燕下都 M16、M30、M8，涉县北关一号墓等墓葬内则出土了陶制的明器编钟[4]，更加不具实用功能，只做随葬之物。显然这些编钟不属于祭祀、宴飨以及巡狩征行用钟，而仅能归为大行随葬之钟。

最后再回到文首所提及的钟离君柏行钟，虽然该器在墓主生前可能确用于祭祀宴飨等礼仪活动，故音律齐整，但当放入墓葬之中后，显然只能理解为大行随葬之钟，唯如此才合乎"行"字之意（寓意大行途中所用），并不悖于未见其他礼仪用钟的情况。而钟离国所在的蚌埠一带不正毗邻上述汉淮诸国吗？同时该铜钟上铭文简短，并未如普遍所见乐钟上多言祖先之事，而仅提及自做自用，与上述随葬之行器铭文特点近似，亦可佐证这一观点。

1　随州市博物馆：《湖北随县刘家崖发现古代青铜器》，载《考古》，1982（2）。

2　参看《中国音乐文物大系》之《河南卷》《山东卷》《河北卷》，大象出版社，1996。

3　中国社会科学院考古研究所编著：《陕县东周秦汉墓》，科学出版社，1994，68 页。

4　胡小满先生曾对燕下都所出 150 余件明器编钟进行了细致分析，指出其数量仍具有相当的礼制含义，但由于"礼崩乐坏"局面的出现，乐器渐渐由失律始、继而失音，变成一种摆设。参看胡小满《河北燕下都乐器明器的出土意义》，载《中国音乐学》，2014（2），87—93 页。

小 结

东周时期的礼制文献中出现了有关"行器"的两种截然不同的解释，并可与金文、简牍及考古实物相互印证。其一是以《周礼》中的"行人"为代表，意为巡狩征行之意。而为此类活动所备之"行器"则自西周以来久已有之，铭文后常有"用征用行"的固定语辞，且器型上多为便于提携的实用之物。在此基础上进而衍生出祭祀"行神"的礼仪，并成为东周时期极为重要的祀典之一。其二是以《仪礼》中的"行器"为代表，意为行向墓圹的明器，实即随葬品的代称。在东周时期的汉淮地区也正出现了用成套"行器"随葬的现象，无论器型、组合皆与传统的、周人礼制中的巡狩征行之器不同，在铭文内容上也独具特色。从"敬事天王钟"的铭文中可进一步获知，这一时期业已出现了将死亡理解为大行不返的观念，同时关于死后世界的描述也日渐清晰，因此死亡的过程也自然被理解为通向这些地下世界的漫长路途，故需做器以从之，这便是"行器"随葬用意的由来。在这一思潮的影响下，专制于丧葬之时、器不成用的明器开始大行其道，成为东周后显著的丧葬礼制改革。"明器"与"行器"之间含义多有相通，故《仪礼》郑注直称"行明器"。

由于周代社会礼、乐并重，故我们可以将青铜礼器铭文中所见"行"字的多重含义"移植"于编钟之上，来解释东周时期出现的一些仅以成套"行钟"随葬的现象，至少其中有部分也应理解为大行之钟，并迅速推动了明器化编钟的盛行。

这种视丧葬为远行不返的观念在汉代更为盛行，进而促成了画像石中车马出行图的风靡以及"大行皇帝"[1]专称的出现，同时许多汉墓中亦多

---

1 《史记·李斯列传》中亦有："胡亥喟然叹曰：'今大行未发，丧礼未终，岂宜以此事干丞相哉！'"《后汉书·安帝纪》"大行皇帝不永天年"，李贤引韦昭曰："大行者，不反之辞也。"（汉）司马迁：《史记》，中华书局，1959，2549 页。（南朝宋）范晔撰，（唐）李贤等注：《后汉书》，中华书局，1965，204—205 页。

有使用明器化编钟的实例，近出盱眙大云山 M1 江都王刘非墓中便随葬着三套明器编钟与一套实用乐钟[1]，而其渊源无疑皆在于先秦时期。

后记：本文曾在第六届东亚音乐考古学国际研讨会上宣读，并得到了王子初、冯光生等诸位老师的指正，谨致谢忱！王子初先生并告知盱眙大云山汉墓中的实用编钟其实亦音律不整，乃是汉代双音钟铸造技术失传之故。另朱国伟先生曾就明器编钟问题给予作者许多资料上的帮助，在此一并致谢！

1　参看南京博物院等著：《江苏盱眙县大云山汉墓》，载《考古》，2012（7），53—59 页；南京博物院编：《长毋相忘：读盱眙大云山江都王陵》，译林出版社，2013，135—136 页。

改制不改道的制度分层与变迁
——从工艺制度看周秦之变

徐东树

福建师范大学美术学院

摘　要：文章借助当代制度理论的分析方法，把制度变迁放在一个从核心价值、意识形态、政治系统、经济系统到微观行为模式的分层次的制度系统之中，通过相对微观的工艺制度分析，以沟通宏观与微观、表层与深层，展开人、物、思想三个制度秩序维度的相互关系，认为周秦之际从封建到郡县虽然政治与经济制度系统经历了重大调整，但没有像殷周之变那样确立"天子德治"的"尊尊、亲亲、贤贤"，奠定后世政统、亲统、学统思想内核的价值观念与意识形态。周秦之变"改制不改道"，只是有形显在制度的变迁，未触及制约制度演化方向最内在的无形维系核心，没有建立新的制度意识形态。

关键词：多维制度系统；本质变迁；显在变迁的潜在趋同；制度变迁的分层差异

周秦之变，从封建制向郡县制的转换，常常被认为是中国制度变迁最为剧烈的历史节点。在近年出版的《从城市国家到中华：殷商 春秋战国》中，平势隆郎这样说："在商王朝与周王朝统治的范围，在大国商与周之下，还有许多附属小国存在。而战国以后的国家体制是大国将吞并的小国改设为郡县，并在中央政权的主导下派遣官吏至地方实施统治。这与商周时期的国家体制在本质上有着天壤之别。而这也是众所周知的事实。"[1] 本文试图对这种本质化的看法略作反省，借助当代制度理论的思考视野，从制度分层的角度相对宏观地审视"周秦之变"，分析到底改变的是制度的哪些层面，是不是还有一些层面，尤其是制度的核心价值系统是否有新的改变。本文目的不在于推翻旧说，只是把不同的观点依据其潜在的逻辑，放置于不同的制度文化分层之中，以厘清不同看法之间的相互关系。

笔者不太赞同把周秦制度变迁视为一个"本质变迁"（如平势隆郎），我们不妨把它放在一个从核心价值、意识形态、政治系统、经济系统、微观行为模式这样一个分层次的、复杂的制度系统之中考察，看看在当代制度观念视野中，周秦之际，哪些变了而哪些未变。

一、制度的分层及其互动关系

制度分层理论涉及一些较为抽象的理论分析，我们不妨先试作简要梳理。对于制度价值核心观念及其意识形态在制度变迁中的重要意义，其实是在当代比较制度经济学家的论述中才获得比较充分的讨论。

依笔者有限的视野，当代的经济学家对制度的多层次性有较为清晰、深入的讨论与展开。比较简单的看法是受结构功能社会理论影响的社会三维论，如曹正汉曾这样阐述制度的三个维度："我们对任何社会的制度现象都可以从三个角度来观察：从个体层面上看，我们看到的是个人行

1　[日]平势隆郎著，周洁译：《从城市国家到中华：殷周 春秋战国》，广西师范大学出版社，2014，10页。

为具有某种模式化的特征；从个体之间的关系来看，我们看到的是各方共同认可的习俗、惯例、规范或行为规则；从社会整体来看，我们看到的是某种稳定的社会秩序与有组织的活动体系。这些活动能够理解是因为人与人之间建立了某种'结构—功能'组织形式，形成了一定程度有序化的社会活动。"[1]

不过在比较经济制度学者的眼中，"制度"秩序背后还有更深层次的"观念"内核在支撑。"比较制度"分析的代表人物、日本经济学家青木昌彦"共有理念"的提出得到了较多学术认可与回应。在分析相似的制度规则在不同的文化传统中却会产生相当不同的结果这一现象时，青木昌彦发现：经济学的"博弈论分析作为系统研究制度的理论工具本身尚不完备"，它忽略了制度潜藏的"共有理念"的凝聚作用。"制度作为共有理念的自我维系系统"，"作为许多可能的表征形式之一起着协调参与人理念的作用"。简言之，对于制度，是一种"共有理念"起核心作用的行为规则协调系统（结构）。[2]青木昌彦发现，必须建立于一定的共有价值观念核心基础之上，制度才能够产生其应有的规范社会秩序的作用。青木昌彦对"共有理念"自发性的过分强调，使抽象的"共有理念"与多重复杂的具体制度现象之间以何种方式建立相互关系所论不多，倒是汪丁丁对此做了一些更深入的推进与整合。

汪丁丁近年的"制度分析"超出了经济学的领域。在制度的深层内涵上，他一方面把制度"共有理念"置于核心地位，另一方面又由核心开始，扩展了比较简单的三维模式，区分出一个多维度多层次的制度系统，从核心到边缘的次序大体划分出制度的五个层次。最核心一层是制度的"核心价值"，即道德共识及规范。其次则是从道德共识中引申出来的一系列制度理念，如程序"正义"规则，以解决根据什么样的规则组

---

1 曹正汉：《观念如何塑造制度》，上海人民出版社，2005，3 页。

2 ［日］青木昌彦著，周黎安、王珊珊译：《什么是制度，我们如何理解制度》，载《经济社会体制比较》，2000（6），28—38 页。

成社会的问题（社会理论中称为意识形态）。第三个层次是政治制度系统，即一个道德合法性的政府形态，在一定的道德共识中制定政策。第四个层次才是经济制度系统，就是经济规则和交换。在政治规则制定之后，才存在有效的经济规则和交换。第五个层次则是每一个体或团体在具体制度下的行为。他还深刻地指出，社会制度的演化，可以从这五个层次的任何一个层次的变动开始。新制度经济学家主要关注的只是第四层次和第五层次，也就是经济规则以及个体行为的结构。但这并不足以解释大范围大规模的制度变迁，第一、第二和第三层次上的变迁是大范围的制度变迁，现有的制度经济学理论并不够用。[1]值得注意的是，多层次的制度系统中，基本的道德价值、社会的意识形态与基本政治制度是"制度"中比经济制度更为深层的内容。

此外，汪丁丁也借助社会学的一些常规观念，提供了一个特定制度描述与分析的简要方法，即可从物、人、精神三要素着手对任何一个具体的制度作分析，从物的秩序、人的秩序、精神的秩序这三个维度来具体、微观地理解制度演化过程，分别沿着这三个维度及其所在具体历史时期，回溯它的历史，我们就可以发现这三个维度存在着内在紧张关系，把握住了最主要的内在紧张关系（主要矛盾），就可以求得历史和逻辑的统一。[2]

在汪丁丁制度分析的第五个层次（个体制度化的惯习）与第四个层次（经济制度）之间恐怕还可以插入另一个层次，即一个特定的经济制度系统之下，会由此衍生出一系列的生产、分配与管理等更为细致的制度子系统，经济制度有宏观与微观的不同层面。然后才是个体在各子系统中呈现的具体行为。工艺制度就是第四、第五个层次之间关于物质文化生产与使用的制度层次，通过这个层次的制度分析，具体展开制度运

1　汪丁丁：《制度分析基础讲义Ⅰ：自然与制度》，上海人民出版社，2005，224 页。

2　汪丁丁：《制度分析基础讲义Ⅰ：自然与制度》，224—225 页。

行机制的物质基础分析，便于沟通宏观与微观、物质与非物质的制度要素、抽象与具体的制度规则之间的关系。

借助于这样的视野，不妨通过工艺制度的变化所映射出来的社会变迁，试着分析周秦之际的制度变动涉及了哪些制度层次。

二、周秦之际工艺制度的显在样式变化及其潜在规则趋同

东周以来的社会剧变反映在工艺制度上，可以看到大量显在的变迁。

首先在功能上，西周以来器物尤其是礼器原有的严格化等级区分象征功能逐渐弱化，日常实用性功能不断加强。这个趋势可以从三个方面显现出来：1. 器物组合中，日常用器渐成主流，新的器型不断出现。2. 器物材质上，漆进铜退，虽然青铜直到汉末仍是重器，但漆器渐成主流。3. 器物装饰上，绚丽而轻便。表现于轮廓上，简净流畅的艺术风格是新趋势；相应地，则是由于装饰技术手段趋于平面化，浮雕性装饰高度普遍降低，平面的金属嵌错、鎏金、针刻、漆绘等新技术成为新潮并迅速成熟、流行；而装饰内容上，关注人事活动成为新的方向。[1] 总体上而言，器物的制作重心从注重敬神事祖的礼器逐渐过渡到实用炫耀的生活奢侈品。

然而，在看起来这么强烈的制度变迁中，却有一个潜在的文化制度趋同的发展趋势。正如李零所说："东周时代的特点，就在地方差异的混融和整个文化的统一才是它的基本趋势。我们从当时的考古资料中看到的这种四海归一的倾向，要远比任何古老残存或人为制造的地方特色都更为强烈。"李零《关于楚国铜器的类型》超越了考古学视野的综合分析，

---

1 以上详细内容可参见尚刚编著的《中国工艺美术史新编》，高等教育出版社，2007，76—85 页。

改变原来以陶器为中心而造成不少分类混乱的器物组合分析方式，发现了东周器物背后有一个比较稳定"不变"的传统，并指出"过分强调楚文化（特别是早期楚文化）的地方因素，很多误解就会随之而来。楚国铜器，特别是战国以前的楚铜器，要比其他任何南方文化都更接近中原的器物。大量的考古遗迹揭示，楚国精英渴望接纳周贵族文化与思想观念"[1]。而东周墓葬出土本来就以楚国为大宗，且资料系统完整，不同时期、不同等级都有涉及，因此，楚系墓葬的研究确实可以提供许多细节更为清晰的历史演化线索。

李零根据年代与等级的可比性，梳理出了一个比较清晰的器物变化系统——回到铜器中心，从楚墓实物表现出来的三个鲜明的贵族等级层次就很清晰，主要器物大体稳定：一是有豪华铜器群的较高级别墓，一是铜器组合不足的中级墓，一是基本只出仿铜陶器的下级墓。在低级贵族的墓中很少发现铜器，只有成套的仿铜陶器。事实反而比较清晰，这三个级别墓的主要器物组合却是相当一致：

器物组合主要为鼎（有盖撇足中鼎）、瑚（宋以后误称簠）、缶，或鼎（有盖细高足小鼎）、敦（晚期用盛代替）、壶（晚期还有钫）。如春秋中晚期的下寺楚墓器物，等级特征非常鲜明，凡是出铜器物墓，均不出陶器。偶尔二者共出，但铜、陶完全是两套组合：陶器是实用器，铜器是礼器。到了战国中晚期，器物种类变多了，大量仿铜陶的出现，导致铜器墓与陶器墓的界限日益模糊了。战国仿铜陶器很普遍，完全不出铜器的墓也开始有了。而大量仿铜陶器的出现，"它们不仅仅代替墓主不能拥有的铜器种类，还可以在墓主只有某类铜器中的一两件时，以陶器补足其数，凑成全套"。"我们不能不惊讶，楚国铜器在整个东周时期竟始终保持着稳定，其分类与型式，生灭进退并不显著和剧烈。"

值得注意的是，一些楚国特有器型，如鼎中的平底鼎（见于春秋中

1　李零：《入山与出塞》，文物出版社，2004，275—277 页。

期以来）、圆底撇足鼎（见于春秋晚期以来）、高足小型的"楚式鼎"（见于战国以来），但总的样式及功能并不出于鼎类器。周代鼎本来全国各地各有特色，差异是普遍存在的，但是其"器型发展整体上有强烈的趋同倾向"，"它们的差别有点像东周时期各地书写系统的差别：尽管凭字体的细微差别，我们能立刻分辨其使用区域，但它们表达的还是同样的语言，同样的意思"。因此，李零断言："东周时期的整个中国，它们的制造工艺和装饰工艺也是一样的。特别是它们的器型发展在整体上有强烈的趋同倾向，相反，它们的地方特色并不明显（如附耳、蹄状、鼓腹，以及环耳、捉手盖，这些鼎的特点，在东周各地都有或多或少的流行）。这种趋同在铜器纹饰的发展上虽然不太明显，但一样可以看到。""东周时代的特点就在，地方差异的混融和整个文化的统一才是它的基本趋势。我们从当时的考古资料中看到的这种四海归一的倾向，要远比任何古老残存或人为制造的地方特色都更为强烈。"[1]

在以楚国为代表的东周器物上可以看到，形式、风格上的差异掩盖不住的是器物基本形制、功能与"礼义"上的趋同。如果说春秋战国是一个社会大变动的时代，那么这个时代的各种"斗争"，用韦伯的社会学术语来说，并不是一种无秩序的混战，从器物中反映出来的是，各国以一种大体趋同的目的、手段和秩序规则为依据的"有序竞争"；不是"开放"的任意争斗，而是"封闭的"斗争，包含有效的禁止与限制的明确规则。[2] 各国之间不断进行兼并与战争，诸侯国内部却基本延续着"周礼"式的等级模式，诸侯之间的斗争运用的理念、规则、目标也大体一致，都延续周代"礼制"划定的等级差异规则进行争夺，最终都试图在华夏文明的统治区域内"问鼎中原"，努力为霸主地位而角逐。学者陈戍国发现，整个战国时期，周初制定的政治权力中心继承权——嫡长子制，除

1　参见李零：《入山与出塞》，283—285、325—326 页。
2　［德］马克斯·韦伯著，胡景北译：《社会学的基本概念》，上海世纪出版集团，2005，60、70 页。

了少数例外，战国七雄以及周王室基本依制执行。[1] 也就是说，在社会大变动时代，政治核心权力的基本传承制度没有动摇。

那么，要如何理解与解释这种表现在样式上的变化与潜在规则上的趋同？

三、礼器"象征"符号系统的衰微
与生活器用的艺术化分级方式

从制度变迁的角度来看，春秋开始的制度僭越，更多是一种表层形式上的"礼崩乐坏"，是一种"貌似破坏"的遵从，可称"僭位"不"改制"。只是在上层统治阶级内部出现的对更高礼制等级的争夺。在这个过程中，虽然有不少细部仪节的调整与变化，甚至还有基本权力与政治结构的改变，比如周王等级的享用者扩大到了诸侯阶层，但这还在某种程度上继续完善并强化着周初以来的礼制规则。[2] 真正大量讨论、研究礼制，并出现各种礼学思想，都是从东周开始的。东周是一个礼制崩坏与礼制研究、建设同时并行的一个时代，甚至是礼制繁荣的一个时代。否则我们就很难理解：曾国只是楚国一个附属小国，曾侯的墓与楚幽王墓相比也并不算大，但他的墓室中竟然出土了十几吨铜器。只有到了战国末期，以青铜礼器为核心的一套器物等级制度，经过长时间广泛地以陶仿铜礼器所替换，已经近于"戏仿"，而不再以"权威象征"而被加以重视的时候，才是某一制度到了需要重新调整的边缘。如果连一个平民都可以随意地给自己一套劣质仿铜陶礼器作为身后享用的象征，那么这样的身份象征意义能有多大呢？

1　陈戍国：《中国礼制史·先秦卷》，湖南教育出版社，1991，391 页。

2　笔者《东周造物的制度"僭越"与制度功能》[载《装饰》，2009（7），82—83 页] 一文曾分析过东周礼制的"僭越"恰恰是认同并强化礼制的一种竞争方式。

秦国晚期器物的变化，可以从一个侧面说明西周以来的礼制器物制度已经被部分人率先抛弃了。秦国仿铜陶礼器自春秋中期至战国中期的组合均为鼎、簋、壶、甗、盘，说明秦人该时期也还以周礼这一套器物来衡量一个人社会地位的高低。但到战国晚期，传统礼器已退出历史舞台，仅部分墓葬随葬关东式仿铜陶礼器，组合变为鼎、豆、壶或鼎、盒、壶、钫。大部分墓葬仅随葬少量日用陶器，甚至根本无随葬品。如长安客省庄墓地共发掘 71 座秦墓，个别可早到春秋晚期，多数属战国中、晚期，其中仅 M202 出土一套微型青铜礼器和一柄铜剑，38 座墓随葬日用陶器鬲、盆、罐、壶，有的器类还不全，26 座墓无任何随葬品。半坡墓地发掘了 112 座墓葬，时代属战国中、晚期，其中随葬少量日用陶器的墓葬 64 座，组合为釜、鬲、盂、罐、壶、茧形壶等，许多墓葬随葬品器类不全，48 座墓无任何随葬品。秦墓晚期随葬品的急剧变化是秦国社会巨变的一个缩影，一方面反映出秦国奖励耕战政策以后，加速了社会的分化；另一方面反映出秦国社会变革比较彻底，象征周礼的仿铜陶礼器已基本不用，多用日用陶器随葬，象征财富的囷、牛车模型等新式随葬品逐渐取而代之；再一方面也反映出秦国葬俗发生了变化，下层社会盛行薄葬之风，人生追求的目标主要是现世的功利，来世就不像信鬼好祀的楚人那样特别受到重视。[1]

战国以来，器物的基本格局确实在悄悄地发生着变化。一方面，以青铜礼器为核心的一套等级分明、层次清晰的器物制度仍然在惯性中坚持、延续与消耗着；另一方面，新的工艺与装饰手段却在生活用具上大放异彩，显示了上层政治生活的关注重心在变化，他们显示身份的方式也发生了变化。到了战国后期，礼器系统化的等级象征已经被普遍打破，甚至下层庶人也可以使用系列化的粗劣的陶制礼器，礼制的尊严基本已

---

1 黄尚明：《东周楚、秦葬俗的简略比较》，载《华中师范大学学报（人文社会科学版）》，2003（4），73—77 页。

经徒有形式了。

当器物的符号象征意义难以独占时，上层贵族却慢慢探索出了另一种形式，即艺术手段的独占。尽管庶人也可能僭用符号象征，但他们却没有能力使用工艺精巧繁复的器用物品。贵族生活用器工艺复杂化是战国以来一个显著的特征。

根据战国五千余座楚墓的不同规制，学者陈振裕认为可以很清晰地区分出六个不同等级，它们分别为：甲类诸侯王墓、乙类封君墓、丙类上大夫墓、丁类下大夫墓、戊类士墓、己类庶民墓。[1] 其中出土的漆器系统很完整，有四个指标要素可以为分级作依据：1. 从器型上，可以大致归纳为仿动物形象的、仿铜陶的器皿造型和据生活所需而制作的三大类；2. 从胎骨上，主要有木胎、竹胎、皮胎、铜胎、夹纻胎和骨胎六种，各种制作技法日益成熟并能够相互配合，使制作工艺更加精湛；3. 从装饰纹样上，可分为动物纹样、植物纹样（如树、花等）、自然景象纹样（云雷纹、卷云纹、涡纹等）、几何纹样（圆点、三角、矩形、曲线、圆卷、八角等）、人类社会生活纹样五大类；4. 从漆料与绘饰用色上，总的已见有九种，一般同墓所出可多达七种，少的只能用基本的黑红两色。[2]

大夫以上，即丁类以上墓，一般三类器型皆全，戊类以下，极少三类，一般只有生活用品；丁类以上，可见多种胎骨，制作考究；丙类以上一般五大类装饰俱全，丁类一般只有三类，以下逐级减少；纹饰中，纹样种类也是依级递减，生活纹样只有高级墓才有，其次为植物纹样，低级墓只有一至两类；在六类楚墓中，类别越高的楚墓出土的漆器群，其品种与数量越多，器皿造型也越丰富多彩，同一种器类也越见精心工巧变化多样，纹样的类型不仅依级递减，其繁复与精巧程度也是越低级越单调，变化也越少。如甲级曾侯乙墓中，仅龙的纹样就有一首双身、

---

1 陈振裕：《战国秦汉漆器群研究》，文物出版社，2007，6—8 页。

2 陈振裕：《战国秦汉漆器群研究》，83、165 页。

图1 曾侯乙墓墓主内棺足挡花纹
（采自陈振裕：《战国秦汉漆器群研究》，文物出版社，2007，三三）

人首双身、双首龙蛇、双首龙、人身四首龙、三首龙、四首龙、鸟龙共身、翼龙、青龙等各种不同形态。[1] 其中内棺挡板的鸟纹也是形态各异，有立、走、飞、跳、转等。[2]（图1）

关于漆器中艺术化独占的方式，学者洪石有相似的发现，身份级别较高者才使用有些为当时罕见的胎骨制成的漆器。例如战国中期的湖北荆门包山 M2 出土的两件圆奁，胎骨是在麻纱两面贴以皮革，以生漆粘接（原发掘报告称为"夹纻胎"），胎厚仅 0.3 厘米。（图2）该墓还出土了木夹纻胎漆盾、革胎漆盾，与这些罕见工艺相称的是墓主的身份高贵，此墓二椁三棺，墓主官至"左尹"，爵至"大夫"。身份级别较高者使用漆器的种类也比较多、造型比较奇特。曾侯乙墓出土了鸳鸯形漆容器，设计巧妙，造型生动。头部雕琢，颈下有一圆柱形榫头，与身榫卯结合，鸳鸯的头能够自由转动（图3），装饰风格繁丽（图4）。包山 M2 出土的一件凤鸟双连杯（图5），为竹、木结合制成的一凤负双杯状，二杯有孔相通，另有两小凤为足。身份级别较高者使用的漆器多加金属构件，其装饰也较豪华，在漆器上镶装贵金属（金、银）以及玉等作饰件。[3]

除了艺术化形式的变化之外，这些器物还有一个大的功能转向，即器物日益生活化。这表明了上层的生活重心不再通过与祖先的联系来获得精神与意义的保障，而是直接通过现世享受显示其意义与价值。

---

1 《曾侯乙墓》还做过一个统计表，仅墓主内棺挡板、壁板所绘各种龙计有 113 只（湖北省博物馆编：《曾侯乙墓》，文物出版社，1989，43 页）。

2 陈振裕：《战国秦汉漆器群研究》，114、165 页。

3 洪石：《战国秦汉漆器研究》，文物出版社，2006，213—218 页。

图 2 人物车马出行图漆奁

（采自成都华通博物馆、荆州博物馆编：《楚风汉韵：荆州出土楚汉文物集萃》，文物出版社，2011，109 页）

图 3 鸳鸯形盒

（采自湖北省博物馆编：《曾侯乙墓》，文物出版社，1989）

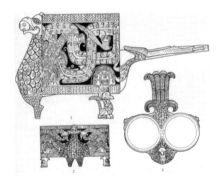

图 4 龙凤纹双连杯

（采自陈振裕：《战国秦汉漆器群研究》，文物出版社，2007）

图 5 龙凤纹双连杯

（采自陈振裕：《战国秦汉漆器群研究》，文物出版社，2007）

秦汉之后，青铜礼器作为国之重器开始渐次退出器物的中心，至西汉中期，铜鼎已经恢复了其炊器的本来功能，为扩大受热面积，鼎足变长；至东汉，随着釜甑的普及，铜鼎渐次消亡。这个过程当然不是一蹴而就的，秦汉初青铜礼器无论造型还是纹饰都延续自战国晚期，只是一些重要组合消散，如簠、簋、敦、豆消亡，瓿蜕变为实用的瓿，常见的只留有鼎、圆壶、钫，保留的多是一些日常用器。[1] 汉初的漆器却渐次成为汉代用器的中心。"漆器从战国至汉代，历经了几百年，一些传统器类，如豆、鼎、锺、钫、盛、匜及禁等'礼器'，虎座鸟架鼓等乐器及镇墓兽等丧葬用具，逐渐消失，到了西汉中晚期最终摒弃了战国漆器组合的传统，而以杯、盘、盂、樽、卮和用来放置这些物品的案及妆奁等日用器具为固定组合，从而形成了汉代的漆器组合风格。"[2]

制度的变迁，背后可能还包含着意识形态的调整。东周乱世，"德治"内在的紧张与矛盾凸现了出来，在观念上也开始分化，"尊尊、亲亲、贤贤"不再三位一体、有效统一，旧有礼制形式面临新的变革。西周以来的"德"治观念重心有所转移，秦制改周制的"德刑二柄"为"刑赏"二柄，专尚以能为贤。阎步克就认为，秦国废"德治"行"法治"，当属一种比较极端的偏离，"法治是独尚尊尊，而不及亲亲、贤贤的"，但也不妨看作是周制内在逻辑的一种畸形发展。[3] 其国势短祚，很快瓦解，就在于未能建立一种相对稳定有效的制度传承机制。

政治上从分封制到郡县制，经济上从世禄制到俸禄制，是战国之后一个重要的制度变革。这个过程，政治经济上显然需要新的分级分层方式。物质占有的方式与器物使用的方式自然要发生变化。周秦之际，以一种比较激烈的方式摧毁原来的贵族世袭，以严刑峻法取代礼制，皇帝集权实行郡县制，采取一人之下、万人之上的两极化政治治理模式。然

1　吴小平：《汉代青铜容器的考古学研究》，岳麓书社，2005，38、294 页。

2　吴小平：《汉代青铜容器的考古学研究》，138 页。

3　阎步克：《士大夫政治演生史稿》，北京大学出版社，1996，87 页。

其脆弱性也是显而易见的。如何更好地统治一个大一统的帝国，仍然是汉代面对的一个难题，社会的动荡在很大程度上是由皇帝集权政治模式自身存在的弱点所引起的。庞大的帝国仅仅依靠金字塔尖的一个"天子"，不可能长期充分有效地进行统治，但是如何找到一套新的、有效的社会分层机制取代周礼，制约社会中层的过分膨胀壮大导致的帝国分裂，这是一个两难的局面。周秦之际显然并没有为这个难局创制一个新的系统化的意识形态解决方案，就像殷周之际曾经创设了"天子""德治"的新政治意识形态统治理念那样。

四、殷周之变与周秦社会之变的制度分层差异

我们不妨重新回顾一下钱穆对王国维的批评，看看他们关于殷周之变的主要分歧，以作周秦之变的参照。王国维强调殷周之际建立了一套为后世所继承的"德治"意识形态，而钱穆则批评王过于强调抽象的观念，夸大了殷周之际的社会变迁。[1]百年前王国维《殷周制度论》的看法虽然并不被普遍接受，但从制度分层的角度，他的看法值得重新重视。

他第一次系统论述了殷周之变奠定的"德治"观念比周秦之变更深刻，周公制礼带有根本性的意义，奠定了后世制度的核心理念。只是对于他的看法，一直有批评的声音。如钱穆就不太客气地批评他：西周封建制的创兴虽是"周民族对于政治组织一种伟大气魄之表现"，只是王"看史事太松弛，不见力量"，殷周制度本一脉相承，封建创兴也是迫于一时形势。[2]

当代学者何怀宏基本遵循了钱穆的看法，他在论述西周封建制时认

1　王国维撰，黄爱梅点校：《王国维手定观堂集林·卷第十》，浙江教育出版社，2014，247—261 页。
2　钱穆：《国史大纲》，商务印书馆，1996，39 页。

为"周人的创造性在于大封同姓和姻亲，使封建与宗法结合，并且中央和地方诸侯一起努力在政治、文化真正走向创设完整意义的邦国，而这又是当时严重的局势所致"，"所以说真正的封建国家起于周代未尝不可"。但又说："尽管周人的创制是伟大的，但其原由却往往是客观形势逼迫下的应对，而非如王国维所描述的那样是出于主观上的深谋远虑和充满道德色彩。那些创制或改变历史的人们常常并不理解他们的行动的深远意义。"[1]

这样的论述似乎客观，其实却潜藏了主观的判断。周代的封建宗法制确实是客观形势与前代的制度积累共同"逼"出来的，但是能够在历史的重要关节点上因势利导，顺应潮流，并不会没有深远意义。

二者的分歧，在笔者看来不是史实的差异，只是理论／观念依据与立场的不同。周代实行封建宗法制是一大创举，王强调其"主观"性，钱、何强调其"客观"性，王指向无形的深层的制度价值核心与意识形态，而钱更多强调有形（政治经济）制度的变化。从制度分层角度来看，两者的讨论不在同一个问题层次。

王国维论殷周之变处心积虑想要证明的就是："周礼"确立了一种"理想"的"德治"政治模式——"尊尊、亲亲、贤贤"。这正包含着他为之殉命的中国皇帝集权王朝的制度核心理念，在家国瓦解的精神幻灭中，王国维敏锐地看到了别人不太强调的一种有关制度价值核心及其政治意识形态的文化建构，西周的"德治"因此于他有着深刻的主观认同。相反，对于大多数强调有形制度变迁的学者，会认为他过分强调了这个"德治"是经后世儒家道德伦理化的结果，过于"主观"。王氏说，周人"克殷之后，尤兢兢以德治为业"，并举《尚书·召诰》一篇说"其所以祈天永命者，仍在德与民二字"，说"周之制度典礼，实皆为道德而设"，"乃道德之器械"，等等。[2] 周代的"道德"当然不是完全指个人的德行与

1　何怀宏：《世袭社会及其解体：中国历史上的春秋时代》，生活·读书·新知三联书店，1996，8—9页。

2　王国维撰，黄爱梅点校：《王国维手定观堂集林，卷第十》，259—260页。

伦理品格，这里包含的是制度背后的思想价值支撑。

其实细究王、钱二者之别，不妨说是由于他们着眼于制度的不同层面，对殷周之变的判断也就产生差异，对论证事实的取舍也就有所偏废罢了。但从制度分层来看，王国维分析了殷周之际有一个制度核心观念的变迁可谓慧眼独识。

刘泽华总结过："在当时（周初）看来，一切美好的东西都包括在德之中。归纳起来有如下十项：1. 敬天；2. 敬祖，继承祖业；3. 尊王命；4. 虚心接受先哲之遗教，包括商先王的成功经验；5. 怜小民；6. 慎行政，尽心治民；7. 无逸；8. 行教化，'惠不惠，懋不懋'。惠；爱；懋；勉。大意是用爱的办法教育那些不驯服的人，勉励那些不勤快的人使之勤勉；9. '作新民'，重新改造殷民，使之改邪归正；10. 慎刑罚。""德是一个综合概念，融信仰、道德、行政、政策为一体。依据德的原则，对天、祖要诚，对己要严，与人为善。用于政治，最重要的是保民与慎罚。"[1] 在《尚书》中，周公未明确定义"德"的具体内涵，他把人间帝王的各种行为和品质都称为"德"，如"大德""元德""宁王德""文祖德""桀德""受（纣）德""暴德"，等等。伐纣的成功，使他认识到帝王行为的"善恶"关系到王权的兴亡和臣民疆土的安定。如果我们不试图从形而下的实证角度去看"善恶"，而是从一种抽象的价值评判标准来看，周代确实建立了一种新的很有弹性的善恶观念——"德"。

而钱穆看到的是具体的政治制度安排，他的确更清晰地指出了王国维避重就轻的一面——政治统治手段与方式："西周的封建，乃是一种侵略性的武装移民与军事占领，与后世统一政府只以封建制为一种政区与政权之分割者绝然不同。"[2] 周克商本来就是利用商征东夷，以急行军式的突袭攻取朝歌，迫使商纣自尽亡国。[3] 商统治既久，天下强弱形势发生了

1　刘泽华主编：《中国政治思想史·先秦卷》，浙江人民出版社，1996，24页。

2　钱穆：《国史大纲》，45页。

3　杨宽：《西周史》，上海人民出版社，2003，89—90页。

新的变化，商缺乏更新、更强有力的制度来控制天下，灭亡之前领地就不断受到新兴部落的侵蚀，然商 600 多年的统治力量依然雄厚。周初统治者一方面通过分封来稳住局势（加强宗族势力，笼络异姓，打击、拆散、迁移与起用殷旧族），另一方面通过不断地征伐反对力量来进一步完成国家大一统使命。但钱穆也忽视了西周崇尚"德治"的丰富含义。它并不指向私德，也不是简单地善恶评判，而更多的是一种政治意识形态意义上的家国之"德"。同时，西周的德与贤都常常指涉具体的、取得某种成就的能力，而不仅仅表示抽象的个人伦理德行。[1]这一种混融性的"德"包含了丰富而现实的含义，成为当时重要的政治意识形态，它为现实的政治军事行动提供了合理的基础。周代的伟大创造正在于把武装侵略与道德权威有机而内在地统一于"德治"的意识形态之中，变成一个硬币的两面而并行不悖。也不妨说"德治"本来就包含着某种内在的紧张，"德"是通过"治"实现的。

周秦之变却没有提供新的制度价值核心思想与政治意识形态，只在原有"天子""德治"框架内进行调适。汉代以后的"儒表法里"政治文化只是一种新的皇帝中央集权的有效治理方式，但在意识形态建构领域并不能算是一种全新创制，而只是西周以来意识形态的逐渐深化与成熟。如学者赵鼎新所说，是儒学意识形态与政治权力结合而成一种"帝国儒学"形态。[2]

1　笔者曾在博士学位论文《中国传统绘画中的比德观》（2005 届，南京艺术学院）第一章第一节中对周代"德"字含义略作梳理。"德"是后起字，其原义比较具体丰富，非仅是后代儒家不断窄化的伦理化道德。西周时，"德"字仍然常用于泛指某种取得成就的具体能力，直接通"得"，后渐渐用来泛称事物的特定属性，东周之后的道德危机导致的伦理论争，才充分激发了伦理化的道德含义。

2　赵鼎新：《东周战争与儒法国家的诞生》，华东师范大学出版社，2011，8—9 页。

五、改制不改道的社会变迁

关于东周的礼崩乐坏，制度的巨大变迁，学者们已经论述甚详。具体事实没有太大争议，学者管东贵曾经做过一个比较详细的概括：从整体的观点看，封建制的解体不但是作为一种政治制度的封建制本身的问题，而是连同它存活的环境，也就是它的社会基础，整个都发生了根本上的变化的问题。这是一种"大时代"的转变，封建制之转变为郡县制，只是整个大时代转变较显著的一环而已。他列出了这一"大时代"中的六种变化：姓（姬姓氏族）分解为氏（宗法秩序崩解）；世袭（行政首领，除天子外）转变为尚贤；庙堂论政（祭政复合）分化为朝廷论政（祭政分离）；财产共有转变为财产私有；阶级制转变为齐民化；封建制转变为郡县制。由此，他得出这样的结论：社会结构的整体转型成为必然的结局。[1]

六种变化事实没有争议，只有定性化的前提可以略加商榷。过于强调整个社会基础、制度环境整个发生了根本上的变化，"一种'大时代'的转变"，而没有意识到制度的核心价值没有被颠覆，反而通过后来"独尊儒术"的意识形态重建并得以调适与延续。

周公制礼如同一个重要的分水岭，它使前代的各种制度累积在此进入了一个新的社会演化阶段，其最重要的变化是制度核心价值观念的转移，制度的合法性从遵循一个人格化的神的意旨，转移到现世君王以德配天来安排社会有序等级的礼乐制度。周初礼制的初创虽未必完善，其后不断发展的制度方向却大体沿着"德治"衍生出来的一套"尊尊、亲亲、贤贤"的礼制规则，按照天地四时的象征方式，在人间秩序与天地秩序间建立了一种同步与类比的关系，使天人合一的基本观念不断丰富成熟了起来。

1　管东贵：《从李斯廷议看周代封建制的解体》，见《周秦文化研究》编委会编：《周秦文化研究》，陕西人民出版社，1998，555—565页。

周代"礼治"是一种新的混融性的制度安排，其具体实施是周代的"礼"，确立了从贵族集团共治到君王政治中心化的重要制度安排。西周开始的主要礼制——如宗法礼制、学礼、籍礼、冠礼、蒐礼、乡饮酒礼、飨礼、射礼、赘见礼、报聘礼、婚礼、军礼等，在当时具有功能的广泛性与政治性，包括了从宗教、军事、政治、经济到日常生活方式各个方面的相关制度规则。这是一种努力把政治秩序、亲缘秩序、文化秩序等融为一体的更具弥散性的理想文化秩序。诚如阎步克所论，周礼中社会管理、文化传习、礼节仪式和法制刑赏等是混为一体而不甚分别的，从"尊尊、亲亲、贤贤"中可以看到有三个基本的文化政治传统已孕育其中，即吏治的政统、族治的亲统、道治的学统。战国之后的法家崇尚的"法治"，并非凭空而生，它是由"礼治"之中的政统吏道因素充分分化而来的。当各国礼制日益形式化、程序化、系统化，并日益服从于纯政治性的思考和服务于纯功利性目的之时，所谓"法""律"也就从中脱胎而出了。战国时代，许多国家发展出因功而授的"赐爵"之法，商鞅变法使军功爵制逐渐成了一种重要的身份等级。二十级爵各自享有不同特权，并且"民之爵"和"官之爵"亦有区分。这二十个等级被认为相当于诸侯、卿、大夫、士，且仍称为"爵"，说明了官僚等级制是封建等级制的直接变革形态，前者显然不是在后者之外产生的。早在周代，就已经存在着相当发达的官员体制了，它居然曾与宗法封建制和谐交融，乃是一颇令人惊异的事实。[1]春秋战国之后的重要变化，不妨看作是三统分化的发展与演化。

　　春秋之后，世袭贵族衰落，布衣卿相食禄，职业官僚崛起，上层结构发生了变化，制度安排开始有所分化发展。如阎步克所论，用礼则重情重德，用法则重刑重事，礼与注重外部行为、依赖条文和政治强制

---

[1]　阎步克：《士大夫政治演生史稿》，146、469、470 页。

之法异。其所以异，则关涉于社会的进化、分化程度。[1] 吕思勉论"法制"变化也曾揭示过制度分化发展的变化："古之断狱，所以能重其情者，以其国小民寡而俗朴，上下之情易得而其诚意易相孚也。……听狱者之诛事而不诛意，果何自始哉？……盖世风气稍变，德与礼之用穷，而不得不专恃法。夫法之与德礼，其初本一也，而后卒至于分歧者，则以民俗渐漓，表里不能如一也。人藏其心，不可测度，何以穷之？则不得不舍其意而专诛其事，而法体由是成。"[2] 那么，我们如何考量周代后期政治制度从世袭到"选举"新变的深刻程度？礼制与政治相对分开是多大程度上的制度变迁？战国之慎子已有言："礼从俗，政从上。"[3]"俗"与"政"在此被视为相形对照的两极，《管子·宙合》曰"乡有俗，国有法"，也说明"俗""法"有异。常金仓指出："古代学者总是礼俗对举，说明礼俗在他们心目中已是不同的两类事物。"[4] 换句话说，春秋之后，"俗""礼""政""法"等区别，意味着并不存在明确分化的日常生活空间和已分化成组织结构的国家政权遵循着不同的规范，分属不同的制度层次，有不同的场域规则。但从多维度的制度体系来看，多维的制度系统只是分化了，并没有新创意识形态取代原有的制度价值核心思想与道德共识基础。

周礼的瓦解，是"礼之数"发生了大的变迁，但"礼之义"的方面，却通过儒学在后世的制度演化中更牢固地确立了意识形态上的正统地位。唐太宗曾问："礼乐之作，是圣人缘物设教，以为撙节，治政善恶，岂此之由？"杜淹答："前代兴亡，实由于乐。"魏徵则进曰："古人称，礼云礼云，玉帛云乎哉！乐云乐云，钟鼓云乎哉！乐在人和，不由音调。"太

1 阎步克：《士大夫政治演生史稿》，85 页。
2 吕思勉：《吕思勉读史札记》，上海古籍出版社，1982，386—389 页。
3 （唐）欧阳询撰，汪绍楹校：《艺文类聚》卷三十八，上海古籍出版社，1982，675 页。
4 常金仓：《周代礼俗研究》，文津出版社，1993，8 页。

宗然之。[1]

因此，秦汉之后社会制度的大变动不妨看作是一种"改制不改道"的变革，它是不断加强西周以来天子独尊的一种政治演化方式，并未触动最根本的制度核心价值以及政治权力核心传承的方式。当代学者试图详细而全面地概括这个大变革，典型的如台湾学者管东贵所强调的"大时代"变革，笔者以为这是看到了"变"的部分，而没有看到制度深层次要素的潜在延续。周秦之际虽经历了政治制度的大调整，但还不宜定性为根本制度的彻底革命，其衍生的一系列政治、经济、生活与个体行为的制度变迁，以制度"根本性、整体性"来描述容易让人忽略其中未被颠覆的深层制度要素。西周以来天子独尊在政治建制上的完成，其内在的制度核心价值"以德配天"仍然持续有效地支撑着后世的社会制度。

借用学者赵鼎新的术语，汉武帝建立并完善起来的"儒法国家"，礼俗以儒学为依据规范非正式制度，以维系宗法社会的基本秩序；法制以法家为宗，规范秦代完善的正式制度，使科层制皇帝中央集权得以有效运作。秦国在长期战争中发展出来囊括天下的高效组织形成了超强的科层体制与军事力量，对统治力量过于自信。其结果如赵鼎新所指出："秦帝国从未建立起一套能够成为至少是国家与社会精英群体合作基础的统治性意识形态"，而"汉武帝建立的是与秦帝国非常相似的中央集权科层制国家，两者之间关键差异在于，秦帝国将其统治权力建立在纯粹的强制力量的基础之上，而汉武帝统治之下的汉帝国则将其统治的合法性奠定于儒家学说以及国家政治与儒士之间的政治联盟之上。这套政治模式在中国历史上一直绵延到1911年"。[2]

因此，王国维的"偏执"更能让人看清殷周之变的深刻性，即制度价值核心已发生转折。而周秦之变，不妨看作是这个核心价值所衍生的政治制度变迁，即从封建到郡县、从世袭贵族到选举官僚的变化。

---

1 （唐）吴兢：《贞观政要》卷二十九《礼乐》，上海古籍出版社，1978，233 页。

2 赵鼎新：《东周战争与儒法国家的诞生》，149、163 页。

汉代之后，皇帝中央集权政体虽不断有所进退演化，却已大体完成，所谓"礼法"已经以"法"为主，以"礼"为仪，礼仪成为君主专制法则的装饰化制度形式，其等级区分所依赖的方式仍然是一套严密的器物制度。中国皇帝集权的法制，与西方的法相对较，不是"rule of law"（以法律为最高权威的依法治理），而是"rule by law"（以权力为最高权威的以法统治）。法只是皇权的工具，皇权与法是二而一的。不过，周秦之变的反思，至少已经使明智的人知道"家天下"的千秋万代是一种幻想，而经过"天人合一"与五行相替的思想改造之后，人们通过五德始终的"改德"学说来为朝代更替提供了一个完整的道德化解释。所谓秦应水德，尚黑；汉应火德，尚赤。[1] 其统治的合理性已经不是哪一个具体的上帝之神来决定，而是包含了天地宇宙理性内涵的天"道"之"德"的力量消长与更替。可以看到，这种制度基础思想内核出现的重要历史分水岭依然源自西周的德治。

中国传统工艺制度也以物质化的形态深刻地参与了这个根本性制度观念的形成与演化。器物制度作为制度的最表层形态，与其制度的深层结构也有着内在的呼应。政治秩序变迁会清晰地从器物形态中反映出来，器物的理性化、生活化与艺术化趋势正是随着政治斗争的不断激烈而演化，现世政治秩序逐渐成为器物服务的中心。

周代开始，食器以鼎簋为中心、乐器以钟磬为中心的礼器用物体系不断完善，衣食以"分"，钟鼓以"和"，形成了一个高度结构化、细分化的器物系统，物成为繁复礼制仪节不可或缺的组成部分。周代器物系统舍弃殷商酒器中心的器物等级系统，代之以食器为中心的系统化器物表意功能的改造，比较彻底摆脱了商代器物残留的自然语言式的器物符

---

1 《杜氏通典二百卷》卷第六十六"礼典"：秦水德，旗斿皆尚黑。其制未详。汉制，龙旗九斿，七仞，以象大火，鸟旟七斿，五仞，以象鹑火；熊旗六斿，五仞，以象参、伐；龟蛇旐四斿，四仞，以象营室；弧旌枉矢，以象弧也：此诸侯以下之所建也。（唐）杜佑撰：《杜氏通典二百卷》，嘉靖十八年西樵方献夫刊本，3 页。

号意指方式，进入了一种系统化制度化的符号象征体系阶段。在周代礼制观念下，西周器物在铭文、组合、纹饰、功能与意义内涵几个维度之间共同构建了一整套具有新的价值观念内核（"德治"）的结构与等级表意系统，有完整的纵横组合，器物的生产与形式有深刻的意识形态内涵。[1]经过周礼系统化、符号化完善之后，器物服饰法天地四时，以一种结构化的纵横组合来建立一套意义清晰的器物制度已经成为一个可以直接继承的历史遗产。

器物的主要服务对象从商代的上帝与祖先之帝，到西周的祖宗与子孙后代，再到东周之后现世的贵族自己，其日常品格越来越强烈，而"艺术化"——其中的两个主要风格，无论是雕缋满眼，还是清水芙蓉——成为秦汉之后新的等级区分手段，而这两者都不是平民有能力使用与欣赏的。前者以繁复直接展示奢华，后者则是含蓄深沉的低调奢华，都是贵族精神文化的遗产。

秦汉之际的贵族艺术化文化独占方式没有像西周那样带来全新的意识形态建构。周秦之际的鼎革，虽然具体器物形式系统已经改换，但其意识形态功能却有内在的继承性。西汉的具体的舆服制度虽缺乏比较明确完整的历史记载，但据学者考证，汉高祖刘邦和叔孙通已为一代舆服制度奠定了基础，汉高祖及其大臣从观念上接受了器物制度是"奉宗庙、安天下之大礼"。后人论著中还多有引叔孙通《汉礼器制度》者。可惜《史记》《汉书》没有专门记载，只有到了范晔《后汉书》才有专门的《舆服志》。此后虽代有沿革，然其基本结构与功能却再也没有太大的变化。器物不再只是一种审美的物质形式遗产，它作为文化的载体与装饰更是权力与等级的象征。在等级社会中，物并不可能逃脱制度与文化的烙印而成为单纯之物。所有的器物，都是特定观念与社会制度的产物，都会折射出一定时期人们的思想观念与行为规则，以及其中内含着的复杂社会变迁。

1　徐东树：《西周器物的"符号化"及其意识形态转换》，载《民族艺术》，2014（2），137—144 页。

从楚汉文化传承的背景说雄戟

苏辉

中国社会科学院历史研究所，出土文献与中国古代文明研究协同创新中心

摘　要：文章选取雄戟作为切入点，通过考察具体器具的形制发展、演变与文化观念的关联，揭示了战国以降楚汉文化之间演变的内在脉络。

关键词：楚汉文化；雄戟；形制；文化脉络

汉代文化的渊源传承是一个宏大而重要的问题，许多前辈学者都已经在多方面有过详略不一的论述，给复原从战国到秦汉的文化脉络，展现当时复杂的历史面貌提供了客观的参考。本文准备延续这个话题，选取雄戟这种兵器切入进行剖析，考察具体器物与文化观念的流传演变。

一

"雄戟"在汉晋人的文辞中较为常见，如：

楚王乃驾驯驳之驷，乘雕玉之舆。靡鱼须之桡旃，曳明月之珠

旗。建干将之雄戟，左乌嗥之雕弓，右夏服之劲箭。——司马相如《子虚赋》

乃命上将，授以雄戟。桓桓上将，实天所启。——史孝山《出师颂》

左倚雄戟，右攒干将。——繁钦《撰征赋》

丈夫要雄戟，更来宿紫庭。今者宅四海，谁复有不并。——《太平御览·兵部八十四》卷三百五十三引应璩诗

铗铗雄戟，清金练钢。名配越棘，用过干将。严锋劲枝，摛锷耀芒。——张协《手戟铭》

雄戟列于廊技，戎马鸣乎讲柱。——郭璞《登百尺楼赋》

吴王乃巾玉辂，轺骕骦，旗鱼须，常重光，摄乌号，佩干将。羽旄扬蕤，雄戟耀芒。——左思《吴都赋》

汉晋时代文学家在诗歌辞赋中屡屡提到"雄戟"，其中有不少是作为典故来引用，指代坚兵利器和军事活动，抒发建功立业的抱负与胸怀。通过字书的记载及文赋的注解可知，当时人们对这种兵器的具体形制也有相应的认识。《史记·司马相如列传》中有《子虚赋》，裴骃《集解》引张揖《汉书音义》："干将，韩王剑师。雄戟，胡中有鉅，干将所造也。"[1] "鉅"同"觚"，二字均为"距"的异体字。《集韵·语韵》："距……或作'鉅''觚'。"[2]《说文·足部》："距，鸡距也。"段玉裁注："《左传》'季氏介其鸡，郈氏为之金距'，服曰'以金沓距也'。按鸟距如人与兽之叉。此距与止部之歫异义。他家多以距为歫。"[3] 本义指雄鸡爪跖骨上生长向后突出的尖刺。《汉书·五行志》："宣帝黄龙元年，未央殿辂軨中雌

---

1 《汉书·司马相如传》注引张揖曰："干将，韩王剑师也。雄戟，胡中有鉅者，干将所造。"（汉）班固撰，（唐）颜师古注：《汉书》，中华书局，1962，2539 页。

2 （宋）丁度等编：《集韵（附索引）》，上海古籍出版社，1985，328 页。

3 （汉）许慎撰，（清）段玉裁注：《说文解字注》二篇下"足部"，上海古籍出版社，1981，84 页。

鸡化为雄，毛衣变化而不鸣，不将，无距。"颜注："距，鸡附足骨，斗时所用刺之。"可知雌鸡无距。朱骏声《说文通训定声》："距，亦作'駏'作'躯'，……《淮南·原道》'虽有钩箴芒距'[1]，注：'距，爪也'。"[2]程瑶田根据张揖关于"雄戟"形制的描述，做了一定的引申："司马相如《上林赋》有'雄戟'，张揖注云'胡中有者'，盖言有刺如鸡距，《增韵》云'凡刀锋倒刺皆曰距'。"[3]故程氏认同只要兵器中有刃锋倒刺者都叫"駏"。本文为了汉字输入方便，后文统一用"距"字。

此外，《史记索隐》引《方言》云："戟中小子刺者，所谓雄戟也。"此句实出自东晋郭璞对《方言》"三刃枝，南楚宛郢谓之匜戟"的注解。[4]《广雅·释器》"匜谓之雄戟"的解释应该就是从郭注而来，王念孙的疏证也没有超出上述古注的范围[5]。古代学者对"三刃枝"也有多种意见，众说纷纭，笔者拟另文探讨，这里就不展开了。

至于匜为什么可以叫作雄戟，钱绎《方言笺疏》引用其父钱大昭的说法云："家君曰：'匜戟'以雄得名。《释鸟》'鷗，凤。其雌皇'。戟之雄者谓之匜，犹凤之雄者谓之鷗矣。"[6]从仿生铸器的角度而言，戟胡部有之似雄鸡，故名雄戟。这是大多数学者公认的意见[7]，当然是没有疑义的，也可以根据辞源的演变来看待这个问题，凤鸟之雄者为鷗，故从雄戟连类而及称鷗戟，匜字本身并不包含雄性之义，从匜得声的字也大多没有雄性的含义，匜戟或为鷗戟的声转假借。传世字书中与"匜戟"词义有

---

1 《淮南·原道》："夫临江而钓，旷日而不能盈罗，虽有钩箴芒距，微纶芳饵，加之以詹何、娟嬛之数，犹不能与网罟争得也。"

2 （清）朱骏声：《说文通训定声》，豫部第九，中华书局，2016，436 页。

3 （清）程瑶田：《考工创物小记》卷四，见《续修四库全书卷 85》，上海古籍出版社，1995，172 页。

4 原文为：今戟中有小子刺者，所谓雄戟也。

5 （北魏）张揖撰，（清）王念孙疏证：《广雅疏证》卷八上，广文书局，1971，267 页。

6 （清）钱绎撰集，李发舜、黄建中点校：《方言笺疏》，中华书局，1991，299—302 页。

7 钟少异：《雄戟和鸡鸣戟》，见《金戈铁戟——中国古兵器的历史与传统》，解放军出版社，1999，34—36 页。

关的两个字分别是："錣"和"矲"，《集韵》《玉篇》分别释义为两刃戟和三刃戟，可见古代学者已经存在训诂上的分歧，对于具体器物形制的描述和印象自然也不会一致。

梳理古书注解可以知道：郭璞认为只要戟上有子刺的都是雄戟，张揖则明确主张胡中有距才叫雄戟，《广雅》则指出匽戟就是雄戟。如何辨析上述三点之间的差异和正误，还需要借助出土实物的验证。

二

中国现代考古学出现以来，在科学发掘中最早发现铜距的遗址是河南山彪镇战国墓和辉县琉璃阁甲墓。作为发掘者，郭宝钧先生不仅从出土器物中辨析出距，并对距的使用方式作了较为细致的考证，后来都收录在《山彪镇与琉璃阁》这本考古报告中，由此可知山彪镇 M1 出土的是独体铜距[1]，琉璃阁甲墓则是距形内铜戟[2]。沈融先生对先秦时期带距的青铜实物戟做了综合考证，认为从工艺形态划分，距与戟的搭配关系可以分为合铸和分铸组装两种，并重点讨论了作为构件的距在戟上的附着位置、组合形式与装配方法[3]。近 20 年来新公布的古代兵器材料层出不穷，其中不乏有带距的青铜戟，可以对上述问题的研究有所推动，为了方便分析，下面在沈文例证的基础上补充相关器物列表如下：

1　郭宝钧：《山彪镇与琉璃阁》，科学出版社，1959，26—27 页、图版贰伍的 5 和 10。

2　郭宝钧：《山彪镇与琉璃阁》，图版壹壹柒 -3。河南博物院等：《辉县琉璃阁甲乙二墓》，大象出版社，125 页，编号 Z 甲 -31。

3　沈融：《东周青铜戟的一种形制及其相关问题》，载《华夏考古》，1998（2），87—93 页。

带距青铜戟分类例证表

距、戟关系	相对位置方式	例证	年代
合铸一体	距形内	新淦大洋洲 XDM:133 戟	商代后期
		昌平白浮 M2:33 戟	西周早期
		辉县琉璃阁 Z 甲 −31 戟	春秋后期
		洛阳中州路 M2717:145/6 戟	战国早期
	距、内同侧	宝鸡竹园沟 BZM8:14 戟	西周早期
	距、胡同侧（胡下角）	江陵雨台山 M277:25 戟	战国中期
分铸组装	距、内同侧	三门峡上村岭 M1705:61 距	春秋早期
		汲县山彪镇 M1:56 距	战国早期
	距、胡同侧	汲县山彪镇 M1:56−2 距	战国早期
		洛阳中州路 M2717:154 距	

　　距、戟合铸一体有距形内戟和距内并行戟两类，前者如宝鸡竹园沟 BZM8:14 戟（图 1）[1]，三角援，鱼尾形的直内，矛在与内同侧的中部还有倒钩状的距。后者如 1975 年昌平白浮发现的戟（图 2）[2]，援部略呈弧状，不仅内作距形，矛的锋头部位也下弯成距形，它们共同的源头可能是商代的勾戟，如新淦大洋洲 XDM：133 铜戟（图 3），矛刺弯折成矩形与直内平行[3]，从年代来看属于戟上最早带矩形的样式，昌平白浮也有同样造型的戈（M2：35）[4]，可见其中的脉络。而带距的戟沿用到西周、春秋时期，

1　卢连成、胡智生：《宝鸡強国墓地》，文物出版社，1988，上册 182 页，下册图九五—5。

2　北京市文物管理处：《北京地区的又一重要考古收获——昌平白浮西周木椁墓的新启示》，载《考古》，1976（4），第 246—258 页。国家文物局：《中国文物精华大辞典·青铜卷》0593 号，上海辞书出版社、商务印书馆（香港）有限公司，1995，170 页。

3　江西省博物馆：《新干商代大墓》，文物出版社，1997，图版三五—7；中国国家博物馆、江西省文化厅：《商代江南——江西新干大洋洲出土文物辑萃》，中国社会科学出版社，2006，264 页。

4　北京市文物管理处：《北京地区的又一重要考古收获——昌平白浮西周木椁墓的新启示》，载《考古》，1976（4）。

图 1　BZM8 : 14　戟　　　　　　图 2　戟　　　　　　图 3　铜戟

并在造型上有所拓展，其中内作矩形的铜戟成为两周时期的主流，此外，东周时期戟的胡和距的刃部常常会做出波形子刺，这也是西周与东周戈戟的一个区别。非考古发掘的距形内铜戟也有发现，如 1965 年南阳征集的一件镈戟（图 4），内也作距钩形，胡部有波折子刺，阑侧为带纹銎管，整体合铸[1]，造型精美，较之同类的辉县琉璃阁和洛阳中州路合铸距内戟更显特色。

结合古书训解和实物的相互印证，可以得出一些推论：距在戟上的使用时间从商代后期延续到战国中晚期，其间不断创新出不同的组装配置方式，从而形成多种器型，而且各种类别分化的脉络较为清晰，其中的构造内核并没有发生变异，所有带距的戟本质上都是出自一致的仿生设计理念，具有共同的造型渊源，在中原及其周边地区都在使用，无论中原还是楚地，也不管王畿还是诸侯属地，都体现出同样的文化内涵。因此，可以确定无疑地将它们统一称为雄戟，判断的依据就在于必须配置有距这种构件。如果郭璞注解中的"子刺"就是指距的话，那么他对雄戟的定义是成立的，不过很有可能他所谓的子刺是指距或胡部的突刺，这样就会误导学者认为凡是具有波形突刺的铜戟都可叫雄戟，而忽略是否带有距这个根本特征。孙机先生认为雄戟、匽戟、鸡鸣戟和拥颈戟异

1　中国青铜器全集编辑委员会：《中国青铜器全集》第 7 卷"东周 1"，文物出版社，1997，图一四八。

图 4　铍戟　　　　　　图 5　胡距合铸戟　　　　　图 6　胡距合铸戟

名实同[1]，就是从上述错误的情况进行推论，显然过于宽泛，不能令人信服。张揖的注释仅仅是特指胡下角作距形的雄戟，属于以偏概全的不完整归纳。讨论至此，关于雄戟的判定标准已经解决，那么剩下的问题就是怎么审视雄戟与匽戟的对应关系。

《方言》"三刃枝，南楚宛郢谓之匽戟"是关于匽戟最明确的说法，《方言》一书就是根据地域来收集语汇的训诂著作。从这个角度来考虑，匽戟可能是特指在楚地流行的带距铜戟。由此观看上表中所列雄戟实例，真正吻合的只有沈融等学者文中所举的江陵雨台山出土的雄戟，也即张揖所述胡下角合铸距的铜戟，在墓葬中保存至今的数量其实并不多，笔者近来又发现两件。按照出土时间列举，这三件胡距合铸戟分别为：第一件 1973 年出自湖北江陵藤店一号战国楚墓（图 5）[2]，现藏荆州博物馆；第二件 1975 年出自湖北江陵雨台山 M277（图 6），也是战国楚墓；第三件 1990 年湖北襄阳竹条镇出土，现藏襄阳博物馆（图 7、8）。

通过对比可知，三件雄戟的形制非常一致，都是略上扬的微弧长援，前段收成锐锋，上下阑突出明显，阑边侧只有一穿，斜角长内三边出刃，其上带两道血槽，胡下末端有倒刺，即古书提到似雄鸡一般的矩。这种

1　孙机：《汉代物质文化资料图说》，文物出版社，1991，123 页。

2　成都华通博物馆、荆州博物馆编著：《楚风汉韵：荆州出土楚汉文物集萃》，文物出版社，2011，41 页。

图 7　胡距合铸戟

图 8　胡距合铸戟

雄戟的主人应该具有一定的身份和地位，至少是士的级别。藤店 M1 有五级台阶，带一条墓道，出土器物中包括战利品越王州勾剑、镇墓兽，等等。[1] 江陵雨台山 M277 为一椁一棺墓，带有一条墓道，出有象征身份的镇墓兽。[2]《中国考古学·两周卷》总结楚地甲字形墓时指出："这类楚墓已发现了数十座。绝大多数属战国时期，其中尤以战国中期者为多。这类墓的墓主人应为下大夫或与之身份相当的中层贵族。"[3] 襄阳博物馆陈列的这件雄戟的矛头已经分离，展馆也并无其他说明，无法对墓主人做进一步的推测，但其身份应该不会与上两个相差太远。

三件雄戟的出土地点显示，它们是在战国时期楚地使用的一种实用兵器，今天的荆州和襄阳正处在"南楚宛郢"的范围之内，这就绝不是一种巧合了，器型、名物和语言、地域的关系如此统一，或许正好说明匽戟特指张揖所述胡下角合铸距的铜戟。匽戟可以说是雄戟，却不可反向来定义，因为匽戟只是雄戟的一个分支，只在战国中后期特定地域流行。

1　荆州地区博物馆：《湖北江陵藤店一号墓发掘简报》，载《文物》，1973（9），7—17 页。

2　湖北省荆州地区博物馆：《江陵雨台山楚墓》，文物出版社，1984，145 页。

3　中国社会科学院考古研究所编著：《中国考古学·两周卷》，中国社会科学出版社，2004，358 页。

三

汉晋时代雄戟虽然已经退出实战兵器序列，但当时学者应该见过战国时期遗留下来的器型，否则不可能如张揖描述得那么准确。通过上引文赋也可推测，雄戟很有可能在宫廷和礼制场合等小范围内使用。对古人来说，前代兵器形制被模仿作为仪仗或卫士兵器是常见的事，如战国时代张仪在秦国任相邦时督造的兵器青铜戈在西汉南越王墓中出土[1]，显然是作为礼仪性的物品得到珍藏，并最后随葬。史书中也常见类似记载，《史记·吕太后本纪》"代王即夕入未央宫。有谒者十人持戟卫端门"[2]，《淮南衡山列传》"王令人衣卫士衣，持戟居庭中"[3]，所说的当然主要是汉代通行的戟，其中或许就有仿制的雄戟，学者通人得以明其形制，注解古文，并在诗赋中化用[4]。而原始的雄戟器物已经湮没在历史的长河中，形制逐渐被淡忘，其名词却通过文学的传布而继续存在。至于唐宋人在诗词文章中引用的"雄戟"，已经是纯粹作为文学典故，与器物原来的形制已经没有什么关系了。

汉朝立国虽承秦制，但贵族上层仍以楚地人为多，楚汉之间的文化传递实况仍需借助具体的物化资料。先秦楚地考古发现层出不穷，不仅要明晰文物本来的样子，也要梳理其在后世演变的轨迹，分析内里蕴含的文化脉络。本文对雄戟这种特定器物的考察只是一个尝试，怎么透过外物去揭示楚汉文化的内在联系，仍是需要继续深入探讨的问题。

文化的流传既通过有形的器物和仪式，也隐含在不经意的日常生活

1　广州市文物管理委员会、中国社会科学院考古研究所、广东省博物馆：《西汉南越王墓》，文物出版社，1991，316—317页。

2　（汉）司马迁：《史记》卷九《吕太后本纪》，中华书局，1982，410页。

3　（汉）司马迁：《史记》卷一百二十八《淮南衡山列传》，3084页。

4　同样存在一种可能，汉晋有的学者所认为的雄戟并非如本文讨论涉及的形制，而是当时行用的另一类戟，这就属于由此衍生的问题，上引诗歌辞赋中必定也存在误解性的套用。

中，通过口耳传唱或书籍写本为后人所知。上至公卿百官，下到百姓黎民，在新旧文化的交替中分别起到无法用具体数值来衡量的推动作用。从文化面貌而言，新的文化不但包含旧有文化的因子，更在此基础上创造不同以往的元素，在交融中延续传统，在蜕化中开辟新章。

犄角猛兽
——辟邪、天禄形象考源的一个视角

董波

苏州工艺美术职业技术学院

摘　要：早期辟邪、天禄为头上长有犄角的猛兽形象，食肉动物头上通常是不长角的，所以这种形象为人造形象，有其文化渊源。辟邪、天禄之前，亚欧大陆上有中国的角龙和中国以西的角狮两大犄角猛兽的造型传统，辟邪、天禄形象正是这两种传统的融合，且更显中国以西角狮的形象特点。亚欧草原和中亚一带斯基泰–塞种（Scythian-Saka）文化的沟通和传导作用，是角狮形象东传的主要原因。

关键词：犄角；猛兽；辟邪；天禄；考源；角龙；角狮；斯基泰–塞种

比较解剖学的奠基人、有"古生物学之父"之美誉的法国生物学家乔治·居维叶（Georges Cuvier，1769—1832）有一段趣事。一天晚上他正在卧室睡觉，他的一个学生扮成怪物来到他床边说道："居维叶、居维叶，我来吃你了！"居维叶被吵醒后借助微弱的光线，发现眼前的"怪物"

长着犄角，于是淡定地回应：“你只会吃草，吃不了我！”[1] 居维叶凭他丰富的生物学知识，判定犄角和尖牙利爪具有相悖的功用，在走兽身上是相斥的，长着犄角的走兽不会是食肉动物。若不考虑特例，居维叶的这个判定是正确的。因此，一种流行的犄角猛兽形象不是对现实生物的描绘，而是人造形象，具有明确的文化背景，代表特定的文化观念。中国汉代兴起的神兽辟邪、天禄通常为一种长有双翼和犄角的猛兽，早期其犄角还特别明显。现实生活中的走兽是不长翅膀的，这点学术界早有关注，有关翼兽形象的研究成果较为充分，十分有助于认识辟邪和天禄形象的来龙去脉。本文通过梳理早期犄角猛兽的形象，试图探寻辟邪、天禄形象之源。

一、早期辟邪、天禄及其形象

西汉元帝时（前48—前33）黄门令史游《急就篇》：“射魃辟邪除群凶。”唐代颜师古（581—645）注：“射魃、辟邪，皆神兽名。……辟邪，言能辟御妖邪也。”[2] 但颜氏的注解是否准确，实难确定。若不算零星的器物铭文，现存汉语古文献对于辟邪、天禄作为神兽的明确记述，大体不早于三国时期。曹魏道家学者卞兰《许昌宫赋》：“天鹿轩鬐以扬怒，师子郁拂而负桢。”[3] 此处天鹿即天禄，与师子（狮子）并列。唐代徐坚《初学记》卷二十九《狮子第一》引三国至南北朝成书的志怪小说集《十洲记》：“聚窟洲在西海中申未地，面各方三千里，北接昆仑二十六里，有

1　Henry Neville Hutchinson, *Extinct Monsters: A Popular Account of Some of the Larger Forms of Ancient Animal Life*, Chapman & Hall, 1896, p.7.

2　（西汉）史游撰，（唐）颜师古注：《急就篇》，明崇祯时期毛氏汲古阁刊本，卷之三，11页。

3　（唐）欧阳询：《艺文类聚》卷六二《居处部二》，上海古籍出版社，1965，1113—1114页。

狮子、辟邪、凿齿、天鹿、长牙铜头铁额之兽。"[1]东晋炼丹家葛洪（284—364）数次提及神兽辟邪与天禄[2]，北魏地理学家郦道元（？—527）《水经注》也提到神兽天禄（天鹿）[3]。南朝宋范晔（398—445）《后汉书·舆服下》："皇后谒庙服……步摇以黄金为山题，贯白珠为桂枝相缪，一爵九华，熊、虎、赤罴、天鹿、辟邪、南山丰大特六兽，《诗》所谓'副笄六珈'者。"[4]《后汉书·宦官列传》："又铸天禄、虾蟆，吐水于平门外桥东，转水入宫。"[5]《后汉书·孝灵帝纪》记东汉灵帝中平三年（186）"复修玉堂殿，铸铜人四、黄钟四，及天禄、虾蟆，又铸四出文钱"。唐代李贤注："天禄，兽也。时使掖廷令毕岚铸铜人，列于苍龙、玄武阙外，钟悬于玉堂及云台殿前，天禄、虾蟆吐水于平门外。事具《宦者传》。按：今邓州

1 （唐）徐坚等：《初学记》，中华书局，2004，697页；（宋）李昉等：《太平御览》，中华书局，1960，3950页。

2 《抱朴子内篇》卷五《至理》："飞元始以炼形，采灵液于金梁，长驱白而留青，凝澄泉于丹田，引沉珠于五城，瑶鼎俯爨，藻禽仰鸣，瑰华擢颖，天鹿吐琼。"《抱朴子内篇》卷十五《杂应》："但谛念老君真形，老君真形见，则起再拜也。老君真形者，思之，姓李名聃，字伯阳，身长九尺，黄色，鸟喙，隆鼻，秀眉长五寸，耳长七寸，额有三理上下彻，足有八卦，以神龟为床，金楼玉堂，白银为阶，五色云为衣，重叠之冠，锋铤之剑，从黄童百二十人，左有十二青龙，右有二十六白虎，前有二十四朱雀，后有七十二玄武，前道十二穷奇，后从三十六辟邪，雷电在上，晃晃昱昱，此事出于仙经中也。……"《抱朴子内篇》卷二十《祛祸》："又见昆仑山上，一回辄有四百四十门，门广四里，内有五城十二楼，楼下有青龙白虎，蜥蛇长百余里，其中口牙皆如三百斛船，大蜂一丈，其毒煞象。又有神兽，名狮子辟邪、三鹿焦羊，铜头铁额、长牙凿齿之属，三十六种，尽知其名，则天下恶鬼煞兽，不敢犯人也。"《抱朴子外篇》卷第三十八《博喻》："栖鸾戢鹭，虽饥渴而不愿笼委于庖人之室；乘黄天鹿，虽幽饥而不乐草茇于濯龙之厩。"《神仙传》卷三："侍者数百人，多女子及少男，庭中有珠玉之树，蒙茸丛生，龙虎辟邪，游戏其间，但闻琅琅有如铜铁之声，不知何物。"王明：《抱朴子内篇校释（增订本）》，中华书局，1986，111、273—274、349页；杨明照：《抱朴子外篇校释》，中华书局，1991，300页；（晋）葛洪撰、胡守为校点：《神仙传校释》，中华书局，2010，70页。

3 《水经注》卷十九《渭水》："未央殿东有宣室、玉堂、麒麟、含章、白虎、凤凰、朱雀、鹓鸾、昭阳诸殿，天禄、石渠、麒麟三阁。"《水经注》卷二十三《阴沟水、汳水、获水》："隧前有狮子、天鹿，累砖作百达柱八所。"（北魏）郦道元著，陈桥驿译注：《水经注》，中华书局，2007，455、557页。

4 （南朝宋）范晔撰，（唐）李贤等注：《后汉书·舆服志》，中华书局，1965，3676—3677页。

5 （南朝宋）范晔撰，（唐）李贤等注：《后汉书》，2537页。

南阳县北有宗资碑，旁有两石兽，镌其膊，一曰天禄，一曰辟邪。据此，即天禄、辟邪并兽名也。汉有天禄阁，亦因兽以立名。"[1] 这些记述说明，辟邪、天禄作为神兽形象已常见于东汉宫廷。

最早的辟邪、天禄究竟何样？东汉班固《汉书·西域传》："乌弋地暑热莽平……而有桃拔、师子、犀牛。"唐颜师古注引曹魏孟康言："桃拔一名符拔，似鹿，长尾，一角者或为天鹿，两角〔者〕或为辟邪。"[2] 按此说法，辟邪、天禄均为乌弋（西域的乌弋山离国）出产的一种现实动物，其头上有的长独角，有的长双角，这引起了学者的猜想。林梅村指出，"桃拔"为"扶拔"或"符拔"之误[3]，据法国汉学家沙畹（Édouard Chavannes，1865—1918）考证，符拔一词系古希腊语 boubalis 的汉译，即叉角羚[4]，其雄性拥有向后弯曲的双角，雌性双角较小或无角[5]，而未见独角者。既然符拔（可能是叉角羚）是一种"似鹿"的兽，更合理的解释是，天禄（天鹿）有来自桃拔的形象要素，而这些要素不少也为辟邪所共享。至于辟邪、天禄本身，均系想象的神兽，而非现实动物。李零推测，"桃拔"或为"排拔"之误，即乌弋的别称，"桃拔""师子"应连读，意为"乌弋（桃拔）出产的狮子"，到中国被称为辟邪和天禄。[6] 按此说法，辟邪、天禄的身形应像狮子。北宋金石学家吕大临《亦政堂重修考古图·秦汉器》中的"辟邪镫"，就是头上长角的狮子形象（图1）[7]。上文引李贤注《后汉书·孝灵帝纪》："邓州南阳县北有宗资碑，旁有两石兽"，其腿上

---

1 （南朝宋）范晔撰，（唐）李贤等注：《后汉书》，353页。

2 （东汉）班固撰，（唐）颜师古注：《汉书》，中华书局，1962，3889页。

3 林梅村：《汉唐西域与中国文明》，文物出版社，1998，97页。

4 Edouard Chavannes, Dix Inscriptions Chinoises de l'Asie Centrale d'apres les Estampages de M. Ch.—E. Bonin, Paris, Imprimerie Nationale, 1902, p.232.

5 潘攀：《汉代有角神兽研究》，《秦始皇帝陵博物院》2016年卷。

6 李零：《论中国的有翼神兽》，见刘东编：《中国学术（第五辑）》，商务印书馆，2001，95页。

7 （宋）吕大临：《亦政堂重修考古图·卷第九·秦汉器》，清乾隆十七年黄氏亦政堂校刊本，1752，14页。

图1 《亦政堂重修考古
图·秦汉器》中的"辟
邪镫"

图2 宗资墓石翼兽，东汉，原置于河南南阳宗资墓前，现藏南阳
汉画馆（左：残长220厘米；右：残长235厘米）

部刻有铭文，一只为"天禄"，一只为"辟邪"。该石兽及铭文宋明时多
被提及，铭文拓本收入宋《汝帖》[1]，嘉靖七年（1528）重刻，实物现藏于
南阳汉画馆[2]，为头上生角的翼狮形象，独角者铭刻"天禄"于右翼，两角
者铭刻"辟邪"于左翼（图2）。宗资东汉桓帝时（146—168）曾任汝南
太守[3]，他墓旁这两只石兽应为当时遗物，但其上"辟邪""天禄"铭文尚
不能确定为最初所刻。据记述，东汉晚期亦有题铭"辟邪""天禄"（也
不能排除后世铭刻的可能）的墓前石兽，现已无存[4]。四川汉代画像石上曾

1 启功、王靖宪主编：《中国法帖全集·宋汝帖、宋雁塔题名帖、宋鼎帖·第四册》，湖北美术出版社，
2002，37页。

2 卜友常：《南阳汉画馆藏中汉代天禄、辟邪的造型艺术》，载《浙江树人大学学报》，2011（2）；卜
友常：《南阳现存"汉代宗资墓前天禄、辟邪"新证》，载《中国美术研究》，2013（4）。

3 （南朝宋）范晔撰，（唐）李贤等注：《后汉书》，2186页。

4 林通雁主编：《中国陵墓雕塑全集3·东汉三国》，陕西人民美术出版社，2009，39页；林梅村：《汉
唐西域与中国文明》，100页；李零：《论中国的有翼神兽》，见刘东编：《中国学术（第五辑）》，95页。

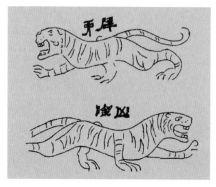

图3 题铭"辟卯""除凶"的虎纹，四川汉代
画像石上

图4 有"距虚辟邪除群凶，除子天禄
会是中"铭文的东汉铜镜纹

有一对老虎形象为学者所注意，分别题铭"辟卯""除凶"二语[1]（图3），
李零认为"辟卯"为"辟邪"之笔误[2]。鉴于两只老虎的形象一样，此处铭
文并不是它们的名称，而是指它们的功能，这也暗示当时或稍后的辟邪
神兽，身形应该像老虎。

实物资料最早可明示东汉辟邪、天禄的形象。现存东汉神兽纹镜中，
多件有"辟邪"或"天禄"铭文，指的是镜纹神兽[3]，绝大多数为东汉中晚
期。"天禄"铭文较少，亦有"辟邪""天禄"铭文共于一器的，如"距
虚辟邪除群凶，除子天禄会是中"[4]（图4）。其中几件上的铭文对辟邪、天
禄形象具有标识作用。如绍兴漓渚出土的一件，其纹饰采取重圈环带式

1　Cheng Te-K'un，*Archaeological Studies in Szechwan*，Cambridge University Press, 1957, p.33；Kate Finsterbusch,
Verzeichnis und Motivindex der Han—Darstellungen, Wiesbaden: Otto Harrassowitz, 1971, Abbildung 256, 257, Tafel
61.

2　李零：《论中国的有翼神兽》，见刘东编：《中国学术（第五辑）》，111页。

3　张丹：《汉代铜镜铭文研究概况及文字编》，吉林大学硕士学位论文，2013；李新城：《东汉铜镜铭
文整理与研究》，华东师范大学博士学位论文，2006；刘卫鹏：《东汉"天禄"铜镜的发现与探讨》，载
《文物》，2016（3）。

4　罗振玉：《古镜图录》，上虞罗氏影印本，1916，卷中20A。

构图，内圈纹饰有仙人、神兽、马匹、建筑等形象，并伴有"赤诵马""王乔马""辟邪""铜柱"等题铭，其中"辟邪"指的是头长独角、拥有长尾或利爪的翼兽[1]（图5）；绍兴发现的另一面铜镜上，围绕圆纽有三只有翼神兽的形象，一只为翼虎，与之相对的一只头生前伸上翘的独角，另一只头生双角，镜铭"白虎辟邪□□居中"[2]，可知与翼虎相对的神兽为辟邪（图6）；杭州余杭区星桥镇里山东汉墓出土的一件铜镜和绍兴发现的一件东汉铜镜[3]，镜面上均有两只有翼猛兽张口相对，环绕中心的半球形镜钮，一只躯体较长，头生双角，一只躯体稍小，头生独角，两头之间有"天禄"二字镜铭竖向排列（图7、8）。除铜镜外，山东临淄金岭镇一号东汉墓出土兽纹铜牌饰五件，其中四件较大，形制大小相同，其正面有蜷伏张口神兽一只，竖耳，肩有鬃毛，头生独角，顶部正中有"天禄"二字铭文横向排列（图9）[4]。

图5　绍兴漓渚出土东汉神兽镜"辟邪"铭文和兽纹

图6　绍兴发现的东汉龙虎镜，有"白虎辟邪□□居中"铭文

1　王士伦编著：《浙江出土铜镜》，文物出版社，2006，图版24。

2　刘忠民：《龙虎镜》，湖南美术出版社，2008，123页。

3　杭州市文物考古研究所等：《余杭星桥里山汉墓发掘简报》，见《东方博物》第五十四辑，中国书店，2015；刘忠民：《龙虎镜》，47页。

4　山东省文物考古研究所：《山东临淄金岭镇一号东汉墓》，载《考古学报》，1999（1）。

图 7　余杭里山东汉墓出土天禄镜局部

图 8　绍兴发现的东汉天禄镜

图 9　铜牌饰上的"天禄"铭文与兽纹，山东临淄金岭镇一号东汉墓出土

综上，最早的辟邪、天禄为头生犄角的猛兽形象，身形如狮虎，常有龙蛇感，亦多有双翼。辟邪、天禄谁为独角兽，谁为双角兽，尚不能确定。从铜镜上的形象看，辟邪更像狮虎，更显凶猛，天禄则更像龙，相对内敛，却不失威严[1]，这与二者的名称含义一致。天禄称天鹿，"鹿"说明其相对温和，但实物显示它依然是猛兽形象。

二、早期中国的角龙和中国以西的角狮

明确了最早的辟邪、天禄形象，根据现存实物资料可知，二者的形象在东汉已非常流行，且常配对出现（图 10、11）；战国后期至西汉则是辟邪、天禄形象的形成期，二者形象是此前犄角猛兽形象要素融汇的结果。

此前亚欧大陆上有两大犄角猛兽的造型传统，一是中国的角龙，二是中国以西的角狮。中国角龙形象从新石器时代晚期以来就有着不间断的

1　刘卫鹏：《东汉"天禄"铜镜的发现与探讨》，载《文物》，2016（3）。

传统。环太湖地区崧泽文化晚期至良渚文化的一些龙首玉环（图 12、13）、安徽含山县凌家滩遗址出土的玉龙（图 14），均是中国新石器时代晚期角龙形象的代表。此形态的玉龙发展成了商代常见的 C 形玉角龙（图 15）[1]。至少从商代晚期起，中国角龙的身形向 S 形和多曲波浪形发展，也开始融入虎形要素（图 16）[2]，西周时 S 形和多曲虎形或蛇形身形的角龙形象流

图 10　金掐丝辟邪、天禄，河北定州中山穆王刘畅墓出土，东汉，定州市博物馆藏
（左：高 3.3 厘米；右：高 3.1 厘米）

图 11　石辟邪、天禄，高约 109 厘米，河南洛阳孙旗屯出土，东汉
（左：洛阳古代艺术博物馆藏；右：中国国家博物馆藏）

1　杨伯达主编：《中国玉器全集（上）》，河北美术出版社，2005，148 页。
2　中国青铜器全集编委会编：《中国青铜器全集 4·商 4》，文物出版社，1994，178 页，图版说明第 51 页。

图12 玉龙环，青城墩遗址出土，崧泽文化，前5500—前5300年，常州博物馆藏

图13 玉龙环，外径3.4厘米，江苏常熟练塘镇罗墩遗址出土，良渚文化，约前5300年，常熟博物馆藏

图14 玉龙，安徽含山县凌家滩遗址出土，约前5300年，安徽省文物考古研究所藏

图15 玉双角蟠龙，长径7厘米，河南安阳殷墟妇好墓出土，商代晚期，中国社会科学院考古研究所藏

图16 透雕青铜钺上的龙纹，陕西城固五郎庙出土，商代晚期，器物现藏城固县文化馆

图17 刖人守门青铜方鼎上的龙纹，陕西扶风庄白村西周窖藏出土，西周中期，周原博物馆藏

图18 青铜莲鹤方壶，高118厘米，河南新郑李家楼出土，春秋后期，北京故宫博物院藏
（同地出土的另一件同款壶藏于河南博物院）

行（图 17）[1]，直至东周，它都是中国角龙的主要形态（图 18）[2]。早期中国龙的造型较为意象化和程式化，不注重写实描绘和塑造，与现实动物形象距离较远，但不少还是可以辨识出诸如猛兽、犄角等形象特点和外貌特征。从新石器时代到东周，中国龙不一定是猛兽形象，头上也不一定长角，但头上长角的猛兽形象常可统称为龙（图 19、20）[3]，这也是龙与虎等其他现实猛兽形象的一个关键区别。四川广汉三星堆出土的一件商晚期虎形饰，兽头上竖着"双耳"，前部一"耳"可能为犄角，若如此，此兽可称为龙（图 21）[4]。至春秋时代，中国依然缺乏具象犄角猛兽的造型传统。楚国自春秋中期起就流行似乎头上生角的猛兽造型，但要么角形不够具象（图 22）[5]，要么兽形不够写实（图 23）[6]。在辟邪、天禄之前，中国犄角猛兽的形象均可纳入意象化、程式化的角龙造型传统。

在中国以西，犄角猛兽形象可追溯至印度河文明印章上的牛角虎形象（图 24）[7]，但此造型没有延续。形成传统的只有最早兴起于底格里斯河与幼发拉底河上游地区角狮造型，从考古资料看，它源于中亚述帝国（Middle Assyrian Empire，前 1392—前 934）（图 25）[8]，较多见于乌拉尔图王

1　中国青铜器全集编委会编：《中国青铜器全集 5 · 西周 1》，13 页，图版说明第 4 页。

2　中国青铜器全集编委会编：《中国青铜器全集 7 · 东周 1》，图版说明第 8 页。

3　中国青铜器全集编委会编：《中国青铜器全集 13 · 巴蜀》，46 页，图版说明第 13 页。

4　中国青铜器全集编委会编：《中国青铜器全集 13 · 巴蜀》，58 页，图版说明第 17 页。

5　中国青铜器全集编委会编：《中国青铜器全集 10 · 东周 4》，84 页，图版说明第 31 页。

6　湖北省荆州地区博物馆：《江陵雨台山楚墓》，文物出版社，1984，135、152 页；陈振裕主编：《中国漆器全集 2 · 战国—秦》，福建美术出版社，1997，91 页，图版说明第 28 页。

7　G. Balaji，"Lion And Half Man — Half Animal Deities In Indus Valley Civilization"，Journal Of Indian History And Culture，Seventeenth Issue，September 2011，P.10.

8　Mahta Sheikhi，Alireza Hejebri Nobari，Mahmoud Tavoosi，Reza Shabani，SamghAbadi，"The Impact of Neo—Assyrian Art on Mannaean Societies of Western and North Western Iran"，Intl. J. Humanities（2017）Vol. 24（4），p.76；Jeremy Black and Anthony Green，Illustrations by Tessa Rickards，Gods，Demons and Symbols of Ancient Mesopotamia An Illustrated Dictionary，the British Museum Press，1992，p161.

图20　青铜龙纹觥，长44厘米，山西石楼桃花庄出土，商代晚期，山西省博物馆藏

图19　青铜爬龙柱形器，高40厘米，四川广汉三星堆遗址1号祭祀坑出土，四川省文物考古研究院藏

图21　嵌绿松石青铜虎形饰，长38厘米，四川广汉三星堆遗址鸭子河出土，商代晚期，四川广汉市文物保管所藏

图23　彩绘单头镇墓兽，木台漆器、鹿角，高47.5厘米（不计鹿角），湖北江陵雨台山6号墓出土，春秋中期楚国，湖北省文物考古研究所藏

图22　青铜神兽，通高48厘米，河南淅川徐家岭9号墓出土，春秋晚期楚国，河南省文物考古研究所藏

图24　印度河文明印章牛角虎纹，巴基斯坦摩亨佐—达罗（Mohanjo-daro）出土，前2350—前1500年

图 25　中亚述帝国印章角狮纹

［左：发现于伊拉克尼姆鲁德（Nimrud）；右：前 1300—前 1200 年，美国华盛顿"时间之沙"
美术馆（Sands of Time Antiquities）供图］

图 26　乌拉尔图王国角狮纹

［左：青铜盾上的角狮纹，发现于土耳其东部上安扎夫堡遗址的哈尔蒂神庙（Temple of Ḫaldi
from Upper Anzaf），萨尔杜里一世（Sarduri I）在位时期（前 834—前 828）；中：青铜带局部，
每只狮长约 2 厘米，前 8 世纪—前 7 世纪；右：青铜角狮，高 13.6 厘米，前 8 世纪—前 7 世纪，
纽约凤凰古代艺术馆（Phoenix Ancient Art）藏］

图 27　新亚述摩崖浮雕纹（可见角狮像），伊拉克北部马尔泰（Maltai），辛那赫里布（Sennacherib）
在位时期（前 705—前 681）

国（Kingdom of Urartu，前 860—前 590）（图 26）[1]，以及新亚述帝国（Neo-Assyrian Empire，前 911—前 609）和伊朗西北部（图 27、28）。而后向外传播，东地中海的古希腊世界、草原上的斯基泰–塞种（Scythian-Saka）文化和横贯西亚并向埃及和中亚延伸的波斯第一帝国（Achaemenid Empire，前 550—前 330）都流行角狮造型（图 29、30、31）[2]。值得一提的是，斯基泰–塞种文化将这种造型较多传播到了亚欧草原东部与中亚一带。俄罗斯圣彼得堡艾尔米塔什博物馆（Hermitage Museum）"彼得一世西伯利亚藏品"（Siberian Collection of Peter I）被认为是西伯利亚一带斯基泰—塞种的文物，其上可见到不少角狮和其他犄角猛兽的形象（图 32）。亚历山大大帝东征（前 334—前 323）以来，从地中海到中亚的广大地区进入希腊化时代（Hellenistic Period），角狮造型继续发展（图 33）。至公元前后，罗马的角狮延续着传统形象，尤其是古希腊工匠的写实传统（图 34、图 30-5）；而南亚也出现了最早的角狮造型，其狮头上长出的是类似于鹿角的叉角（图 35），这与当时塞种在中亚、南亚一带的活跃不无关系。与中国早期角龙不同，中国以西的角狮为具象形象，普遍带有双翼，无论是狮子本身，还是其头上的角、身上的翼，都较为写实，接近真实的动物与器官形象。中亚和草原一带的一些角狮及犄角猛兽形象有意象化和程式化的倾向，与东方影响有关，下文有进一步的分析。

1　Krzysztof Jakubiak, "Some Remarks on Fantastic Creatures in Urartian Art and Their Religious Aspects", ACTA Archaeologica Pultuskiensia Vol. III, Studies on Religion：Seeking Origins and Manifestations of Religion, by the Pultusk Academy of Humanities, 2011, pp.71—78；Giunti Editore, Signs Before the Alphabet：Journey to Mesopotamia at the Origin of Writing, Giancarlo Ligabue Foundation San Marco, Venice, Italy, 2017, p.234.

2　Piotrovsky, Boris, "From the Lands of Scythians：Ancient Treasures from the Museums of the U.S.S.R., 3000 B.C.–100 B.C."：The Metropolitan Museum of Art Bulletin, V. 32, No. 5（1973–1974）, p.168；Boris Piotrovsky, Scythian Art：The Legacy of the Scythian World：Mid-7th To 3rd Century B.C., Aurora Art Publishers, Leningrad, Fig.152, 158. Иван Добрев, Българите На Територията На Средна Азия, София, 2017, p.227.

图28 传伊朗西北齐维耶（Ziwiye）出土金饰片上的角狮纹，前8世纪—前7世纪
（左：华盛顿弗利尔美术馆藏；右：纽约大都会艺术博物馆藏）

图29 古希腊角狮形象
［左：金饰，塞浦路斯出土，公元前4世纪上半叶，纽约大都会艺术博物馆藏；中：卵石镶嵌铺地，希腊西锡安（Sicyon）出土，公元前4世纪下半叶，西锡安考古博物馆藏；右：金币，制作于克里米亚（Crimea）半岛东岸的潘提卡彭（Panticapaeum）（古希腊人在斯基泰地域的殖民地），前336年，伦敦大英博物馆藏］

图30 亚欧草原西部的斯基泰角狮形象，1—4器物均藏于圣彼得堡艾尔米塔什博物馆
［1.金饰，长3.1厘米，乌克兰东部索洛卡哈丘（Solokha Kurgan）出土，约公元前400年；2.金饰局部，克里米亚东部库尔-奥巴丘（Kul-Oba Kurgan）出土，公元前4世纪中期；3.鎏金银钵局部，乌克兰东部索洛卡哈丘出土，公元前4世纪上半叶；4.金镂空嵌宝石筒形器局部，俄罗斯南部库班（Kuban）地区贝斯勒内耶夫墓地（Besleneyev Barrow）出土，前4世纪—前3世纪；5.金剑鞘局部，古希腊工匠制作，乌克兰东部托夫斯塔·莫吉拉丘（Tovsta Mohyla kurgan）出土，公元前4世纪，基辅古代装饰艺术博物馆藏］

1　　　　　　　2　　　　　　　3

4　　　　　　　5　　　　　　　6

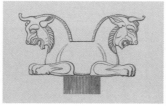

7　　　　　　　8

9

图 31　波斯第一帝国角狮造型

[1. 金饰，芝加哥大学东方博物馆藏；2. 金牌饰，高 13.5 厘
米，纽约大都会艺术博物馆藏；3. 银来通杯（Ryton），高
17 厘米，日本美秀博物馆（Miho Museum）藏；4. 象牙配
饰，长 4.3 厘米，伦敦大英博物馆藏；5. 印章印纹，发现于
伊拉克巴比伦古城附近的希尔拉（Hillah），伦敦大英博物
馆藏；6. 宝石雕，发现于克里米亚半岛，阿什莫林博物馆
（Ashmolean Museum）藏；7. 拼合釉面砖墙，伊朗西南苏撒
（Sasa）大流士宫殿（Palace of Darius）西庭院出土，前 510
年，巴黎卢浮宫藏；8. 伊朗波斯波利斯（Persepolis）柱头线
描图；9. 建筑石雕"沙赫里亚尔与雄狮（角狮）之战"（Battle
of Shahriar and Lion），伊朗波斯波利斯塔迦拉宫（Tachara），
前 465—前 424 年]

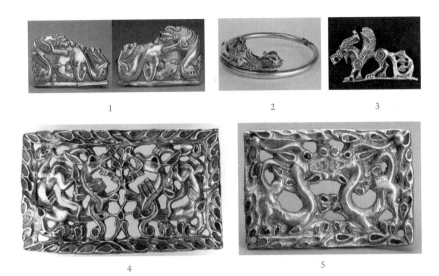

图 32 "彼得一世西伯利亚藏品"有角狮和其他犄角猛兽形象的文物

[1. 金带扣（一对），单件各长 12.3 厘米，前 5 世纪—前 4 世纪；2. 嵌宝石金环具，外径 16.5 厘米，前 5 世纪—前 4 世纪；3. 金饰，高 5.2 厘米，前 4 世纪；4. 嵌宝石金牌饰，长 15 厘米，前 5 世纪—前 4 世纪；5. 嵌宝石金牌饰，长 5.65 厘米，前 4 世纪—前 3 世纪]

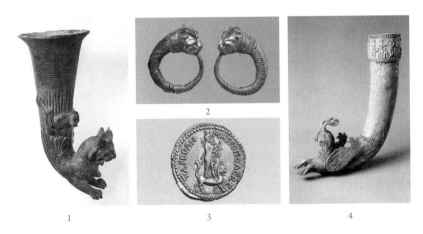

图 33 希腊化时期东地中海至中亚的角狮造型

[1. 陶来通杯，高 30.5 厘米，土耳其，波斯第一帝国末至塞琉古帝国（Seleucid Empire，前 312—前 63 年）早期，纽约大都会艺术博物馆藏；2. 耳金环，长径 3.4 厘米，埃及，托勒密王朝（前 305—前 30 年）早期，纽约大都会艺术博物馆藏；3. 塞琉古帝国青铜钱币，土耳其南部塔苏斯（Tarsus）制作；4. 象牙来通杯，高约 37 厘米，土库曼斯坦尼萨（Nisa）出土，前 3—前 2 世纪，土库曼斯坦国立文化中心国立博物馆藏]

图34 有角狮形象的石雕，和平祭坛（Ara Pacis Augustae）东北角，意大利罗马，前13—前9年

图35 有角狮形象的石雕，桑奇1号塔（Sanchi Stupa No.1）东门门道，印度桑奇，前1世纪—1世纪

三、辟邪、天禄形象的成因

回观中国最早的辟邪、天禄形象，其基本形态接近中国以西的角狮形象，但又有中国早期角龙S形与多曲波浪形身形的特点，它们比中国早期角龙具象，但比中国以西的角狮更显意象化、程式化的特点，可谓二者形象要素的融合。早期辟邪、天禄的形象有来自此前中国角龙的要素，但它们与中国龙的形象又有明显区别（不然当时的中国人就会将其视为龙了），而区别主要就在于明显吸纳了中国以西角狮的形象要素。

文化交流是再正常不过的事，尤其在亚欧内陆，这里有着地球上最宽阔的陆地，在宜人的温带地域沿着相同纬度延伸，非常适合古代民族活动并传播文化。比如中国龙的造型，它的一些形象要素很早就向西传播。郭物指出，古代亚欧神兽流行的"翻唇"形态，就源自新石器时期至文明早期中国北方某些龙的形象[1]。新巴比伦帝国（Neo-Babylonian

---

1　郭物：《翻唇神兽：东方的"格里芬"》，载《欧亚学刊》2007年卷。

Empire）伊士塔尔门（Ishtar Gate）上木什胡什（Mušḫuššu）的造型（图 36），也被认为具有"传自东亚的异域风味"[1]。高加索西北方向出土有一件公元前 600 年前后的金鞘铁剑，剑鞘上靠近剑柄的部位饰有一只"翻唇"翼兽，其整体面貌为角狮，但头部显出木什胡什的特征，犄角似为木什胡什头上卷须的复杂形态（图 37）。

图 36 伊士塔尔门上木什胡什，出自伊拉克巴比伦古城，前 575 年，柏林帕加蒙博物馆（Pergamon Museum）藏

同样，中国以西的角狮造型也向东传播。上文援引中国春秋晚期的国宝级文物"莲鹤方壶"说明当时中国角龙依然延续商晚期以来的传统（图 18），但此件上翼龙造型已有新意。龙头上竖起而向后弯曲的角，似模仿山羊角形，有别于此前中国龙角的造型传统。其末端有向上开出的花朵形，此种植物造型受到西来的影响[2]。加之其有翼的形象[3]，此种龙形很可能受到中国以西角狮造型的影响。上文引及的楚国怪兽造型，也可见到兽口含此类花型（图 22），因此其中也可能有西来要素。春秋晚期至战国早期，中国器物上开始较多出

图 37 金剑鞘局部，南俄罗斯库巴地区克勒尔枚斯（kelermes）墓地，约前 600 年，圣彼得堡艾尔米塔什博物馆藏

1 郭静云、王鸿洋：《从西亚到东亚：翼兽形象之原义及本土化》，载《民族艺术》，2019（3）。

2 Bo Gyllensvard, The First Floral Patterns On Chinese Bronzes, The Museum of Far Eastern Antiquities（Ostasiatiska Museet）, Stockholm, Bulletin No. 34, Printed By Elanders Boktryckeri A.-B., Goteborg Plates, Made By A-B. Malmo Ljustrycksanstalt, Malmo, stockholm, 1962, pp.29-52.

3 对于其有翼造型，李零认为应引起重视。李零：《论中国的有翼神兽》，见刘东编：《中国学术（第五辑）》，64 页。

现一种有似食肉动物的走兽形象，其头上有后伸的S形须状物，整体形象与中国当时的龙有别，倒像是后来辟邪、天禄的雏形，头上的须状物可能代表犄角（图38、39）[1]。这种头上生有须状物的走兽形象，让人联想到刚才提到的木什胡什。既然木什胡什的形象可能受到了东亚的影响，那么这种头上生须的走兽，也可能吸纳了中国以西角狮的形象要素。

图38 青铜方豆纹线描图，河南固始侯古堆出土，春秋晚期

纽约大都会艺术博物馆藏有一件战国玉雕神兽，形象较为具象，头部似狮虎，张开大嘴露出尖牙，头上一根山羊角形尖角向后卷曲，但躯干和肢体为马形，尾巴为蛇状（图40），此造型不在当时中国本土传统中。河南省辉县固围村1号墓出土的战国中期的车马饰上，有类似的犄角猛兽的形象，但身形较为意象化，看不出是什么动物（图41）[2]。纽约大都会艺术博物馆

图39 青铜龙形饰件线描图，四川什邡出土，战国早期

藏有一件战国中晚期的青铜有翼猛兽（图42），兽头上似有独角，口中含着一件长方形扁平物，其整体形象似承袭淅川春秋怪兽造型（图22），也像什邡青铜龙的身形（图39），而口中含物的形式，还让人联想到同时代或稍早克里米亚（Crimea）古希腊金币上的角狮形象（图29-3），考虑到兽身有翼，它可能与中国以西的文化存在关联。

具象的犄角猛兽造型在中国形成传统，大约是从战国中期偏晚的时候

1　陈振裕：《中国古代青铜器造型纹饰》，湖北美术出版社，2001，189、244页。

2　中国科学院考古研究所编著：《辉县发掘报告》，科学出版社，1956，79页。

图40　玉雕神兽，战国，纽约大都会艺术博物馆藏

图41　车马饰摹纹，河南辉县固围村1号墓出土，战国中期

图42　青铜有翼猛兽，高17.9厘米，战国中晚期，纽约大都会艺术博物馆藏

图43　铜错金银四龙四凤方案，河北平山县中山王墓出土，前314—前309年，河北省文物研究所藏（左：全貌；右：局部）

图44　铜错金银翼兽，河北平山县中山王墓出土，前314—前309年，河北省文物研究所藏

图45　鎏金角饰，陕西咸阳窑店出土，战国晚期至秦，咸阳博物院藏

开始的。河北平山县中山王墓出土的铜错金银四龙四凤方案上的"四龙"为具象的有翼牺角猛兽（图43），同墓出土的一对铜错金银翼兽也是具象的猛兽形象（图44）[1]，制作年代在中山王厝（前344—前309）伐燕胜利到他去世期间（前314—前309），这些猛兽形象与先前中国龙类造型相比，其特点突出体现在写实或具象器官形象的组合上，这与中国以西长期流行的有翼角狮风格是一致的。此风格在当时和稍后的中国并不流行，但似乎代表着一种方向。陕西咸阳窑店镇出土一件战国晚期至秦代铜鎏金龙形角饰，为一头双身的神兽造型，两侧身体形成90°夹角，本来包镶于方形器物的角部或足部。该兽的躯干和肢爪为狮虎形，头部则为角龙形象，没有利牙（图45）。此型角饰到了西汉，变得更简练规整，多件见于江都王刘非（前168—前128）墓（大云山汉墓）和中山靖王刘胜（前165—前113）墓（满城汉墓）（图46、47），两位墓主均为汉武帝（前141—前87年在位）的异母兄长。头上长有须角的猛兽形象西汉早期就较多见，其头部通常像龙（图48）。刘非墓出土错银铜兽虡一对，其座为具象的牺角猛兽造型，头部依然像龙（图49）。此型虡座亦见于海昏侯刘贺（？—前59）墓（图50）[2]。海昏侯墓还出土了一种龙头枕，枕侧"龙"头有尖角利牙，肢体如狮虎（图51），同样的龙头枕还见于西汉晚期的大葆台汉墓（图52）[3]。从上文引述的东汉铜镜资料看，早期辟邪、天禄有些像中国龙，尤其是天禄。辟邪与天禄的身形之别，有似狮虎与龙的区别[4]。汉武帝茂陵出土的一件模印花纹空心砖，上有两只牺角猛兽面对面，左边一只为龙形，可能是龙或天禄，右边一只身形如狮虎，颈部有鬃毛，尾如马尾或狮尾，身

1 林通雁主编：《中国陵墓雕塑全集1·史前至秦代第一册》，陕西人民美术出版社，2009，28页。

2 江西省文物考古研究所、首都博物馆：《五色炫曜：南昌汉代海昏侯国考古成果》，江西人民出版社，2016，112—113页。

3 北京大葆台汉墓发掘组、中国社会科学院考古研究所：《北京大葆台汉墓》，文物出版社，1989，41页、图版四一（XLI）。

4 刘卫鹏：《东汉"天禄"铜镜的发现与探讨》，载《文物》，2016（3）。

图 46　龙形铜案足，大云山汉墓出土，西汉中期，南京博物院藏

图 47　鎏金对兽形铜饰，高 11.9 厘米，河北满城陵山一号汉墓出土，西汉中期，河北博物院藏

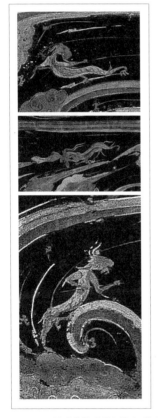

图 48　黑地彩绘棺上的须角猛兽形象，长沙马王堆 1 号汉墓出土，西汉早期，湖南省博物馆藏

图 49　错银铜兽虡座，大云山汉墓出土，西汉中期，南京博物院藏

图 50　铜兽虡座，江西南昌海昏侯墓出土，西汉晚期，江西省文物考古研究所藏

上饰豹斑,可能为辟邪（图 53）[1]。陕西西安汉长安城遗址出土的一件西汉晚期的模印花纹空心砖上,有一只犄角猛兽的形象,头颈如龙,犄角为写实的羊角形态,尾部末端似有鬃毛,做昂首状,有鹿的姿态,可能是天禄（天鹿）（图 54）[2]。云南古滇国墓葬出土过一件西汉时期的龙纹金当卢,其"龙"头上竖着鹿角状的叉角,身躯和肢爪为猛兽形象,似乎更能体现天禄（天鹿）的形态（图 55）。

 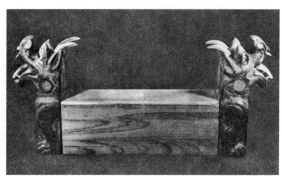

图 51　龙头枕局部, 江西南昌海昏侯墓出土, 西汉晚期, 江西省文物考古研究所藏

图 52　龙头枕（复原）, 北京大葆台汉墓出土, 西汉晚期, 北京大葆台西汉墓博物馆藏

图 53　汉武帝茂陵出土的模印花纹空心砖拓纹

1　林通雁主编:《中国陵墓雕塑全集 3·东汉三国》, 37—38 页。

2　林通雁主编:《中国陵墓雕塑全集 3·东汉三国》, 38 页。

　　　　　　　　　　　　　　　　　　制器尚象：中国古代器物文化研究

图 54　汉长安城遗址出土的模印花纹空心砖拓纹，西汉晚期

图 56　石"天禄"，出于安徽六安寿县淮河故道，西汉，合肥源泉徽文化民俗博物馆藏

图 55　龙纹金当卢，滇国西汉墓出土，云南省博物馆藏

　　被今人称为"辟邪""天禄"兽形遗物，年代不早于西汉。安徽合肥源泉徽文化民俗博物馆的镇馆之宝为一件大型西汉石天禄，出于安徽六安寿县淮河故道[1]，为有翼狮虎形，头部残损，看不出是否有犄角（图56）。与之类似的还有陕西城固张骞（前164—前114）墓前的一对石翼兽，头部缺失（图57）。它们均与东汉以来的辟邪、天禄形象一致。海昏侯墓出土有一件兽形玉佩（图58）[2]，兽纹与上文提及的山东金岭镇东汉铜牌饰上的天禄形象相似（图9）。现存西汉辟邪兽均为小型（图59），主要为玉雕，年代大部分为西汉晚期，没有一件可确定为西汉早期。为有角狮虎形象，流行匍匐姿态。

1　钟成玉、文丽君：《留住远去的徽州》，载《中华手工》，2011（10）。

2　江西省文物考古研究所、首都博物馆：《五色炫曜：南昌汉代海昏侯国考古成果》，165页。

图57　张骞墓前的一对石翼兽，陕西城固，西汉中期

图58　兽形玉佩，江西南昌海昏侯墓出土，西汉晚期，
江西省文物考古研究所藏

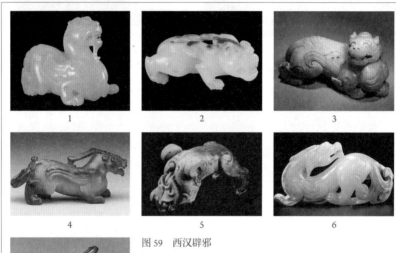

图59　西汉辟邪

[1. 玉辟邪，高5厘米，陕西咸阳汉元帝渭陵西北建筑遗址出土，西汉晚期，咸阳博物院藏；2. 玉辟邪，长7厘米，陕西咸阳汉元帝渭陵西北建筑遗址出土，西汉晚期，咸阳博物院藏；3. 玉辟邪，长10厘米，前2世纪—前1世纪，奥地利扎克艺廊（Zacke Galerie）藏；4. 玉辟邪，长12.9厘米，西汉晚期，台北"故宫博物院"藏；5. 玉辟邪，海昏侯墓出土，西汉晚期，江西省文物考古研究所藏；6. 玉辟邪，长9.5厘米，西汉，苏富比拍卖行（Sotheby's）藏；7. 鎏金铜辟邪，长8.9厘米，西汉，香港亚洲协会（Asia Society）博物馆藏]

中国辟邪、天禄形象的形成，是战国中期至西汉中国具象犄角猛兽形象兴起的结果，而这得益于中国以西角狮形象的影响。从造型来说，原因有三。第一，中国此前缺乏具象动物（尤其是具象或写实器官的组合）的造像传统，而在中国以西，这样的传统自一直为角狮造型保持着，亚欧大陆东西部文化又存在着久远而广泛的交流。第二，中国具象的犄角猛兽形象普遍有翼，而战国至汉代中国有翼神兽形象受到中国以西的影响，已是学术界的共识。[1]第三，辟邪、天禄为狮虎形，但老虎最明显的虎皮条纹特征却没有被强调，其形象倒与中国的狮子造型相一致，而狮子对中国来说正是西来的，东周至西汉正是古代中国人最早了解狮子的时候。[2]

但在造型上，辟邪、天禄与中国以西的角狮毕竟还是有区别，前者更有中国传统角龙的形态特点。实际上，角狮在东传的过程中也不断本土化，并受到来自东方的影响，形态自西向东发生了变化。它一方面接受了中国角龙的造型要素，形态也变得像虎或狼；另一方面造型也愈渐意象化、程式化。例如在亚欧草原西部，有一种犄角紧贴颈后并在末端弯曲竖起，角形较为写实，可见明显的角节，末端尖锐（图30-1）；而在亚欧草原东部，同样的猛兽形象却常见较为意象化的虎狼造型，头上向后的犄角形态也不再写实，有的甚至像鬃毛（图60、61）[3]。上文引用的"彼得一世西伯利亚藏品"中，就有犄角猛兽造型较为意象化的（图32-3），有的甚至很像中国的龙（图32-4、32-5）。公元前6—前3世纪阿尔泰山一带的巴泽雷克文化（Pazyryk Culture）是斯基泰–塞种民族在中亚和亚欧草

1　靳艳、赵亚楠、赵光国：《20世纪以来中国学者对有翼神兽研究述评》，载《泰山学院学报》，2019（4）。

2　林梅村：《汉唐西域与中国文明》，96—99页；林通雁主编：《中国陵墓雕塑全集3·东汉三国》，25—28页。

3　Bunker, Emma C., with contributions by James C. Y. Watt and Zhixin Sun, Nomadic Art of the Eastern Eurasian Steppes：The Eugene V. Thaw and Other Notable New York Collections, The Metropolitan Museum of Art, New York, Yale University Press, New Haven and London, 2002, pp.121-122.

图 60 高锡青铜牌饰，长 11.4 厘米，中国北方，前 4 世纪，纽约私人收藏

图 61 高锡青铜牌饰，长 11.7 厘米，内蒙古西南部，前 4 世纪，纽约私人收藏

原东部地区的代表性文化，犄角猛兽形象较为常见（图 62）。有的从尾部还可以辨认出是狮子身形（图 62-2），末端圆钝的 S 形犄角较为常见（图 62-3、62-4），其中细长者让人联想到中国龙头上的卷须（图 62-6、62-7、62-8）。有一件公元前 6 世纪的皮革透雕，造型为亚欧草原东部流行的猛虎形象，头上却长着斯基泰艺术中常见的多曲鹿角（图 62-1），与同时代楚国的鹿角猛兽（图 23）相呼应。巴泽雷克文化的遗址出土有来自楚国的丝绸和漆器[1]，说明其间存在直接或间接的交流。两地的鹿角猛兽造型是否有联系尚不能确定，但楚国的造型更加让人辨别不出具体的动物，这正是犄角猛兽的形象自西向东变得越来越意象化的体现。

巴泽雷克文化汇聚了当时东西方众多文化要素，当时亚欧草原东部的斯基泰–塞种民族凭借这点创造出自己的文明，并向外传播文化要素。新疆伊犁河河谷出土有一件战国时期的釜上铜环，为塞种祭祀器，其上一对面对面的犄角猛兽形象与巴泽雷克文化的一致（图 63）[2]。新疆和田地区圆沙古城也是战国时期与塞种文化密切相关的遗址[3]，当地出土了一件犄

1　Elena V. Stepanova, "Chinese Silk and Lacquer in Pazyryk Kurgans：Collection of The State Hermitage", The Fourth International Conference on Turfan Studies：Ancient Coins and Silk Forum, Xinjiang, China. 2014, pp.162-169.

2　祁小山、王博编著：《丝绸之路·新疆古代文化》，新疆人民出版社，2008，254 页。

3　陈晓露：《扜弥国都考》，载《考古与文物》，2016（3）。

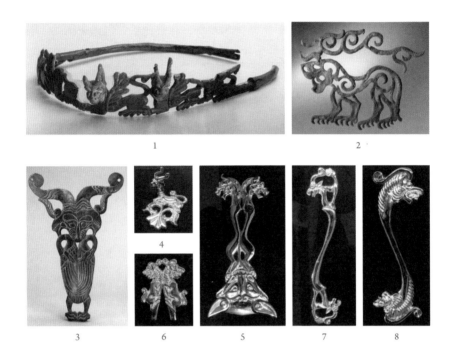

图62 巴泽雷克文化的犄角猛兽形象。1—3 圣彼得堡艾尔米塔什博物馆藏；4—8 金饰件，哈萨克斯坦东部拜莱尔（Berel）墓地出土，前4—前3世纪，阿拉木图哈萨克斯坦中央国家博物馆藏[1. 环具，兽角、木、铜材质，长径17.7厘米，俄罗斯巴泽雷克2号墓出土，前5世纪；2. 透雕皮革件，长14.7厘米，俄罗斯图埃克塔（Tuekta）1号墓出土，前6世纪；3. 骨雕当卢，长20.6厘米，俄罗斯巴泽雷克2号墓出土，前5世纪]

图63 釜上铜环，外径38厘米，新疆新源县鱼塘古墓出土，前5世纪—前4世纪，新疆维吾尔自治区博物馆藏

角猛兽头纹镂空圆形铜牌，犄角为羊角形，猛兽像狼，也像中国龙（图64）[1]，此种猛兽头像此前在新疆就有（图65）[2]，被认为受到了中国龙的影响[3]。这种头部似狼似龙的犄角猛兽形象在中亚一带又有所延续和传播（图66、67）[4]。上文引用的桑奇大塔1号上的叉角狮形象和古滇国龙纹金当卢上的"天禄"（图35、55），大约都是巴泽雷克文化的鹿角猛兽形象向南传播的结果，因为不管是当时的中亚和印度，还是古滇国，都受到了斯基泰-塞种文化的明显影响[5]。西汉模印砖上的那种犄角猛兽形象（图53、54），亦见于同时代的中亚（图68）[6]，而它最早的版本大约就是彼得一世西伯利亚藏品上的"龙"（图32-4、32-5），也是斯基泰-塞种文化的创造。

早期辟邪、天禄所受角狮造型的影响，与其说直接来自西亚，不如说主要来自当时亚欧草原东部及中亚一带斯基泰-塞种民族的再创造。巴泽雷克文化的图埃克塔（Tuekta）墓葬遗址出土有一件公元前6世纪的木雕有翼猛兽，一头双身，躯干向两边展开（图69），此造型明显是中国战国晚期至西汉中期那批龙形角饰的原型（图46、47）。中国商代晚期青铜器上就有这种一头双身的猛兽造型（图70）[7]，但是未见双翼，而且此后在中国本土也未见明显传承。而巴泽雷克文化乃至整个亚欧草原上的斯基泰-塞种文化当时均流行一种头部竖起的侧卧姿走兽（图71、72、62-4），

1　新疆维吾尔自治区文物事业管理局等主编：《新疆文物古迹大观》，新疆美术摄影出版社，1999，72页。

2　新疆维吾尔自治区文物事业管理局等主编：《新疆文物古迹大观》，新疆美术摄影出版社，1999，171页。

3　郭物：《翻唇神兽：东方的"格里芬"》，载《欧亚学刊》2007年卷。

4　新疆维吾尔自治区文物事业管理局等主编：《新疆文物古迹大观》，54页。

5　［荷］J.E.范·洛惠泽恩-德·黎乌著，许建英、贾建飞译：《斯基泰时代》，云南人民出版社，2002；孔德馨：《云南青铜时代之动物纹饰研究》，云南大学硕士学位论文，2015；翟国强：《北方草原文化南渐研究——以滇文化为中心》，载《思想战线》，2014（3）。

6　Amanzhol Kalish, Jazira Terekbayeva, Kazak Türklerinin Folklor Kaynaklarina Göre Efsanevi Ve Geleneksel Taşitlar, Milli Folklor, 2018, pp.63-64.

7　中国青铜器全集编委会编：《中国青铜器全集3·商》，95页，图版说明第42页。

图 64　铜牌饰，直径 5.6 厘米，新疆于田县
圆沙古城出土，前 4 世纪—前 1 世纪

图 65　蜷狼纹铜镜，新疆和静县察吾呼沟四
号墓地 M165 出土，前 10 世纪—前 6 世纪

图 66　木门雕纹，新疆民丰县尼雅遗址出土，
公元前 2 世纪—5 世纪

图 67　铜兽，高铅铜合金，高 24.9 厘米，阿
富汗西南部，1 世纪—2 世纪，帕提亚帝国
或贵霜帝国，伦敦大英博物馆藏

图 68　金镂空带，哈萨克斯坦阿拉木图地区（Almaty Region）的卡尔噶利山谷（Kargali Valley）
出土，公元前 2 世纪—1 世纪（左：器物；右：局部骑兽纹）

图 69　木雕缰绳饰件，俄罗斯图埃克塔 1 号墓
出土，前 6 世纪，圣彼得堡艾尔米塔什博物馆
藏

图 70　司［兔丂］母方壶上的一头双身
兽纹，河南安阳小屯 5 号墓出土，商代
晚期，中国社会科学院考古研究所藏

器物源流研究

81

图 71　马辔木雕牌饰，长 9.5 厘米，俄罗斯图埃克塔 1 号墓出土，前 6 世纪，圣彼得堡艾尔米塔什博物馆藏

图 72　马辔青铜牌饰，长 7.1 厘米，乌克兰出土，前 5 世纪，圣彼得堡艾尔米塔什博物馆藏

若将身体做镜像处理，则可创造出图埃克塔这种一头双身的走兽造型。这种头部竖起的侧卧姿走兽造型很快就见于春秋末以来的中国（图73、74）[1]，南越王赵眜（西汉南越国第二任君主，前137—前122年在位）墓和满城汉墓均有出土（图75、76）[2]。此外，多座西汉早期至中期墓葬出土有多件对羊纹金饰，体现出斯基泰—塞种文化的影响[3]（图77）。加之有翼造型，可知中国战国晚期至西汉中期那批龙形角饰是斯基泰-塞种文化影响的产物。

早期辟邪、天禄形象的形成至少经历了两次大的文化融合，首先是斯基泰-塞种文化对各地犄角猛兽的形象要素进行融合，然后是中国将斯基泰-塞种文化传播而来的犄角猛兽形象要素融入中国本土，由此在西汉

1　Bunker, Emma C., with contributions by James C. Y. Watt and Zhixin Sun, Nomadic Art of the Eastern Eurasian Steppes：The Eugene V. Thaw and Other Notable New York Collections, The Metropolitan Museum of Art, New York, Yale University Press, New Haven and London, 2002, pp.42-43.

2　广州市文物管理委员会编：《西汉南越王墓（上、下）》，文物出版社，2001，211页，图版一八；中国社会科学院考古研究所等：《满城汉墓发掘报告（上、下）》，文物出版社，1980，118页。

3　郑彤：《汉代对羊纹金饰片初探》，载《考古与文物》，2011（4）。广州市文物管理委员会编：《西汉南越王墓（上、下）》，208页，图版一八。

图73 青铜缰绳饰件，长14厘米，内蒙古西南部，前6世纪—前4世纪

图74 青铜卧虎，长16.5厘米，中国北方，前4世纪—前3世纪，纽约大都会艺术博物馆藏

图75 金羊（漆器饰件），每件长1.3厘米，广州西汉南越王墓出土，西汉中期，广州西汉南越王博物馆藏

末东汉初逐渐形成了一种独特而持久的造型（图78）。蒙古国色楞格河畔的诺音乌拉（Noin-Ula）墓地，为公元前1世纪至公元1世纪匈奴文化的遗存，出土物上可见到不少角狮及其他犄角猛兽的形象（图79、80）[1]，但与同期汉朝的辟邪、天禄形象相比，显得较为多样，舶来感较强，说明当时匈奴还没有将各种犄角猛兽的形象要素充分融合。

斯基泰–塞种民族主要活跃于公元前7世纪至公元2世纪的亚欧草原及中亚一带，这段时间正是中国较为具象犄角猛兽造型形成的时期。更具体地说，是东亚角龙和西亚角狮两大造型传统相交汇，并最终在中国形成辟邪、天禄造型的时期。斯基泰–塞种文

图76 错金铜豹（一对），嵌宝石（豹眼），高3.5厘米，河北满城陵山2号汉墓出土，西汉中期，河北博物院藏

1　Toshio Hayashi，Griffin Motif：From the West to East Asia Via the Altai，Parthica，Incontri Di Culture Nel Mondo Antico，14，2012，Pisa，Roma，Fabrizio Serra Editore MMXIII，p.53、59、60.

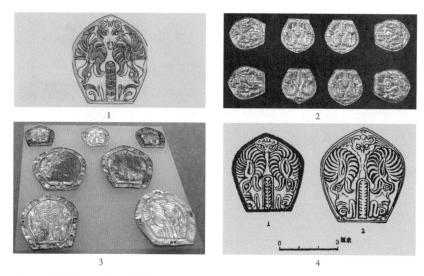

图 77　西汉对羊纹金饰与线描图

（ 1. 江苏扬州西汉刘毋智墓出土，西汉早期；2. 广州西汉南越王墓出土，西汉中期，广州西汉
南越王博物馆藏；3. 满城汉墓出土，西汉中期，河北博物院藏；4. 大云山汉墓出土，西汉中期，
南京博物院藏 ）

图 78　玉辟邪，长 13.9 厘米，西汉末东
汉初，华盛顿弗利尔美术馆藏

图 79　羊毛刺绣残片，可见角狮形象，蒙古
国诺音乌拉墓地 6 号丘出土，前 1 世纪—1 世
纪，圣彼得堡艾尔米塔什博物馆藏

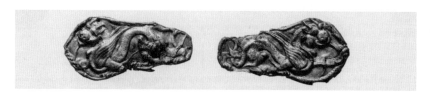

图 80　银当卢，局部鎏金，蒙古国诺音乌拉墓地 20 号丘出土，前 1 世纪—1 世纪

　　　　　　　　　　　　　　　　　　　　　　制器尚象：中国古代器物文化研究

化是沟通这两种造型传统的主线，另有三个重大历史事件充当了文化和造型要素传播的催化剂。第一是亚历山大东征。正是在亚历山大去世后的十余年，中国战国时期的中山国（前414—前296）开启了中国具象犄角猛兽的造型传统（图43、44）。中山国为北狄政权，与草原文化关系密切。第二是张骞出使西域，而后中国中央政权的统治疆域首次延伸至中亚塞种活动的地区。此前中国犄角猛兽的头部还多为龙形（图45—49），此后狮虎形象的犄角猛兽开始多见（图59）。第三是公元1世纪中期大月氏取代塞人成为中亚一带的统治者，建立了贵霜帝国（Kushan Empire）。铭文显示大月氏人的母语是巴克特里亚语（Bactrian Language）[1]，与斯基泰-塞种语有很近的亲缘关系。贵霜帝国对中国产生了很大影响，这是学术界的共识，而正是在东汉，尤其是东汉中晚期，辟邪、天禄成为中国流行的神兽。从造型的角度说，这三个历史事件强化了东传的角狮形象要素，否则辟邪、天禄可能更像龙，而非狮虎。

余 论

辟邪、天禄神兽是中国人观念的产物，凸显出本土的文化特点，而辟邪、天禄的形象则明显受到外来的影响。这种"新瓶装旧酒"的现象在艺术史上非常普遍。一种造型在传播的过程中，其包含的"酒"（文化内涵）常常发生明显的变化。借用外来的"新瓶"（造型、纹饰等）来承载原有的文化观念，是艺术史的常态。当然为了更好地贴合自己的文化观念，各民族也会对外来的样式做适度的修改。比如最早的角狮常见蝎尾（图25-1、26-1、28），根据土耳其东部乌拉尔图王国的上安扎夫堡出土的

1　Harry Falk, Silk Road Art and Archaeology VII, Published by Journal of the Institute of Silk Road Studies, 2001, p. 133.

青铜盾牌纹饰，它曾作为乌拉尔图神胡推尼（Hutuini）的站骑（图81），另一种鸟尾角狮则是乌拉尔图神乌阿（Ua）的站骑（图82、图26-3、28-2）[1]。此后这两种角狮都不再见到，原因就在于乌拉尔图的神不再被人信奉。角狮身上的蝎尾和鸟尾，对于乌拉尔图人来讲是具有重要标识作用的，而对于其他民族来讲，就不再具有存在的价值。此外，各个民族自己的造型传统，也会对外来造型要素产生影响。角狮的形象到中国后变得像龙，正是因为这点。各个民族为了表达自己的文化观念，不惜大量借用外来形式要素，也会自如地取舍这些要素，并大刀阔斧地加以改造。拿犄角猛兽来说，在汉代中国，外来角狮的形象要素不仅被辟邪、天禄的造型吸纳，也影响到比如虾蟆、舍利等神兽形象，甚至龙的形象。但这些神兽各自在取舍形象要素的过程中，都形成了自己的标准像，来承载各自所包含的文化观念。辟邪、天禄只是吸纳角狮形象要素较多的神兽。

图81　乌拉尔图神胡推尼和他的站骑

图82　乌拉尔图神乌阿和他的站骑

1　郭静云、王鸿洋：《从西亚到东亚：翼兽形象之原义及本土化》，载《民族艺术》，2019（3）；Maryam Dara, "Was—Haldi the Triumph Fire God of the Urartians？", International Journal of the Society of Iranian Archaeologists, Vol. 1, No.1, Winter-Spring 2015, pp.53—54.

"深簷胡帽"考：一种女真帽式的盛衰史

张佳

复旦大学文史研究院

摘　要：明朝洪武元年（1368）发布的禁革"胡服"诏令，曾经专门提到元代流行的"深簷胡帽"。综合考察蒙元时代的各类资料可知，这种具有深刻时代特征的帽式，即是"幔笠"（或名方笠、四角笠子）。幔笠本是金代女真服饰，后来被蒙古人接受，并在蒙古征服的裹挟下遍及中国、高丽，以及中亚乃至波斯地区，使用人群亦遍及各个社会阶层。元明鼎革之后，它被明朝和朝鲜儒家士大夫视作蒙元"胡化"的重要象征，从而淡出历史舞台。幔笠具有鲜明的族群与时代特征，但迄今为止的蒙元服饰研究，却将其与明代帽式混同。有关幔笠的研究，不仅有助于澄清服饰史的误解、厘定许多重要图像资料的时代，而且幔笠在东亚的流行与消亡，也见证了煊赫一时的"蒙古风"的兴衰，以及东亚儒家知识分子"华夷"意识消长的历史。

关键词：幔笠；瓦楞帽；蒙元时代；"夷夏之辨"

引言：从一则史料的校勘说起

洪武元年二月壬子（1368 年 2 月 29 日），即位仅三十八天的明太祖朱元璋（1328—1398）颁布了著名的革除"胡服"[1]令，号召臣民"复衣冠如唐制"，即恢复唐代的衣冠样式，以此显示新朝在文化上对"中国正统"的继承。《明太祖实录》概述了这一诏令的内容，云：

> 诏复衣冠如唐制。初，元世祖起自朔漠以有天下，悉以胡俗变易中国之制。士庶咸辫发椎髻，深襜胡俗，衣服则为袴褶窄袖及辫线腰褶；妇女衣窄袖短衣，下服裙裳，无复中国衣冠之旧。甚者易其姓氏为胡名，习胡语。俗化既久，恬不知怪。上久厌之。至是，悉命复衣冠如唐制。……不得服两截胡服，其辫发椎髻、胡服、胡语、胡姓一切禁止。斟酌损益，皆断自圣心。于是百有余年胡俗，悉复中国之旧矣。[2]

在中国近世文化史上，这是一份非常重要的文献，屡屡为研究蒙元史和明史的学者所引用。不过，这份诏令所言及的服饰名物，笔者尚未见有专门的探讨，而且其中的文字扞格之处，亦未见有很好的校勘与疏通。

今天通行的史语所校印本《明实录》，系据多种明清抄本整合而成，虽经前辈学者辛勤校勘，依然存在不少文字讹误。例如，上述引文中"深襜胡俗"一句，"襜"依据《洪武正韵》等字书的解释，即古代冕服配件中的"蔽膝"[3]（图 1），北方民族并无此种衣饰，此句文意难通。《明太祖

---

1 本文中所使用的"胡服""胡化""华夷""夷夏"等词，均系为了便于表达而沿用历史惯称，并不包含价值倾向。

2 《明太祖实录》卷三〇，台北史语所校印本，1962，525 页。

3 （明）乐韶凤等纂：《洪武正韵》卷六，景印《文渊阁四库全书》第 239 册，台湾商务印书馆，1986，92 页。

图 1　蔽膝
（元至顺刊《事林广记》续集卷六，《续修四库全书》第 1218 册）

实录校勘记》云此处"旧校改'俗'作'帽'"[1]，但"深襜胡帽"一语，文意依旧晦涩。幸运的是，嘉靖以降，随着明代诸朝《实录》的传抄出宫，抄撮《实录》纂修各体史书，在明后期史家当中蔚为风气。周藩宗正朱睦㮮（1517—1588）在分类纂录洪武朝政事的《圣典》一书中，引用《实录》此条，作"深簷胡帽"[2]。嘉靖《宣府镇志》和顾炎武《日知录》引及此一诏令，也均作"深簷胡帽"[3]。而且从诏令上下文语境推断，"辫发椎髻"描绘元代发式，"袴褶窄袖"描绘衣式，"深簷胡帽"描述元代帽式，文意允切。因此，综合考虑以上因素，通行本《明太祖实录》革易"胡服"诏令，"深襜胡俗"一词，应当校正为"深簷胡帽"；原文"襜"是"簷（异体作'檐'）"之形讹，"俗"则系涉上文"胡俗"而误。

然而，"深簷胡帽"究竟是一种什么样的帽式？在元代流行程度如何？元明易代之后，是否又真如《实录》所云，因"胡服"禁令而从民众生活当中消失？这些更为深入的追问，并非文本校勘所能解决，而应从其他史料，尤其是能够反映社会生活实态的图像资料当中，寻求答案。

1　《明太祖实录校勘记》，台北史语所，1962，103 页。按，《校勘记》此处以"胡俗衣服"四字为句，并不妥当。

2　（明）朱睦㮮：《圣典》卷九《易俗》，见《四库全书存目丛书》史部第 25 册，齐鲁书社，1997，342 页。

3　嘉靖《宣府镇志》，见《中国方志丛书·塞北地方·察哈尔省》卷二〇，台北成文出版公司，1970，216 页。陈垣：《日知录校注》卷二八，安徽大学出版社，2007，1624 页。

一、正名：元代"瓦楞帽"考误

顾名思义，"深簷胡帽"是以"深簷"作为特征的。考察元代图像材料不难发现，这类造型奇特的帽式，在元代甚为常见；而且在较早的时候，已经被研治中国服饰史的学者注意到。沈从文先生（1902—1988）的《中国古代服饰研究》（1981 年初版于香港），在考订元至顺（1330—1332）刻本《事林广记》所载《打双陆图》（图 2）时，首次将图中"官员"所戴的这种深簷、四角、方形的帽式，命名为"四方瓦楞帽"[1]。沈氏这部著作，是中国服饰史研究的开山之作，影响极巨。"瓦楞帽"的命名，一直被后来的服饰史著作沿用。不过，这种帽式虽然以"四楞"（或"四角"）为常见，但也偶见六楞者，因此研究者又创造出"四楞瓦楞帽""六楞瓦楞帽"等名目[2]。

图 2　打双陆
（元至顺刊《事林广记》续集卷六，《续修四库全书》第 1218 册）

1　沈从文：《中国古代服饰研究》一四六《元代玩双陆图中官僚和仆从》，上海书店出版社，2011，535 页。

2　参看赵刚等著：《中国服装史》，清华大学出版社，2013，117 页。在笔者所见的服饰史研究当中，唯有周锡保先生不从沈说，认为"元时对这种帽子未有名称"，而据《东京梦华录》将此种帽式命名为"犀斗笠"（参看周锡保：《中国古代服饰史》，中国戏剧出版社，1983，360—361 页）。然而，犀斗是一种用于灌溉的半球形农器，与这种帽式并不契合。

图 3 《魁本对相四言杂字》插图
(《和刻本中国古逸书丛刊》第 15 册，凤凰出版社，2012)

图 4 《新编对相四言》插图
(上海书店出版社，2015)

中国古代名物研究的难点在于，图像资料中或者出土的物品，本身往往没有自名。在无法与确凿的文献材料进行比对的情况下，研究者根据物品的形制来命名，便成为一个权宜的办法。实际上"瓦楞帽"一名，并未见于任何蒙元时期的文献；沈从文先生如此定名，也仅是一种权宜之举。幸运的是，在日本覆明洪武四年刊本《魁本对相四言杂字》以及哥伦比亚大学东亚图书馆藏明前期刊本《新编对相四言》（这两种识字课本的时代背景，详见后文析论）当中，这种帽式清楚地自名为"幔笠"（图 3、图 4）。[1] 检索元代文献可知，"幔笠"又可以写作"缦笠""篡笠"[2]；因其形状为方形，迥异于其他笠帽，也被称作"方笠"。这种笠子独特的"深簷"样式，曾是不少元人吟咏的对象。例如，描绘秃发者以幔笠遮盖的滑稽元代小令《咏秃》即云：

> 笠儿深掩过双肩，头巾牢抹到眉边。款款的把笠簷儿试掀，连慌道一句："君子人不见头面。"

---

1 《魁本对相四言杂字》，收入金程宇主编：《和刻本中国古逸书丛刊》第 15 册，凤凰出版社，2012，344 页；《新编对相四言》（影印本），上海书店出版社，2015。

2 如元杂剧《宜秋山赵礼让肥》对乞丐衣着的描写："歪篡笠头上搭，粗棍子手内拿，破麻鞋脚下鞳，腰缠着一绺儿麻。"（明）臧懋循：《元曲选》，中华书局，1958，989 页。

元杂剧描写浪子折节读书、改换衣装，亦谓：

> 深缦笠紧遮肩，粗布衫宽裁袖，撇罢了狂朋怪友，打扮做个儒流。[1]

曲中所谓"笠儿深掩过双肩""深缦笠紧遮肩"，无疑是对幔笠"深簷"特征的夸张描写。

如果仅仅要恢复元代"瓦楞帽"的本名，本无需多费笔墨，这里要指出的是，沈从文先生将幔笠权宜地定名为"（四方）瓦楞帽"，却意外地误导了明代服饰史乃至社会文化史的研究。原因在于，"瓦楞帽"一名虽迄今未见于任何蒙元文献，却大量出现在明代后期的史料当中。明代的瓦楞帽，因其帽顶折叠、状如瓦楞而得名，与元代的幔笠并无关涉，在明后期人物画像里甚为常见（图5、图6）[2]。在《中国古代服饰研究》一书产生笼罩性影响之前，名物词典中有关"瓦楞帽"的解释不误，

图5　盛贞介像
（顾沅：《吴郡名贤图传赞》，道光七年长洲顾氏刊本，卷一六，16页）

图6　曾鲸绘《张卿子像》
（启功主编：《中国历代绘画精品·人物卷》，山东美术出版社，2003）

1　（元）王和卿《天净沙·咏秃》、（元）赵彦晖《点绛唇·醒悟》，分见（元）杨朝英纂《朝野新声太平乐府》卷三110页、卷六227页（中华书局，1958年）。

2　此类帽式还可见《侯文节像》《顾节愍像》《汤文学像》等，分见（清）顾沅《吴郡名贤图传赞》卷一三22页、卷一四18页、卷一五17页，道光七年长洲顾氏刊本。

如华夫等主编《中国古代名物大典》云：

> 瓦楞帽，省称"瓦楞"，一种顶部折迭如瓦楞的帽子，明代平民所戴。[1]

然而，沈氏之后的服饰史著作以及名物词典，大多将明代的瓦楞帽直接等同于元代的幔笠。例如，《中国文物大辞典》"瓦楞帽"条即云："金元时已有，明代专用于士庶。"[2]未加考辨地将"瓦楞帽"之旧释与沈氏的研究杂糅在一起。《中国设计全集·服饰类编》"元代瓦楞帽"条更混糅多种研究，谓："北方游牧民族流行的帽式，明代沿用……瓦楞帽在明代为平民所戴。"并引证多种文献，证明元"瓦楞帽"在明朝的流行。[3]此类名物混淆在服饰史著作里广泛出现，此处不拟一一列举。

"瓦楞帽"的错误命名，还误导了元明社会文化史的研究。蒙元对明朝社会文化的影响，是元史学界一个颇受关注的主题。在不少研究当中，明代后期流行瓦楞帽，成为明朝在文化上延续蒙元影响、"胡风"流行的典型例证。然而明代瓦楞帽与元代所谓的"瓦楞帽"并非一物；明朝流行元代瓦楞帽之说，实际是将元代幔笠和明代瓦楞帽混为一谈而造成的误会。

二、马上"胡风"：幔笠考源

洪武元年（1368）的禁令，将"深簷胡帽"贴上了蒙古标签，但从

1　华夫等主编：《中国古代名物大典》，济南出版社，1993，529 页。

2　中国文物学会专家委员会编：《中国文物大辞典》上册，中央编译出版社，2008，604 页。

3　张秋平等编：《中国设计全集·服饰类编》，商务印书馆，2012，55 页。又如，黄能馥等编：《中国服装史》，中国旅游出版社，1995，297 页。

图 7 《女真乐舞图》石刻线描图

[景李虎：《金代乐舞杂剧石刻的新发现》，载《文物》，1991（12）]

源头上来说，幞笠虽然盛行于元代，却并非起源于蒙元。检索考古资料可以发现，这类帽式金代就已经出现在中原地区。迄今发现最早的、年代确凿的幞笠图像资料[1]，是山西高平县西李门村金正隆二年（1157）石刻《女真乐舞图》（图 7）。这组图像带有浓郁女真风格，其中人物髡首辫发、着尖靴、佩蹀躞带，乐舞唯用笛、鼓，皆与文献所描述的女真习俗相符。[2]与元代

图 8 金大安二年侯马董玘墓砖雕
（《平阳金墓砖雕》，山西人民出版社，1999）

1　内蒙古库伦七号辽墓壁画中，有一侍从手持"红色方口圆顶帽"[内蒙古文物考古研究所：《内蒙古库伦旗七、八号辽墓》，载《文物》，1987（7），79 页；壁画摹本见徐光冀主编：《中国出土壁画全集·内蒙古卷》，科学出版社，2012，212 页]，有研究者认为与元代"瓦楞帽"为一物。另外，库伦二号辽墓《仆侍图》、宣化下八里张世卿墓《出行图》，也有类似图像（孙建华编：《内蒙古辽代壁画》，文物出版社，2009，249 页；《中国出土壁画全集·河北卷》，167 页）。笔者对此持保留意见。这几幅图像均不清晰，在迄今发现的众多辽墓壁画中，尚未明确见有头戴"瓦楞帽"的人物形象。从考古发现以及后文引用的朝鲜人的记载来看，这应当是一种女真服饰。

2　有关该图的介绍，参看景李虎《金代乐舞杂剧石刻的新发现》，载《文物》，1991（12）。该报告亦受沈氏影响，将图中的幞笠称作"瓦楞帽"。

习见样式稍有不同的是，此处的幔笠为尖顶。元代更常见的方顶幔笠，见于金大安二年（1210）山西侯马董玘墓砖雕（图8），以及约略与董玘墓同时的山西侯马金墓65H4M102砖雕（图9）。这三幅早期幔笠图像，前者带有强烈女真特征，后两幅则出现在战争戎马情境当中，表现出浓厚的马上之风。在传为南宋人描绘金人渡水训练的《柳塘牧马图》中，辫发的女真骑士亦头顶幔笠（图10）。[1]

图9　侯马金墓65H4M102砖雕
（取自《平阳金墓砖雕》）

图10（题）陈居中《柳塘牧马图》（局部）（取自《宋画全集》第1卷第4册）

图11　醉归乐舞图
（《中国出土壁画全集》第7卷，科学出版社，2012）

从目前所见考古材料推断，这种源于女真的帽式，大约从金代晚期开始，在中原地区的汉族民众当中流行。蒙元早期的北方墓葬当中，出现了较多的此类图像与实物材料。如山西大同冯道真墓（1265）曾出土藤制幔笠一件，稍后的王青墓（1297）出土藤幔笠和草幔笠各一件[2]。陕西蒲城洞耳村壁画墓（1269），则充分反映了蒙古国时期北方汉、女真和蒙古三种文化的交融。（图11）从姓氏和籍贯来看，该墓男女主人皆应为汉人，但男墓主却有蒙古

1　关于此图的军事色彩，参看余辉《南宋宫廷绘画中的“谍画”之谜》，载《故宫博物院院刊》，2004（3）。史书谓金人“渡江不用舟楫，浮马而渡”（崔文印：《大金国志》附录，中华书局，1986，584页），图中表现的正是这一情景。

2　大同市文物陈列馆等：《山西省大同市元代冯道真、王青墓清理简报》，载《文物》，1962（10）。

名；壁画中的人物，穿着带有女真（左衽、幔笠）和蒙古（腰线袄、罟罟冠）混合风格的服饰。[1] 在随葬陶制明器的风气兴起之后，头戴幔笠的陶俑，也屡见于陕西关中地区的元代墓葬（图12、13）[2]。以上这些都显示，早在蒙元前期，幔笠已经成为北方民众的重要日常用品。

然而有意思的是，幔笠却少见于同一时期反映南方民众生活的文献或考古资料里[3]。在长期宋金对峙的巨大军事压力下，儒学理论中的"华夷之辨"，成为南宋朝廷聚敛民心的精神工具。一个显著的事例是，被南宋士人用作教材的胡安国（1074—1138）《春秋传》，便以高标"攘夷"为特色，深刻反映了两宋时代思想基调的差异[4]。"夷夏

图12　武敬墓陶俑

[段毅：《西安南郊皇子坡村元代墓葬发掘简报》，载《考古与文物》，2014（3）]

图13　刘元振夫妇合葬墓陶俑

[李举纲、杨洁：《蒙元世相：蒙元汉族世侯刘黑马家族墓的考古发现》，载《收藏》，2012（15）]

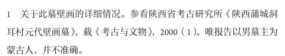

1　关于此墓壁画的详细情况。参看陕西省考古研究所《陕西蒲城洞耳村元代壁画墓》，载《考古与文物》，2000（1）。唯报告以男墓主为蒙古人，并不准确。

2　此类陶俑还见于西安玉祥门外元墓。参看陕西省文物管理会：《西安玉祥门外元代砖墓清理简报》，载《文物》，1956（1）。2009年由丹麦追回的、据信出自陕西地区的元代陶俑中，亦有此类形象。参看孙机《介绍自丹麦回归的中国文物》，见国家文物局：《追索流失海外的中国文物》，文物出版社，2008，10页。

3　承刘未博士告知，考古工作者在四川泸县牛滩镇滩上村征集到的、据信出自两座南宋残墓的三块女武士浮雕（编号2002NTTM3：1、2002NTTM3：2、2002NTTM1：1，见四川省文物考古研究所编：《泸县宋墓》，文物出版社，2004，111—115页），可以确定头戴幔笠。但这类衣着并不见于虞公著夫妇墓、安丙墓、杜光世墓等具有明确纪年的四川南宋石雕墓。

4　参看牟润孙：《两宋春秋学之主流》，见《注史斋丛稿》，中华书局，2009，69—87页。胡传自南宋以来一直是士人科举必读书，但因其高倡"华夷之辨"，在清代备受官方攻讦。参看康凯琳：《论清初官方对胡安国〈春秋胡氏传〉的批评》，载《汉学研究》第28卷第1期。

之防"的观念不仅体现在南宋的精英思想上，还影响到当时的社会生活。南宋朝廷和士大夫对北族习尚的渗透抱有极度的警惕。南宋立国之初，由于大量南北人员往来，金人习俗不可避免地传入南方地区，尤其是临安等人口稠密的都市。对于由金朝投奔来的"归正人"，南宋政府在给予安置的同时，要求他们不得继续"左衽胡服"。[1] 绍兴三十一年（1161），宋高宗"念境土未复，将用夏变夷"，下令禁止临安市井"胡乐、胡舞，长跪献酒"等女真式娱乐，以及"插戴棹篦及着卧辣、用长藤为马鞭"等北族装束。[2] 宋孝宗乾道四年（1168），有臣僚继续对临安民众效习"胡俗"发出警告，这是反映南宋日常生活中的"夷夏之辨"的重要文献：

> 臣僚言："临安府风俗，自十数年，服饰乱常、习为胡装，声音乱雅、好为胡乐。如插棹篦、不问男女，如吹鹧鸪，如拨胡琴，如作胡舞，所在而然。此皆小人喜新，初则效学以供戏笑，久习之为非，甚则上之人亦将乐之、与之俱化矣。臣窃伤悼，中原士民沦于左衽，延首企踵，欲自致于衣冠之化者，三四十年却不可得，而东南礼义之民，乃反堕于胡虏之习而不自知，甚可痛也。……伏望戒敕守臣，检坐绍兴三十一年指挥，严行禁止，犯者断罪，令众自然知惧矣。"诏从之。[3]

1　刘琳等点校：《宋会要辑稿》之《刑法二》《兵一六》，上海古籍出版社，2014，8384、8920 页。

2　（元）马端临：《文献通考》卷三一〇，浙江古籍出版社，2000，2436 页；刘琳等点校：《宋会要辑稿·刑法二》，8383 页。《文献通考》将此事误系于绍兴二十一年，第此据《宋会要辑稿》改。

3　《咸淳临安志》卷四七，《宋元方志丛刊》第 4 册，中华书局，1990，3775—3776 页。按，临安府申禁胡俗，《宋会要辑稿》《宋史全文》等书皆有记载，唯《咸淳临安志》所记最详，然所引臣僚上书，亦为节录。嘉靖《仁和县志》卷三《风土》于"与之俱化矣"句后，复有"夫习俗之不然，莫胡虏若。无人伦、灭礼义，故中国每每斥之。如人之语言无理，则曰'胡说'；动止不端，则曰'胡行'，举措失仪，则曰'胡做'，如此灵台固犁然矣。至于衣冠所以饰躬、音乐所以乐志，而乃摈弃先王礼乐，甘效胡虏粗恶之习，呜呼，其所由来渐旧矣！"可见当时臣僚的激切态度。（嘉靖《仁和县志》卷三，收入《四库存目丛书》史部第 194 册，齐鲁书社，1997，53 页）

从史料来看，金国服饰对南宋确实产生了某些影响，但这种影响不应夸大，如认为南宋服饰"几乎已完全与北方民族'混一'了"[1]。中国南北服饰真正接近"混一"的状态，要到元代统一江南、从地理乃至心理上逐渐淡化华夷界限之后。至少从南宋使臣留下的大量文献来看，衣冠服饰的巨大差异，始终是宋金民众最为直观的区别。例如，乾道六年（1170）范成大使金途经开封，便发现：

> 民亦久习胡俗，态度嗜好与之俱化。男子髡顶，月辄三四髡，不然亦间养余发，作椎髻于顶上，包以罗巾，号曰"蹋鸱"，可支数月或几年。村落间多不复巾，蓬辫如鬼，反以为便。最甚者衣装之类，其制尽为胡矣。自过淮已北皆然，而京师尤甚。[2]

淳熙丙申（1176）年使北的周煇进入金国统治的睢阳，亦云：

> 入境，男子衣皆小窄，妇女衣衫皆极宽大……无贵贱皆著尖头靴，所顶之巾谓之"蹋鸱"。[3]

此时南北分隔仅半个世纪，而北方民众的服式、发式，已与南方产生巨大差别。这些明显不是范成大、周煇等使臣在南宋所习见者。政区的边界以及更为重要的"夷夏之防"心理界限，显然是阻遏北族服饰向南传播的两大障碍，这一状况的真正改变，要到蒙元时代到来。

1　刘复生：《宋代"衣服变古"及其时代特征——兼论"服妖"现象的社会意义》，载《中国史研究》，1998（2）。对宋代服饰所受的北族影响，本文论述最为详备。

2　（宋）范成大：《揽辔录》，收入孔凡礼点校：《范成大笔记六种》，中华书局，2002，12 页。关于"蹋鸱巾"，参看孙机《玉屏花与玉逍遥》，见《仰观集：古文物的欣赏与鉴别》，文物出版社，2015，415 页。

3　赵永春辑注：《北辕录》，见《奉使辽金行程录》，商务印书馆，2017，426 页。

三、荡决藩篱：蒙古征服与幔笠在亚洲的传布

就幔笠而言，虽然南宋晚期已经流行于金、蒙占据的淮北地区，但对南宋本土并未产生太多影响。南宋覆亡之初，德佑二年（1276）二月，左相吴坚等人担任祈请使赴蒙，渡河进入旧金故地邳州，发现"自此，人皆戴笠，衣冠别矣"[1]。南宋俘臣汪元量在北方所见，亦谓"汉儿辫发笼毡笠，日暮黄金台上立"[2]。在蒙元征服之初，戴笠尚是北人的服饰标志，与宋人衣冠不同。如遗民郑思肖（1241—1318）描绘所见北人衣着，即谓"鬃笠毡靴搭护衣"，又称南方道路间"数数见群犬吠顶笠者，衣冠之人过之则不顾"，"顶笠者，鞑贼也"[3]。需要指出的是，虽然元代江南流行幔笠和钹笠两种笠子（如图14教导南人行北族跪拜礼的《习跪图》所示），但从上述史料的年代以及元朝人对两种笠子的称谓习惯来看，上引元代早期记载中的"笠"，只可能是幔笠（参看文后《附说"钹笠"》）。

然而随着蒙古统治的确立，原本带有异域、异族色彩的幔笠，很快在南方成为时尚。明初宋濂（1310—1381）在给南宋遗民、抚州士人李士华（1266—1351）所作墓志中提道：

图14 习跪图

（元至顺椿庄书院刊《事林广记》前集卷十一，《续修四库全书》第1218册）

---

1 （宋）严光大：《祈请使行程记》，见王瑞来：《钱塘遗事校笺考原》，中华书局，2016，331页。

2 汪元量：《幽州歌》，《全元诗》第12册，15页。

3 （宋）郑思肖：《绝句·其八》《犬德》，见陈福康点校：《郑思肖集》，上海古籍出版社，1991，38、152页。

会宋亡为元，更易方笠、窄袖衫，处士独深衣幅巾，翱翔自如，人竞以为迂。处士笑曰："我故国之人也，义当然尔"。[1]

另一位遗民郑思肖，易代之后也"所喜不靴笠，巍冠敝履行"[2]，以不易故国衣冠为荣。

不过这只是少数遗民的行为，更多的人则是"欣然从北俗，往往弃南冠"[3]。为求得出仕机会，士人以仿效北族习俗，作为向征服者表示衷心顺服的手段。[4]明初人王祎回顾这段历史，谓当时"为士者辫发短衣，效其语言容饰，以自附于上，冀速获仕进，否则讪笑以为鄙怯"[5]，方孝孺亦谓当时"天下皆辫发椎髻""骑马带剑以为常"[6]，虽在江南，亦充溢马上之风。这些描述并非明人虚构，皆可以从元代的图像与文献当中得到印证。例如，江南无锡人钱世良便因"言、貌悉似蒙古，故太师帖木真儿见爱，遂以女妻之"，以乘龙快婿而位至高官。[7]而戴笠，即是当时的新风尚之一。江南平定之初，婺州文士胡长孺（1249—1323）被征入都，据说便是遵从北俗、戴笠而往。《农田余话》记载了一个有趣的故事：

赵文敏孟頫、胡石塘长孺，至元中有以名闻于上，被召入。见问

1（明）宋濂：《北麓处士李府君墓碣》，见黄灵庚点校：《宋濂全集》卷六九，人民文学出版社，2014，1647页。

2（宋）郑思肖：《览镜》，见陈福康点校：《郑思肖集》，78页。

3（宋）郑思肖：《四砺·其二》，见陈福康点校：《郑思肖集》，74页。

4 关于南方士人接受北族衣冠的心态与动机，参看李治安《元代汉人受蒙古文化影响考述》，载《历史研究》，2009（1）。

5（明）王祎：《时斋先生俞公墓表》，见《王忠文公文集》卷二四，《北京图书馆古籍珍本丛刊》第98册，书目文献出版社，1987，433页。

6（明）方孝孺：《卢处士墓铭》，见《四部丛刊初编》影印嘉靖刻本《逊志斋集》卷二二，上海书店，1989年，第26页。

7（元）华公恺：《故巡检钱公圹志》，见《虑得集》附录卷上，收入《续修四库全书》第1122册，上海古籍出版社，1996，289页。

文敏："会甚么？"奏曰："做得文章，晓得琴棋书画。"次问石塘，奏曰："臣晓得那正心、修身、齐家、治国、平天下本事。"时胡所戴笠相偏欹，上曰："头上一个笠儿尚不端正，何以治国平天下！"竟不录用。[1]

野史里的故事未必属实，但戴笠在元代江南的确是一时风尚。至顺年间刊行的日用类书《事林广记》，谓："笠子，古者虽出于外国，今世俗皆顶之。"[2] 从图像资料来看，戴幪笠者并没有族属或者社会阶层的限制。文学家虞集（1272—1348）的传世画像（图15），头戴黑笠、足蹬乌靴。元末讽刺张士诚幕府文人的小令，所谓"皂罗辫儿紧扎梢，头戴方簷帽"[3]，描绘的则是一个髡首辫发、头顶幪笠的文士形象。不仅文士乐从时俗，市井小民亦如此。例如福建将乐元墓壁画中的舆夫仆役，戴的也是同种类型的幪笠（图16）。幪笠在中国的流行，直至元末不衰，连皇帝亦未能免俗。现存元代帝王肖像，除去钹笠，亦有着幪笠者。明人摹元周朗《天马图》中的元顺帝，即头戴尖顶幪笠（图17）。

蒙元时代幪笠流行的区域，不仅限于中国，随着蒙古大军的征服，幪笠传播到东起高丽、西至波斯的广大地区。10世纪以降，高丽先后与辽、金两国接壤，虽然迫于武力，不得不向这两个北族政权纳贡称臣，

---

1 （元）长谷真逸：《农田余话》卷二，收入《四库全书存目丛书》子部第239册，齐鲁书社，1997，333—334页。

2 《事林广记》后集卷一〇（椿庄书院刊本），《续修四库全书》第1218册，373页。笠子取材极广，后文续云"或以牛尾、马尾为之，或以棕毛、或以皂罗皂纱之类为之"。现存元刻诸本《事林广记》，都是以南宋类书《博闻录》为基础增删而成，有关笠子（以及本文附录提到的"帽子"）的介绍，椿庄书院本和西园精舍本《事林广记》内容相同。有意思的是，这部分内容不见于和刻泰定本《事林广记》。泰定本与《博闻录》关系最为密切（参看宫纪子：《新发现的两种〈事林广记〉》，载《版本目录学研究》第1辑，国家图书馆出版社，2009），一个可能的猜测是，有关"笠子""帽子"的介绍，是元代才添加进去的，而在南宋本《博闻录》中并不存在。

3 （明）瞿佑：《归田诗话》卷下，见乔光辉《瞿佑全集校注》，浙江古籍出版社，2010，473页。

图 15　虞集像
[（元）佚名：《名贤
四像》，收入《元画
全集》第四卷第五
册，浙江大学出版
社，2013]

图 16　人物轿舆图（局部）
　　（福建将乐元墓壁画，《中国
出土壁画全集》第十卷）

图 17　明人摹周朗《天马图》
（《故宫藏品大系·绘画编》第
五册）

但在文化上高丽奉行的却是"慕华"政策，也即主动接受中原文明、避免草原习俗的渗透。高丽太祖王建（877—943），曾留下著名的"训要十条"，其一曰：

> 我东方旧慕唐风，文物礼乐，悉遵其制……契丹是禽兽之国，风俗不同，言语亦异，衣冠制度，慎勿效焉。[1]

虽然学者对《训要十条》是否真为太祖所留有争议，但《高丽史》这一记载无疑透露出高丽文化阶层的"慕华"意识[2]。《高丽史》所载的舆服制度，相当程度上是唐宋制度的杂糅。丽末文臣赵浚（1346—1405）曾

1　《高丽史》卷二《太祖二》，台北文史哲出版社，2012，26 页。
2　关于高丽文臣的"小中华"意识与"慕华"心态，参看黄修志《高丽使臣的"小中华馆"与朝鲜"小中华"意识的起源》，载《古代文明》第 6 卷第 4 期（2012 年 10 月）。

总结高丽衣冠的演变，云"祖宗衣冠礼乐，悉遵唐制；迨至元朝，压于时王之制，变华从戎"[1]。北宋末使臣徐兢曾记在高丽之所见，云：

> （高丽）唐初稍服五采……逮我中朝，岁通信使，屡赐袭衣，则渐渍华风，被服宠休，翕然丕变，一遵我宋之制度焉，非徒解辫削衽而已也。[2]

高丽舆服遵用中原制度，并非徐兢出于文化自大的虚构。入金之后，乾道五年（1169）宋人楼钥（1137—1213）在燕京所见之高丽使臣，依然"衣冠如本朝"，与"椎髻被发"的西夏使者不同。[3]然而，高丽基于儒家文化影响而产生的"夷夏"意识以及衣冠上的"慕华"政策，在蒙元时代发生了彻底的改变。

在九次抗蒙战争（1231—1273）失败之后，高丽被卷入蒙元世界体系。虽然忽必烈允许高丽不改冠服，但身为蒙元驸马的高丽忠烈王（1274—1308 在位）为了表示彻底降顺，不仅自身"辫发胡服"，而且于1278 年下令全国臣民衣装蒙古化：

> 令境内皆服上国衣冠，开剃。蒙古俗，剃顶至额，方其形，留发其中，谓之开剃。[4]

政令一出，"自宰相至下僚，无不开剃"，即便儒生，亦不能免。高丽衣装蒙古化之激进，甚至连忽必烈都觉诧异：

1 （高丽）赵浚：《松堂集》卷三，收入（韩国）民族文化推进会编：《韩国文集丛刊》第 6 册，三省印刷株式会社，1991，425 页。

2 （宋）徐兢：《宣和奉使高丽图经》卷七《冠服》，中华书局，1986，25 页。

3 （宋）楼钥：《北行日录》，见顾宏义、李文整理标校：《宋代日记丛编》第 3 册，上海书店出版社，2013，1207 页。

4 《高丽史》卷七二《舆服》，476 页。

（世祖）因问（高丽人）康守衡曰："高丽服色何如？"对曰："服靴靮衣帽。至迎诏贺节等时，以高丽服将事。"帝曰："人谓朕禁高丽服，岂其然乎！汝国之礼，何遽废哉！"[1]

忠烈王十六年（1289），高丽儒臣郑可臣辫发顶笠面见元世祖，这种充溢着马上之风的装束，与儒臣的身份并不协调，世祖遂"命脱笠"，并告谕"秀才不须编发，宜着巾"。[2] 不过，这似乎并未影响笠子在高丽的流行，丽末恭愍王、禑王时期，幪笠（方笠）甚至成为官员（"代言班主以上，皆戴黑草方笠"）和各司胥吏（"著白方笠"）的公服[3]。在李朝世宗时期（1418—1450）编成的《三纲行实图·郑李上疏》当中，丽末恭愍王时（1352—1374）的官员左司议郑枢、右正言李存吾，即头戴方笠（图18），依然保留了对前代冠服的记忆[4]。

不仅在东亚，蒙古征服者还将幪笠带到了中亚和西亚地区。高昌故城出土的回鹘文刻本佛本生故事插图，原本的印度人物，却均被冠以幪笠（图19）[5]。而蒙古人西征建立的伊利汗国（Ilkhanate）留下的图像材料当中，也留下了许多幪笠人物形象[6]。例如，在拉施特（1247—1318）编纂的历史巨著《史集》当中，即有蒙古君主头戴幪笠举行宴会的情景（图20）。原本属于女真服饰的幪笠，在被蒙古人接受之后，随着蒙古马蹄到

1　《高丽史》卷二八《忠烈王一》，440 页。

2　《高丽史》卷一〇五《郑可臣》，252 页。

3　《高丽史》卷七二《舆服一》，477 页。

4　（朝鲜）偰循等纂：《三纲行实图》（朝鲜英祖二年［1726］重刊本），收入《域外汉籍珍本文库》第 2 辑子部第 2 册，西南师范大学出版社，2011，477 页。有意思的是，本书插图仅在描绘金代人物（如《虾蟆自焚》《绛山葬君》）和丽末人物时出现方笠，说明当时人对方笠的起源，尚有清楚的认识。

5　直至今天，哈萨克斯坦、吉尔吉斯斯坦等中亚国家依然使用幪笠或类似形制的帽子，这应当是蒙元时代的孑遗。

6　相关图像可以参看资料网站 http：//warfare.uphero.com/Persia/13-14C/Diez_Album-p22.htm，其中收集了大量的伊利汗国时期的蒙古人形象。

图18　郑李上疏

[载朝鲜俀循等纂《三纲行实图·忠臣》，
朝鲜英祖二年（1726）重印本]

图19　回鹘文刻本佛本生故事插图残片

【[德]茨默：《回鹘板刻佛本生故事变相》，
载《载敦煌学辑刊》，2000（1）】

图20　柏林国家图书馆藏《史集》插图 (14 世纪早期) 当中的伊利汗国君主

达了亚洲各个地方；在某种程度上，它可被视作蒙古征服冲决政权、族群与文化藩篱的一个象征。

四、重画疆界：幔笠的淡出与东亚"夷夏"意识的消长

14世纪后期元帝国的衰亡，结束了不同族群文化相对自由交融的短暂历史。在蒙元帝国的废墟上，不仅政权之间的地理疆界，族群之间的文化与心理界限，也重新明晰起来。新建立的明帝国，同时面对着北元的军事压力和内部的合法性危机，其解决策略之一，便是重新标举儒家"华夷之辨"的旗帜，宣布在文化上"用夏变夷""复我中国先王之旧"，以此来构建政权的正统性。[1]这一政治和文化的剧变，迅即在东亚世界产生影响。

正如洪武元年胡服禁令所标榜的，明朝新建立的服饰体系，以恢复唐制为目标。改易衣冠，是因"陋胡人辫头之制、草场简便之风"，而"特慕唐朝尊重之俗"；政府希望借此引领风俗，"共成复古之盛"。[2]作为"胡元"马上之习的一部分，幔笠和其他金元北族服饰、发式一道，或被禁止，或被限制在特殊场合使用。禁革之后，幔笠已甚少见于明代图像资料。

这里需要说明的是，部分服饰史研究所引用的少数"明代"幔笠图像，或是误判材料年代（如宝宁寺明代水陆画[3]），或是使用了明代重刊

1　关于这方面的内容，参看张佳《新天下之化：明初礼俗改革研究》，复旦大学出版社，2014。

2　（明）刘夏：《刘尚宾文续集》卷四，《续修四库全书》第1326册，上海古籍出版社，1996，155页。

3　山西右玉宝宁寺水陆画，1985年出版时被认作明代作品。但沈从文早在《中国古代服饰研究》一书中，即将其作为元代材料使用；美术史家李德仁更从绘画风格、人物服饰以及文字内证等方面证明，该画作实为元代作品［李德仁：《山西右玉宝宁寺元代水南画论略》，载《美术观察》，2000（8）］。除此之外，石家庄毗卢寺壁画，后殿南壁东侧《差使》图亦有戴幔笠人物形象（参看金维诺主编：《中国寺观壁画全集》第2册，广东教育出版社，2011，图一八〇），该图布局与人物衣冠，与宝宁寺水陆画《往古雇典奴婢弃离妻子孤魂众》类似，新版资料集已将其更定为元代作品。

　　　　　　　　　　　　　　　　　　　　制器尚象：中国古代器物文化研究

的元代资料（如万历重刊本《李孝美墨谱》[1]）。本文第二部分，也引用了带有幔笠插图的两种明刊识字课本（《魁本对相四言杂字》《新编对相四言》），然而这两种书却都以元代相关书籍作为底本刊印；书内插图只是刻工照底本摹勒，不尽反映明代社会实况。

图21　《魁本对相四言》插图
（上海书店出版社，2015）

以洪武四年刊《魁本对相四言杂字》为例，其中不仅保留了带有金元北族色彩的服饰，甚至保留了蒙元时代的观念。例如，书中"高、肥"二字的人物插图（图21），皆头顶起源于蒙古族的钹笠，而"矮、瘠"二字配图，则头戴南人冠帽，这有趣地反映了元代民间对"北人""南人"体质差异的认识[2]。明前期刊本《新编对相四言》虽然名曰"新编"，实系翻刊元本。张志公先生指出，该书"筐"字缺笔避讳，作为童蒙教材却收录宋代惯用、不见于《洪武正韵》的汉字（如图21中"瘠"字），从这些方面推断，该书应是以元初的某个刊本作为底本。[3]这类旧籍新刊、内容当改而不改的例子，在古书当中并不乏见[4]：以本例而言，张志公所见

1　关于万历重刊本《李孝美墨谱》的底本问题，参看刘树伟《〈李孝美墨谱〉版本考》，载《图书馆学刊》，2016（4）。

2　如元初郑思肖即谓，蒙古人"纯肉食，少食饭，人好饮牛马奶酪，极肥腯"，见陈福康点校《郑思肖集》，187页。

3　张志公：《试谈〈新编对相四言〉的来龙去脉》，载《文物》，1977（11）。

4　这里举一个有趣的事例。《圣朝混一方舆胜览》本是元代编辑、刊印的地理书，该书的明初建阳重刊本，却依旧冠以"圣朝"之名，并将原书卷末题名"大元混一方舆胜览"，改为"大明混一方舆胜览"。然而地图与政区设置，却因袭元本，毫不修正。故此书虽为明初刊本，反映的却是元代政区设置。（郭声波点校：《大元混一方舆胜览》之《整理者弁言》，四川大学出版社，2003，47、61页）

的《新编对相四言》晚清石印本，依然题曰"新编"，而且依旧保留了这类带有鲜明宋元特征的内容[1]，若据以研究晚清社会生活，无疑失之千里。这些事例都说明了图像资料的复杂性，若不加辨析，极易坠入"以图证史的陷阱"[2]。

下面的故事可以说明，在禁革"胡服"百年之后，明朝人对幔笠已经相当陌生。弘治元年（1488），朝鲜济州官员崔溥（1454—1504）因风飘至浙江。崔氏因在丧中，头戴"深笠"（即幔笠，在朝鲜演变为丧服，详下），这种奇异的帽式很快引起了中国人的注意：

> （桃渚所千户陈华）与一官人来看臣，指臣笠曰："此何帽子？"臣曰："此丧笠也。国俗皆庐墓三年，不幸如我漂流，或不得已有远行者，则不敢仰见天日，以坚泣血之心，所以有此深笠也"[3]。

这种深簷遮掩、不见天日的笠子，明人看来颇为奇异，崔溥不得不为此多费唇舌。然而，就在一百余年之前，它还在江南地区流行，上自学士大夫、下至舆夫仆役，靡不风从。这个例子显然说明，随着元明易代，幔笠已经退出了明人日常生活。

蒙元帝国崩溃后，幔笠在朝鲜半岛的遭遇，也与中国类似。部分源于丽末的国家独立意识，部分受到明朝影响，丽末鲜初的朝鲜半岛，也发生了一场革除"胡服"运动。明朝以复古为号召的服饰改革，迅速被丽末儒臣视为"华夏"文明复兴的表征。在明丽宗藩关系建立过程中，高丽屡次遣使请求袭用"大明衣冠"，以此向明朝展示"慕华向化"之心；而革除蒙元服饰、接受明朝衣冠，在高丽内部则被赋予了"追复祖宗之

1　参看前揭张志公《试谈〈新编对相四言〉的来龙去脉》。

2　这里借用缪哲的说法。关于历史研究中图像使用需要注意的问题，参看缪哲《以图证史的陷阱》，载《读书》，2005（2）。

3　［朝鲜］崔溥：《漂海录》，葛振家点校本，线装书局，2002，62 页。

盛"，即恢复高丽衣冠传统的特殊意义。[1]

前面已经提及，在高丽恭愍王时期，幔笠一度成为"代言班主"以上高官的公服；但在仿明制建立起来的李朝服饰体系里，幔笠被规定为"乡吏"阶层的常服。[2]李朝初年规定，乡吏不得以闲良人员充任；在官吏群体当中，唯独乡吏保留胜国服饰、不与新朝之制，无疑有贱辱之意。这与明初命宦官剃蒙式"一搭头"、命皂隶戴插羽小帽，异曲同工。[3]因此，朝鲜成宗三年（1472），礼曹要求平安道乡吏与他处一样、遵照《经国大典》戴"黑竹方笠"时，当地乡吏便以本系"良民"出身为由，激烈抵制：

> 平安道江西县吏康翰等上言启："本道诸邑乡吏，率以良民假属，故并著草笠，其来已久，不可依他道例著方笠，请仍旧。"从之。[4]

连"良民"出身的乡吏都不愿意头顶表示其微贱地位的幔笠，士大夫更无人乐着。因此，正如前文崔溥所言，只有在居丧外出时，因穿着丧服不便，才头顶深簷幔笠，以示"不敢仰见天日，以坚泣血之心"。幔笠在朝鲜演变为一种外出临时穿着的丧服。孝宗时，许积和国君讨论冠服制度，即称"前朝（高丽）士大夫着四角笠，即今丧人所着方笠也"[5]。

由高官服饰沦为权便的丧服，幔笠地位一落千丈。然而，随着朝鲜士人"小中华"意识的不断强化，幔笠的丧服资格，也几乎不保。丁卯、

1　高丽接受明朝衣冠、改革"胡服"的过程，参看张佳《衣冠与认同：明初朝鲜半岛袭用"大明衣冠"历程初探》，载《史林》，2017（1）。

2　《经国大典》卷三《礼典·仪章》，朝鲜总督府中枢院，1934，231 页。

3　张佳：《新天下之化：明初礼俗改革研究》，复旦大学出版社，2014，69 页。明代的皂隶巾，据说"胡元时为卿大夫之冠，高皇以皂隶人，示绌辱之意"。（明）王圻：《三才图会·衣服》，见《四库存目丛书》子部第 191 册，齐鲁书社，1997，635 页。

4　《成宗大王实录》卷二一，成宗三年八月丁丑，见《朝鲜王朝实录》第 8 册，韩国国史编纂委员会，1968，680 页；卷二六，成宗四年正月壬寅，见《朝鲜王朝实录》第 9 册，2 页。

5　《孝宗大王实录》卷一八，孝宗八年正月壬辰，见《朝鲜王朝实录》第 36 册，74 页。

丙子"胡乱"之后，礼家开始质疑幔笠的源起、讨论居丧穿着是否合适。例如，郑经世（1563—1633）在回答学者是否应以"平凉笠"取代原为"胡金之制"的方笠时，认为即便居丧外出，也应穿着正式丧服、不可苟简。[1] 李光庭（1674—1756）意见稍为暧昧，认为"方笠虽曰胡金之制，先儒居丧，亦多以深衣方笠出入者"，是"衰经不可以行道"的不得已之举，可以从俗。[2] 尹凤九（1681—1767）追忆早年因丧戴笠谒见师长，则云"先师使脱方笠，曰：此胜国陋制，无礼可据"；自己答学者问时，亦谓"方笠，罗丽时夷陋之制也"，主张当"律之以礼"，不徇流俗。[3] 李德懋（1741—1793）对方笠的拒斥态度，亦甚为决然：

> 方笠是金人之服，丽末宰相戴之，我朝中叶胥吏戴之，今则为丧人所着。其制尤为怪骇。东国丧服粗具礼制，而头着虏笠，不可不改正者也。[4]

源于"胡金"的幔笠不仅淡出了朝鲜时代的日常生活，而且在强烈的夷夏情结之下，连作为权宜的丧服，也受到质疑和抵制。[5] 这与蒙元时代自上而下靡然风从的盛况相比，无疑有天壤之别。幔笠在中国和朝鲜半岛的盛衰，竟成为知识阶层夷夏观念消长起落的风向标。

1　［朝鲜］郑经世：《愚伏集》卷一一《答金伯昷问目（戊午）》，见《韩国文集丛刊》第 68 册，209 页。

2　［朝鲜］李光庭：《讷隐集》卷五《答辛与则（师锡）问目》，见《韩国文集丛刊》第 187 册，223 页。

3　以上分见［朝鲜］尹凤九：《答赵汝五》《答李圣章》，《屏溪先生集》卷一九、卷二四，见《韩国文集丛刊》第 203 册，399、503 页。

4　［朝鲜］李德懋：《青庄馆全书》卷 61《论诸笠》，《韩国文集丛刊》第 259 册，94 页。

5　当然，朝鲜学者中也有为方笠辩护的意见，即认为幔笠源于高句丽时代的"折风巾"，与金朝无关。如李瀷（1681—1763）即云："笠，古高句丽所称折风巾也……李白诗：'风花折风巾'，盖今丧人方笠，为四叶合附之，似花瓣，故云'风花'。"（［朝鲜］安鼎福：《顺庵先生文集》卷一六《函丈录》，见《韩国文集丛刊》第 230 册，119 页，这显然并不正确，却代表了主张保留方笠一派学者的普遍意见。）

结语：小物件与大历史

通过上述研究可以知道，长期以来被误名为"瓦楞帽"并被视作典型蒙古服饰的幔笠，其实是一种起源于女真的帽式。虽然只是一顶小小的笠子，它的盛衰历程，却如同标志物一般，直观地反映了12—14世纪东亚族群与政治格局的变迁，以及东亚儒家文化圈内华夷胡汉观念的消长。

带有浓郁北方民族风格的幔笠，金代后期已在中原民众当中流行。宋室南渡之后，中原故土化作南方士人眼中的文化异域，衣冠、风俗上的"华夷之辨"，阻遏了幔笠向南传播。高丽虽与辽金壤地相接，但文化上的"慕华"心态使他们对游牧民族服饰心存芥蒂。13世纪蒙古人的征服运动，不仅冲决了东亚大陆各政权间的地理疆界，而且荡涤了各族群间的文化藩篱。幔笠也在此时伴着蒙古人的马蹄，传播到亚洲各地。随着夷夏意识的淡化，在潮流裹挟与利益诱惑下，北人衣冠成为江南的一时风尚。高丽则以自上而下激进"胡化"的方式，接纳了"鞑靼衣帽"。正是在这种政治和思想背景中，幔笠在东亚风靡一时。蒙元帝国的崩溃，标志着各族群文化相对自由融合时代的结束。在元朝旧基上崛起的新兴王朝，开始重新划定政权与文化的边界。在日益激烈的夷夏情节影响下，幔笠淡出民众的日常生活，化作了历史陈迹，以至今日可以作为一些重要图像材料断代的标尺（如图22旧题宋佚名《百子图》[1]、图23旧题宋佚名《道子墨宝》[2]）。小小的幔笠，成为了蒙元时代前后政治与文化变迁的见证。

1　美国克利夫兰艺术博物馆（Cleveland Museum of Art）收藏，《宋画全集》著录为宋佚名作品。但图中人物服饰与所表现的场景，却与金代图像资料相合。如表现儿童表演"竹马戏"的情景，人物帽饰与场景，与侯马金墓65H4M102砖雕类似（图9）；儿童舞蹈，击鼓吹笛、众人拍手相和等，场景恰与前引《女真乐舞图》（图7）及宋人对女真舞蹈的描述相合。本件作品不宜作为宋代资料使用。
2　美国克利夫兰艺术博物馆收藏，《宋画全集》著录为宋佚名作品。但从画中世俗人物服饰来看，如男子头戴幔笠，尤其是女子内着左衽交领长袍、外套对襟半袖短衣，是典型的金元衣着风格（参看图24登封元代壁画墓侍女）。

图 22　旧题宋佚名《百子图》(局部)
(收入《宋画全集》第六卷第二册，浙江大学出版社，2008)

图 23　旧题《道子墨宝·地狱变相图》(局部)(《宋画全集》第六卷第二册)

图 24　登封王上元墓壁画《侍女图》(局部)(取自《宋王全集》第六卷第二册)

制器尚象：中国古代器物文化研究

附说:"钹笠"

元代比幔笠更为常见的另一种笠子,是钹笠。故宫南熏殿旧藏元代帝王御容,自成宗(1265—1307)以降,皆顶钹笠。然而耐人寻味的是,"钹笠"一名,以笔者管见所及,似仅出现于《元史·舆服志》和古本《老乞大》,这与钹笠在元代社会生活中的流行程度,是极不相称的。元代对"笠""帽"两词并不作严格区分,从相关史料来看,钹笠在当时可能更多地被称为"帽"、而非"笠"。例如,屡屡为服饰史研究者征引的《草木子》,即谓:

> (元代)官民皆戴帽,其簷或圆,或前圆后方。或楼子,盖兜鍪之遗制也。[2]

其中提到的圆簷"帽",便是服饰史一般认为的钹笠[3]。钹笠在《新编对相四言》当中被称作"毡帽"(图24);在明代文献如王圻《三才图会》当中,则称为"大帽"(图25、26)。元末色目诗人丁鹤年颇具政治深意

图25 《新编对相四言》插图
(上海书店出版社影印本,2015)

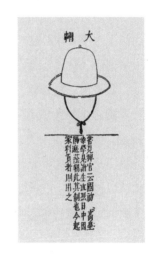

图26 大帽
(王圻:《三才图会·衣服》,《四库存目丛书》子部第191册)

---

1 《元史》卷七八,中华书局,1976,1938页。后世中国文献中的"钹笠"一词,均源于《元史·舆服志》。成书于高丽末期的汉语教科书《老乞大》,有"青毡钹笠儿"一词(见汪维辉:《朝鲜时代汉语教科书丛刊》第1册,中华书局,2005,43页)。考古实物与图像资料中的蒙元服饰,尚未发现自名"钹笠"者;由于"钹笠"一词所显示的冠帽形制,与图像和实物材料正契合,故此一直为服饰史沿用。

2 (明)叶子奇:《草木子》,中华书局,1959,61页。文中的"楼子",可能即是幔笠。

3 黄能馥:《中国服装史》,251页。

的《别帽》诗："云样飘萧月样圆,百年雄丽压南冠"[1],从形制上看,所指显然是钹笠;而元代剧本中屡见的服饰道具"庝簷帽"[2],应当也指钹笠(如图27,广胜寺泰定元年[1324]戏剧壁画)。至顺椿庄书院本《事林广记》介绍当时的冠帽,谓:

> 帽子:亦本于外国,或以禽兽皮毛、牛马尾及棕毛、藤、竹为之,或以绢帛销金、织金为之,今俗通用。[3]

叶子奇在叙述历代服饰特征时,也将"帽子、系腰"作为元代服饰的标志[4]。《事林广记》提到的"本于外国""今俗通用"的帽子,或即指今人所谓的"钹笠"。和金代后期即已流行的幔笠相比,钹笠出现的时间较晚,从考古资料来看,元成宗大德年间以降才在民间流行。笔者发现的有明确纪年的钹笠图像,最早见于山西兴县红峪村至大二年(1309)壁画墓,壁画中墓主人与两名男性顶幔笠,一人着钹笠。随葬陶制车马、仆役,是陕西关中元代墓葬的重要特色,目前发现的钹笠陶俑,确切年代可以追溯的,最早见于刘元振郝柔夫妇合葬墓(郝氏大德六年[1302]下葬)[5],此前的傅元明夫妇墓(1254)、刘黑马墓(1261)、段继荣夫妇墓(1266)、袁贵安墓(1295)出土陶俑,均未见此种帽式。[6]

1 (元)丁鹤年:《别帽》,见丁生俊:《丁鹤年诗辑注》,天津古籍出版社,1987,62页。"云样飘萧"指钹笠上常见的帽缨。本诗当作于元明易代、禁革胡服之后。

2 如(元)高文秀《刘玄德独赴襄阳会》中刘备、蹇雍、刘琮装束,(元)郑德辉《虎牢关三战吕布》中孙坚、刘表装束。分见(明)赵琦美《脉望馆抄校本古今杂剧》第11、14册,文学古籍刊行社,1957,39—40页、71页。

3 《事林广记》后集卷一〇,见《续修四库全书》第1218册,上海古籍出版社,1996,373页。

4 (明)叶子奇:《草木子》,61页。

5 刘元振墓考古发掘报告尚未正式发表,此承报告整理者杨洁女史示知。

6 对于关中元墓随葬陶俑及其类型的梳理,参看杨洁《陕西地区出土蒙元陶俑类型分析》[载《文博》,2013(5)]、《陕西关中蒙元墓葬出土陶俑的组合关系及相关问题》[载《考古与文物》,2015(4)]。袁贵安墓陶俑,参看《西安曲江缪家寨元代袁贵安墓发掘简报》[载《文物》,2016(7)]。

图27　大行散乐忠都秀在此作场（重摹本）

（沈从文：《中国古代服饰研究》，上海书店，2011年）

　　值得玩味的是，《元史》曾记世祖皇后察必（？—1281）改进胡帽的
故事：

　　　　胡帽旧无前簷，帝因射日色炫目，以语后，后即益前簷。帝大
　　喜，遂命为式。……

　　　　（又制比甲）以便弓马，时皆仿之。[1]

　　《元史》记载的这个故事，未必是史官杜撰。故宫南熏殿藏元代帝王
画像，太祖、太宗、世祖所戴帽均无前簷；而成宗以降诸帝（血统皆出
自察必），皆戴钹笠。从上述材料推断，钹笠很有可能就是察必皇后的创
造；明代类书《事物绀珠》也认为察必皇后创制的这种帽子，即是大簷

1　《元史》卷一一四，2872页。

帽[1]。钹笠的出现与流行，已后于幔笠一个多世纪。

从钹笠衍生出的大帽[2]，在明代依然为某些特定群体使用。明人王圻《三才图会》称"（大帽）今起家科贡者，则用之"[3]，并非虚语。清人顾沅所辑《吴郡名贤图传赞》收载众多明人肖像，凡着大帽者均为举人，无一例外[4]。然而从小说、版画等资料来看，明代使用大帽的另一人群，是经常外出公干的胥吏。[5]明代重视用不同的衣冠类型来区分各个社会阶层，明代士大夫对身份象征物也极为敏感。为何举人会与为人贱视的胥吏共享大帽，其中尚有待发之覆。

1　（明）黄一正辑《事物绀珠》卷一三："大帽：元世祖出猎，恶日射目，以树叶置胡帽前，其后雍古剌氏，乃以毡片置前后，今大簷帽。"收入《四库存目丛书》子部第 200 册，齐鲁书社，1997，728 页。

2　元代民众多从金元辫发之习，故今日所见之元代钹笠，无论实物还是图像，形状皆扁浅；而明人恢复束发，故明代大帽皆帽筒高深，以为贮发髻之用。二者虽然在形制上有所差别，但大帽系由钹笠演变而来，此点当无疑议。

3　参看图 27，采自王圻《三才图会·衣服》，见《四库存目丛书》子部第 191 册，齐鲁书社，1997，632 页。

4　如唐解元像、张孝廉像、顾孝廉像，分见（清）顾沅《吴郡名贤图传赞》，道光七年长洲顾氏刊本，卷七 12 页、卷一〇 15 页、卷一五 7 页。按，顾氏此书图绘乡邦名贤五百七十人，"其像或临自古册，或访得于各家后裔，其冠服悉仍其旧，均有征信，无一凭虚造者"（石韫玉：《后序》）。

5　参看罗玮：《汉世胡风：明代社会中的蒙元服饰遗存研究》，首都师范大学硕士学位论文，2012，11 页。

迎合、微变与程式化[*]

——晚明外销瓷装饰图像的西风东渐

吴若明

南开大学文学院东方艺术系

摘　要：晚明外销瓷的图像装饰源于中国传统民间图样，包括祥瑞动物、风景、花果等多种主题纹样。随着晚明中欧直接贸易量的激增和新的欧洲顾客群体的需求，在面临新的海外市场时，传统中国纹样有意迎合市场做出改变，并随着市场的喜好呈现出偏好性。在装饰设计中，程式化的构图方式和中国艺术的模件化体系相结合，通过程式化装饰母题的简繁之变，以及单元化装饰中本体和衍生方式，并结合贸易中陆续传入的一些欧洲装饰花卉，适当调整装饰图案的局部，形成晚明外销瓷装饰图案中西风东渐的趋势和中西合璧的设计风格。

关键词：晚明；外销；瓷程式化

一、海上丝路与贸易背景

1514 年，明朝正德九年，葡萄牙人乔治·阿尔瓦蕾斯等在马六甲商

---

* 本文系 2017 年天津市艺术科学规划项目资助，项目编号：A16022。初刊于《艺术探索》2017 年第四期。

人的指引下，首先出现在中国的南海之滨，来到了广州屯门，与中国商人进行贸易，打开了欧洲和亚洲直接贸易之门，成为贸易全球化时代的开端。[1] 从 1550 年左右开始，中西之间直接的、大规模、远距离贸易在世界经济中崭露头角。[2] 中国的畅销商品，特别是自元代以来广销中东伊斯兰地区的青花瓷器，也被葡萄牙商人争相购入，在回程中卖给中东地区的顾客，其中的一部分商品也陆续被带入欧洲。在这样一种新奇、实用且光鲜的器皿上，东方的图案装饰也开始走进欧洲世界。17 世纪初，荷兰人很快就建立自己的贸易网络并控制了东南亚地区的贸易，剧增的贸易量之下，数以万计的中国瓷器开始大规模地销往欧洲，欧洲市场成为中国瓷器新的客户群体。以 1602 年由荷兰人截获的 Catherina 号货船为例，这批以中国明代万历瓷器为主的货物在阿姆斯特丹拍卖时，总获利为当时的荷兰币 3, 400, 000 guilders（盾）。[3] 高额的利润也直接刺激贸易。"仅 1602—1644 年，荷兰东印度公司贩卖的中国瓷器，总数达 420 万件。"[4] 16 世纪中期，在景德镇有一万余人积极参与到大规模工业化的陶瓷产业中。景德镇瓷器对当地、全国乃至国际都有重大的经济影响力，成千上万的瓷器从这里输入各地市场。以景德镇为主的中国城镇艺术家和手工艺人一方面追求宫廷艺术的名贵和技术的考究，另一方面也要迎合潮流和新的顾客群体品位，受国外式样的影响，瓷器产生了不同文化背景下纹样的渐变。[5]

1　鲁东观察使（安丰文）：《1514：发现大明》，北京时代华文书局，2016，1—2 页。

2　［美］杜朴、文以诚著，张欣译：《中国艺术与文化》，北京联合出版公司，2014，333 页。

3　John Goldsmith Phillips, China-Trade Porcelain, Cambridge, Massachusetts：Harvard University Press, 1956, p.19.

4　叶文程：《宋元明时期外销东南亚瓷器初探》，见《中国古外销瓷器研究论文集》，紫禁城出版社，1988，69 页。

5　［美］杜朴、文以诚著，张欣译：《中国艺术与文化》，318 页。

二、遭冷遇而消逝的龙凤

龙凤题材是中国颇具历史性的固定装饰题材，公元前 1000 年前中国
人就创造了龙的形象，并记录在早期的甲骨文和青铜礼器装饰上，作为
神鸟的凤凰也铭刻在同期的艺术作品上。[1]龙凤源于中原夏、殷两族的神
话传说，即"鲧死，化为黄龙，是用出禹"和"天命玄鸟，降而生商"。[2]
汉代时期，龙、凤和虎、龟组合成为宇宙四方相联的神兽。唐代起龙、
凤的宗教象征寓意削弱，多用于装饰以银器为主的其他工艺品。景德镇
的民窑瓷器装饰从元至明清发展以来一直深受浮梁瓷局及御窑装饰体系
图案的影响，并以龙凤等神瑞之兽题材为多见。

根据康蕊君（Regina Krahl）先生编著的《土耳其伊斯坦布尔藏中国
瓷器图录》来看，在元代销往中东地区的瓷器中，除牡丹等缠枝花卉外，
龙凤题材仍占据多数，尤其是凤纹
题材。[3]事实上，在伊朗等地区也有
类似图案并具有永生寓意的神鸟，
被称为 Simurgh，也是当地常见的装
饰图案[4]，有利于中东市场对非现实瑞
兽题材的接受。但在晚明外销欧洲
的瓷器中，龙凤纹样并不常见。据
在目前发表的相关晚明外销欧洲的
瓷器资料看，龙纹的克拉克瓷极少，
仅有藏于英国维多利亚博物馆和德

图 1　克拉克龙纹瓷盘，约 1573—
1620 年，英国维多利亚博物馆藏

1　［英］罗森著，孙心菲译：《中国古代的艺术与文化》，北京大学出版社，2002，322 页。

2　何新：《谈龙说凤：龙凤的动物学原型》，时事出版社，2004，2 页。

3　Regina Krahl, Chinese Ceramics in the Topkapi Saray Museum Istanbul：A Complete Catalogue, 3 vols. London:
Sotheby, 1986.

4　Juan Eduardo Cirlot, A Dictionary of Symbols, Courier Dover Publications, 2002, p. 253.

国卡塞尔博物馆等少数个例，如图1维多利亚博物馆藏瓷盘，盘壁为典型克拉克开光装饰，瓷盘中央为四爪龙纹的主题图案。卡塞尔博物馆藏的瓷盘构图相近，区别只是在盘内增加了几何纹的锦地边饰。[1] 正面龙纹设计从元代流行的以龙身体为主要刻画对象的游走形式侧面龙，发展成突出龙首正面形象的正面龙纹，是自明代万历起至清代瓷器装饰上龙纹的经典设计。龙纹设计上基本和《程氏墨苑》中"飞龙在天"粉本趋于一致。[2] 如图2，正面龙首的平面勾勒，龙颈从顶部绕过呈圆圈状，并在下部以弯曲变化的S状延展开。二者在背景上同样运用到

图2　龙纹版画，明代《程式墨苑》

了火焰纹和祥云的装饰元素，但构图上尾部处理略有不同。此外，克拉克外销瓷盘上的龙纹为四爪龙，而版画"飞龙在天"为象征皇室的五爪龙。这种在龙爪上的区分设计也秉承了国内御窑厂器物五爪龙的垄断。

风纹是国内非常流行的纹样，但在陶瓷主产区景德镇的外销瓷中，并不常见。福建漳州窑的一些外销青花瓷器运用了站立的单凤主题纹样，但从欧洲的传世品来看，也并没有得到广泛流行，它可能更偏向于销往文化接近的东南亚地区。

来自中国的华丽装饰龙凤纹等非自然界真实祥瑞动物的纹样，尽管

1　Schmidt, Ulrich. Porzelanaus China und Japan：Die Porzellangalerie derLandgrafen von Hessen-Kassel Staatliche Kunstsammlungen, Kassel and Berlin：Dietrich Reimer, 1990, p.178.

2　昌彼得主编：《明代版画选》，台湾图书馆，1969，43页。

在晚明的官民窑中极为常见，但由于文化背景的差异，并没有受到欧洲市场的欢迎，很难以引起消费者的共鸣。[1]龙凤纹样在晚明外销欧洲市场瓷器中的逐渐淡出，正是这类纹样在新的贸易市场中遭到冷遇造成的。

三、微变的中庸之景：田园之鹿与池塘水禽

相较于龙凤神兽题材的冷遇，在晚明外销瓷的装饰纹样中，自然界各种常见的动物结合自然风景的主题纹样愈发流行，尤以田园之鹿和池塘水禽最为突出。这两类同属自然风景（nature scene）。虽然鹿和雁等在晚明装饰纹样中仍具有神瑞寓意，但外销市场中的接受群体多将其理解为去寓意化的自然表现，这同样也更能引起新顾客群体的共鸣和对图像的接受。

（一）苍原野鹿到田园之鹿

从原始岩画到陶器、金银器等，源于自然的鹿纹是世界范围内常见的装饰题材。欧洲和中亚对鹿的理解，更多是和狩猎相关，尤其是苍原野鹿的形象。在人类文明史上的渔猎时代，都曾有过对鹿角的崇拜，这是因为人类对时间和历法的认识，正是从每年春天鹿茸的生长开始的，这就

图3 鹿纹铜牌，战国，甘肃省博物馆藏

---

1 欧洲的龙的形象可以追溯到中世纪，从基督徒圣乔治屠龙神话的传播可见，龙常被视为邪恶的象征，且在外形上有双翼，和中国龙不能等同，在此不展开叙述。

是"物候历法"的起源。[1] 在连接中欧之间的北方草原文化中，鹿作为草原中最常见的动物之一，也是金属工艺装饰中常见的形象。如图 3 的一组鹿纹铜牌，以矫健的身躯和西伯利亚大角鹿的夸张鹿角相组合，表现出苍原野鹿的形象。和苍原野鹿的雄健相比，明代瓷器上的鹿纹多为外形秀美的梅花鹿。鹿纹装饰亦与神瑞寓意相联，汉赋《楚辞·哀时命》有云："浮云雾而入冥兮，骑白鹿而容与。"在诗文描述中，鹿为人升仙时的乘骑。在晚明沈遴奇所编版画《剪霞集》中，双鹿图案亦加以"仙鹿"（图 4）题款。[2]

图 4　仙鹿版画，明代《剪霞集》

图 5　克拉克双鹿瓷盘，约 1573—1635 年，法国吉美博物馆藏

　　从传世瓷器来看，嘉靖时期民窑的天官鹿纹图和万历时期的五彩百鹿尊将鹿纹的装饰推向瓷器装饰高峰，民窑瓷器纹样多受官窑影响。晚明瓷器上盛行的梅花鹿纹，和早期金属器皿上苍原野鹿的雄健之态相比，更多表现为田园之鹿的悠闲和安逸，且在形态上和版画也有相近之处（图 5）。鹿纹在外销市场中受到了极大的欢迎，在随后的贸易中，鹿纹成为订购产品中颇为重要的纹样，以行销欧洲的万历朝外销瓷为例，鹿纹占据了极大一部分。根据 2003 年打捞出海的"万历号"沉船公布的数据，打捞瓷器按纹样约 66 类型排列，双鹿为主题装饰的瓷盘（Twin deer plates）位居首位，总数 10442 件，占总瓷器数量（约

1　乔晓光：《吉祥在东西方之间》，载《中国国家地理》，2007（1），66—72 页。

2　《剪霞集》属晚明，为沈遴奇（1603—1664 年）所编，明彩印版画，用红、棕、蓝、绿、灰套印，美国王方宇处收藏 16 幅，据说日本最近又发现后印本 40 多幅。［美］高居翰：《高居翰数字图书馆》，中国美术学院，http：//210.33.124.155：8088/James Cahill。

37300 件）近三分之一。还有数量达 10336 件的小碗也不乏鹿纹装饰。[1]

欧洲市场上该主题能够被广泛接受和喜爱，得益于鹿形象在各地区的常见和纹样中的运用。在数量剧增的晚明外销瓷中，鹿纹的装饰所带有的仙鹿寓意被简化，而自然的田园之风更因新的顾客群体的审美接受和自身的装饰传统，成为流行的装饰图案。

（二）池塘水禽的自然风情

池塘水禽的动物题材是克拉克瓷盘中颇为流行和常见的盘心主题纹样，且流行持续时间较久。数目不等的水禽在瓷盘盘心处分上下两部分别以示近景和远景，数量也从单只到多只不等，往往依器物大小而改变。水禽的绘画中最为常见的即野雁，同样具有祥瑞寓意。如图 6，这个直径有 53.2cm 的克拉克瓷盘中心，近景处淡描青花色的岩石上绘有三只栖息在岸的野雁，远景处三只正飞翔在天空中，两组中间池塘上还有一只游于水上。这类图案在构图上也与明代版画有相似之处，如流行甚广的《顾氏画谱》中所选取的翎毛类精品画作（图 7）。

野雁在中国也可谓禽中之冠，常被视为五常俱全的灵物，即仁义礼智信，是工艺装饰中较早出现的图案，如唐代三彩陶盘（图 8），并沿用至明代。宋金元磁州窑中流行的"雁衔芦"纹更是和衔禄、传胪寓意相连。[2] 和仙鹿相似，在晚明的外销瓷器中，诸如雁纹等水禽的祥瑞寓意也因外销市场的文化特点而淡去，在单色青花勾勒写意的晚明外销瓷器上，常和野鸭混淆，而后者则是欧洲极为

图 6　克拉克水禽纹瓷盘，约 1573—1635 年，德国德累斯顿国立艺术收藏博物馆藏

1　Sten Sjostrand and Sharipah Lok bt.Syed Idrus："The Wanli Shipwreck and its Ceramic Cargo"，Malaysia：Department of Museums Malaysia and Sten Sjostrand，2007，p. 44.

2　常樱：《宋金时期"雁衔芦"纹的产生与演化》，载《装饰》，2015（7），84—86 页。

图7　水禽版画，明代《顾氏画谱》　　　图8　三彩雁纹盘，唐代，上海博物馆藏

常见的河岸自然景致。因其所表现的对象也同样符合欧洲的自然风情，所以深受市场喜爱，并衍生为更多的池塘水禽图案。

四、图像的兼容：中西合璧

1635年贸易出现了转折后，随着荷兰商人和中国更为直接的贸易展开，一些来自欧洲的图样和对商品内容的需求反映在外销瓷的装饰图像中。除了在器物主题装饰上流行的上述自然风景外，在边饰等辅助纹样上还开始盛行欧式花卉以及中国普通人物辅助纹。中国式样的花卉被荷兰地区的花卉替代，与其他更具异域风情的中国图案组合，形成了中西合璧式的陶瓷纹样。

（一）中西合璧的序曲

当葡萄牙商人在16世纪开始进行亚欧陶瓷贸易时，中国的瓷器主要

　　　　　　　　　　　　　制器尚象：中国古代器物文化研究

是在沿途中销往中东地区，即延续元代中国青花的主销售区。同时，也有一部分瓷器被带回欧洲，包括少量订制的带有家族徽章的瓷器，作为陶瓷上的主题纹样，和中国边饰相组合，尤其是1575—1602年间由葡萄牙 Almeida 家族订制的含徽章纹样的一组瓷器。[1] 此外，在销往中东地区的瓷器中，也偶有在中国纹样为主的青花器物上出现波斯文诗句的个例。[2] 但在此期有限的贸易额中，这两类也都没有在装饰题材中成为主导方向。

（二）荷兰贸易的转折

和清朝中后期普遍按购买方给定纹样的订制方式不同，当荷兰人自1602年成立东印度贸易公司，取代葡萄牙商人的海上瓷器贸易后，尽管欧洲市场成为外销瓷器的主要对象，且需求量锐增，但荷兰人在很长时间里并没有对晚明外销瓷的装饰纹样做出干涉，而仅仅是在器型、尺寸、数量等方面提出要求。事实上，荷兰商人在17世纪初已抵达东亚，但中国官方严格地调节和控制着贸易船运，由专人处理和荷兰人贸易。为谋取利益最大化和垄断中国贸易，荷兰人和中国海上贸易的主导者郑芝龙之间发生了数次海战。直至1634年战事平息后，荷兰人才有机会参与订制和获得他们的新式瓷器。[3] 因此，在克拉克瓷器发展的后期，即1635年之后，荷兰东印度公司开始在订单中对纹样有所要求，出现了中西合璧的纹样，并持续至明末，成为此期贸易瓷器中广泛应用的流行纹样。[4]

1　Maura Rinaldi, Kraak Porcelain: A Moment in the History of Trade, London：Bamboo Publishing Ltd., 1989, p. 89.

2　Christiaan Jorg, Campe Borstlap, and Eliëns, Oriental Porcelain in the Netherlands, Gronigen：Groniger Museum, 2003, p. 41.

3　Christiaan Jorg, Porcelain and the Dutch China Trade, Hague：Uitgeverij Martinus Nijhoff Press, 1982, pp. 22-46.

4　T. Volker, Porcelain and the Dutch East India Company：As Recorded in the DAGH-REGISTERS of Batavia Castle, Those of Hirado and Deshima and Other Contemporary Papers 1602-1682, Mededelingen van het Rijksmeseumvoor Volkerkunde, Leiden 11. Leiden：Brill, 1971, p.60.

（三）荷兰式花卉

新出现的花卉带有强烈装饰性和风格化的西方样式，又类似当时荷兰风行的土耳其伊兹尼克（Iznik）地区织物和陶器上的装饰花样风格（图9），也被称为西式花卉或荷兰式花（Dutch flowers）。[1] 纹样具有同一时期欧洲流行花卉题材的装饰性特征，即细长的枝茎和类似羽毛呈卷草形的叶，以及郁金香纹。特别是来自土耳其的郁金香，1634年起在荷兰备受追捧，直接影响了此式样花卉在1635年后于中国外销瓷中的植入。这类花纹经荷兰商人带入中国，和极具中国风情的"渔樵耕读"等系列普通人物劳作的图像相间为边饰，与盘心的女性劳作纺织图或晚明景德镇民窑常见的天官图等中西合璧、相得益彰。（图10）

新兴的外销瓷装饰题材的出现，是由主要的经销商荷兰东印度公司的商人自1635年按照欧洲国家流行的花卉以及这一时期中东类花卉的热潮，带给中国相应的陶砖等小样（图11），并加大此类订单量引

图9　土耳其伊兹尼克陶盘，法兰克福应用艺术博物馆

图10　克拉克人物纹瓷盘，约1635—1644年，德国法兰克福应用艺术博物馆藏

图11　荷兰郁金香纹陶砖，约1625—1650年，英国维多利亚博物馆藏

1　Maura Rinaldi, Kraak Porcelain：A Moment in the History of Trade，London：Bamboo Publishing Ltd，1989，p. 113. Canepa in Vinhais and Welsh, eds., Kraak porcelain，London：Graphicon Press，2008，p. 38.

起的改变。[1]其中出现的普通人物形象，也是顺应需求新出现的，在同期内销市场并不常见，但却增加了商品的异域风情。

五、程式化与微变体系

在迎合新的顾客群体需求方面，景德镇的窑工们一方面敏锐地捕捉市场的动态，生产盛行和被需求的纹样，另一方面又在本身擅长的传统花鸟等纹样上进行程式化的极简构图，以模件到单元的形式，广泛地运用在这些微变中的外销瓷装饰上。通过花卉的简繁之变，以及"鸟立山石"的本体和衍生变迁方式，既保证了绘制的熟练度，也丰富了装饰的多样性。

（一）花卉的简繁之变

在外销领域的瓷器中，和中外交流的其他纺织纹样等类似，源于自然的美丽花卉一直是常见的装饰母题。通常人们能够鉴别出瓷器装饰内容有限的题材库也正是这些独特的母题，如牡丹、鸟雀以及亭阁，这些母题被称为装饰的模件。以牡丹花卉为例，根据装饰区域的大小和要求，陶工可以变换不同母题的复杂性，即通过增加或减少母题的数目而达到绘画的简繁效果。[2]晚明时期的民窑青花图案极为简洁，而欧洲市场明显倾向于较为繁复的绘画，更显画风细致。同样的单枝花卉的图案应用于不同尺寸的器物装饰，既可通过增加变化花头的数量，也可通过增加枝叶的数量达到这种繁复效果（图5、12局部），从而更好地迎合市场风格需求和器物造型与大小。

1　此观点由荷兰莱顿大学教授 Christiaan Jorg 在 2013 年的会晤中提出，特以致谢。
2　［德］雷德侯著，张总等译：《万物》，生活·读书·新知三联书店，2005，130 页。

图 12　克拉克青花折沿碗，约
1573—1635 年，德国德累斯顿国家艺
术收藏博物馆藏

图 13　克拉克青花小碗，约 1573—
1635 年，英国维多利亚博物馆藏

　　花卉简繁之变的方式是陶工在短时间完成大量订单极为有效的方式。
最初构成单一花卉的本体构图和绘画非常简单，是中国传统折枝花卉的
最简形式，陶工可以不依赖繁复的粉本和绘画技巧而掌握，这些单一的
花卉经画工自由复制增加其数量，便可丰富画面。花卉简繁之变的方式
同样还运用在其他果实装饰方面，特别是带有长寿寓意的桃纹，它们通
常和花卉相间为边饰，除桃子的数量增加，还将叶子最大化地增多，以
致带有向日葵的视觉效果，成为特别的风格化陶纹（stylized peach）[1]。田园
鹿纹和池塘水禽一样可以借此方式而自由变化（图 5、图 6 局部）。有意
思的是，花果的增加方式常为一到三的奇数变化，而鹿、水禽等常以偶
数方式增加。

（二）"鸟立山石"的本体与衍生

　　在晚明外销瓷上形单影只的鸟儿立于山石之上是常见的绘画题材（图
13），这样的鸟立山石构图设计同样出现在晚明盛行的凤凰等其他鸟雀图
案上，它们首先从金银器装饰被借用于漆器，并逐渐转移到瓷器上，从

1　Maura Rinaldi, Kraak Porcelain, London：Graphicon Press, 2008, p. 102.

此"鸟立山石"成为标准图案，并广泛的应用在出口的瓷器上。[1]

和花卉类似，鸟立山石本身是非常简化的一个母题，单独的母题在碗底已可以很好的填补画面的空白，面对更大的空间，如盘子的中心主题纹样，可以通过和其他纹样的组合，构成复杂的衍生纹样。花卉是市场借助的组合体，如图12折沿碗碗心，通过花卉和鸟立山石的组合，已经成为晚明外销瓷上最常见的园林小景。画工以其母题组成构图——单元（主题纹样），在构建这些单元的时候，它确实有一定的自由，因为可以选择模件的种类及数量多少。[2]甚至前文提到的池塘水禽，从某种意义上也可以看成"鸟立山石"本体的衍生。可替代的母题为大批量的订单绘制增加了主题纹样的丰富性，从而更好地迎合市场的需求，又避免产品纹样的雷同，成为雅致的园林小景。

六、微变与固式：多开光设计的流行

晚明的外销瓷纹样在微变中更好地迎合新的市场，同时多开光的设计也在市场化进程中，从部分使用渐成为晚明外销瓷上广泛运用的设计固式。微变的图案以模件化的方式有规律地分布在器皿的装饰中，显得繁复而规律。包括在迎合市场，增加徽章、荷兰花卉以及中国普通人物劳作等纹样时，也可以简单地以取代设计中部分开光的形式，达到新的图案的整体统一。

这种装饰风格的构思目前有多种观点。陶瓷器多开光设计可追溯到伊斯兰地区早期陶器设计。[3]晚明边饰多开光的瓷器和其他非多开光的简化装饰风格青花瓷器同期并存，据传世品，目前认为这种以多开光为主

---

1 ［英］罗森著，孙心菲译：《中国古代的艺术与文化》，323页。

2 ［德］雷德侯著，张总等译：《万物》，130—138页。

3 罗易扉、曹建文：《景德镇克拉克瓷开光装饰艺术的起源》，载《中国陶瓷》，2006（9），80—85页。

要设计的繁密装饰在明朝中国的民窑瓷器上非常少见，主要是对特定市场的迎合。明朝长期禁止自由海上贸易，直到隆庆时期（1567—1572）部分解除海禁，至万历二十七年（1599），陆续开放海禁，允许自由贸易。因此，恢复海外贸易中的景德镇外销瓷器，陶工在迎合市场中延续了元代针对中东伊斯兰市场的风格，多开光的莲瓣纹、繁密的画风，这和以多开光设计为主的晚明外销瓷是一致的，也反映了海外需求市场对其形成的影响。有学者推测，其在晚明外销中的盛行源于荷兰工艺品的装饰风格，因为这种克拉克瓷器的宽边多开光装饰非常类似荷兰中世纪木质的餐盘。[1] 事实上，在全球贸易初期，作为中间商的葡萄牙商人为了迎合如印度、伊朗、印尼等市场，这些产品显著地受到印度和阿拉伯文化的影响，延续了这样繁复的装饰。[2] 葡萄牙人显示出对这种有丰富装饰物的喜爱，并影响了荷兰商人和 16 世纪中叶的整个欧洲。

总　结

万历晚期，随着贸易的增长，海外需求的不断扩大促使景德镇的能工巧匠们在生产外销瓷的过程中不断对纹饰进行改进。明末内销青花瓷器，在国内大范围的民用需求下，从总体装饰风格来说，是追随文人写意风格，画风趋于抽象和简约。但是，外销瓷器却是当时欧洲中上层阶级所享有的奢侈品，在装饰上极富装饰性，具有细致化发展的取向。值得注意的是，由于这一时期以荷兰为主的欧洲商人并没有给出完全的样稿，更多是在提供的产品中加以选择，这也是刚刚兴起的资本主义国家荷兰在购买中国艺术品方面出现的新趋势。在这种情况下，作为供货商

1　Julie Emerson, Jennifer Chen and Mimi Gardner Gates, Porcelain Stories: From China to Europe, Seattle and Washington：Seattle Art Museum and University of Washington Press, 2000, p. 253.

2　Maura Rinaldi, "Dating Kraak Porcelain", Vormen Uit Vuur, No.180/181, 2003, p. 33.

的中国陶瓷生产者只能有意识地去迎合海外市场，当上一年度某种纹样或风格的瓷器在市场上受到欢迎后，必然在接下来的一段时间都继续沿用，而不是再去冒险。有能力的作坊有可能在跟随一段时间后，寻找新的图样尝试，以赢得创新点，有力争夺并引领市场。而在 1635 年之后，因为荷兰商人传入局部样稿，更出现了中西合璧的装饰。模件化的生产体系将这些传统母题自由组合，简繁互变，最大程度地适应了新的市场需求和品位，并易于结合欧洲纹样。在晚明的外销瓷图像装饰中，图像所呈现出的正是迎合新的欧洲市场的微变之象。

试论权衡器具秤杆刻度设计的起源与形成

程颖

苏州工艺美术职业技术学院

　　摘　要：纵观传统权衡器具设计发展，在从等臂天平到不等臂杆秤的设计演化中，衡杆刻度设计的起源与形成是重要环节。本文通过对权衡器具设计的发展中衡秤、单秤、戥秤等不同时期权衡器具刻度设计进行考察，分析秤杆刻度设计的起源与形成。

　　关键词：权衡器具；秤杆刻度；设计；起源；形成

　　在春秋战国时期，中国传统权衡器具设计产生了成熟的天平衡器"楚衡"和"秦权"，伴随权衡器具设计的不断发展和完善，从等臂天平衡杆上发展出带有刻度的衡秤，东汉后期，在衡秤设计的启发和过渡中产生了杆秤的设计形式的萌芽，并在魏晋南北朝时期得到普及，至唐宋时不断完善，形成精细化和规范化设计。杆秤作为重要的日用权衡器，其秤星刻度设计是杆秤形成中的重要环节，本文通过对权衡器具设计的发展中权衡器具刻度设计进行考察，分析杆秤秤星设计的起源与形成。

制器尚象：中国古代器物文化研究

一、衡称——权衡器具刻度设计的起源

中国国家博物馆所藏的两件有刻度的衡杆（图1），衡杆铜质，呈扁平状长方体，其中一衡重97.6克，长23.15厘米，厚0.35厘米，另一衡重93.2克，长23.1厘米，厚0.35厘米。这两件衡杆正中有鼻纽，纽下衡杆背面刻有"王"字，所以又称"王衡"（图2）。考古学界将战国出现的这两件"王衡"称为"衡秤"。刘东瑞在《谈战国时期的不等臂秤"王"铜衡》一文中首次提出："在公元前四世纪前后的战国时期，我国人民从等臂天平的使用进一步了解到不等臂衡秤的作用，依靠算筹的乘除运算，求得称重结果，也是实际可能的。"[1]

图1 战国衡秤"王衡"

图2 王衡上的"王"字

从"王衡"衡杆刻度的设计形式来看，源于尺度刻度。就是说衡秤杆刻度起源于尺上的刻度。度量衡器具设计上最早出现刻度的是测长的工具——尺，如商代牙尺（图3），尺正面等分十寸，每寸刻十分。上述两件衡杆一只长23.15厘米，另一只长23.1厘米，从"王衡"衡杆的设计规格上看，就是一把尺的型号大小。我们把战国时期的一把尺与这两杆"王衡"比较，如战国铜尺（图4）长23.1厘米，宽1.7厘米，厚0.4厘米，正面一侧刻十寸，第一寸处刻十一格，五寸处有交午线，一段有孔。再如西汉木尺（图5）长23厘米，宽1.2厘米，厚0.2厘米，正面刻十寸，

1　刘东瑞：《谈战国时期的不等臂秤"王"铜衡》，载《文物》，1979（4），73—76页。

图 3　商代牙尺

图 4　战国铜尺

图 5　西汉木尺

未刻分，正中有十字交午线，一端有孔。显然"王衡"的衡杆尺寸设计规格是按照当时一把尺的大小规格来设计的，所以据此推断，"王衡"衡杆刻度是对尺的刻度的模仿设计。另外，根据"王衡"的刻度中间的"尖端向下夹角60°的交午线"判断，"王衡"的刻度也是源于尺的刻度。因为交午线最初是天文仪器"圭表"上的刻度，"交午"是指表杆在日中的位置，以此确定南北方向，交午线应用在"尺"的设计上，表示一尺的五寸处，即一半的位置，如上述战国铜尺和西汉木尺，均有交午线。所以根据"王衡"的刻度的交午线判断，它的刻度模仿尺的刻度。由此我们可以推论，"王衡"的刻度最初也许只是尺度上的刻度，随着使用经验的积累，尺度的刻度逐渐转化为权衡器具刻度的设计形式。

　　从以上分析可知，衡秤"王衡"是所见最早的衡杆上有刻度的实物资料，本文认为这也是后来成熟杆秤秤星刻度设计的起源。衡秤的均分刻度为等臂均分，没有标注斤两数，其实秤杆刻度设计经过两个时期，一是"均分刻度"，二是"斤两刻度"。衡称的等臂均分刻度发展为不等臂的均分刻度设计就是单秤的刻度设计形式。

二、单秤——权衡器具刻度设计的进一步发展

关于"单秤"的来历，在魏晋南北朝至隋唐的医书中多有记载。苏恭《唐本草·陶隐居"合药分剂料理法则"按语》："古秤皆复，今南秤是也。晋秤始后汉末以来分一斤为二斤，一两为二两耳……古方惟仲景而已涉今秤……非复秤。"孙思邈撰《备急千金要方·凡例》："吴有复秤、单秤，隋有大斤、小斤，此制虽复纷纭，正惟求之太深，不知其要耳。"在这些中药文献资料中屡次出现"单秤""复秤"的称谓，郭正忠在《三至十四世纪中国的权衡度量》一书中提出："那么，唯一合理的解释，便是'复秤'之'复'，当指古代药用天平两端皆系秤盘：一盘盛药，另一盘置砝码，……'复秤'即指两端系盘的古药秤天平，那么，'单秤'无疑是指仅有一端系盘的药用提系杆秤。"[1] 按照郭正忠的分析，所谓"单秤"与"复秤"的称谓是根据天平向杆秤演化中"吊盘"的变化而来的，天平两个吊盘故而称"复秤"，提系杆秤一个吊盘故而称"单秤"。

"单秤"即药用杆秤，魏晋南北朝，随着中医医药的发展，称量药剂要求既快又准，所以医药领域的"单秤"就在这样的使用背景下产生了。它的发展分为从三分衡杆到五分衡杆再到四分衡杆几个阶段。天平衡器的衡杆为二分衡杆，悬纽（支点）在中心，而三分衡杆秤是把衡杆平分三份，支点的提纽移向物重一端，位于衡杆三分之一处（图6），这样悬系砝码的位置与提纽支点的距离二倍于系物端与提纽之间的距离，从而使原来天平上1两的砝码在此"单秤"上最大称量可以达到原来的2倍，即2两。同样的道理，在五分衡单秤（图7）上提纽位于五分之二处，最大称量就相当于砝码的1.5倍；四分衡单秤（图8），提纽位于物重端四分之一处，最大称量就是相当于砝码的3倍。

因此，单秤的刻度设计属于不等臂的均分刻度形式，衡杆提纽移至

---

1 郭正忠：《三至十四世纪中国的权衡度量》，中国：社会科学出版社，1993，36页。

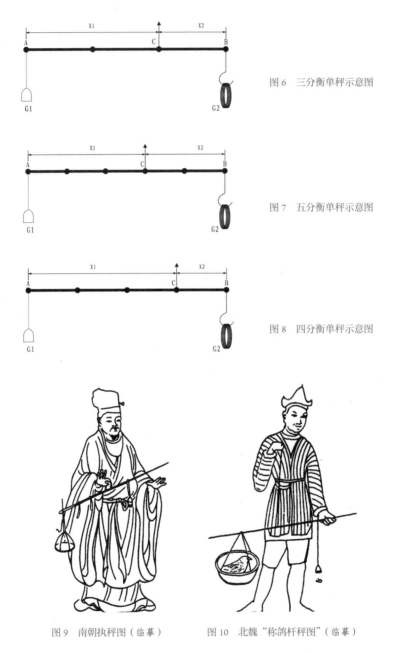

图 6　三分衡单秤示意图

图 7　五分衡单秤示意图

图 8　四分衡单秤示意图

图 9　南朝执秤图（临摹）　　　图 10　北魏"称鸽杆秤图"（临摹）

物端，单秤上 1 倍重量的砝码，可以称量几倍的物品，这就是"单秤"的使用方式。这种的使用方式不仅出现在小型"药秤"上，早期中型"日用秤"上也可能有类似情况。南朝执秤图（临摹本）（图 9）和北魏"称鸽杆秤图"（临摹本）（图 10）中杆秤的提纽均在接近衡杆中部的位置，也就是悬挂所称物体的重点与提纽的支点距离很大，这是初级杆秤形式的标志结构，这说明此时衡杆的刻度非常粗略，杆秤还没有达到细分斤两刻度的标准。

三、"戥秤"——秤星刻度设计的精细成熟

"戥秤"就是单秤的改良设计。它是宋代广为使用的小型权衡器，秤星刻度设计精细完备，是杆秤精确化的发展。"戥秤亦名等子，始于宋代，是专称金银珍品或药物的小型衡器，它灵敏精巧，至今沿用。"[1] 其实等子是杆秤秤星刻度设计的精细化、精确化发展的结果，宋代是等子盛行的时代，最能代表此时秤星刻度设计成就的是刘承珪的"戥秤"。

宋代刘承珪的戥秤设计以《宋史·律历志》记录最详："其法盖取《汉志》子谷秬黍为则，广十黍以为寸，从其大乐之尺，就成二术，因度尺而求氂，自积黍而取累。以氂、累造一钱半及一两等二秤，各悬三毫，以星准之。等一钱半者，以取一称之法。其衡合乐尺一尺二寸，重一钱，锤重六分，盘重五分。初毫星准半钱，至稍总一钱半，析成十五分，分列十氂；中毫至稍一钱，析成十分，分列十氂，末毫至稍半钱，析成五分，分列十氂。等一两者，亦为一称之则。其衡合乐分尺一尺四寸，重一钱半，锤重六钱，盘重四钱。初毫至稍，布二十四铢，下别出一星，等五累；中毫至稍五钱，布十二铢，列五星，星等二累；末毫至稍六铢，

1　国家计量总局、中国历史博物馆等主编:《中国古代度量衡图集》，文物出版社，1984，35 页。

铢列十星，星等累。"[1]根据这段记载，刘承珪戥秤的刻度设计在杆秤发展上具有标杆性意义。其一，刻度设计的精细和完备。根据上文记载，刘承珪设计了"一钱半戥秤"和"一两戥秤"两杆戥秤，先看"一钱半戥秤"的设计，其三毫纽的量程，"初毫星准半钱，至稍总一钱半，析成十五分，分列十厘"；"中毫至稍一钱，析成十分，分列十厘"；"末毫至稍半钱，析成五分，分列十厘"。从以上分析"一钱半戥秤"的三毫纽的最小分度值均为一毫，相当于0.04克，其精细度已达相当高的程度。再看"一两戥秤"，三毫纽分别为："初毫至稍，布二十四铢，下别出一星，等五累"；"中毫至稍五钱，布十二铢，列五星，星等二累"；"末毫至稍六铢，铢列十星，星等累"。由此可以看出"一两戥秤"的三毫纽的最小分度分为：初毫五累合0.83克，二毫二累合0.33克，三毫一累合0.167克，其三毫的最小分度由大到小，可见戥秤的刻度设计不仅标注斤两之数，而且刻度设计越来越精细。其二，每秤都有三毫，杆秤提纽从最初的一纽发展到三纽，这不仅是刻度精细化的结果，而且使杆秤功能范围扩大，量程加宽。而较早的戥秤实物资料，以中国国家博物馆藏两杆明代"万历戥子"为代表（图11、12）。其中一杆杆长31.1厘米，悬两毫纽，第一纽开端五两，最大称量二十两，分度值为一钱，第二纽开端为零，末端五两，分度值两分；另一杆杆长42厘米，有三纽，第一纽开端十两，最大称量六十两，分度值一两，第二纽开端五两，最大称量二十两，分度值一钱，第三纽开端零，最大称量五两，分度值二分。[2]与刘承珪的戥秤比较，刻度设计同样精细完备。

通过对戥秤刻度设计的分析，我们可以看到，与衡秤和单秤比较，戥秤刻度设计是不等臂斤两刻度形式，由衡秤等臂均分刻度设计，到单秤的不等臂均分刻度设计，再到戥秤的不等臂斤两刻度设计，这是权衡

---

1 （元）脱脱等撰：《宋史》六十八卷《律历志》，中华书局，1985，1495—1496页。
2 国家计量总局、中国历史博物馆等主编：《中国古代度量衡图集》图版说明35页。

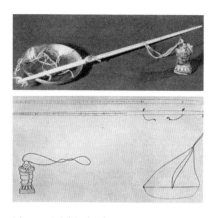

图 11　万历戥秤（一）

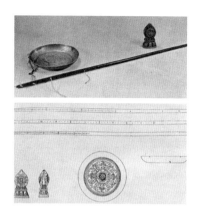

图 12　万历戥秤（二）

器具衡杆刻度设计的一条主线。

结　语

　　由上所述，衡杆刻度的设计从起源到形成是渐进的演化过程，战国晚期衡秤提钮在衡杆中间，其等臂均分刻度的形式是权衡器具刻度设计的起源。魏晋至隋唐时期的单秤，虽然衡杆刻度设计仍是均分刻度的形式，但是提钮不在中间，而是靠近物端，这是不等臂均分刻度的形式，也是刻度设计的进一步发展。宋代的戥秤刻度设计标注精细的斤两数，是完备的秤星刻度设计，也是由"均分刻度"设计到"斤两刻度"设计的转变。因此，衡秤的等臂均分刻度是起源，单秤的不等臂均分刻度是进一步发展，戥秤的斤两刻度设计是权衡器具衡杆刻度设计的完备形成。

樏的形制演变及意蕴象征[*]

汪晓东

集美大学美术学院

　　摘　要：从商至清，樏的造型、名称与功能随着社会的变迁而变异。樏在不同场合与环境背景下，所传递的信息不尽相同。在墓葬中，它体现了人们事死如生的心理诉求；在宫廷中，它则体现了君权的威慑力；在民间特定的场合下，它又体现了吉祥文化，作为一种象征符号，樏折射了中国传统文化的精髓。

　　关键词：樏；形制；意蕴；象征

　　樏，亦称食垒，俗称"累子"，即盛放食物的盒子，多层，内有格，因便于提携，后多春游野餐时用之。从文献来看，樏在南北朝时就已经出现。南北朝刘义庆在《世说新语》中云："在益州语儿云：'我有五百人食器。'家中大惊。其由来清，而忽有此物，定是二百五十沓乌樏。"[1]可见，一沓樏可以满足两个人的食用量。"王夷甫尝属族人事，经时未

---

*　本文为福建省人文社科研究项目"闽台乡村社区营造比较研究"（FJ2016B201）阶段性成果。

1　余嘉锡笺疏：《世说新语笺疏》，中华书局，2007，886页。

行。遇于一处饮燕，因语之日：'近属尊事，那得不行？'族人大怒，便举檫掷其面。"[1]宋苏轼在《与腾达道》："某好携具野炊，欲同公求红朱累子两桌二十四隔者，极为左右费。"[2]明洪根《清平山堂帮本·凰月瑞仙亭》："打点春盛食垒、灯笼，我今夜与你赏月解闷。"[3]明刘侗在《帝京景物略·嘉喜寺》中云："舆者三四，徒骑敷十，所揣食檫三四台。"[4]

　　檫即《说文》中的"欙"，"山行所乘者。从木累声"。按照《说文》中的解释，"欙"并非我们今天所说的食盒，而是古代走山路所乘的器具。但《康熙字典》引《广韵·上纸》："檫，似盘，中有隔也。"日本狩谷望之《倭名类聚钞注》卷六："檫，其器有隔，故谓之累，言其多也。"程炎震云："玉篇：'沓，重叠也。'广韵：'沓，重也，合也。'檫当为有盖之器，故一檫可为两人食器也。"嘉锡案："类聚八十二引杜兰香别传曰：'香降张硕，赍瓦榼酒、七子檫。檫多菜而无他味，亦有世间常菜，并有非时菜'云云。七子檫，盖檫中有七隔，以盛肴馔，即今之食盒，一名攒盒者是也。书钞一百四十二引祖台之志怪云，'建康小吏曹著见庐山夫人，为设酒馔，下七子盒盘，盘内无俗问常肴粆'。所谓七子盒盘，亦即檫也。"[5]从中我们可以得知，檫、榼、攒均为一物也，今天我们统称为食盒，但笔者认为用"檫"命名则更为贴切。笥，古代盛饭食或衣物用的一种方形竹器。《说文解字》："笥，饭及衣之器也。"《礼记·曲礼》中郑玄注："箪笥，圆曰箪，方曰笥。"[6]盛饭食的笥属于檫的范畴。

1　余嘉锡笺疏：《世说新语笺疏》，416—417 页。

2　（宋）苏轼著，吴文清、张志斌校点：《东坡养生集》，福建科学技术出版社，2013，130 页。

3　（明）洪楩：《清平山堂话本》，岳麓书社，2014，64 页。

4　（明）刘侗，（明）于奕正，栾保群注：《帝京景物略》，紫禁城出版社，2013，197 页。

5　余嘉锡笺疏：《世说新语笺疏》，416—417 页。

6　（汉）许慎著，（清）段玉裁注：《说文解字注》，上海古籍出版社，2012，192 页。

一、樏的形制演变

樏从出现直至清代，形制从单一化发展到多样化，无论功能、造型、材质均发生了很大的变化。樏的形制，从最初的质朴、简约发展至清代的繁缛、奢华，其形制的发展反映了一个时期、一个朝代的审美特点；反之，每一个朝代的意识形态也影响了它的形制特点。

器物最早出现，往往考虑基本的功能，在形制上，相对简洁实用。瓷器樏约在春秋战国时期就已经出现，初期盛行圆器，是在仿木基础上发展而来的。据目前的考古资料发现，陶质樏最初出现在"商冢"中。道光《修武县志》载："商冢在县东二里。武王伐商，其子孙有来归而死者，葬于此。"[1] 墓葬中的出土器物有灰陶樏、陶罐、陶鼎等，时代为商代至汉代。可见陶制樏在这个时期就已经出现，目前一些学术论文说食盒大致出现在唐代是不准确的。瓷器樏早在春秋战国时期就已经出现。现藏于南京博物院的原始瓷戳印纹多子盒（江苏省武进淹城遗址出土），子口，通高 6.5 厘米、口径 21 厘米、足径 18.2 厘米，内有三只小盂，以致黏连。小盂内外皆施青轴，均为子口（图 1）。[2] 此处所谓的多子盒为攒，攒即樏。

樏最初分格并不多，但在魏晋时期，贵族逐渐讲究饮食的奢华，樏在日常生活中非常受用，所以，樏的分格渐多。晋代诗人左思描述了四川豪门的宴饮生活："金罍中坐，肴樏四陈，觞以清醇，鲜以紫鳞。"[3] 如广西贺县河东高寨汉墓陶樏，中间十字隔梁，分成四格。东汉时期，尽管樏的格逐渐增加，但是大致在岭南使用，形制并无大变。三国时代东吴占有南方地区，逐渐把樏推广到整个长江以南。西晋统一中国，樏又传入黄河南北。在考古出土中发现的樏，有陶、青瓷和木胎漆器等不同材料，子（格）的数量稳定中有变化，原来只有圆樏，此时方樏也出现了。

1　修武县地方史志编纂委员会编：《修武县志：1985—2000》，中州古籍出版社，2012，237 页。

2　张柏主：《中国出土瓷器全集 江苏 上海》，科学出版社，2008，5 页。

3　（晋）常璩：《华阳国志校补图注》，上海古籍出版社，1987，113 页。

图 1　原始瓷戳印纹多子盒（春秋）

图 2　青瓷槅（三国）

　　槅流行于东汉至南北朝时期。瓷槅和青瓷槅样式较多，带有明显的时代性。三国到西晋时期，槅的外形为长方形，中间分为一大格和八小格，平底无足或长方形圈足（图 2）。1993 年南京上坊墓出土的三国时期凤凰元年（272）的青瓷槅（南京市博物馆藏），槅内有九个方格，一大八小，分作二行，一行五格，大小相似；另一行四格，大小错落，有子母口。[1]

　　到东晋时期的槅多为圆形，中心一圆形格内分三小格，四周成扇形分为七小格，如南京市博物馆藏西晋青瓷槅，圆形，子口，槅中部为圆形，其内分成三格，外圆分为七格，平底。（图 3）[2]南朝时期槅形与东晋相类似，但盘内的格子逐渐减少。两晋时期有陶制的槅，多为明器。北方地区多流行长方形槅，随着时间的推移，槅内的格子逐渐减少。有的槅还是多层式的，可叠摞起来，层与层之间有子母口。还有带盖的槅，多为圆形，很像现在的调色盘，但槅墙较高。

　　唐代的槅开始出现花型。在 1994 年河北省曲阳县燕川村，出土的唐五代王处直墓的墓室壁画《仕女图》，图中一仕女双手捧槅，共两层，外

1　南京市博物馆：《六朝风采》，文物出版社，2004，68 页。

2　南京市博物馆：《六朝风采》，69 页。

形为四曲海棠花型，有底有盖，小巧玲珑，可单人双手持抱，顶部仿照方形槆的盝顶，整个器体光素无花纹。（图4）从图像上来判断，站在前面手捧食槆的仕女身份、地位明显高于其后者，从衣着、打扮来看，两人似乎是主仆关系。在一些研究论文中，很多人觉得持食槆的人身份低贱，但笔者以为要看具体环境，不可一概而论。

图3　青瓷槆（晋）

花型器物之所以出现在唐代，首先是统治阶级的审美取向的引导，女皇武则天爱花，据传一次女皇醉酒赋诗一首："明朝游上苑，火速报春知。花须连夜开，莫待晓风吹。"女皇爱花之甚可见一斑。其次，是植物拟形器的发展。前朝主要是以动物为主的器型，唐代之后，以花草为母题的装饰比比皆是。

图4　手捧花型槆侍女图

宋代继承了唐代的特点，花型的食槆得到了发展。在宋代的墓室壁画中，仍然常出现仕女图。相对于唐代，宋代的墓室壁画更加世俗化与生活化，神话和历史故事题材比唐代所见少得多。1959年在江苏省淮安市楚州区（原淮安县）杨庙镇杨氏墓地一号墓出土的壁画为北宋嘉祐五年（1060），壁画高70厘米、宽40厘米（已残毁），画面中侍女身旁桌上置放众多菜肴，并有一叠托盏，女侍手捧葵瓣盖食槆（图5）。此外，宋

图6 多子榼

图5 手捧花型榼侍女图（宋）　　　图7 备祭图（辽）

代的榼为圆形，但一般带盖，内部可盛装小碗，造型相对精致。如甘肃花池李良子出土的多子榼，此器为耀州窑烧制，盒为扁圆形，圈足，子母扣合严密。盒内黏接弓形瓷条，将器腹分为三格，每格可放置一只小杯。这种装置不仅出于形式上的美观，同时亦可避免挪移时杯子在盒内相互碰撞而取得稳定的效果，这样的多子榼适合单人双手捧拿（图6）。[1]

辽代的榼受异域文化的影响，榼的形式仿照建筑样式，顶部为盝顶，倒角收边。在1993年河北省宣化下八里7号张文藻墓出土了一张壁画，位于前室东壁。画幅中巨大的方形榼非常显眼，共六层，每一层的拉手在长方形食盒的长边，食盒的四角采用金属包边，底部有花边，两层线脚收边，顶部为盝顶，方桌上的两盒为同一形式，只是体量小了很多。这一时期的食榼基本上都是这种形式（图7）。[2]1974年河北省宣化下八里1号张世卿墓出土的一幅壁画，此墓为辽代天庆六年（1116），画幅的主

1　郎绍君：《中国造型艺术辞典》，中国青年出版社，1996，474页。

2　徐光冀：《中国出土壁画全集1河北》，科学出版社，2012，141页。

图 8　螺钿櫑（清）

图 9　提梁櫑（清）

要位置也是一个大型的方形食櫑，同样也是六层，有底有盖，底部线脚收边，顶部倒角收边。但食櫑的每一层拉手是在长方形食櫑的短边。

明代开始出现提梁櫑，便于郊游携带；清代的櫑受外来文化的影响，比较重视装饰，无论是漆器、瓷器，或是竹编或藤编的櫑，均有复杂的图案。如 1979 年收购，现藏于滨州地区文物店的清代仿龙泉青龙瓷櫑，乾隆年间景德镇窑出品，櫑呈子母型，通体均施白釉作地，器盖上面用青花料绘制缠枝菊花纹饰，盖纽为镂孔菊花状，四周菊花纹围绕。櫑内做一凸型圆饼为中心，内施青花料绘制花叶纹，四周围绕中心作凸起的弧形花瓣，内部备用青花料绘制蜜蜂纹样，整个图案别具一格。[1]

此外，在櫑中镶嵌宝石、金属之类纯装饰的物件，也是典型清代食櫑的特点，如螺钿櫑（图 8）。清代的食櫑在整体造型上受明代影响，简约、大气、稳重，但在局部比较重视装饰，尤其是宫廷用品。如图 9 中为晚清时期的食櫑（现藏于故宫博物院），高 31 厘米，长边为 42 厘米，短边为 25 厘米，内分三层，可盛装不同的食物，四角包铜装金，用料为紫檀，是晚清时期生活用具中的精品。

1　滨州地区文物志编委会：《滨州地区文物志》，山东友谊书社，1992，65 页。

二、椟的意蕴象征

象征作为一种文化符号，具有自己独特的存在方式、表现形式以及内在属性。象征符号是形态性与表意性的结合。三国魏王弼曰："触类可为其象，合意可为其征。"[1] 这里的"象"即形态性，"征"即表意性。所谓形态性，是指文化符号所指代的物态属性；表意性，则是指符号所包含的意义。但象征表意性的外延要远远大于其形态性。文化是变迁的，物的形态也不是一成不变，物的形态变异与人的意识、生活习性相关。而人的意识、生活习性又与特定的区域、特定的时期产生关联。因此，必须将象征符号置于一定的语境中才能完整地解读其文化意义。

（一）陪葬：事死如生

在中国古人看来，天下万物皆有灵，人死只是表示离开了现实的世界，而人的灵魂却永远不会消失，它将生活在"冥"间，并期待转世。在历代陵墓中，均发现大量的食物及盛装食物的食器。《礼记·檀弓上》载："宋襄公葬其夫人，醯醢百瓮。"曾子曰："即曰明器矣，而又实之。"[2]

1974 年山东邹城发现的侍中、使持节、安北大将军、领护乌丸校尉、都督幽并州诸军事、关内侯刘宝永康二年（301）墓，墓室中的随葬品有两件长方形多子椟，形制尺寸相同，其椟盘上纵横分为 12 个正方形大格，5 个正方形小格和 1 个长方形格。下附高圈足。清理时发现在椟上有横置的完整鱼骨。[3]1972 年发掘出的长沙马王堆一号汉墓出土竹笥 48 个，三号汉墓有 52 个，均已严重腐朽。以一号墓为例，其中 33 个集中在西边箱，出土时叠为三层，排列有序，上层 7 个，中层 16 个，下层 10 个，每层均为平竖两排。另外南边箱出土 9 个，东边箱出土 6 个，有 30 个竹笥盛有

1　（魏）王弼著，楼宇烈校释：《周易略例·明象》，中华书局，1980，62 页。

2　陈戍国点校：《周礼·仪礼·礼记》，岳麓书社，2006，264 页。

3　山东邹城市文物局：《山东邹城西晋刘宝墓》，载《文物》，2005（1），41 页。

食物。[1]

陪葬食物的丧葬习俗由来已久。这和今天我们祭祀祖先摆放食物的观念一致。人们普遍认为人死后只是到了另一个世界，还要吃饭，与现世界的人一样地生存，所以，要给死去的灵魂陪葬食物。宋代高承在《事物纪原》中载：

> 今丧家棺敛，柩中必置粮罂者。王肃《丧服要记》曰：昔鲁哀公祖载其父，孔子问宁设五谷囊者，公曰："否也。五谷囊者，起自伯夷叔齐不食周粟而饿死，恐其魂之饥也，故设五谷囊。吾父食味含脯而死，何用此为？"[2]

恐魂饥是陪葬食物的原因，人虽死，其魂不死。"神之口腹，与人等也。推生事死，推人事鬼，见生人有饮食，死为鬼，当能复饮食……。"[3]陪葬食物自然需要搬运与盛放食物的樏，樏也一同陪葬，或将食物取出，樏叠放在墓室的一角，樏与其中放置的食物一同构成了人们对事死如生的精神诉求。

（二）赐死：权力的象征

我国赐死制度源自商代，延续至晚清。《汉书·贾谊传》记载，古时大臣"有大罪者，闻命则北面再拜，跪而自裁，上不使捽抑而刑之也"[4]。《史记·白起传》："秦王乃使使者赐之剑，自裁。"[5]《新唐书·刑法志》："五品以上罪论死，……或赐死于家。"[6]其后《唐律疏议·断狱下》有"五

1　侯良：《西汉文明之光：长沙马王堆汉墓》，湖南人民出版社，2008，192 页。

2　（宋）高承：《事物纪原》，中华书局，1979，478 页。

3　（东汉）王充：《论衡》，上海人民出版社，1974，366 页。

4　（西汉）班固撰，方铭点校：《汉书人物全传》，北京时代华文书局，2014，564 页。

5　（西汉）司马迁：《史记》，吉林大学出版社，2015，534 页。

6　（宋）欧阳修、宋祁：《新唐书》，吉林人民出版社，1995，829 页。

品以上犯非恶逆以上，听自尽于家"[1]的规定。

赐死制度是君主专制的权力象征，君主通过赐死树立自己的绝对权威，强化至高无上地位与权力。可见，赐死是一种不可逆的指令，相较于刑戮，通常是为了让被赐死者能够保有最后的一点尊严。这种命令必须执行，如若不从，则受到更严厉的酷刑，甚至株连九族。赐死的方式有多种，如给予被赐死者白绫（白色的长布条），令其自缢；给予被赐死者宝剑，令其自刎；给予被赐死者毒药，令其自鸩。

还有一种被赐死者可以任意选择死亡的方式，如赠送被赐死者空椟，寓意"禄尽命绝"。如三国时期的杨修之死，曹操给杨修送去一个空椟，杨修一看就知道君主的意思，于是拔剑自刎。曹操之所以杀杨修，《三国志》记载：

> 植既以才见异，而丁仪、丁廙、杨修等为之羽翼。太祖狐疑，几为太子者数矣。而植任性而行，不自雕励，饮酒不节。……植尝乘车行驰道中，开司马门出。太祖大怒，公车令坐死。由是重诸侯科禁，而植宠日衰。太祖既虑终始之变，以杨修颇有才策，而又袁氏之甥也，于是以罪诛修。[2]

同样，曹操帐下首席谋臣荀彧的命运也如此。《后汉书》记载：

> 十七年，董昭等欲共进操爵国公，九锡备物，密以访彧。彧曰："曹公本兴义兵，以匡振汉朝，虽勋庸崇著，犹秉忠贞之节。君子爱人以德，不宜如此。"事遂寝。操心不能平，会南征孙权，表请彧劳军于谯，因表留彧曰："臣闻古之遣将，上设监督之重，下建副二之

---

1 岳纯之点校：《唐律疏议》，上海古籍出版社，2013，488 页。

2 （晋）陈寿：《三国志》，中华书局，2011，463 页。

器物源流研究

149

任，所以尊严国命，谋而鲜过者也。臣今当济江，奉辞伐罪，宜有大使肃将王命。文武并用，自古有之。使持节侍中守尚书令万岁亭侯彧，国之（望）[重]臣，德洽华夏，既停军所次，便宜与臣俱进，宣示国命，威怀丑虏。军礼尚速，不及先请，臣辄留彧，依以为重。"书奏，帝从之，遂以彧为侍中、光禄大夫，持节，参丞相军事。至濡须，彧病留寿春，操馈之食，发视，乃空器也，于是饮药而卒。时年五十。[1]

清代的同治皇后阿鲁特氏（嘉顺皇后）也是属于自杀式的他杀。关于同治后之死，史料记载有多种说法。《越缦堂国事日记》说："上崩，后即服金屑，欲自杀以殉，救之而解。又说禁中事秘，不能赘也。然自大丧，后即寝疾……"[2]《李鸿藻先生年谱》说："其后之崩，盖绝食也。"[3]《清代野史》言："有谓阿鲁特氏自伤侍疾之无状，愿一死以殉载淳者。故当时曾经谕旨曰：'上年十二月，痛经大行皇帝龙驭上宾，毁伤过甚，遂抱沉疴，以表其殉夫之烈。'或曰，是特掩饰天下耳目之言，非实录也。"[4]

同治驾崩，嘉顺皇后的父亲崇绮请示慈禧如何安置同治后。慈禧本就不喜欢同治后，想借崇绮之手灭了皇后，意图让其殉葬。[5]崇绮为了保住一家老小的性命，央人给嘉顺皇后送一个空椟，同治后见是家中的食器，当然悟得父亲的苦心，也明了是慈禧的懿旨。为了避免殃及家人，嘉顺皇后自尽。另外，有资料显示皇后绝食时，崇绮内心焦急万分，于是买通宫廷里的一位内官，给女儿送去一副食椟，里面装着女儿爱吃的

1 （刘宋）范晔：《后汉书》，岳麓书社，2008，829 页。

2 （清）李慈铭：《越缦堂日记说诗全编》，凤凰出版社，2010，550 页。

3 兰泊宁：《大清十三钗》，中国文史出版社，2015，347 页。

4 天台野叟：《大清见闻录》，中州古籍出版社，2000，118 页。

5 李景屏、康怡著：《大清阿哥何苦生在帝王家》，农村读物出版社，2007，253 页。

熟食，只可惜送的过程中，被人做了手脚，等递到皇后手中，只剩下一个空椟。结果就完全不同，嘉顺皇后自杀。

虽然每一则史料记载不一定是真实的，但如此众多的资料汇聚在一起足以证明，在我国古代君权帝制社会，空椟确实与死亡联系在一起。

（三）炫耀：仕女的游宴

野炊、野宴源于游牧民族，至唐时兴盛于都市。皇室贵胄狩猎出行时往往携带野炊器具。在人们的潜意识中，认为游宴是文人士大夫的活动，殊不知，在唐代开元至天宝年间专门为仕女们举行的两种野宴活动，即探春宴与裙幄宴。这两种宴席都是在春天，都是由宦官及富豪之家的年轻妇女们组织的。探春宴一般在每年正月十五之后的几天之内举办，《开元天宝遗事》卷下记载："都人士女，每至正月半后，各乘车跨马，供帐于园圃，或郊野中，为探春之宴。"[1] 裙幄宴一般是在每年三月初三举行，因花裙作为饮宴的幕帐而得名。《绀珠集》载："解裙四围遮，远如帘幕焉，故谓之裙幄。"[2] 唐《辇下岁时记》："长安士女游春野步，遇名花则设席藉草，以红裙插挂以为宴幄，其奢侈如此。"[3] 这种宴会风韵别致，食品则是家中预先准备好，盛装于椟中，由仆妇丫环携带；然后仕女三五结伴，欢歌笑语，乘车坐轿，选一花草茂密之地，四周插上竹竿，将裙子挂在竹竿上围成一圈做成帷幕，唐代的仕女衣裙以裙宽肥大为美，脱下衣裙上身还有衣衫，而且衣裙由好几幅帛布拼接而成，十分华丽。

此外，明清时期，封建礼教制度逐渐式微，江南女子们以宗教信仰为借口，用烧香敬神的名义野游。尤其在清末，女子盛装出游的情形已经十分普遍，"观者倾城，万船云集。远郡士女，结伴纷来，鬓影衣香，

---

1 （五代）王仁裕：《开元天宝遗事》，上海古籍出版社，2012，52 页。

2 （清）陈梦雷，《古今图书集成》，中华书局，2006，65015 页。

3 金沛霖：《四库全书子部精要》，天津古籍出版社，2004，509 页。

雾迷七里"[1]。

仕女宴饮往往与文人士大夫不一样，前者的炫耀心理更强。她们在野宴时打扮得花枝招展，借助可见的形式展现自我身体之美。如在"探春宴"中，仕女们攀比谁带的花名贵与娇艳，裙幄宴比谁的衣衫华丽。服饰、器物的有意展现，强调群体之间的差别，此外，也可获得群体成员内部的身份认同，仕女也有等级之分，尊卑有序。

当然，野宴重点还是在于宴，食物的多寡、食器的精致与高贵与否均是她们攀比的对象。尤其是樏的造型，凸显新奇、高贵之气。所以，这类野宴在某种程度上推动了食具造型的发展。樏在这样的场合就成为了仕女们攀比的对象之一，器物的设计师与制造者在形式与装饰上也迎合了她们的需求，这也是花型樏在唐代盛行的原因之一。

（四）盒与和合：吉祥祈福

在中国吉祥图案中，常出现"和合二仙"，虽然范式图像在朝代的更替中产生变异，但圆形食盒却一直被延续使用。《周礼·地官·媒氏》疏说："三十之男，二十之女，和合使成婚姻。"[2] 汉焦赣《易林·小过之益》也说："使媒求妇，和合二姓。"[3] 盒谐音"和"与"合"，寓意和合之美。

在民间传说中，和合之神为万回，明田汝成《西湖游览志余》卷二十三载："宋时，杭城以腊月祀万回哥哥。其像蓬头笑面，身着绿衣，左手擎鼓，右手持棒，云是和合之神，祀之可以使人万里亦能回来，故曰万回。今其祀绝矣。"[4] 但清翟灏《通俗编》（无不宜斋本）卷十九云："今和合以二神并祀，而万回仅一人，不可以当之。国朝雍正十一年封天

1　李昌龄：《宋绍定本乐善录》，古椿阁，2015，675 页。

2　（汉）郑玄注：《周礼注疏》，上海古籍出版社，2010，316 页。

3　洛书、韩鹏杰：《周易全书》，团结出版社，1998，1063 页。

4　（明）田汝成著，陈志明校：《西湖游览志馀》，东方出版社，2012，424 页。

制器尚象：中国古代器物文化研究

台寒山大士为和圣，拾得大士为合圣。"[1] 不论是"和合之神"万回也好，或是"和合二圣"寒山、拾得也好，在民间造像中都是以"二仙"出现，一人手持荷花，另一人则手捧圆食盒，取和（荷）合（盒）谐好之意，并悬挂于中堂，寓意"家和万事兴"；也常出现于婚礼仪式中，寓意夫妻和合美好。这种习俗，始于宋，盛于清。

目前遗留下来的关于和合二仙的画面中，随着朝代的交替，和合二仙的图像有所变化，和合二仙披头散发的僧人形象演变为两个福娃，一人手持荷花，一人手捧圆形食盒，还从盒内飞出五只蝙蝠。荷花，又称莲花，寓意蒂莲之意，即缔结良缘；圆形食盒，象征好合之意。后来黎民百姓为了祈求风调雨顺，庄稼丰收，范式图形逐渐有了改变，荷花演变成禾叶或禾苗，保留圆形食盒，在明代民窑青花瓷器上就出现了手持禾苗的和合二仙。清延续明，以禾苗和稻禾取代了荷叶。民间艺人为了图形的简化，隐去人物，仅以和合二仙手持的器物出现。荷花、食盒与灵芝（如意），象征"和合如意"。[2]

结　语

樏的物质功能很简单，但它在特定的环境下、特定的时间段里蕴含的象征意义却耐人寻味。一种器物的象征性被大众或某一个群体认同，通过物件来传达信息，也体现出中国人特有的内敛、委婉的性格特征。尤其在以儒家思想为主导，讲究伦理纲常的等级社会中，樏这样一个日常生活的器具又将这样的思想内核发挥到极致。樏的规格、装饰、体量、色泽已经分列出使用者身份的等级。在中国古代民间民俗中，樏被又赋

1　（清）翟灏：《通俗编》，东方出版社，2013，354 页。

2　舒惠芳、沈泓：《红丹门神佛山木版年画》，广东教育出版社，2012，64 页。

予了多种吉祥文化。尤其在婚、丧、嫁、娶，以及重要的节庆中，橉的内涵更是丰富多彩。通过橉的数量、盛装食物的种类可以判断送橉者与被送者之间的关系、贫富程度、人的性格，甚至生男生女等。

但在我国经济飞速发展的当下，快节奏的生活改变了人们的思维与行为模式，直接代替了间接，直白代替了委婉。器物的蕴含象征在这样的背景下逐渐弱化，精神功能逐渐丧失，仅仅以单纯的物质功能出现。伴随着这样快节奏的生活，一次性的快餐盒充斥着市场。橉，这样一个具有文化内涵的物件也逐渐淡出了人们的视野，作为古器或古玩出现在博物馆或古玩市场。也许就是这样的一个物件，在特定的环境下，传达着现代人难以知晓的意蕴象征。所以研究一种器物，切不可孤立静止地去看待，而应该根据变化的环境全方位、多维度、多向度地去思考，这样才能更为准确地认识一种器物的物质与精神的双重功能。

器物名物研究

器物与空间[*]
——以马王堆一号汉墓北边厢随葬器物为例

聂菲

湖南省博物馆

摘　要：文章以马王堆一号汉墓北边厢随葬器物为对象进行探讨，论述墓葬随葬器物的象征意义，以及随葬器物的组成方式和空间营造的特点等。

关键词：马王堆一号汉墓北边厢；随葬器物；象征意义

长沙马王堆汉墓是 20 世纪中国重大考古发现之一，三座墓葬规模大，地下埋葬棺椁结构复杂，尤其一、三号墓又免于盗墓骚扰，墓内的空间陈设基本上保持了原状，为研究西汉时期的丧葬礼俗提供了十分宝贵的资料。故本文拟在前贤时彦的基础上，以一号墓北边厢随葬器物为例，视其为墓葬的一部分而加以梳理与分析，并尝试对随葬器物的象征意义进行阐述，进而以随葬器物的组成方式及空间营造的特点为中心展开讨论，力图拓宽随葬器物、环境的研究视野与范围，以求正于大家。

---

* 本文系 2008 年度国家社会科学基金项目"马王堆汉墓漆器整理与研究"（08BKG006）阶段性成果。

一、空间建构与利用

位于故楚之地的长沙马王堆汉墓属"井椁"墓[1]，考古学上称为间切型椁墓[2]，是由四边壁板和四边隔板各自分隔的空间，构成四个边厢。边厢是椁室的组成部分，自称为"厢"，最早发现于包山 2 号楚墓遣册中，259简文载"卬（相）尾之器所以行"，"卬"借作"厢"，厢尾指椁室内的脚箱，此厢存放的物品供出行使用。实际上，设边厢的制度在长沙、信阳、广州等地发掘的战国楚墓和西汉墓葬均有发现，在古文献中也可以找到依据。一号墓椁室由长方形木框结构构成，四个边厢用以存放随葬器物，出土的纺织品、漆木器、陶器、竹器和其他器物共计千余件，大部分都

图 1　墓主棺室

放在四个边厢里。中间为墓主的棺室（图 1）。随葬器物的组成与战国楚墓相类似，反映出在此地还保留了旧楚地的丧葬风俗。但是，四个边厢的面积和随葬器物的配置均有明显的不同。

（一）椁室面积

一号墓东、西、南三个边厢的面积大小相同，长 2.96 米、宽 0.46 米，边厢深度同隔板的高度，即 1.44 米。[3] 各边厢面积为 1.36平方米，立体空间为 1.96 立方米，

1　《仪礼·士丧礼》："（筮宅兆后）既井椁……"《仪礼注疏》卷三十七。（清）阮元校刻：《十三经注疏附校勘记》，中华书局，1980，37.199a（1143a）页。

2　黄晓芬：《汉墓的考古学研究》，岳麓书社，2003，71 页。

3　湖南省博物馆等：《长沙马王堆一号汉墓》，文物出版社，1974，9 页。

由于"它们的宽度与深度之比仅为 3 ： 10，结果大多数葬品只能大致按材质堆放，而不是平放在地面上"[1]。这种窄长的空间，比较适合于立体仓储式堆放随葬器物。北边厢长 2.96 米、宽 0.92 米，深度也同隔板的高度，为 1.44 米，其宽度与深度之比为 6：10，面积 2.72 平方米，占四个边厢总面积 6.8 平方米的 40%，等同于其他任意两个边厢面积之和，其空间可采取平面方式陈设随葬器物。事实上，边厢的大小广狭，主要依墓主等级的不同而异。《礼记·丧服大记》云："棺椁之间，君容柷，大夫容壶，士容甒。"轪侯夫人属"君"级，棺椁之间的宽度可容"柷"。《尔雅·释乐》郭注："柷如漆桶，方二尺四寸，深一尺八寸。"可知此墓边厢僭越礼制甚多。

（二）随葬器物的空间配置

马王堆汉墓承袭楚墓间切型椁室的构造特点，随葬器物堆放在边厢内。由于东、西、南三个边厢面积为长条狭窄形，所以随葬器物只能采用立体仓储式存放的做法。但是，三个边厢的空间配置形式已经有意识地对随葬器物进行分门别类，按次序放置在相互隔绝的边厢内。换言之，不同质料、形制和功能的随葬器物，在墓中实际上是有所分类的，它们共同被用来充填、构成不同的贮藏空间。比如，78% 的漆器和全部竹简都存放在东边厢，尤其是鼎、钫、钟等占较多空间的大型器具。这里还有由家臣所带领的奴役俑，共计 234 件（竹简统为 1 件，共 312 简）。70% 的竹笥和贮存粮食的麻布袋堆放在西边厢，计 61 件。实际上这些规格统一的大件竹笥都系有木牌，其内还贮藏有食品、衣物和其他物品，"这些标准化的竹笥，以方便搬运和存放"[2]。50% 以上的陶器放在南边厢

1　赖德霖：《是葬品主导还是棺椁主导的设计？——从马王堆汉墓看战国以来中国木构设计观念的一个转变》，见《艺术史研究》第 13 辑，中山大学出版社，2011，1—20 页。

2　赖德霖：《是葬品主导还是棺椁主导的设计？——从马王堆汉墓看战国以来中国木构设计观念的一个转变》，见《艺术史研究》第 13 辑，1—20 页。

中，共计90件。尤其23件印纹大口罐体形硕大，内贮藏谷类食物、动植物和调味品，出土时口部有完好草泥塞和缄封"轪侯家丞"封泥。还有由家臣"冠人"所率领的杂役俑（图2）。总之，"东、南边厢连同西边厢因此代表了整个家庭及其财产。大部分的日用器具和食品藏在相当于三个贮藏室的这三个边厢里"[1]。事实上，此种陈设方式导致的结果是，"由于大多数葬品都在笥中并堆放于边厢，它们的真实用途不仅被掩盖，而且它们的种类、形状、风格和装饰等外观特点也都未得到展示"[2]。

图2　杂役俑

相对来说，北边厢的空间配置与其他三个边厢有较大的区别。北边厢的宽度比其他三个边厢宽出一倍，面积也多出一倍，这使得北边厢有充足的空间模拟宅室陈设，器物采用平面陈设的方式，四壁张挂丝帷，底部铺着竹席，西边陈设漆屏、几案、奁盒、绣枕和香囊等生活用品，

图3　随葬器物

1　巫鸿：《礼仪中的美术——巫鸿中国古代美术史文编》，生活·读书·新知三联书店，2005，118页。
2　赖德霖：《是葬品主导还是棺椁主导的设计？——从马王堆汉墓看战国以来中国木构设计观念的一个转变》，见《艺术史研究》第13辑，1—20页。

　　　　　　　　　　　　　　　　制器尚象：中国古代器物文化研究

东边有成群的歌舞侍俑，这种随葬器物的组合配置共同彰显了北边厢特殊空间的象征意义（图3）。

二、随葬器物与空间营造

北边厢随葬器物从实用器物到随葬专用明器，种类较多，它们从不同角度折射出当时社会思想信仰、生活礼仪和丧葬习俗等方面的内容。从西至东陈设的器物分别是：帷幔1件、竹席1件、草席1件、锡铃形器16件、漆屏风1件、木杖1件、漆几和绣花几巾各1件、绣花夹袱包裹的五子漆奁和双层九子漆奁各1件、绣枕1件、枕巾2件、绣花香囊1件、绣花夹袍1件、漆案1件（出土时上置小漆盘5件、漆耳杯1件、漆卮2件、竹串1件、竹箸1件）、漆匝1件、彩绘陶豆1件、漆钫1件、陶壶1件、漆勺2件、漆耳杯4件、素履和丝履各1件、彩绘立俑4件、着衣女侍俑10件、歌舞俑8件、彩绘乐俑5件、小木瑟3件、小竹扇1件、陶熏炉1件和竹熏罩2件，共计87件。为更清晰地梳理北边厢空间的营造特点，对这个特殊空间建构的象征意义、器物组成格局等进行综合考察，可获得如下信息。

（一）"位"的建构

一号墓北边厢紧靠墓主人头部，与墓道毗邻，长度与其他边厢相同，宽度大一倍，边厢大小接近总面积的一半，87件随葬器物属日常小型器具，平铺陈设游刃有余。巫鸿先生认为北边厢这种器物组成和格局，说明了"灵座"在墓中的设置。[1] 事实上，这些人为建构的供献祭祀墓主灵魂的"礼仪空间"，"在考古文献中鲜有提及，其基本原因是'位'并不

---

1 巫鸿：《礼仪中的美术——巫鸿中国古代美术史文编》，生活·读书·新知三联书店，2005，515页。

是一种可以归类定名的实际物件，而是由多种器物构成的空间"。[1] 如上所述，北边厢所有的器具都是经过特别挑选和精心摆放的。四壁张挂着丝织帷幔，底部铺以竹席，置卷草席。西部张设屏风，"这个特殊制作的微型屏风，两面所画的玉璧和飞龙，依据着墓中设立的灵座，享受墓中安排的丰盛饮食和歌舞声色之娱"。[2] 屏风前置绣花夹袱包裹的五子奁和双层九子奁等化妆品，还有绣枕、绣花几巾、绣花香囊、绣花枕巾等，"这些物件都属于已故女主人的私有品"。[3] 两旁陈几设杖，"明显是给一个无形的主人而准备的一个座。座周围所摆放的物品透露了主人的身份"。[4] 中部陈设漆钫、陶壶与漆勺、陶豆等酒器和盛食器，以及含义特殊的丝履，加之上"置五件漆盘、一件漆耳杯、二件漆卮的漆案，其盘内盛食物、盘上放竹串一件、耳杯上放竹箸一双的供献祭祀遗迹，折射出祭祀墓主灵魂的观念"。[5] 东部有着衣女侍俑，以及小竹扇、陶熏炉和竹熏罩等侍者所持之物。着衣歌舞俑、彩绘乐俑和小木瑟明器的场景，"便是木俑正在服侍和娱乐无形的死者灵魂。木俑是为死者建构'位'（或'位置'）的重要手段"。[6] 对此，最近巫鸿先生有更为深刻的阐释：安置在内棺外的玙琱璧引导魂魄离开尸体，帛画中璧龙组合促成死者从肉体存在到永恒灵魂（图4），红棺足挡和屏风上璧龙图像，显示灵魂去处：一个是依据着墓中设立灵座，灵魂在此享受饮食和声色之娱；另一个去处是遥远的昆仑仙界，充满了神奇的羽人和祥瑞异兽。两个去处是不相衔接的，但二者在这里共存和分立，正与古代有关"魂""魄"在人死后一升天一入地的理论相符。[7]

1　巫鸿：《马王堆一号汉墓中的龙、璧图像》，载《文物》，2015（1），54—61页。

2　同上。

3　巫鸿：《礼仪中的美术——巫鸿中国古代美术史文编》，509页。

4　同上。

5　同上。

6　巫鸿：《礼仪中的美术——巫鸿中国古代美术史文编》，600页。

7　巫鸿：《马王堆一号汉墓中的龙、璧图像》，载《文物》，2015（1），54—61页。

图 4　帛画

（二）以礼而置

先秦时期器服制度的一个最大特点是，各阶层的人们都要按规定来执行礼制，规定了一套专门的器具作为礼仪用器，并围绕席地跽坐习俗建立了一套严格的起居礼仪制度，虽然春秋战国时期的"礼崩乐坏"、秦王朝的专制、汉初"黄老思想"的洗礼，对先秦礼制冲击不小，但也并非全盘否定。直到汉初，席地而居所形成的礼俗观念仍被沿袭下来，室内家具陈设仍然"以礼而置"[1]。这个时期形成了组合完整的供席地起居的低矮型家具，家具功能性不断加强，但仍兼有礼器功能，为低矮型家具的典型代表。

汉人崇信"事死如事生"，北边厢陈设多仿照墓主生前的摆设，从中可以看出这个空间营造依然遵循"以礼而置"的原则陈设家具。四壁挂丝织帷幔，循"宫室帷帐"[2]之礼；底部铺以竹席，置草席，遵"筵上陈席""以多为贵"[3]之礼；张设屏风，属"负扆而坐"之礼；陈几设杖，置扇，为"赐之几杖"[4]"依几执翠"之礼；陈案酒食，采用分食制之礼

1　翟睿：《中国秦汉时期室内空间营造研究》，中国建筑工业出版社，2010，95—102 页。

2　（汉）司马迁：《史记》卷五十五《史记·留侯世家》，中华书局，1959，2037 页。

3　（清）阮元校刻：《十三经注疏附校勘记》，《礼记正义》卷二十三，《礼记·礼器》，23.203a（1431c）页。

4　（清）阮元校刻：《十三经注疏附校勘记》，《礼记正义》卷一，《礼记·曲礼》，1.4a（1232b）页。

俗;案前置双履,遵"履不上堂"[1]之礼;歌舞宴飨,为"封侯鼎食"[2]之礼俗……这些器具的组合配置,营造出北边厢尊卑有序的"礼仪空间"。

(三)尊西东向

北边厢西部张黼扆,设几杖,中部陈食案,置双履,东部存歌舞乐伎,"这场表演安排在头厢的东端,与西端的坐榻遥遥相对。我们很容易想象那位不可见的轪侯夫人在坐榻上一边饮食,一边观看表演的情形"[3]。这一切都表明墓主人的座位是坐西面东的,这与古人尊西东向的礼俗有关。汉代以前建筑以东向为贵。清初学者顾炎武归纳:"古人之坐,以东向为尊。"[4]清代学者凌廷堪解释:"盖堂上以南向为尊,室中以东向为尊。"[5]古代建筑往往是堂室结构,坐北朝南,堂和室建在同一个堂基上。堂和室的上方为同一个房顶覆盖,堂在前,室在后,堂室之间隔着墙,墙外属堂,墙内属室。北边厢"这个空间被布置成轪侯夫人的内寝"[6],据室内布席之制,《礼记·曲礼》有言:"席南向北向,以西方为上。东向西向,以南方为上。"汉代文献、画像砖石、壁画等不乏这方面的形象资料,如四川成都青杠坡东汉画像砖《讲学图》中,师长背西面东席榻而坐,为学生讲经传道,学生们席地面师而坐。"登堂入室"的"室内"会宴,《史记·项羽本纪》对鸿门宴席次叙述:"项王即日因留沛公与饮。项王、项伯东向坐。亚父南向坐。亚父者,范增也。沛公北向坐,张良西向侍。"其座次属室内之礼节。项羽、项伯东向坐,亚父(范增)南向坐,沛公(刘

---

1 (清)阮元校刻:《十三经注疏附校勘记》,《礼记正义》卷二,《礼记·曲礼》,2.12b(1240c)页。

2 (南朝)(刘宋)范晔撰,(唐)李贤等注:《后汉书》卷三十四,中华书局,1965,1172页。

3 巫鸿:《无形之神——中国古代视觉文化中的"位"与对老子的非偶像表现》,见《礼仪中的美术——巫鸿中国古代美术史文编》,509页。

4 (明)顾炎武著,张京华校释:《日知录校释》(下),"东向坐"条,岳麓书社,2011,1112页。

5 (清)凌廷堪著,彭林点校:《礼经释例》,"中央研究院"中国文哲研究所,2002,92页。

6 湖南省博物馆等:《长沙马王堆一号汉墓》,文物出版社,1974,35页;巫鸿:《马王堆一号汉墓中的龙、璧图像》,载《文物》,2015(1)。

邦）北向坐，张良西向侍。这里表明项羽、项伯坐的是西面最尊贵的位置。北边厢主人"灵位"坐西面东，是边厢最尊贵的位置，象征墓主人的地位。侍俑乐伎置东部面西，是边厢最卑微的位置，表明了侍者的身份。

（四）"明不用"

对北边厢随葬器物进行分析，大致可分为两类器物：

其一，专为随葬而制作的器物，即明器。如屏风、几、侍俑和歌舞乐俑等。因这些器具专用于丧葬，与生器有别，故强调"不可用"的含义。《礼记·檀弓上》记孔子语："之死而致死之，不仁而不可为也。之死而致生之，不知而不可为也。是故竹不成用，瓦不成味，木不成斫，琴瑟张而不平，竽笙备而不和，有钟磬而无簨虡。其曰明器，神明之也。"丧礼用明器，为了使神人异道互不相伤。明器为"鬼器"，是死者带到阴间的礼器，因人肉体已死，仅存魂魄，故器物不必实用，聊表尊心而已。

其二，实用器具。如置盘、耳杯、卮、箸的漆案等盛食器，壶、钫与勺等酒器，匜、五子奁与九子奁、木杖、扇、双履、席、熏炉与熏罩等生活用具。《礼记·檀弓上》记，"仲宪言于曾子曰：夏后氏用明器，示民无知也。殷人用祭器，示民有知也。周人兼用之，示民疑也。曾子曰：其然乎，其不然乎。夫明器，鬼器也；祭器，人器也"。实用器既包括日常生活用具，即生器，又包括祭祀祖先的祭器，即人器。装盛奠品用来祭奠的一类器具，如铜鼎、陶豆、陶鬲等，不仅祭奠时用它，即阳世之人祭祀死者之器，就是日常生活也要用它。俞伟超先生曾以遣册记载的祭奠礼鼎判断，"马王堆一号汉墓的鼎制，实际是沿用了以前的上卿之礼"。[1]但在《仪礼》中有严格区分，郑玄注：大夫以上丧礼可用鬼器

---

1 俞伟超：《马王堆一号汉墓用鼎制度考》，见湖南省博物馆：《马王堆汉墓研究》，湖南人民出版社，1981，365—366 页。

（明器）、生器和祭器（人器）三种。[1] 也就是说，北边厢陈设的酒器，盛食器及食物可称为祭器和祭品。

此外，《仪礼·既夕礼》描述了大遣奠仪式中"陈明器于乘车之西"，陈放的一组器物[2]，"不包括祭祖的礼器，但是可以包括死者生前待客时用的乐器（燕乐器），服役时用的铠甲等军器（役器），闲暇时用的杖、扇、斗笠等随身用具（燕器）。这组物品（也可能还包括其他器物）在下葬前将再次陈列于墓道东西两边，随后一一放入墓穴"。[3] 如果按照巫鸿先生这个推论的话，北边厢中除专门为丧礼所特制的明器外，墓主生前使用的衣饰、乐器和起居用具也可归于明器的范畴。

对此，《荀子·礼论》有更为深刻的论述："故生器文而不功，明器貌而不用。"[4] 巫鸿先生认为，荀子特别强调它们的陈放方式必须显示出"明不用"的含义，说明他的重点不是丧葬器物的具体用途，而是"不可用"的意义。不管是"不成物"的陶器还是"无床笫"的簟席，明器和生器都是"不完整"的只有形式而无实际功能的器物。[5] 对应北边厢所出生活用具，丝绢束紧的杖、夹袱包裹的衾，都有束之高阁之意。与实用

1　巫鸿：《"明器"的理论和实践——战国时期礼仪美术中的观念化倾向》，载《文物》，2006（6），72—81 页。

2　《仪礼·既夕礼》："陈明器于乘车之西……器：西南上。茵。苞二。筲三：黍、稷、麦。瓮三：醯、醢、屑。幂用疏布。二：醴，酒。幂用功布。皆木桁，久之。用器：弓矢、耒耜、两敦、两杆、槃、匜。匜实于槃中，南流。无祭器。有燕乐器可也。役器：甲、胄、干、笮。燕器：杖、笠、翣。"大意是：明器陈设在乘车的西侧。以最西边南端为尊位。包裹羊肉、豕肉的苇包两个。盛放黍、稷、麦的畚箕三个。瓮三只，分别盛放醋、酱和姜桂的碎肉。瓦两只，分别盛着醴和酒。每一器都有木架，器口都塞着。还有死者生前日常使用之器，包括敦、盂等盛食器，盘与匜等盥洗器，以及兵器和农具。燕居时用的乐器。服兵役时用的铠甲、头盔、盾牌和矢箙等兵器。闲居时用的手杖、斗笠和大掌扇。

3　巫鸿：《"明器"的理论和实践——战国时期礼仪美术中的观念化倾向》，载《文物》，2006（6），72—81 页。

4　（清）王先谦撰，沈啸寰、王星贤点校：《荀子集解》卷十三，中华书局，1988，368 页。

5　巫鸿：《"明器"的理论和实践——战国时期礼仪美术中的观念化倾向》，载《文物》，2006（6），72—81 页。

尺寸不符的屏风、制作粗糙的凭几、棺底尺寸相等的竹席、见匜不见盘的盥洗器、不配套的陶熏炉和竹熏罩、无针的针衣、以锡代铜的铃形器，均为"无实际功能的器物"，所有一切似乎都在暗示"明不用"之寓意。究其因，《荀子·礼论》中也有说明："丧礼者，以生者饰死者也，大象其生，以送其死，事死如生，事亡如存，状乎无形影，然而成文。"侍奉死者如同侍奉生者一样，侍奉已不存在的人如同侍奉还活着的人一样，所祭祀者虽无形无影，但是它可以成为人们生活中的一种礼仪制度。轪侯夫人生前使用的衣饰、乐器和起居用具，只有形式而无实际功能，只是服务于墓主无形的灵魂，起到礼仪的作用，所以这些器物只具外貌而不精制，简略而不完备，表明那些随葬的东西不用了。其本质在于"以生者饰死者"，为的是表达"象其生以送其死"的中心思想。[1]

结　语

总而言之，马王堆汉墓北边厢随葬器物以一种特殊的组成和配置方式，营造出祭祀墓主灵魂的礼仪空间，带着人类童年时期的记忆和幻想，为解读汉初社会历史和丧葬文化提供了鲜活、形象的史料，使人们不仅可以直接面对孕育这一独特文化的社会，还有助于理解和揭示当时的社会性质。

1　巫鸿：《"明器"的理论和实践——战国时期礼仪美术中的观念化倾向》，载《文物》，2006（6），72—81页。

论汉墓内棺盖上所置玉璧的礼仪功能 [*]

练春海

中国艺术研究院

摘　要：汉代诸侯王墓葬中出土内棺盖上的玉璧往往是整个墓葬中最好的玉璧（之一），它通常没有保护尸身不朽这项常见的功能，而以引魂覆魄为己任，这个功能的实现通常伴随一定的仪式，因此在墓葬中往往会出现一些具有引导性质的系列或系统图像。

关键词：汉墓内棺；玉璧；礼仪

　　玉璧在中国古器物发展史上是非常独特的一个类别，造型非常稳定。大概从夏代开始，其基本特征就固定下来了，秦汉时期，玉璧文化的发展逐渐进入鼎盛时期。两汉时期出土的玉璧，以其数量之多、种类之丰富、选料之精、工艺之纯、使用范围之广，成为玉璧文化史上的巅峰，这个时期也因此被称为玉璧的鼎盛期，或经典时期。[1] 不论哪一种说法，

---

* 本文是中国艺术研究院课题《中国工艺美术史前沿研究与学术梳理》（批准号 20160228）阶段性成果。

1 周南泉：《论中国古代的玉璧——古玉研究二》，载《故宫博物院院刊》，1991（1）；殷志强：《说玉道器——玉研究新视野》，南京大学出版社，2011，83 页。

都表达了同一个意义，汉代玉璧的使用达到了前所未有的高度，而其中最为精美的或许就是汉代诸侯王墓中那些置于内棺盖上的一件或数件玉璧。

一、棺椁间实物形态的玉璧

汉代王侯墓葬中，用玉璧殉葬者数量众多。汉代帝陵尚未发掘[1]，我们无从做更多的了解，但是汉代诸侯王墓中所出玉璧却是很丰富的，以下仅列举部分出土不少于 10 件玉璧的墓葬：

1. 徐州狮子山西汉楚王墓，出土玉璧共计 24 件，其中和田白玉制成者 17 件，有些上面还有刻文符号，青玉璧 7 件。[2] 比较遗憾的是，这些玉璧的原始置放位置信息不详。

2. 河北满城一、二号汉墓（西汉中山靖王刘胜与其妻窦绾墓）。一号墓出土玉璧 25 件，其中有 1 件为外出廓璧，极为珍贵，该璧通长 25.9 厘米、璧外径 13.4 厘米、内径 4.2 厘米、厚 0.6 厘米，璧上端有透雕双龙卷云纹，造型

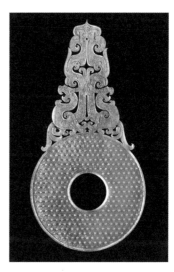

图 1　一号墓出土玉璧

1　从江西南昌刘贺墓出土内棺的照片可见到至少有四枚玉璧，目前发掘报告尚未发表，但从已有信息来推断，刘贺墓出土最多的是各类金器，而不是玉器，这一点反映了墓葬的规模尚未达到帝王级别，墓葬遵循的是列侯的规制。

2　狮子山楚王陵考古发掘队：《徐州狮子山西汉楚王陵发掘简报》，载《文物》，1998（8），4—33 页及彩页。

别致（图1），出土时随葬在棺椁之间。二号墓共出土玉璧18件，有青玉、碧玉两种，均出土于玉衣之内。[1]

3. 山东巨野红土山西汉墓是昌邑哀王刘髆的墓葬，于后室木棺内共出土玉璧28件，其中尸体下置10件，上置17件，棺盖上置1件，共分为三类，尺寸不一。[2]

4. 湖南长沙咸家湖曹嬛墓出土玉璧12件，其中2件于棺内东端紧贴棺壁竖置，另外10件散布于墓主人头部附件。[3]

5. 广州南越王赵眜墓出土了大量的玉璧，它们主要放置于主室。主棺室共出土玉璧47件。其中玉衣头顶上罩盖1件。压在玉衣上有10件，垫在玉衣下面有5件，放在玉衣内共14件（头部2件，夹于两耳间，胸腹间4件，其余8件分别列于两侧），玉衣鞋下放1件。内棺右侧的前、中后各1件，另外棺椁头箱中盛珍珠的漆盒上放7件。足箱陶璧下面还有2件。棺盖上有4件，分置于椁顶的四角。椁顶与头箱中有5件玉璧的造型要比其他玉璧更为复杂，璧面纹饰分为三区。[4]

6. 河南永城芒砀山僖山一号墓（西汉梁国晚期夷王刘遂墓），出土各种纹饰、颜色、质地的玉璧70多件。出土时大量精致的玉璧置于棺椁之上。[5]

7. 河北定县北庄汉墓（中山简王刘焉墓）出土玉璧23件。其中有一件出廓璧，造型非常罕见（图2），但由于墓葬经受盗扰，该璧原来的位

1 中国社会科学院考古研究所、河北省文物管理处：《满城汉墓发掘报告》（上），文物出版社，1980，133、293页。

2 山东省菏泽地区汉墓发掘小组：《巨野红土山西汉墓》，载《考古学报》，1983（4），471—499页。

3 长沙市文化局文物组：《长沙咸家湖西汉曹嬛墓》，载《文物》，1979（3），1—16页。陈斯文、刘云辉：《略论汉墓出土玉璧及其蕴含的丧葬观念》，载《文博》，2012（2），10—16页。

4 广州文物管理委员会、中国社会科学院考古研究所、广东省博物馆：《西汉南越王墓》（上），文物出版社，1991，179页。

5 河南省商丘市文物管理委员会、河南省文物考古研究所、河南省永城市文物管理委员会、阎根齐主编：《芒砀山西汉梁王墓地》，北京：文物出版社，2001，308页。

图 2　出廓璧

置不详。[1]

以上例子尚不包括：（1）殉葬玉璧不止 10 件，但因破碎过甚而无法统计者；（2）陶璧和石璧。这两类其实也应该看成玉璧（或者它的替代品）；（3）图像化的玉璧。[2] 如此众多的玉璧，很少随意放置。从前文列举的情况来看，他们大多数都被放置在主棺室，甚至就放于棺内。放置玉璧的地方，或者是尸体周围（身体两侧、背部、胸腹部、头部或脚底），或者是内棺与外棺（椁）之间，可见它们在墓葬及与其相关的礼仪活动中具有重要的作用。在这些玉璧中，其中内棺盖上所置放的往往是品质最好的一块或数块玉璧。这些玉璧原则上不与尸身接触，因此谈不上"使尸体保存其精气、不受邪气侵犯"的功能。巫鸿说："把这些璧（按：棺内之璧）放在当时的宗教思想和礼仪环境中去理解，我提出玉璧中心的圆孔使这种古代礼器在战国和汉代的墓葬中具有了'灵魂通道'的意义。"[3] 其解读很有启发性，但也还有可以商榷的余地。比如，我们无法保证所有汉墓中出土的玉璧都具有这种功能。且不说整个墓葬，——玉璧在墓葬中所处位置不同，功能也不同。就拿那些置于内棺的玉璧来说，其功能也不尽相同。玉璧所具有的"灵魂通道"功能，渊源久远，似乎可以追溯到仰韶文化早期的瓮棺（图 3），那些用来进行瓮棺葬的盆与钵上都凿有小孔。但这种现象在仰韶文化中期

1　河北省文化局文物工作队：《河北定县北庄汉墓发掘报告》，载《考古学报》，1964（2），127—194页以及图版壹—壹拾贰。

2　练春海：《器物图像与汉代信仰》，生活·读书·新知三联书店，2014，168—169 页。

3　巫鸿：《马王堆一号汉墓中的龙、璧图像》，载《文物》，2015（1），54—61 页。

以后逐渐消失，因此，在瓮棺与战国以来墓葬中发现的棺椁或玉璧的"灵魂通道"之间有太多的空白，资料阙如，我们也无法循着这条线索来探讨玉璧功能的发展与演变。但就南越王赵眜墓而言，这座墓中光在玉衣内就发现了玉璧14件，这些玉璧贴着尸身放置，所承担的功能只是保持尸身不朽，因为玉衣穿戴完成之后，除了一些不可避免的缝隙之外，只有头套顶部玉璧的孔洞是功能性预留的。[1]可见，并不是所有玉璧都承担"灵魂通道"之功能。而内棺盖上的玉璧，作为墓葬中最重要的殉葬品，其意义必定十分重大。

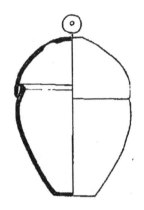

图3　玉璧

二、棺盖上图像中的玉璧

要弄清棺盖上所置玉璧如何起作用，大概只能通过两种渠道：一是文献，二是有关图像。尤其是内棺上方遗留物中的图像。很显然，无论是出土的还是传世的文

图4　T形帛画

1　李银德指出，复原玉衣上下衣之间通常都有5厘米左右的间隙。"玉衣上下衣脱节，是玉衣形制本身造成的。其根本原因为深衣与玉衣间的矛盾，遂形成玉襦（上衣）和玉匣（下衣）的脱节。"李银德：《西汉玉衣葬式和形制的检讨》，见杨伯达主编：《中国玉文化玉学论丛四编》（下），紫禁城出版社，2007，752—763页。

献都找不到直接相关的文字，但在相关图像方面却有一些线索。如对比马王堆汉墓和刘胜墓，我们会发现，这两座墓内棺盖板上所出土实物虽少却精，前者为一幅帛画和漆璧，后者为玉璧和玉人（按：玉人可对应帛画中的相应人物），可见这些帛画与玉璧之间存在一定的关联，当然棺盖上方所能见到图像遗留还包括墓室的天顶画，对这些关联图像的解读或许有助于揭示玉璧的功能。

马王堆一号汉墓出土的T形帛画是汉代保存最好，出土时具有明确放置方位的帛画作品，也是古代帛画中最为精彩的杰作（图4）。"T形帛画"是发掘者根据帛画的外形所取的一个名称，但它们本来的名称是什么，非衣、画荒、画幡、铭旌……众说纷纭，却莫衷一是。相比较而言，似以马怡的"旐说"较为可信。[1]因为名称不确定，因此功能也就说不清了。过去对T形帛画的功能主要有如下几种推测：1. 用于引魂升天[2]；2. 用于安魂[3]；3. 用于引导棺柩等。马怡指出，旐的功能是"在送时启引棺柩，下葬时随棺柩入圹"[4]。这也是笔者比较认同的观点。这个观点在文献上的证据可以追溯到东晋。《太平御览·礼仪部》："《礼论》曰：问下殡葬有旐否？

1　马王堆帛画名称，"非衣说"出处：《座谈长沙马王堆一号汉墓》，载《文物》，1972（9），52—54页；"画荒说"出处：陈直：《长沙马王堆一号汉墓的话若干问题考述》，载《文物》，1972（9），30—35页。"画幡说"出处：孙作云：《长沙马王堆一号汉墓出土画幡考释》，载《考古》，1973（1），54—61页。"铭旌说"出处：《座谈长沙马王堆一号汉墓》；安志敏：《长沙新发现的西汉帛画试探》，载《考古》，1973（1），43—53页；马雍：《论长沙马王堆一号汉墓出土帛画的名称和作用》，载《考古》，1973（2），118—125页。马怡指出："马雍认为马王堆一号汉墓帛画的名称是'铭旌'，并说'铭旌的名称很多，或谓之铭，或谓之明旌，或谓之旐，或谓之丹旐，或谓之柩。'这种将铭与旐、铭与铭旌、旐与铭旌全部混一的说法有未安之处。"马怡：《武威汉墓之旐——墓葬幡物的名称、特征与沿革》，载《中国史研究》，2011（4），61—82页。

2　商志醰：《马王堆一号汉墓"非衣"试释》，载《文物》，1972（9），43—47页；孙作云：《长沙马王堆一号汉墓出土画幡考释》，载《考古》，1973（1），54—61页；刘敦愿：《马王堆西汉帛画中的若干神话问题》，载《文史哲》，1978（4），63—74页。

3　游振群：《T形帛画与魂魄之说》，见中国汉画学会、南阳师范学院汉文化研究中心编：《中国汉画学会第十届年会论文集》，湖北人民出版社，2006，61—64页。

4　马怡：《武威汉墓之旐——墓葬幡物的名称、特征与沿革》，载《中国史研究》，2011（4）。

徐邈答曰：旐以题枢耳，无不旐。"[1] 从 T 形帛画的形制来看，它无疑是可供悬挂之物，即马怡所谓："在一定尺寸和颜色的织物上，书写下'某氏某之枢'，用竹杠悬起，以为主神明之旐。"[2] 而旐的形制决定它可能有图案。《后汉书·礼仪志》明确记载汉天子所用之旐是有图像的："旐之制，长三仞，十有二游，曳地，画日、月、升龙，书旐曰'天子之枢'。"[3]

帛画功能"引魂升天说"的矛盾在于，天在汉代并不是一个"理想之境"。《楚辞·招魂》中有这样的描述："魂兮归来，君无上天些，虎豹九关，啄害下人些。一夫九首，拔木九千些。豺狼从目，往来侁侁些。悬人以娭，投之深渊些。致命于帝，然后得瞑些。归来归来，往恐危身些。"[4] 这样的话语并非完全出于招魂的目的而进行"恐吓"[5]，甚至到东汉时期的墓葬中，我们还会发现有如下铭文的墓砖："叹曰，死者魂归棺椁，无妄飞扬，行无忧，万岁之后乃复会。"[6] 而"安魂说"的问题则是没有说明帛画上精心描绘的图像的意义，图像的意义又是理解 T 形帛画所起作用的关键，因此对帛画的再读非常有必要。

马王堆汉墓群一共出土此类帛画两幅，形制相近。就内容而言，学者们通常都把它划分为几个部分，大致合理，但是否为"天上、地上、人间"[7] 或"天国、蓬莱仙岛"[8] 却值得商榷。因为这些释读都把帛画的整体当成一个线性的连续图案来对待。如此一来，我们就不能够解释为什么

1 （宋）李昉等撰：《太平御览》卷五五二，中华书局，1960，552.6a（2499）页。

2 马怡：《武威汉墓之旐——墓葬幡物的名称、特征与沿革》，载《中国史研究》，2011（4）。

3 （晋）司马彪撰，（梁）刘昭注补：《后汉书志》第六，中华书局，1965，3144—3145 页。

4 《楚辞》卷六《招魂》。（清）蒋骥撰：《山带阁注楚辞》，上海古籍出版社，1958，161 页。

5 王煜：《也论马王堆汉墓帛画——以阊阖（璧门）、天门、昆仑为中心》，载《江汉考古》，2015（3），91—99 页。

6 辽宁省博物馆文物队：《辽宁盖县九垅地发现东汉纪年砖墓》，载《文物》，1977（9），93 页。

7 湖南省博物馆、中国科学院考古研究所、文物编辑委员会：《长沙马王堆一号汉墓发掘简报》，文物出版社，1972，6—7 页。

8 商志䂞：《马王堆一号汉墓"非衣"试释》。

要设计成"T"形了。现有的解释认为，它的名字叫"非衣"，并进一步提出"非衣"就是"飞衣"，因此这个造型是由"功能所需要的飞升所决定的，剪裁成 T 形，有平稳飘然的样态"[1]。但是这个解释并没说服力。

拙见以为，T 形帛画的设计特点表明了其画面内容实际上可以分成两个性质不同的组成部分。帛画的"▬"部分，以司阍为界，安排的都是具有永恒意义的形象，如日、月、建木之属，表达了"穹宇"的概念，这种手法与东汉时期盛行的洞室墓中的穹顶天象图原理是一致的，作用在于建立一个宇宙秩序。已有出土的楚汉帛画中，具有"铭旌"或"旐"性质的只有 7 幅，其中画面可辨识者 6 幅，而年代在新莽以前的就有 5 幅，T 形帛画在制作时间上大概是最晚的。[2] 其独特造型不免让我们联系到同时期（汉代中期前后）中国古代墓葬形制正由竖穴墓向洞室墓转变的大背景。这个转变，最终在使得墓室中出现了真正意义上的"空间"，在这个空间的顶部，就是"天"的场所。汉代壁画墓、画像砖墓、画像石墓中的顶部无一例外地都有这类建构"天"之意义的图像及组合，源头大概就在 T 形帛画中，它们的存在不是为了让墓主（或死者的灵魂）进入其中[3]，而只是为了标识一种秩序。

帛画的"┃"部分是一系列仪轨或者动作规范，充满了向上升腾的动感。尽管巫鸿认为此处双龙与玉璧之间处于一种"锁定模式"，因此腾飞的双龙应该看成"静态"造型[4]，但巫氏的观点完全从逻辑分析中来，无视

1　陈建明主编：《湖南出土帛画研究》，岳麓书社，2013，40 页。

2　有关数据来自刘晓路：《中国帛画》，中国书店，1994，41—58、143 页。

3　鲁唯一和姜生都认为它是到达天界的墓主灵魂。姜生认为她"受道书、饮丹水后已升天，与日同辉，返老还童，变为人身蛇尾的曼妙女子。"但马王堆一号墓出土的 T 形帛画上有这样的形象，而二号墓则没有，可见她不是一个"必须的形象"，而是为建立秩序而选择的一些符号，但正如我们用数字"一一五"来表示顺序等级一样，没有"一"，"二五"也同样实现同样的目的。"Michael Loewe, Ways to Paradise：The Chinese Quest for Immortality, London：George Allen & Unwin, 1979, p.59. 姜生：《汉帝国的遗产：汉鬼考》，科学出版社，2016，377 页。

4　巫鸿：《马王堆一号汉墓中的龙、璧图像》，载《文物》，2015（1），54—61 页。

图 5　玉璧图案细节

图像的艺术表现层面，似有不妥。双龙即便与玉璧"锁"在一起，也并非没有以组合形式整体飞升的可能。再者，从仪式的角度来看，"穿（过）"这个简单的动作被赋予一些表演的色彩亦无不可，而图像本身也多了一层趣味。安葬时间稍晚一些的洛阳金谷园壁画墓可资比较，该墓后室顶部的壁画比较特别，可视为 T 形帛画的壁画翻版，是它在墓室顶部的投射。这些壁画由南至北分为四个单元（从南向北编号 1—4），其中编号 1、4 两幅表现了日孕金乌和月亮图像；编号 2 画面中共绘玉璧四件，二龙穿过其中三件玉璧，龙首相对，张口衔持第四璧；编号 3 与编号 2 的场景相同，但内容复杂许多。在四件玉璧中我们不仅可以看到四神形象，同时还可看到有一人驭龙穿梭其间（图 5）。[1] 从大量东汉画像砖、画像石的图像上也可以看出，双龙（或龙虎）拉拽着系玉璧的丝带，巫鸿所谓的"锁定模式"随处可见，二者没有本质的区别，可见玉璧之"锁定"并非个别现象，而"驭龙升天"主题却是一个从战国伊始就常常出现在墓葬中的图像主题。

整幅 T 形帛画自下而上来看，其实就是一个从历时形态向共时形态转化的过程，这个转化的关键节点就是玉璧，但在视觉上，画面的中心又是玉璧上方的墓主人图像，后一个中心其实包含于前一个节点中。除此之外，还有一个细节也值得关注，它就是人物之上，正面朝外飞翔的

1　洛阳市文物管理局、洛阳古代艺术博物馆编：《洛阳古代墓葬壁画》，中州古籍出版社，2010，150 页。

神鸟鸱鹀。

马王堆出土的两件帛画中，鸱鹀形象都很特别，为一个长着四翼的正面形象。这个形象出自《山海经·西次三经》："三危之山，有鸟焉，一首而三身，其状如鸦，其名曰鸱。"[1]清人汪绂为其所作插图为一首、三身、四翼的形象（图6），但在画面效果上，显得有点怪异。另有日本学人画的插图，为一首、一身、四翅的侧面形象（图7），近似马王堆帛画中的鸱鹀。总而言之，鸱鹀的两对翅膀（即四翼）一直为学者所忽略。以往有研究者说它是飞廉、玄鸟等，都不正确，笔者虽一开始就断定它为鸱鹀，但也没有注意到四翼的问题。[2]此外，鸱鹀的朝向问题也值得关注。从帛画出土的原始状态来看，它"正面朝下覆盖在棺上"，结合前文所述，帛画的放置方式指示了一个朝向墓主尸身的方向。在近距离考察中，李零注意到，三号墓出土帛画中鸱鹀与华盖之间"有一条连通的直线，摹本断开"（图8）[3]。这表明，此处出现的鸱鹀形象不一定是自然界中或信仰观念中的对象，而是"相风鸟"一

图6　清人所作鸱鹀形象

图7　日本所绘鸱鹀形象

图8　三号墓中的鸱鹀形象

1　马昌仪：《古本山海经图说》，盖亚文化有限公司，2009，233页。

2　练春海：《汉代艺术与信仰中的天梯》，载《民族艺术》，2009（4），43—54页。

3　李零：《中国古代的墓主画像——考古艺术史笔记》，载《中国历史文物》，2009（2），12—20页。

般的事物，其承载观念的功能远远让位于指示功能。

在这两幅帛画中，人物是吸引观者注意力的中心，而玉璧则是画面构图的中心，这两个中心通过一个两头起翘、边饰云雷纹或穿璧纹的平台联接，对于这一部分细节，迄今为止还没有比较深入的研究。巫鸿曾推测它可能是楚墓垫尸用的笭床[1]，菅谷文则、王孝廉等说它表示地面[2]，姜生认为它是昆仑的悬圃台[3]。实际上，这个结构或许该称"神台"或"台"，实物原型为"甘泉宫通天台"。后者据《汉书·武帝纪》载，起于武帝元封二年（前109）冬十月。[4]汉代墓葬中，考古发掘所得，如后楼山汉墓、满城一号汉墓和二号汉墓、大堡台一号汉墓等墓葬中出土的玉枕都是具有神台功能的实物（图9）[5]，它们在造型上与帛画中的神台颇为相似，中部为一个平台，两端兽首上扬。其实在更早的楚系帛画中，就可以见到它们的影子，如"人物御龙帛画"中的"龙舟"（图10），甚至在汉代画像砖中模印神树的顶上也发现了类似的神台（图11），更不用说频繁出现在画像石、画像砖上的

图9　玉枕

1　笔者以为笭床与神台造型之间的关系，应该与巫鸿所说相反，笭床乃是对神台的模仿。巫鸿：《马王堆一号汉墓中的龙、璧图像》。

2　［日］菅谷文则：《马王堆出土非衣的考察》，见《汉代考古与汉文化国际学术研讨会论文集》（下），齐鲁书社，2006，325—328页。王孝廉：《中国的神话世界》，作家出版社，1991，151页。

3　姜生：《汉帝国的遗产：汉鬼考》，323页。

4　（汉）班固撰，（唐）颜师古注：《汉书·武帝纪》，中华书局，1962，193页。《汉书·礼乐志·日出入九》中提到"玉台"："天马徕，龙之媒，游阊阖，观玉台。"但这个玉台指"上帝之所居"，见《汉书》卷二十二，1061页。

5　有关的汇总与研究情况参见王永波、刘晓燕《汉代王侯的陵寝用枕》，载《东南文化》，1998（4），99—105页。

图 10　人物御龙帛画中的"龙舟"　　　图 11　神台　　　　图 12　帛画图案

昆仑神境了。作为入葬时引导柩车的旐，其上的神台或许可以看成死者之魂离开肉身之后的暂时栖身之所。在抵达墓葬后，魂将在仪式的引导下进入墓主的尸身。神台在某种意义上是玉璧功能的形象化表现，神台下斜板的作用则是将这种比拟性的图像衍生与本体联结在一起[1]，构成不可分割的一个画面中心，这个中心同时还是观者注意力发生转折的中心，观者注意力移动的轨迹，与死者灵魂的运动路径一样，到达此处后，将会随着华盖下的鸱鸮形象转向正前方（当帛画覆盖在内棺盖上时），它也就指向了死者的尸身。

　　除了马王堆汉墓外，还有一些同期的汉墓也发现了具有相同性质的帛画。如 1997 年，在临沂金雀山民安工地 4 号汉墓（年代约在武帝时期）中也发现了覆于棺盖上的帛画（图 12）。[2] 从发掘报告中的线绘图来看，近帛画底部有一玉璧，可见其功能与马王堆 T 形帛画相近，不同的是，其图像布局中有所不同，图像逻辑与严谨程度不如后者。前文提到

1　关于斜板，林巳奈夫称之为"砖铺的通道"，释读太过随意。见林巳奈夫著，杨美莉译：《中国古玉研究》，台北：艺术图书公司，1977，117 页。

2　金雀山考古发掘队：《临沂金雀山 1997 年发现的四座西汉墓》，载《文物》，1998（12），17—25 页。

的湖南长沙咸家湖曹嬛墓，在"（内棺）盖顶发现有一层极薄的白色腐烂物，疑为帛画之类的残迹"[1]，疑似也有同样的功能。

三、与棺盖上玉璧相关的礼仪

在马王堆汉墓内棺盖板上存在着两种形态的玉璧，一是实物形态的漆质仿造玉璧[2]，一是图式形态的玉璧（作为帛画的组成部分存在）。马王堆一号汉墓内棺分为四重，每重之间都经过精心设计，可以说预留的缝隙非常小，在这样狭小的空间中能够放置的实物实际上非常有限，从发掘报告可以看到，其实除了漆璧、帛画，就是一些桃人而已，这几件物品共享一个空间，与墓葬发生联系的时间也是一致的（都是在内棺盖板盖上后放入），因此有相似的属性。前面我们已经分别探讨过它们所具有的礼仪功能，接下来我们要讨论二者这种功能的实现方式，以及它们之间可能出现的联接，其中的关键就在于仪式的施行。

首先，帛画在墓葬语境中的功能其实相当于玉璧的使用说明书。实际上，汉代有很多图像都反映出此种特质，如半开门图像（位于石棺头端和侧面的半天门图像）、屏风（如马王堆一号汉墓头箱出土的屏风）、壁画（如洛阳金谷园壁画墓）、天门（如巫山"天门"铜牌饰）和穿璧纹样等。限于篇幅，此处不展开论述。王小盾在谈及"宗庙壁画"时，认为它们是"配合在宗庙中举行的各种各样的仪式活动"，[3]这个观点在墓葬中也同样成立，墓葬中的帛画、壁画也有同样的功能。这些说明性质的图式，配合着仪式来指引死者的灵魂进行活动（在某种意义上它们同时也有记录的意味），《仪礼》载铭旌的用途是："以死者为不可别，故以其旗

1　长沙市文化局文物组：《长沙咸家湖西汉曹嬛墓》，载《文物》，1979（3），1—16 页。

2　以漆璧代玉璧，既有漆器在当时极贵重之故，也有墓主身份不宜使用玉璧之故。

3　王小盾：《经典之前的中国智慧》，北京大学出版社，2016，41 页。

识之。"[1] 人死后，一片茫然，不知所措，所以悬挂起来的铭旌上所书写的死者名字、引导柩棺的帛画以及棺盖上死者的形象（无论是图式的平面形象还是玉质的三维形象）就成了死者之魂追逐的对象，当然还有举行仪式所造成的引导、介入和规范。可见这类"说明书"的存在意义重大。

但帛画的功能又不止于此。作为丧葬过程中引导柩棺的旐，它有两个功能：一是让死者之魂栖于其上，二是把附在引魂"铭旌"或"旐"上的魂导入死者之尸身，这两项功能前后衔接。衔接的时间点就在于棺柩运抵墓室后，窆棺之时。[2] 这也是帛画相对独立于墓葬的一面：在进入墓葬之前，它独立地发生作用。在整个祭祀过程中，死者的魂都被暂时地安置于旐中，即帛画中的玉璧或者神台上。直到帛画在墓葬中被正面朝下覆盖于内棺盖之上，此时进入了第二个阶段，正如巫鸿所说："当这幅画被埋入墓中的时候，它的礼仪功能发生了重要的变化：它现在成为墓葬的一个有机构成部分，通过其特殊的位置和放置方法与墓葬的其他部分发生关系。其结果是构成了这幅画的新的阅读语境和变化了象征意义。"[3] 帛画成了说明书，死者的灵魂顺着鸱鸮的指引（这个选项不是必需的，因为即使没有鸱鸮图像，施行仪式者也同样有其他方式进行指引，正如没有说明书，电器也可以使用一样），死者的灵魂被导向内棺盖上的玉璧，然后进入尸身，而不像巫鸿所说的那样，因为"导向画中的死者肖像"没有意义。这一系列动作完成之后，帛画的实用价值其实消失了，这个现象表明帛画中玉璧所具的功能是"单向性"的。对于寄存在尸体中的魂魄而言，它与外界沟通有两个渠道，一是内棺盖板上的玉璧（含

---

1 《仪礼注疏》卷三十五。（清）阮元校刻：《十三经注疏附校勘记》，中华书局影印本，1980，35.186b（1130a）页。

2 刘尊志认为："若使用多重棺，除内棺外，其余都有可能会在墓内加工而成。"马王堆帛画墓中的四重棺不一定是在墓地或附近制作的，但有可能是在墓内组合而成的。刘尊志：《西汉诸侯王墓棺椁及置椁窆棺工具浅论》，载《考古与文物》，2012（2），65—72页。

3 巫鸿：《马王堆一号汉墓中的龙、璧图像》。

帛画中的玉璧和实物玉璧或仿璧），二是玉衣头套顶部的玉璧。前者虽可谓之"璧门"，但它是一种具有转化性质和功能的平台，具有"单向通行"的特点，是指向墓主尸身的单向通道，故不可视为"始升天之门"的阊阖。[1]下葬后，实际上只有后者才是通道、过道或走廊，灵魂可以来回穿梭其中，这也是为什么这种类型的通道图像化往往表现为半开门。半开门既可以理解成打开一扇门（对应于"出"），也可以理解成关上一扇门（对应于"入"）。[2]帛画玉璧大概可以视为战国以来玉璧使用文化中发生的一个变化，成为一个转化的平台。

关于此类玉璧的仪式罕见相关讨论。巫氏在另一篇文章《不可见的微型：中国艺术与建筑中的灵魂建构》中，通过把英国著名童话《爱丽丝梦游仙境》与《枕中记》中主人公的经历作了对比，指出"要想如此（按：即进入枕中），他必须先把体量变成跟这个微小的侍者（即枕中之人）一样大小，《爱丽丝梦游仙境》的作者非常详细地告诉读者，爱丽丝之所以能通过那个枕头的小门（洞），是因为她喝了一种有'樱桃挞、蛋奶糊、菠萝、烤火鸡、太妃糖和热黄油吐司'混合味道的神秘饮料之后，个子变到只有 10 英寸高，而《枕中记》并没有提示这样的一个过程，作者似乎认为没有必要去解释书生是如何通过小孔进入枕头的微型世界的"[3]。在巫鸿看来，这样的一个叙述跳跃并不会影响中国读者的理解，因为他们知道进入枕中的不是书生的肉身，而是他的灵魂。显然，他认为灵魂形态

1　王煜据《三辅黄图·汉宫》载，"宫之正门曰闾阖，高二十五丈，亦曰璧门"，认为汉武帝有意将建章宫视为"始升天之门"。王煜：《也论马王堆汉墓帛画——以闾阖（璧门）、天门、昆仑为中心》，载《江汉考古》，2015（3）。

2　半开门图像实际上有当时现实的依据，汉代的门中有阃这个结构，门以此为界，一分为二，"阃"既做门挡，配合门栓使用，同时也是礼仪的分界，出入门区一般人不可逾阃而行，拜访长者更是只能从右侧进入。详见练春海：《汉代车马形像研究：以御礼为中心》，广西师范大学出版社，2012，200页。

3　Wu Hung, On Chinese Art：Case and Concepts（Volume 1：Methodological Rlections），Chicago：Art Media Resources, Inc., 2016, p.12.

的书生如何通过微孔（进入枕中）这个问题在中国的文化生态中是一个被默认可以不必讨论（或可以忽略）的部分，但是事实果真如此吗？拙见以为不然，对于国人而言，灵魂如何缩放或许无需讨论，但是对于灵魂如何识途，如何顺利找到方向，以及一些有关的仪式性行为都有深入认识的必要：

首先是作为前提的清场。这是棺椁进入墓室之前，必须要做的一项工作，即对墓内可能存在的魑魅魍魉进行清除：《周礼·大丧》："大丧，先柩，及墓，入圹，以戈击四隅，殴方良。"[1]下葬前，一般墓内都会进行一些由方相氏主导的攘除仪式。但这个只能说是与玉璧使用间接相关的仪式。得益于马王堆一号汉墓的保存条件，马王堆一号汉墓中棺椁间出土的一些辟邪木俑很能说明问题。从发掘报告来看，有"丝麻衣小木俑三件，放置在锦饰内棺与朱地彩绘棺的隙中，东、西、南三隙缝各放一个。制作简陋，均以长 11—12 厘米、宽 2.5 厘米、厚 1 厘米的木片稍加砍削，头部用墨和朱绘出眉目"而已。另有"桃木小俑三十三件，全部放在内棺盖板上的帛画右下方。高 8—12 厘米。其中一组二十二件，以麻绳编结，另十一件零放。此种小俑系以一小段桃树枝劈成两半，一端削成三棱形，中间的脊作鼻，两侧用墨点出眉眼，其余部分未事砍削。有少数甚至将现成的桃树枝充数"[2]，制作极其简陋（图 13）。锦饰内棺与朱地彩绘棺之间出土的物件极少，因此能够放置在此处的东西都有特别的意义。对于它们的作用，张明华认为其"意在驱鬼避邪，保佑墓主安居泉下，不为恶鬼所害"[3]。它应该是几层套棺之间唯一具有辟除邪气，护佑魂灵能顺利返回尸身，且不受干扰等功能的实物，即保障玉璧功能的正常

1　《周礼·夏官·方相氏》。《周礼注疏》卷三十一，（清）阮元校刻：《十三经注疏附校勘记》，中华书局影印本，1980，31.213a（851b）页。

2　湖南省博物馆、中国科学院考古研究所编：《长沙马王堆一号汉墓》（上），文物出版社，1973，100—101 页。

3　张明华：《长沙马王堆汉墓桃人考》，见《文史》第七辑，中华书局，1979，96 页。

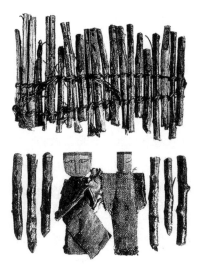

图 13　桃木小俑

发挥。清场不是专门针对内棺盖上玉璧的礼仪行为，但又是必不可少的一项工作，因此可以视为它的准备动作。

其次，基本仪式或为璧孔涂朱砂。在洛阳金谷园壁画墓后室墓顶编号 2 单元图像中，我们可以看到双龙所拱的玉璧孔中涂朱，这种涂朱理论上对应的应该是涂朱砂，林巳奈夫认为这表示孔洞中充满着"气"。[1] 笔者以为它可能并不表示"气"，而表示死者魂灵所要经过的"天门"，或者是对死者所要经过的"通道"进行特殊仪式的痕迹。涂朱的仪式由来久远，从山顶洞时期就开始了，石珠、兽齿、骨坠、龟甲、玉器都有，"随葬物涂朱是常见的"[2]。在汉代涂朱的行为更甚，以南越王墓为例：在其西耳室曾发现一件漆盒里藏玉剑饰 43 件，包括剑首 10 件、剑格 16 件、剑璏 9 件、剑珌 8 件，"这批玉剑饰玉质较好，雕工精湛，在汉代玉剑饰中亦属罕见。出土时，每件剑饰都有朱砂和朱绢粘附在表面，随葬时当是以朱绢逐件包裹后放入盒内"。东侧室出土一枚穿带玉印，印面无文，但"出土时，表面染满朱砂"[3]。可见汉墓中，有些极为特别之物很可能都进行涂朱砂处理。其用意或为转化，或为加强它与墓主之间的关联。

再次，或许还有施行法术的内容。器物涂朱应该是一种原始的宗教

1　［日］林巳奈夫著，杨美莉译：《中国古玉研究》，台北：艺术图书公司，1977，216 页。

2　那志良：《中国古玉图释》，385 页。

3　广州市文物管理委员会、中国社会科学院考古研究所、广东省博物馆：《西汉南越王墓》，文物出版社，1991，122、248 页。

仪式或巫术的遗风。[1] 涂朱的过程并不是简单地涂抹朱砂，而是伴随吟诵一些咒语等情况。同样，上文中提到马王堆一号墓玉璧、桃木俑等物同时出土，可能也是一并施法。汉代墓葬中的镇墓文中常常可见诸如"生死异路"之类的文字表述，洛阳烧沟汉墓后墙壁画上方的空心砖上用白粉书写的三个"恐"字，表明汉代人在丧葬的整个过程中随时都可能发生伴随巫术诅咒等一定的仪式。而我们所见到的，最多只能是一种施行法术仪式后的痕迹。[2] 总而言之，死者最安全的地方是为他建筑的墓室，天上是极端危险的所在。[3] 但是在理顺死者与墓室关系的过程中，需要经过一番处理与转化，而内棺盖上之玉璧就是其中起到关键作用的部分，这也是为什么其做工、用料通常是整个墓葬所出玉璧中级别最高之故。

1　高志伟：《考古资料所见赭石、朱砂、铅丹及其应用》，载《青海民族大学学报（社会科学版）》，2011（1），102—109页。

2　河南省文化局文物工作队：《洛阳西汉壁画墓发掘报告》，载《考古学报》，1964（2），107—125及图版1—8、彩版1—2。

3　巫鸿：《礼仪中的美术——马王堆再思》，见《礼仪中的美术——巫鸿中国古代美术史文编》，生活·读书·新知三联书店，2005，110页。

东汉解注瓶与汉代墓葬中的北斗图像 *

顾颖

江苏师范大学美术学院、东南大学艺术学院

摘　要："北斗"一名经常在汉代解注文中见到，在古人心目中，北斗就是一部展示在天空的历书和钟表。除了授时和指向功能外，北斗还兼司人间寿数，具有主杀的职权。因死生大事都由其决定，故在墓葬中常化身为具有人格化的司命神。

关键词：谶纬；解注瓶；汉代墓葬；北斗

北斗星是北天拱极星中最突出的星官，属恒显区，大熊星座。由于它终年常显不隐，观测十分容易，从而成为终年可见的时间指示星。汉代墓葬中，我们常会看到北斗星的画像，学界公认其主要功能是授时和

---

* 本文是 2012 年国家社科基金艺术学项目"汉代谶纬与汉画像中的祥瑞图式研究"（项目编号：12CA069）的阶段性成果，研究还受到江苏师范大学"博士教师科研"项目的资助（项目号：15XWR015）。

指引方向。[1] 随着东汉时期的解注瓶大量出土，可见北斗主杀的观念在东汉开始萌芽。另外纬书中有大量论及之内容，解注瓶上的解注文和符箓也证明了北斗具有解除注祟、护佑生人的功能。

一、汉代墓葬中的北斗图像

滕州市汉画像石馆藏有一块北斗星象画像石（图 1），该石制作年代约为东汉晚期，浅浮雕雕刻，石三周饰三角纹，上部一角残缺，底部

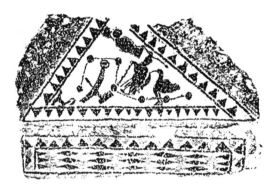

图 1　山东滕州出土北斗星象画像石（原石藏山东滕州汉画像石馆）

1　冯时是较早通过考古遗迹探讨北斗信仰的天文学意义的学者，在《中国天文考古学》多部著作中论及北斗，通过对河南濮阳西水坡 45 号墓遗迹的分析，确立了以北斗与四象为代表的五宫体系已构建起雏形，中国传统天文学的主体部分已经形成。陆思贤和李迪在《天文考古通论》一书中对北斗研究的重要看法是，史前遗迹中出现的旋涡纹到后世的太极图都是北斗绕太极在旋转。这种看法视角比较独特，对学界后来研究北斗还是有一定的启发的。葛兆光在论文《众妙之门——北极、太一、太极与道》一文中，将北斗作为北辰信仰的分支进行了讨论。还有一些论文也都谈到了北斗，几乎都肯定北斗在授时和指向中的作用。冯时：《中国天文考古学》，中国社会科学出版社，2010；陆思贤、李迪：《天文考古通论》，紫禁城出版社，2005；葛兆光：《众妙之门——北极、太一、太极与道》，载《中国文化》，1990（2），46—65 页。

边长 121 厘米，两边残余长分别为 64 厘米、61 厘米。一条大鱼横在残缺处，鱼头处似有两颗星象。画面中部刻北斗七星，斗口向下，斗魁下是相互交叉的环首刀与斧头，在天权与玉衡连线上站立一人，头戴缨冠，身体向右微躬，一鸟口中叼一鱼立在底边。这幅画像的斗口向下，与"帝车"之意略有不符，有学者认为这种图式表明死者亡魂归于斗极之时，以禹步除道，厌辟刀兵的意思。[1]道教汲取、完善了中国古代的北斗崇拜，构建了以北斗神为主神的天庭世界，在道教系统中，模拟北斗七星运行的轨迹而形成步舞的法术应运而生。汉画中常常出现的七盘舞就有北斗崇拜的神圣意义在里面，它的舞步就是模仿北斗的星迹，代表的深层含义就是对祖先或神明的献祭。"献祭"这个词首先表达了"圣化（consecration）"的观念，二者在某种意义上是同一的，即献祭意味着圣化。祭主本人也是通过出现在祭祀现场或者扮演相应的角色而受到了影响，从一般领域进入宗教领域。这种"圣化"有两种类型：一、圣化的效力被限制在祭品中，祭品可能是物，也可能是人；二、"圣化"会延伸到被圣化的物品之外，包括提供经济支持和物品或牺牲者。[2]汉画中的七盘舞图作为墓葬文化的一种图式（图 2、图 3），就是受这种巫术思维的影响，死者的后人希望通过对神的献祭，得到神灵的庇佑，使死去的亲人早日升仙，同时保佑活着的亲人能够在世间永生。[3]为了给自己造福，汉代人希望借助神奇伟大的外在力量帮助自己，这种外在力量也有自己的规律，与人间的秩序完全一样，只要给至尊神奉献最好的牺牲就能得到回报，这些牺牲大多是带血的动物，这些牺牲必须放置在贵重的器皿中，那么这些器皿就成为礼神的礼器，从而享有尊贵地位。由此，以这

1　朱磊等：《山东滕州出土北斗星象画像石》，载《文物》，2012（4），71—74 页。

2　[法] 昂利·于贝尔、[法] 马塞尔·莫斯著，梁永佳等译：《巫术的一般理论献祭的性质和功能》，广西师范大学出版社，2007，189 页。

3　顾颖：《汉画像中巫舞的表现形式及文化意义》，载《徐州工程学院学报（社会科学版）》，2008（9），43—47 页。

图2 四川彭县盘舞画像
（采自高文编《四川汉代画像砖》图四二）

图3 南阳许阿瞿墓盘舞画像
（采自《中国画像石全集》
第6卷 图二〇二）

种具有礼器性质的器皿作为主要道具的盘舞，在祭祀活动中就不可或缺，在汉代祭祀活动中更是不可少。以人充当祭牲的情况，史籍上著名的商汤王以身祷雨的传说就是一个例子。[1]将人作为祭品献于神的画像象征人的自我与具有神性的物的合一。[2]人被神吞食，从而实现神与人的合一，从而得到神的保护。道教的踏罡就借鉴了这种思想，"罡"，原义是北斗斗构最末一颗星。《抱朴子内篇·杂应》曰："又思作七星北斗，以魁覆其头，以罡指前。"[3]滕州画像石所表现的正是一老者足踏禹步，画地作法，祈求借助北斗的神力辟兵除道。[4]在行步时按照当时天罡所在以定方位，然后步履轨迹有如斗形，含有随斗运转之意。禹步的功能主要是消灾袪

1　马昌仪：《中国神话学文论选萃》（上册），中国广播电视出版社，1994，191 页。

2　朱存明：《从汉画像石探析汉代盘舞艺术》，载《东方收藏》，2010（9），24—35 页。

3　张松辉译注：《抱朴子内篇》，中华书局，2011，503 页。

4　朱磊等：《山东滕州出土北斗星象画像石》，载《文物》，2012（4）。

病、驱除鬼魅、禁御毒蛇猛兽等。[1]

在汉代的纬书中，北斗以人格化的司命神出现，把北斗与黄帝联系起来，《河图始开图》："黄帝名轩辕，北斗神也。""黄帝名轩，北斗黄神之精。"[2] 多篇纬书对北斗神奇能力大加附会，将黄帝奉为北斗之精。由于北斗"帝车"下压着二十八宿之"天尸"鬼宿，北斗被赋予解除注祟、护佑生人的职能，在死于非命者的厌胜解注葬仪中得以广泛应用。[3] 由于迷信天上的斗星和人的死生有关系，汉人把北斗看作掌管人生死的神灵，时人常向北斗祭祷以求延命。尤其在道教中有专门参拜北斗的科仪，向北斗禳祈以延寿，寄托了人们美好的长生理想，后来便成了道教中一项传统性的重要宗教仪式。[4]

二、解注瓶上的北斗星

"北斗"一名经常在汉代解注文中被提到，东汉明帝以至魏晋时期，中国北方地区墓葬中发现大量朱、墨书写镇墓文字及神符的陶罐、砖券、铅券之类的器物，其中瓶或罐之属腹部多绘有北斗图案，并书"北斗""北斗君""黄神北斗""八魁九斗"等字样，内容多为解除注祟，与早期的道教、巫术有关。[5] 如宝鸡出土的陶瓶上，都写着"黄神北斗"，有些镇墓文在叙述幽冥官司的同时还会提到"上司命、下司禄"。[6] 解注瓶也叫"镇墓瓶"或"解除瓶"，本文按照大多学者的说法，将东汉墓葬

1　李远国：《大禹崇拜与道教文化》，载《中华文化论坛》，2012（1），27—32 页。

2　［日］安居香山、中村璋八：《纬书集成》，河北人民出版社，1994，1105 页。

3　朱磊：《中国古代北斗信仰的考古学研究》，山东大学博士论文，2011，57 页。

4　盖建民：《道教与中国传统天文学关系考略》，载《中国哲学史》，2006（4），105—111 页。

5　张勋燎、白彬：《中国道教考古》第一册，线装书局，2006，1、6 页。

6　杭德州：《长安县三里村东汉墓发掘简报》，载《文物》，1958（7），62—65 页。

图4　咸阳出土东汉解注瓶摹本

[选自刘卫鹏、李朝阳：《咸阳窑店出土的东汉朱书陶瓶》，载
《文物》，2004（2），图三]

中出土的朱书陶罐统称为"解注瓶"，其上文字通称"解注文"。解注瓶
和解注文，是东汉时期道教对丧葬仪式的继承。解注又称解逐，是古已
有之的一种巫术，为消除灾祸而举行驱逐凶神恶鬼的一种祭祀活动。其
作用主要是为死者解咎除殃，为在世的亲人祈福免罪；同时也有隔绝死
者和在世亲属之间的联系，令死者亡魂不去打扰在世的亲人。[1] 2001 年 8
月，陕西咸阳窑店出土了一件东汉时期的陶瓶（图 4），瓶身用朱砂绘有
星图、符咒文字。陶瓶右上部绘有北斗星的图形，由短线连接圆点（代
表星）而成，魁内有连成等腰三角形形状的三颗星，斗柄下方有连成菱
形四颗星。右侧有六颗星两两相连，平行并置。左侧朱书五行二十四字：
"生人有乡，死人有墓。生人前行，死人却行。死生异路，毋复相干。"[2]
窑店解注瓶通过绘制北斗压鬼宿的天象，表达厌胜驱邪，分隔人鬼的观
念。东汉王充《论衡》卷第二十五《解除篇》，记时人"世信祭祀，谓祭
祀必有福；又然解除，谓解除必去凶"。[3]《太平经》曰："生亦有谪于天，

1　郭晓涛：《河南偃师出土的"天符地节"朱书陶罐文字考释》，载《洛阳考古》，2015（4），82—84
页。

2　刘卫鹏、李朝阳：《咸阳窑店出土的东汉朱书陶瓶》，载《文物》，2004（2），86—87 页。

3　"解逐之法，缘古逐疫之礼也。昔颛顼氏有子三人，生而皆亡，一居江水为虐鬼，一居若水为魍魉，
一居欧隅之间主疫病人。故岁终事毕，驱逐疫鬼，因以送除迎新内吉也。世相仿效，故有解除。"（东
汉）王充：《论衡·解除篇》，《诸子集成》（七），中华书局，1954，245—246 页。

死亦有谪于地。"[1] 谪就是罪过,解谪就是解除罪过。解注文之"解",即具有攘除、驱逐等特定含义的宗教术语。而"注"则指的是一种疾病,《周礼·天官·疡医》曰:"掌肿疡、溃疡、金疡、折疡之祝,药刮杀之齐。"郑玄注曰:"祝,当为注,注病之注。"刘熙《释名》卷八"释疾病"云:"注病,一人死,一人复得,气相灌注也。"[2] 也是相类似的意思。《太平经》中说得更清楚,"天教吾具出此文,以解除天地阴阳帝王人民万物之病也,凡人民万物所患苦,悉当消去之"[3],可见要解除的是一种病,注病之病。洛阳西郊东汉墓所出的解注文,记解除的注病有百种,旁边又附以道教符箓,可见该类解注文纯属道教攘解之词。[4] 而魏晋时期道教文献《赤松子章历》卷四《断亡人复连章》中有云:"为某解除亡人复连之气,愿令断绝。生人魂神属生始,一元一始。相去万万九十余里。生人上属皇天,死人下属黄泉,生死异路,不得扰乱某身。"隋代巢元方《诸病源候论》一书卷之二四《注病诸候》章,分别列出三十四种注病。在论证每一种注病时,其开头多言"注者,住也,言其病连滞停住死又注易旁人也",注字在这里有两重含义,一是停住,一是注易。注字本身即具有转注连属之义,注病既能置人于死地,又能由死者转注连属于别人,这在古人看来当然是十分可怕的,所以要用巫、道手段攘解。

从考古发现的解注文中可以看出,墓主一般都属于未得善终的非正常死亡,解注文要求死者对在世的亲人们"乐莫相念","苦莫相思",完全断绝亲人之情。就是防止地下死者作祟于地上生人。在近代民族学和民俗学材料中这种现象仍屡见不鲜,并且都有一定的攘解活动,解注文正是这种活动的反映。陕西长安县三里村曾出土一件陶瓶,上面用朱书绘有连接而成的北斗七星,斗魁中写有"北斗君"三字,北斗下书四行

---

1 王明编:《太平经合校》,中华书局,1960,74页。

2 (宋)李昉:《太平御览》(四),中华书局,1960,3296页。

3 王明编:《太平经合校》,694页。

4 刘昭瑞:《谈考古发现的道教解注文》,载《敦煌研究》,1991(4),56—62、128—129页。

图 5　三里村东汉墓"北斗君"朱书摹本

[选自王育成:《南李王陶瓶朱书与相关宗教文化问题研究》,
载《考古与文物》, 1996（2）, 62 页]

图 6　武氏祠前石室屋顶前坡西段画像（局部）（采自《中国画像石全集》第 1 卷 图七三）

朱书文字, 每行五字:"主乳死咎鬼, 主白死咎鬼, 主币死咎鬼, 主星死
咎鬼。"（图 5）在这里, "乳死"是指年幼夭折的婴儿转化之鬼;"白死"
应为"自死", 意指自杀身死之鬼;"币死"为在军事冲突中死去之鬼;
"星死"为受过肉刑而死之鬼, 是汉代人非常惧怕的咎鬼之一。这里文字
写明四大咎鬼均由"北斗君"所主, 所以汉人要祈请他来解决咎殃。为
防止鬼魂作祟加害生人, 非自然死亡的人在下葬时要施厌镇之法, 道士
要在仪式中礼请"北斗君"压制厉鬼, 并将之发送到鬼宿, 使"鬼有所
归, 乃不为厉"。在寿终正寝或是修道升仙之人的墓中, 北斗常绘于墓顶
之天象图内, 代表天国仙境以及通天升仙的法门。[1] 此四咎鬼正好与窑店
陶瓶上的舆鬼四星相对应, 也就是说, 窑店陶瓶上的舆鬼四星应分别代
表此处的"乳死咎鬼, 白死咎鬼, 币死咎鬼, 星死咎鬼"。

　　三里村陶瓶上的文字在汉画像中有非常形象化的表现, 东汉武梁祠
前石室第四石刻有"北斗帝车图"（图 6）, 图中显示天帝（北斗星君）头

1　朱磊:《谈汉代解注瓶上的北斗与鬼宿》, 载《文物》, 2011（4）, 92—96 页。

戴高冠，坐于车中，他的车由北斗七星组成，前四星组成车舆，后三星组成车辕，云气为车轮，天帝驾着斗车面南而坐，他的对面有四人屈身跪拜，四人前地上置放一人头，这四人首一人怀抱一名婴孩，似乎在向北斗大帝祈求什么，后面三人则是恭敬肃立或是虔诚跪拜，我们不得不联想这四人与三里村陶瓶文字的关系，为首抱婴孩的或许是管理"乳死"咎鬼的天官，后三人分别应该是管理"白死""市死"和"星死"咎鬼的天官，这四天官所在的位置正好是鬼宿所在之处，所以他们是管理鬼宿的天官，职责就是驱赶死鬼，让他赶紧到鬼的住所去，而生人多子多孙，受尾宿保护，死人受祠祀归鬼宿管理。

三、北斗星的民俗信仰意义

自秦以来，立庙祭祀北斗，旗帜上画有北斗，汉画像中频现北斗图像，说明两汉人非常信崇北斗，尤其是道家，他们认为"北斗……为天之枢纽……上自天子下及黎庶，寿禄贫富，生死祸福，幽冥之事，无不属于北斗之总统也"[1]。意即北斗专司人间寿数，死生大事都由其决定。因此，道教有专门拜北斗的仪式。运用北斗、七星等视觉符号为图案的七星旗是道门的重要标志之一。汉都城长安又名"斗城"，象征人间政权要运于中央，临制四方。《史记·封禅书》记载汉武帝征伐南越时祷告了太一神，首祭"日月北斗登龙旗"，指向南越，祈愿战胜，记载曰："其秋，为伐南越，告祷太一。以牡荆画幡日月北斗登龙，以象太一三星，为太一锋，命曰'灵旗'。"[2]汉元年十月，天上现"五星连珠"之象，彼时北斗斗柄指亥，遂长安西北角便命名为"北斗极"。王莽视北斗为保护神，在

1 《太上玄灵北斗本命延生真经注》，《道藏》第 17 册，文物出版社等，1988，10 页。

2 （汉）司马迁，（宋）裴骃集解：《史记》，中华书局，2000，1117 页。

制器尚象：中国古代器物文化研究

南郊敬祀天帝时，极度迷信北斗，曾用五种石药与铜铸造了长二尺五寸的"威斗"带在身边以厌压众兵。[1]

在汉代墓葬中，北斗作为天文知识的记录与判断一直是纬书中的重要部分，不仅仅是由于它提供了许多预卜人事未来的星占之术，也是因为它阐明了"天"的存在价值，以及天与人的关怀。谶纬以"人身小宇宙、宇宙大人身"的"人副天数""官制象天"来证明天人为同质的存在，并以灾异、祥瑞来规范宇宙秩序，规范汉代社会的政治人文秩序。

---

1 《汉书·王莽传》记载："是岁八月，莽亲之南郊，铸作威斗。威斗者，以五石铜为之，若北斗，长二尺五寸，欲以厌胜众兵。"（汉）班固撰，（唐）颜师古注：《汉书》，中华书局，2000，3046 页。

另一种三辨券？*
——跋邢义田《一种前所未见的别券》

游逸飞

中兴大学历史系

《额济纳汉简》简 99ES16SF2：5 正面：

> 居摄二年三月乙未第十部吏□买弩一具与第十六隧长韦卿

背面：

> 居摄二年三月乙未第十六隧长韦卿从第十部吏买弩一具贾□
> 一百□□[1]

《额济纳汉简释文校本》指出该简"右侧有四个刻齿"[2]。该简两面皆有字，正面字迹仅存左半边，背面仅存右半边。显然该简并不完整，乃木简从

---

* 本文写作过程中得到了胡平生、藤田胜久、马怡、邢义田、黄浩波、石昇烜、高震寰等师友的指导与帮助，并得到好友陈弘音帮助绘图，谨此感谢。唯一切错误，仍由作者自行负责。

1 见魏坚主编，内蒙古自治区文物考古研究所等联合整理：《额济纳汉简》，广西师范大学出版社，2005，97—98 页。

2 见孙家洲主编：《额济纳汉简释文校本》，文物出版社，2007，14 页。

中对剖而成[1],可惜另半枚简已不知去向。正背面内容大致相同,唯背面多了弩的价格。但因该简下端残缺约四厘米,故原简正面亦可能记载价格,只因残缺未见。

邢义田在《一种前所未见的别券》指出,该简是一种前所未见的买卖别券:第一,木简被中剖为二,显然是买卖双方(第十部吏与第十六隧隧长)一执左券、一执右券;第二,正背面文字不连读,且对调买卖双方在文字上的主受词地位。[2] 若不限于买卖,左右对剖的别券其实并不罕见。[3] 额济纳别券之所以前所未见,关键仍在于文字:正面与背面内容高度重复,其主词与受词的对调尤其微妙。

为什么该简正背面要书写几乎完全相同的内容呢?该别券既为木简从中对剖之半,买卖双方各自拿着正背面内容相同的券书有何意义呢?为了解答上述疑问,我推测该简并非左右对剖那么简单,额济纳别券其实是一种前所未见的三辨券。

完整的额济纳别券可能经历了两道剖分程序。第一道程序如邢义田所述,将原来正背面皆写好字的木简左右对剖,左半部即今日所见的简99ES16SF2:5。特别的是,我们无缘得见的右半部别券很可能又经前后对剖,右前半部别券仅载有正面内容、右后半部别券仅载有背面内容。右前半部别券的持有者为第十部吏(正面文字主词),右后半部别券的持有者为第十六隧长(背面文字主词),简99ES16SF2:5的持有者则是官府或公证人。如此一来我们方能比较好地解释额济纳别券的形制与内容,说明简99ES16SF2:5既左右对剖,正背面文字又高度重复的原因。

券书前后剖分的做法在西北汉简里亦不罕见,胡平生已举证历历:

出土所见两汉出入取予券书破别最常用的方式是:一根较厚的

1　在目验原简、仔细考查剖分断面及木纹前,不能完全排除该简对剖为自然形成的可能性。

2　见邢义田:《地不爱宝:汉代的简牍》,中华书局,2011,200—204 页。

3　见邢义田:《胡平生简牍文物论稿》,中西书局,2012,52—64 页、63—72 页。

木条或木棍，正背两面写契约文书，然后从当中对剖。

我们从敦煌采集和发掘的汉简中看到许多实例，其中一例是一份最为典型的正背破别券书。那是一枚红柳木质的简，形状如同一根小棍，约长24.2厘米，宽0.8厘米，厚0.9厘米，正背两面都已写好字，且从正背之间的当中处从上往下锯出一道不到0.2厘米的细缝，只留下简尾约2厘米尚未锯开。想来如果出入、取予相关的双方，对正背两面的文书表示认可、没有疑义的话，只要轻轻一掰，此简即可一分为二，成为一份完整的契约文书。[1]

张俊民公布的悬泉置汉简券书亦证实此说。[2] 新公布的里耶秦简则揭示秦代有从侧面剖分为三的三辨券。[3] 胡平生探讨走马楼吴简里的合同符号，则指出有一种券书上端只见"同"字的中央部分，应是三辨券的中券。[4] 将竹木简剖分为左中右三部分，应是较常见的三辨券形式。额济纳别券的形制特点在于先从正面左右剖分，又从侧面前后剖分，将一枚完整的木简券书分成二分之一，再将二分之一木简分别一分为二，这样的形式确为前所未见，由此可见居延地区出土汉简的重要价值。

三辨券既见于秦律：

县、都官坐效、计以负赏（偿）者，已论，啬夫即以其直（值）钱分负其官长及冗吏，而人与参辨券，以效少内，少内以收责之。

1　胡平生：《胡平生简牍文物论稿》，68—69页。居延汉简8.5正面书"出粟"若干、背面书"入粟"若干，胡平生认为该简同样属于正背面破别的形式。今目验原简，该简厚度为0.3厘米，有可能破别。额济纳别券的厚度不明，期待日后能取得原简测量数据。

2　张俊民：《悬泉置出土刻齿简牍概说》，见武汉大学简帛研究中心编：《简帛（第七辑）》，上海古籍出版社，2012，235—256页。

3　［日］大川俊隆、籾山明、张春龙：《里耶秦简中的刻齿简与〈数〉中的未解译简》，载《大阪论产业大学论集》第18号（2013，大阪），15—60页。

4　胡平生：《胡平生简牍文物论稿》，71—95页。

其入赢者，亦官与辨券，入之。[1]

又见于汉律：

民欲先令相分田宅、奴婢、财物，乡部啬夫身听其令，皆三辨
券书之，辄上如户籍。[2]

可见三辨券应广泛使用于秦汉时期。得知汉代三辨券尚有这种重复
剖分的方式后，我们是否可能找出更多三辨券？或将过去认为是二分之
一券书的简牍视为四分之一的券书？重新检视居延及西北地区出土汉简，
乃至其他地区的战国秦汉魏晋简牍，是本文遗留未完成的工作。

1　睡虎地秦简《秦律十八种·金布律》简 80—81。见睡虎地秦墓竹简整理小组编：《睡虎地秦墓竹简》，
文物出版社，1990，39 页。
2　张家山汉简《二年律令·户律》简 334—335，见彭浩、陈伟、工藤元男主编：《二年律令与奏谳书
——张家山二四七号汉墓出土法律文献释读》，上海古籍出版社，2007，223 页。

试析卡格里金饰上的柱台形象 *

陈轩

北京大学艺术学院

摘　要：本文首次将出土于哈萨克斯坦卡格里乌孙贵族墓中金饰上的柱台形象与汉画中的"宝座"形象，以及塞种文化中的青铜祭台联系在一起。文章指出，卡格里金饰上的柱台形象有可能源于当地塞种文化中用作祭台的铜盘，但同时又有可能是直接源于汉代画像中经常出现的西王母以及其他与升仙形象有关的"宝座"，而汉画中的一些"宝座"形象可能又是受到西域塞种文化中的祭台式铜盘的影响。由此说明汉代文化与西域文化间的交流是错综复杂的，各种形象的演变是异文化之间不断碰撞与磨合的结果，一种新形象的出现并不一定是某种文化对另一文化单方面的影响，而是双方进行交流的结果。

关键字：卡格里金饰；祭台；汉画；塞种文化；天马

哈萨克斯坦东南部的卡格里（Kargaly）地区曾于 1938 年的考古发掘

---

* 基金项目：国家社科基金艺术学青年项目"丝绸之路视野下的汉代纹饰研究"（批准号 19CF180）成果。

图1　哈萨克斯坦卡格里墓葬出土金饰

中出土了一件金饰（图1）。结合其出土的墓葬形制及其他陪葬品的特点推测，此件金饰的年代约为公元1至2世纪，其主人为乌孙国的贵族。此件金饰呈带状，似为墓主人的头饰。金饰的中部缺失，整体构图为乘驾着鹿、山羊等坐骑的羽人在云气间分别从两端向中部前行。金饰的汉代图像风格已引发了相关讨论。[1]在金饰上的行进队伍中，有一对立于柱台之上的带翼"天马"形象尤为突出。为何带翼的"天马"要单独被置于柱台之上而脱离行进的行列呢？本文将就这一柱台的含义进行探讨，并以柱台的探讨作为出发点，就这一金饰所展示的汉代文化与西域文化的深入交流程度进行分析。

文章将主要根据卡格里金饰上的柱台形象围绕两个主要观点进行论述。首先，汉代文化与西域文化的交流程度与相互了解程度是十分深入的，并不仅是表面上对图样以及装饰形式的相互模仿。其次，卡格里金饰上的柱台形象有可能源于当地塞种文化中用作祭台的铜盘，但同时又有可能是直接源于汉代画像中经常出现的西王母以及其他与升仙有关形象的"宝座"，而汉画中的一些"宝座"形象可能又是受到西域塞种文化中的祭台式铜盘的影响。由此说明汉代文化与西域文化间的交流是错综复杂的，各种形象的演变是异文化之间不断碰撞与磨合的结果，一种新形象的出现并不一定是某种文化对另一文化单方面的影响，而是双方进

1　K. M. Linduff，"Immortals in a Foreign Land：The Kargaly Diadem"，Antiquity，88（2014），pp. 160-162；Stark，S. and K. Rubinson，Nomads and Networks：The Ancient Art and Culture of Kazkhstan. Princeton：Princeton University Press，2012, pp. 131-132.

行交流的结果。同时，文化的传播与交流是沿着一定路径进行的，"宝座"形象的演变路径有可能与佛教形象由西域传入中原的路径是接近的，其中四川地区又是这条传播路线上的一个重要的异文化碰撞与融合的交汇点。

一、汉代文化与西域文化的深度交流

索伦·斯塔克（Sören Stark）曾提出卡格里金饰上的柱台形象可能是源自这一地区希腊化建筑中的立柱样式。这种立柱顶端有时装饰有动物形象的雕刻。曾蓝莹（Lillian Tseng）则进一步引导斯塔克注意到这样的柱台或底座在汉代画像中还往往是西王母的"宝座"。[1]实际上，类似的底座或柱台的形象，在汉代画像中不仅仅是西王母的"宝座"，还常常是很多与仙境或来生有关的人物或动物的"宝座"。这样的"宝座"在汉代画像中的造型是多变的，但总体是在高起的基座上出现一个平台作为主要人物的活动场所。四川彭山出土的一东汉画像石棺上就刻有立于柱台之上的有翼天马的形象（图2）。[2]与卡格里金饰上的柱台不同之处在于，卡格里金饰上的柱台更类似于建筑中的立柱，而四川彭山石棺上的柱台则接近于山崖的造型。此外，卡格里金饰上的柱台位于行进的队列之中，而彭山石棺上的柱台则是单独位于

图2　四川彭山汉代石棺画像

1　Stark, S. and K. Rubinson, Nomads and Networks：The Ancient Art and Culture of Kazkhstan. Princeton：Princeton University Press, 2012, p. 131.

2　高文：《中国画像石棺全集》，三晋出版社，2011，210 页。

石棺的一侧，占据整个画面。那么，这一柱台形象究竟具有何种含义？卡格里金饰上的柱台与汉代画像中的柱台是否含义相同？柱台形象是源自汉地还是汉地受到西域文化的影响？这一系列问题的解决有赖于对当时两地文化交流的总体探讨以及对图像所处语境的具体分析。

斯塔克认为卡格里金饰是当地工匠根据汉代图样制作而成的。汉代图像可能是通过铜镜等小巧易携带的物品上的图样获得。[1] 在汉代，不仅是西域诸国借用并制作汉代图像，汉地工匠同样有专人为贵族与帝后制作具有异域风情的饰品与用具。[2] 不过，西域贵族对汉地文化的理解绝不仅限于图像的传播与欣赏，而是有着更深层次的从精神层面以及制度上的了解与欣赏。余英时曾引用《汉书》卷九十六中的记载指出汉代胡人的汉化程度之深。公元前 65 年，龟兹王和他的妻子——曾在长安学习中国音乐的乌孙公主，一同到汉廷朝贡。这对夫妇从汉朝皇帝那里收到了大量包括精美丝绸以及其他物品在内的贵重礼物，并在中国居住了大约一年的时间。这对夫妇都十分喜欢汉朝的服饰和制度并彻底汉化，在返回家乡之后仍模仿汉朝皇帝的生活方式。[3]

位于新疆天山山脉中部的阿拉沟 M30 墓则从物质文化层面进一步证实了汉文化在西域的影响程度。[4] 此墓时代确定在战国到西汉时期，墓葬中的物品既有具明显汉代风格的漆器，又有当地塞种文化特有的金质饰牌与方座承兽铜盘。[5] 值得注意的是，这种方座承兽铜盘在中国境内仅发

1　Stark, S. and K. Rubinson, Nomads and Networks：The Ancient Art and Culture of Kazkhstan. Princeton：Princeton University Press，2012，p. 131.

2　关于汉地工匠制作异域风格制品的具体案例，详见陕西省考古研究所《西安北郊战国铸铜工匠墓发掘简报》，载《文物》，2003（9），4—14 页。

3　余英时：《汉代贸易与扩张——汉胡经济关系结构研究》，上海古籍出版社，2005，169—170 页。

4　新疆社会科学院考古研究所：《新疆阿拉沟竖穴木椁墓发掘简报》，载《文物》，1981（1），18—22 页。

5　新疆社会科学院考古研究所：《新疆阿拉沟竖穴木椁墓发掘简报》，载《文物》，1981（1），图版八：6。

图 3　伊斯科地区前 5 世纪—前 3 世纪墓葬出土青铜祭台

现于新疆地区，但在境外的同时期文化中却比较常见（图 3）。其中主要的一个相关文化就是中亚地区的塞人遗存。[1] 这些属于早期游牧人群的塞人在《汉书》中被称为"塞种"，活跃于里海东部的广大中亚草原。在考古学上，塞人所在地区的文化又被称为萨卡文化。萨卡文化中出土的铜盘数量较多，造型优美，总体从数量和精美程度上都优于新疆地区出土的铜盘。因此有学者推断新疆地区的铜盘可能源于中亚的萨卡文化。[2] 俄罗斯学者将此种铜盘称为"祭台"，认为是专门用于拜火教祭祀的用具。且承兽的铜盘还分为圆形和方形等不同形状。圆形的承兽铜盘可能是一种灯台。[3] 新疆出土的铜盘可能具有类似的功能。

二、祭台式铜盘与汉画中的"宝座"

如果将这种被用作"祭台"的铜盘从侧面角度绘制成二维图像，可以看出其形象十分接近汉画像中上面立有天马、西王母或是仙境人物的宝座。[4] 目前出土的"祭台"式铜盘上的主要形象有狮、虎、马、牛等动物（有一些长有双翼），骑马拉弓的人物，坐在马旁的侍者，王冠样式的

1　邵会秋：《新疆发现的早期铜盘研究》，载《新疆文物》，2008（3）—（4），58—63 页。

2　邵会秋：《新疆发现的早期铜盘研究》，载《新疆文物》，2008（3）—（4），61 页。

3　A.H. 伯恩斯坦姆：《谢米列耶和天山历史文化的几个主要阶段》，载《新疆文物》，1992（2），17—44 页。

4　邵会秋：《新疆发现的早期铜盘研究》，载《新疆文物》，2008（3）—（4），59 页。

围墙。[1]那么同处萨卡文化区域内的卡格里金饰上的底座描绘的是否正是这样的"祭台"式铜盘呢？

卡格里金饰上的图案虽然与汉代的画像风格十分一致，但在新的文化语境下，金饰上的汉画像被赋予了全新的寓意。其出土的整个墓葬以大量金饰来突显墓主人的高贵身份，以汉画像作为装饰主题的金饰有可能只是全部金质配饰中作为头饰的部分。在这一全新语境中，不应单纯地认为由于羽人、异兽、云气和宝座的外观与汉画像一致，便依照汉画像的解读方式来进行理解。但与此同时，结合前文余英时引用的《汉书》材料，西域贵族对汉文化的理解程度绝不仅限于对表面图像装饰的肤浅理解，而是懂得羽人等元素与来生世界的紧密关联，因此才把这一图像移植到自身的墓葬装饰当中。这种基于对异域文化的深度理解、准确再现，并进行再创作的行为必然同时紧密结合了本地自身的文化因素与习俗。把"祭台"或是"宝座"形象移植到求得来生的行进队列之中即是一种结合自身文化习俗的再创作。这可能是再现了"祭台"式铜盘在当地葬礼中实际使用的情境。

同时期的汉地文化中虽有大量的"宝座"或"祭台"式铜盘的二维图像，但目前没有发现有"宝座"或"祭台"式铜盘的实物。另一种同样有可能具有异域文化因素的礼仪用具——博山炉既在汉代墓葬中有实物出土，又在汉代画像中有结合其使用情境的二维图像。[2]经由西亚传入中国的博山炉器型在汉代中国继续作为礼仪用具使用，但其器型被加以改造，进一步体现了汉代文化中对西方未知世界的认知与向往。由西方传入的熏炉的圆锥形炉盖被汉代人表现为山峦，即是外来形象与观念的一种本地化。汉代人把博山炉这种器型与自身的宇宙观融合在一起，将

1　Stark, S. and K. Rubinson, Nomads and Networks：The Ancient Art and Culture of Kazkhstan. Princeton：Princeton University Press, 2012, p.104, 122, 140.

2　关于博山炉的异域文化因素研究，参考罗森《中国的博山炉——由来、影响及其含义》，见《祖先与永恒——杰西卡·罗森中国考古艺术文集》，生活·读书·新知三联书店，2011，463—482 页。

高耸的山峦式炉顶视作一种微观宇宙结构。[1]这一现象似乎也与汉代一种重要传统密切相关，那就是把"仙"的形象与一些独特的山峰联系起来。汉代有两个重要的与山峰有关的区域，一是西王母所处的西方山脉，一是东海岛屿——蓬莱、瀛洲和方丈之上的山峰。[2]东西方山峰都与不死仙境有着密切的关联。秦始皇和汉武帝都曾派人前往东海岛屿寻求传说中的蓬莱仙境和不死之药。而西方这一概念更是同时与汉代人的异域想象和不死仙境联系在一起。

图 4　陕西绥德杨孟元墓出土墓门画像

在陕北地区发现的很多画像石墓墓门上，博山炉的形象都同时与上有西王母或其他仙境形象的"宝座"一同出现。以陕西绥德杨孟元墓出土的墓门为例，左右墓门门扇分别都在上方绘有位于"宝座"上的西王母、玉兔、狐狸和鹿等形象，在下方绘有博山炉（图 4）。[3]这样的"宝座"被很多学者称为仙山，而陕北这种造型婀娜的仙山形象则有可能是吸收了灵芝草造型的结果，同时暗含了长生不老与升仙的含义。[4]回归到关于"宝座"与"祭台"式铜盘形象关联的讨论，汉代人观念中西方、山峰以

1　S. Erickson，"Boshanlu—Mountain Censers of the Western Han Period：A Typological and Iconological Analysis，"Archives of Asian Art，vol. XLV，1994，pp. 14-20.

2　关于博山炉的异域文化因素研究，参考罗森《中国的博山炉——由来、影响及其含义》，见《祖先与永恒——杰西卡·罗森中国考古艺术文集》，475 页。

3　中国画像石全集编辑委员会：《中国画像石全集——陕西山西汉画像石》，山东美术出版社，第 65 页。

4　关于汉代画像中仙山的灵芝草造型，参见巫鸿《礼仪中的美术——巫鸿中国古代美术史文编》，生活·读书·新知三联书店，2005，465—466 页。

及升仙这几个概念之间的关联是根深蒂固的。从西方获取的新形象、新造型被不断地融入汉代人关于升仙的理念之中。而不同的概念又被赋予不同的特有形象在各地演化出多样的造型。由此很难确定卡格里金饰上的柱台是直接源于汉画中的"宝座"形象还是源于当地祭祀习俗中的铜盘。同时,汉画中常见的"宝座"形象也有可能是受到萨卡文化中"祭台"式铜盘的影响。

四川汉代画像中出现的"宝座"式仙山更加凸显山崖的造型,多呈"下狭上广"式。[1]尤为值得注意的是,很多四川汉画中的仙山还在"上广"的山顶左右两端刻画有阶梯状的岩石形象。这一造型出现在各种画像石棺之上,同时出现的仙境中的形象多种多样,有天马、仙人六博、弹琴人物、对谈人物等(图5)。[2]这附加的阶梯状的岩石形象使人联想到哈萨克斯坦伊斯科(Issyk)的一座萨卡文化墓葬中出土的一件"祭台"

图5 四川彭山三号石棺画像

---

1 郑岩:《弯曲的柱子——陕北东汉画像石的一个细节》,见巫鸿、朱青生、郑岩主编:《古代墓葬美术研究(第二辑)》,湖南美术出版社,2011,160页。
2 中国画像石全集编辑委员会:《中国画像石全集——四川汉画像石》,120—121页;高文:《中国画像石棺全集》,三晋出版社,2011,210页。

式铜盘上的阶梯状碉楼造型（图6）。[1] 阶梯状碉楼的形象位于方形铜盘的四角，从侧面观看，恰似四川汉画中仙山上的阶梯状岩石。而伊斯科墓葬中出土的这件铜盘上的阶梯状碉楼造型本身也极为可能是源自其他有关宗教信仰或象征社会地位的特殊符号或形象。巴泽雷克（Pazyryk）3号墓中出土的一件头盔顶部即饰有这样的阶梯状碉楼造型（图7）。而这座墓葬的所处年代约为公元前4世纪—前3世纪。[2] 此图像与高贵社会地位相关联的含义可以追溯到阿契美尼德时期的皇室标志，这一标志曾出现在波斯波利斯出土的阿契美尼德印章上。[3]

此外，四川地区的"宝座"形象还有一个独特之处。那就是有一些

图6 伊斯科墓葬出土祭台　　　图7 巴泽雷克3号墓　　　图8 四川西昌出土青铜
　　　　　　　　　　　　　　　出土男式头盔　　　　　　摇钱树残片

1　Stark, S. and K. Rubinson, Nomads and Networks：The Ancient Art and Culture of Kazkhstan. Princeton：Princeton University Press, 2012, p. 127.

2　Stark, S. and K. Rubinson, Nomads and Networks：The Ancient Art and Culture of Kazkhstan. Princeton：Princeton University Press, 2012, p. 119, 127.

3　Stark, S. and K. Rubinson, Nomads and Networks：The Ancient Art and Culture of Kazkhstan. Princeton：Princeton University Press, 2012, p. 119, 127.

制器尚象：中国古代器物文化研究

"宝座"的底部被描绘成植物的枝叶样式。一些学者认为这种植物图样代表的是灵芝仙草。[1]大多数汉画中的"宝座"都只是以侧面的视角与剪影的方式极为简单地表现。但四川独有的东汉摇钱树部件中出现的一些西王母及其"宝座"较为细致地刻画了"宝座"的平台以及平台基座上的灵芝草纹样（图8）。[2]这种纹样造型使人联想到中亚及新疆出土的部分祭台式铜盘底部的植物纹样镂空造型。前文提过的发现于伊斯科墓葬附近的铜盘，其底部镂空纹样与带有卷曲对称叶片的灵芝草尤为相似。[3]

上述探讨展现了一种卡格里金饰上的柱台形象以及汉画中"宝座"形象出现的可能性，即关于图像产生的可能性这一复杂的、充满了各种必然性和偶然性的过程。同时，在图像不断复制和变形的过程中，图像原有的意义发生了改变并变得不再那么确定无疑。

三、西域文化与汉文化交汇点之一——四川

上文论及的汉画中的"宝座"形象，以四川地区的最为接近塞种文化中的祭台形象。其一是四川地区的"宝座"底座多为明显的"上窄下宽"状，且平台的边缘多刻画有阶梯状形象，类似塞种文化中标志身份地位的特殊符号。其二是四川地区的"宝座"有一些在底座上刻画有灵芝草式的纹样装饰，近似祭台式铜盘底座的植物纹样镂空装饰。这两个重要特征将四川汉画中的"宝座"与其他地区的"宝座"区分开来，更加紧密地与塞种文化的祭台式铜盘联系在一起。

值得注意的是，四川也是汉代早期佛教形象出现较多的地区，且明

1　巫鸿：《礼仪中的美术——巫鸿中国古代美术史文编》，生活·读书·新知三联书店，2005，466 页。

2　何志国：《汉魏摇钱树初步研究》，科学出版社，2007，57 页。

3　Stark, S. and K. Rubinson, Nomads and Networks：The Ancient Art and Culture of Kazkhstan. Princeton：Princeton University Press, 2012, p. 127.

显区别于中原以及东南地区的早期佛教形象，更接近于当时佛教兴盛的西域地区的造像形象。目前已发现的汉代四川的早期佛教形象以墓葬中发现的图像和雕刻为主，出现在崖墓的墓门画像中、摇钱树枝干和叶片雕刻上，以及摇钱树的陶塑底座之上。[1]这充分印证了佛教图像是由西域传入中原的西北的观点，而四川地区又是这一路线上的重要文化交融汇合之处。[2]

四川地区可能是汉代联结西域文化与中原文化的重要枢纽。而乌孙贵族墓葬中的柱台形象、塞种文化中的青铜祭台和中原地区汉画中的"宝座"形象通过四川地区关联在一起，随之而来的是柱台或是"宝座"形象在各地的本土化演变。

结　语

哈萨克斯坦卡格里金饰上的柱台形象展现了不同文化之间交流和演变所产生的新图像。这种交流演变过程是复杂而充满偶然性的，其背后暗含不同文化彼此之间的误读，甚至是在自身文化演变中不同区域间和不同时代间的误解。但卡格里金饰这个案例所体现的不同文化间的交流是基于彼此间深刻的了解与向往的。例如，卡格里金饰所在墓葬出土的大量金饰，体现了塞种文化通过黄金制品表现墓主人身份地位的习俗，但卡格里金饰又通过娴熟的汉画风格装饰，体现了墓主人对汉文化的了解与向往。而与此同时，以满城汉墓为代表的汉代诸侯王墓又以源自异域传统的金制陪葬品，以及陪葬品的异域形象来表现墓主人对西域文化的引入和欣赏。

1　俞伟超：《东汉佛教图像考》，载《文物》，1980（5），68—77页。
2　吴焯：《四川早期佛教遗物及其年代与传播途径的考察》，载《文物》，1992（11），40—50页。

卡格里金饰上的柱台形象还引人思考关于图像与实际仪式中所使用的实物之间的关系。柱台形象以及与其相关的汉画中的"宝座"形象可能源于拜火教祭祀中实际使用的青铜祭台,但祭台这一实物可能在文化交流中逐渐淡出使用,而其留存下来的二维图像继续在文化交流中扮演重要角色,并在各地发展出各具特色的本土风格。

汉晋有翼铜人及其铭文新证[*]

朱浒、段立琼

华东师范大学艺术研究所

摘　要：通过对有翼铜人的系统梳理，我们发现其广泛分布在丝绸之路沿线，呈自西向东分布。其身上的铭文应改释为"戊子（而非仙子）"与"戊子大吉"，系具有道教含义的谶纬吉语，表现出铜人的道教属性，并反映了当时道教对佛教等外来文化的吸收和借鉴。

关键词：汉晋；丝绸之路；铜人；戊子大吉；道教

在汉晋时期的城址和墓葬中，偶尔会出土一种小型有翼铜人，最初尚未引起重视。20世纪90年代初，孙机先生在《汉代物质文化资料图说》一书提出这一有翼铜人的造型与汉代艺术风格迥异，具有西方色彩，像西方神话中的厄洛斯（Eros）[1]，引起了学术界的普遍关注。段鹏琦先生注意到汉魏洛阳故城太学遗址发现的铜人背后有铭文，将其释读为"仙

---

* 本文是国家社科基金一般项目"秦汉神仙信仰与近年考古图像的图文关系研究（编号14BZW041）"的阶段性成果。

1　孙机：《汉代物质文化资料图说》，文物出版社，1991，452页。

子",认为其"包含双翼天使的一种西方宗教沿丝绸之路自西向东传播的轨迹"[1]。此后,学者们不约而同地将这类铜人视作中西艺术交流的重要证据。然而,学术界目前对这些有翼铜人的研究尚浅显,对其用途、铭文、性质等问题尚未有人做过系统的整理和研究。除了科学发掘品外,大量散见于民间的零散材料也鲜有人关注,不能不说是一种遗憾。本文拟在系统搜集相关考古材料的基础上,结合来源可靠的民间材料,对其铭文进行重新释读,对其用途和性质进行考释,以期弥补学术界对这些铜人认识上的不足,并恳请专家学者批评指正。

一、考古发现中的有翼铜人

汉晋考古发现中的有翼铜人并不鲜见。最早的一例发现于 1955 年,陕西省文物管理委员会在西安市东郊十里铺清理了一座东汉墓。据清理简报,南耳室的中部近南壁处是一小孩的骨架,出土童子形象小铜人(图1)一个,铜人高 3.2 厘米、宽 2.1 厘米、厚 1.1 厘米,两臂生翼,项戴珠圈,微曲小腿,手拿小钹合于胸前,制作精致,姿态生动自然,很有生气,背上有一小穿孔。童子手持钹一样的物体中间有合缝。出土位置在小孩的头骨下,简报中推测可能是小孩的项饰[2]。这一铜人被孙机先生选入《汉代物质文化资料图

图 1　西安东郊十里铺汉墓出土有翼铜人

1　段鹏琦:《从北魏通西域说到北魏洛阳城——公元五、六世纪丝绸之路浅议》,见洛阳市史志编纂委员会办公室编:《洛阳——丝绸之路的起点》,中州古籍出版社,1992,353 页。

2　雒忠如:《西安十里铺东汉墓清理简报》,载《考古通讯》,1957(4),38—40 页。

图 2　汉魏洛阳故城采集铜人　　图 3　汉魏洛阳故城太学遗址出土有翼铜人

说》一书中的"汉代与域外的文化交流"一节。他进一步指出，铜人手里拿的钹又名盘铃，据《隋书·音乐志》载，公元 4 世纪时才传入我国，因此他推断此物为外来之物[1]。日本学者林谦三提出了不同的意见，他认为"钹"是外来语的讹音，中国本身并没这个字，用的是同音别字，后来才将钹作为正字。这一乐器是否 4 世纪时才传入中国并没有确证，但至少在东晋就已被人们所熟知，推想传入年代应该更早[2]。考虑到这件铜人出自东汉时期的墓葬，这一乐器入华的时间可能早至 2 世纪。

　　另一处重要的考古发现在汉魏洛阳故城。中华人民共和国成立后，社科院考古人员对该遗址进行了数十年的考古发掘。该遗址曾出土过两件铜人，前者"双臂翅膀残缺，系在龙虎滩采集"[3]（图 2）。后者为科学考古发掘品，双翼"保存完好"（图 3），出自"城南太学遗址第二层，即北魏（或北朝）层中"[4]，"皆为范铸，裸体。正面童发、长眉、大眼。戴项链，双手合十，拱于胸前。上臂各生一翼，张翼作飞状。肚脐、生殖器

1 孙机:《汉代物质文化资料图说》，452 页。

2 ［日］林谦三:《东亚乐器考》，音乐出版社，1962，27 页。

3 中国社会科学院考古研究所编著:《汉魏洛阳故城南郊礼制建筑遗址》，文物出版社，2010，272 页。

4 段鹏琦:《从北魏通西域说到北魏洛阳城》，353 页。

214　　　　　　　　　　　　　　　　　　　　　　　　制器尚象：中国古代器物文化研究

图 4　云阳旧县坪遗址　　图 5　襄樊三国墓出土有
出土有翼铜人　　　　　　　翼铜人

俱刻画出来。双腿微屈。背部有字,似'仙子'二字"[1]。段鹏琦先生把汉魏洛阳故城出土的铜人与新疆米兰遗址的双翼天使形象相联系,结合其铭文"仙子",认为其勾勒了西方宗教沿丝绸之路自西向东传的轨迹[2],并推断其可能是外国人专为中国人制造。后来学者往往转引他的观点,将人像背后的铭文断为"仙子"。

21 世纪初,关于这类有翼铜人又有了新发现,主要集中在长江中上游地区。2003 年,考古学家在发掘位于三峡库区的重庆市云阳旧县坪遗址(推测为汉代朐忍县城)时意外发现一个"青铜小人"[3](图 4)。铜人为带翅膀的裸体男像,3—4 厘米高,头上似戴尖帽,年代大约在汉代到六朝之间。

2008 年,襄樊市考古工作者在一座汉末三国时期的墓葬中又发现了一个所谓的"铜羽人"(图 5),媒体曾做过广泛报道。铜人高约 3 厘米,双手抱在胸前,背部有一对翅膀,颈部和双手戴有串珠,双面合范浇铸。其出土部位在死者头部,同时出土的还有五铢钱、仓灶模型等。专家认

1　中国社会科学院考古研究所编著:《汉魏洛阳故城南郊礼制建筑遗址》,272 页。

2　段鹏琦:《从北魏通西域说到北魏洛阳城》,353 页。

3　北京青年报:《最后的触摸》,中国青年出版社,2003,90—91 页。

为铜人墓葬大致在三国时期。报道还认为该铜人为国内最小的羽人，不仅与楚地巫术有关，还是佛珠传入我国最早的证据。[1]其实，这个所谓的"铜羽人"就是前文提到的有翼铜人，并非汉代艺术传统中的"羽人"。汉代羽人的典型特征是"长着两只高出头顶的大耳朵"[2]，同此例有翼铜人明显不符。

无独有偶，2008年10月襄樊市文物考古研究所在襄樊的长虹路菜越墓地发掘的一座三国时期的墓葬中同样有所发现。[3]这些有翼童子像位于一座陶楼的门扉上（图6）。该陶楼由门楼、院墙和二层楼阁等组成，左、右、后三面墙顶盖双坡式檐瓦。前墙中部开一大门，两扇门扉，门扉上各堆塑有翼童子两个和一衔环铺首。大门右侧开一单扇小门，门扉上也堆塑一有翼童子。这五例陶塑童子像背后有一双翅膀，双手弯曲抱于胸前，颈部有佩戴串珠，与前述有翼铜人惊人地相似。由于模型陶楼是供亡灵享用的，考古专家认为它和有翼铜像的作用都是"帮助引导亡灵升天"。罗世平教授认为上述有翼人像的来源要在印度佛教中找，它和印度巴尔胡特塔围栏中的有翼天人有关。[4]

此外，还有一些馆藏的有翼铜人散见于一些展览和图录，尚无法确定其出土情况。如2015年4月于天津博物馆展出的"丝绸之路文物精品大展"汇集了我国西北五省区18家文博单位和天津博物馆的206件组精品文物，其中有一例西安博物院收藏的"铜翼人像"（图7），铜人为裸体童子形象，双手合于胸前，背生双翼，项戴珠饰，其造型与前列有翼铜人完全一致，铭牌标示其为陕西西安红庙坡出土。

据不完全统计，考古发现中的汉晋有翼铜人已有五件，分布在西安、

1 邹琪：《襄樊出土国内最小羽人铜像》，载《楚天都市报》，2010-1-5。

2 贺西林：《汉代艺术中的羽人及其象征意义》，载《文物》，2010（7），47页。

3 刘江生、王强等：《湖北襄樊樊城菜越三国墓发掘报告》，载《文物》，2010（9），391～430页。

4 罗世平：《仙人好楼居：襄阳新出相轮陶楼与中国浮图祠类证》，载《故宫博物院院刊》，2012（4），18页。

图 6　襄樊菜越三国墓地出土陶楼上的有翼人像　　　　　图 7　西安红庙坡出土有翼铜人

洛阳、重庆、襄樊等地，此外襄樊陶楼上还有几例模印陶塑翼人像，其
形态同铜制者几乎无二。从细节看，西安十里铺出土铜人似"双手执钺"，
重庆云阳旧县坪出土铜人似"头戴尖帽"，其余有翼、有项珠、双手合十、
男性生殖器外露等特征几乎一致。有些铜人腋下有两个圆形穿孔，有些
则是实心。另，汉魏洛阳故城遗址出土的有翼人像背后还有铭文。其具
体信息详见表 1。

表 1　考古发现中的汉晋有翼铜（陶）人

年代	数量	出土地	铭文	特征
东汉	1	西安十里铺汉墓	无	有翼，有项珠，似双手执钺
东汉—北魏	1	汉魏洛阳故城太学遗址	旧释为"仙子"	有翼者与无翼者同出，有项珠
东汉—魏晋	1	重庆市云阳旧县坪遗址	无	有翼，有项珠，似头戴尖帽
三国	1	襄樊三国墓	无	有翼，有项珠
东汉	1	西安红庙坡	无	有翼，有项珠
三国	5	襄樊菜越三国墓	无	陶质，位于陶楼门扉铺首上，有翼，有项珠

二、有翼铜人与无翼铜人之关系

虽然有翼铜人引起了很多学者的关注，但我们应该充分认识到，无翼铜人的发现比有翼铜人更早，数量也更多。由于无翼铜人没有"肩部生翼"这一明显的外来特征，因此并未引起学术界足够的重视，甚至影响到对其形态的判断。如，段鹏琦先生将汉魏洛阳故城中龙虎滩采集到的一例无翼铜人误为"双翼残损"。其实结合已知的实物证据，我们发现这些铜人原本就分为有翼和无翼两种类型。

中国境内的无翼铜人主要分布在新疆、甘肃、内蒙古等地。早在 20 世纪初，黄文弼先生就在沙雅西北裕勒都司巴克一带采拾到一件小铜人（图8），"铜人通高 2.5 厘米。头发下披及额，作童子形，两手合拱，中捧一物，左右有穿孔，以穿绳索"[1]，推测其为儿童佩戴之具。当地为沙漠地带，遗址久埋沙中，每当风沙吹过经常会有古物出现，且有铜钱并存。黄文弼根据共存遗物推断其年代为 2—4 世纪，即东汉至魏晋时期。英国人斯坦因在《西域考古图》中也披露了在楼兰发现的呈

图 8 黄文弼新疆采集铜人

蹲踞状的铜人，编号为 Khot.005。[2]《新疆古代民族文物》一书中也著录了一枚楼兰 L.A 古城出土的铜人，年代标为汉晋。[3]《北方草原鄂尔多斯青铜器》刊录一例内蒙古出土此造型铜人，但只有图像描述，没有出土信息。[4]

此外，无翼铜人在墓葬中也有发现。1966 年甘肃酒泉汉代小孩墓中出土两例同样造型的铜人，皆出自儿童的瓮棺内，高 2.5 厘米，形体小

1 黄文弼：《塔里木盆地考古记》，线装书局，2009，115—120 页。

2 Stein, Serindia, Chap.IV. Oxford Press, 1911, p.IV.

3 新疆维吾尔自治区社会科学院考古研究所编：《新疆古代民族文物》，文物出版社，1985，图版 219。

4 王飞编著：《北方草原鄂尔多斯青铜器》，内蒙古文化出版社，2009，83 页。

巧。[1] 上述考古发现与馆藏汉晋无翼铜人信息详见表2。

表2　考古发现与馆藏的汉晋无翼铜人

年代	数量	出土地	铭文	著录者
东汉—魏晋	1	新疆沙雅	无	黄文弼
东汉—北魏	1	汉魏洛阳故城龙虎滩	旧释为"仙子"	段鹏琦
东汉—魏晋	1	新疆楼兰	无	斯坦因
东汉—魏晋	1	新疆楼兰	无	新疆考古所
东汉—魏晋	1	内蒙古鄂尔多斯	无	王飞
东汉	2	甘肃酒泉	无	酒泉市博物馆

综上，我们可以初步得出几点共识。首先，通过对墓葬的考古发掘和各地遗址的采集，可以大体判断铜人的年代在汉晋之间，即2—5世纪。其次，铜人分为有翼和无翼两种类型。两种类型的分布地点多有重合，并有伴随出土关系，可视为相似或同类制品，但其具体用途是否有所区

图9　丝绸之路沿线的汉晋铜人发现地

1　酒泉市博物馆编著：《酒泉文物精萃》，中国青年出版社，1998，37页。

别，尚不得而知。再次，铜人的分布范围比较广泛。古都洛阳、西安，湖北襄樊，重庆云阳，甘肃酒泉的沙漠戈壁，新疆的龟兹、楼兰等地均有发现。（图9）这些地区大都是古代丝绸之路沿线的东西文化交流重镇，铜人在这条古道上呈由西往东分布，而丝绸之路东段的长江下游至华南地区几乎没有发现，故其西来的可能性较大。

从现有考古材料不难推断出这些铜人的用途。西安十里铺东汉墓中的有翼铜人在小孩的头骨下发现，简报推测可能是儿童的项饰；襄樊的有翼铜人未发现与其他器物有连接点，襄樊考古所陈千万所长推测可能挂在死者的颈部或胸前[1]；吉林文物考古所的王洪峰猜测重庆云阳的有翼铜人可能是衣服上的装饰[2]；还有学者推测这些有翼铜人是墓主人出于升仙目的赋予其子的"羽人肖像"[3]；等等。考虑到甘肃酒泉汉墓中的无翼铜人也出自汉代儿童的瓮棺，可证多数铜人与儿童有关，因此，我们认为儿童佩饰之说具有较大的可能性。

这些铜人还流露出一些宗教影响。目前学术界对它的理解以"佛教说"占主要位置。考虑到其年代和传播路线均同佛教入华的时空相吻合，且多数童子额头中央凹陷，似表示佛教的白毫，大多颈部都有串珠，多数呈双手合于胸前状，因此可能与早期佛教存在某种关系。但也有学者持不同看法，如段鹏琦先生认为"这种宗教，肯定不是佛教，但也不能说一定就是基督教或基督教的聂斯托利派"[4]。这些铜人是作为配饰为死者生前佩戴用作装饰，还是作为明器，特意置于墓葬之中，庇佑死去儿童的灵魂，我们尚不能确定。而铭文的正确释读，将是我们确定其用途与性质的核心证据。

1　邹琪：《襄樊出土国内最小羽人铜像》，载《楚天都市报》，2010-1-5。

2　赵阳：《"襄樊铜人"引发的质疑》，载《收藏投资导刊》，2010（10/11）。

3　许大海：《汉代艺术设计中的神仙观念》，载《民族艺术》，2007（2），43—48页。

4　段鹏琦：《从北魏通西域说到北魏洛阳城》，353页。

三、铭文的释读

虽然上述铜人的年代跨度和地理跨度都比较大，但有一些共同的特征。从工艺看，其主要采用范铸的青铜工艺，为中国制品应无问题。铜人的外形因铸造使用的范不同，或多或少都有差异，但总体特征是接近的。前文披露的十余例中，仅有洛阳汉魏故城遗址发现的两个铜人背部文字出现铭文，并被段鹏琦先生定为"仙子"。由于其文字漫漶，可以看出著录文献的不确定性，段先生在 1992 年版的书中直接称其为"仙子"，但 2010 年版的书中又改变了说法，称"似'仙子'二字"[1]。

2016 年末，笔者有幸得到几例民间收藏的有关汉晋铜人的新材料，带有清晰铭文，对辅助判定汉魏故城发现的铜人背后的文字起到了关键作用。新材料表明，铜人背后的文字并非段先生最初认定的"仙子"。

段鹏琦先生所据汉魏故城遗址发现的铜人，细审字迹，"仙子"明显不妥。汉代"仙"字常作"僊"（《华山庙碑》）（图 10），即使是"仙"字，其笔势也与铜人背后铭文相去甚远。这一时期铜镜、钱币、砖瓦等上面的铭文虽多，也绝少出现"仙子"这种称谓。从现存文献看，"仙子"这一称谓似在唐代才开始普及，

图 10 《华山庙碑》的"仙"字

如孟浩然《游精思观题观主山房》诗云："方知仙子宅，未有世人寻。"

---

1 中国社会科学院考古研究所编著：《汉魏洛阳故城南郊礼制建筑遗址》，272 页。

南北朝末至隋唐之际的道经《太上中道妙法莲华经》有"或有诸仙子，住于深洞中，修心炼丹药，以求大道玄"[1] 的记载，年代比汉晋时期晚很多。

新发现的有翼、无翼铜人共有四例，其中 a、b、c 三例为同一收藏家所有。为了精确地确定铭文，该藏家还请专人制作了拓片。[2]

铜人 a：有双翼，右翼完整，左翼梢处略有缺失，黑漆古包浆，双手捧于胸前，腋下有圆形穿孔。背后二字铭文，经拓片确认，为清晰的"戊子"二字。右翼背后上有一铭文"大"字，左翼未见铭文。（图 11）

铜人 b：有翼，左翼完整，右翼与左小腿残缺，双手捧于胸前，腋下无圆孔，脑后有三个凸起铜点，正面可见项圈，头发清晰可见。经拓片确认，背后二字铭文，第一字较为漫漶，第二字为"子"。（图 12）

铜人 c：无翼，双手捧于胸前，腋下无圆孔，铭文较为清晰，经拓片确认，第一字隐约为"戊"，第二字清晰，为"子"字。（图 13）

铜人 d：有双翼，双手捧于胸前，腋下有圆孔，正反面均可见项圈，发缕清晰，五官亦明晰可辨。背后二字铭文清晰，为"戊子"。右翼背后有清晰铭文"大"，左翼背后有清晰铭文"吉"。（图 14）由于没有制作拓片，笔者特意手绘了线图。（图 15）

这些铜人铭文中的"子"字较清晰，没有争议。多数是"戊"字模糊，难以辨识。"戊"字的隶书写法，可见《曹全碑》（图 16）。这与上述 a、c、d 三例"戊"字写法相同，而与"仙"字或"僊"字相去甚远。依此重审汉魏故城遗址发现的两例铜人，以及首字稍有漫漶的铜人 b 的背后铭文，确信均为"戊子"，只是铸造时文字深浅不一，或有所磨损或锈蚀，从而影响辨识。

令人振奋的是，在铜人 d 的翅膀上，我们还发现了铭文"大""吉"

1 《太上中道妙法莲华经》卷 3 第 2，载（明）张宇初等：《正统道藏》，台湾艺文印书馆，1977，46314 页。

2 经藏家本人同意，本文称其为"老赵"，另一位藏家网名为"英镑"。

图 11　铜人 a 及其铭文拓片

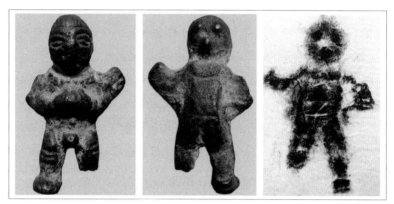

图 12　铜人 b 及其铭文拓片

图 13　铜人 c 及其铭文拓片

器物名物研究

图14 铜人d

图15 铜人d线描图

图16 《曹全碑》中的"戊"字

二字,其右翼背后的"大"字与铜人a相同位置的铭文契合,这就验证了铜人a左翼缺失的部分的铭文应为"吉"字。而这两字,汉魏故城遗址发现的有翼铜人翅膀上未见,也未见于任何已有的文献著录,当属新发现。

综上,已知六例背后带有铭文的汉晋铜人中,四例有翼,二例无翼。无翼铜人背后的铭文可释读为"戊子",而并非"仙子";有翼铜人铭文可释读为"戊子大吉"。其中,"戊子"二字铸于铜人背部,而"大吉"二字铸于双翼的背后。我们尚不能排除有翼铜人背后仅铸有"戊子"而无"大吉"二字的例子。其具体信息详见表3。

表3 带有铭文的汉晋铜人

年代	数量	出土地	铭文	有无翼	信息来源
东汉—北魏	2	汉魏洛阳故城	戊子	一有一无	段鹏琦
东汉—魏晋	1	传采集自酒泉地区	戊子大	有	本文铜人a 老赵收藏
东汉—魏晋	1	传采集自邺城附近	戊子	有(缺右翼)	本文铜人b 老赵收藏
东汉—魏晋	1	传采集自洛阳地区	戊子	无	本文铜人c 老赵收藏
东汉—魏晋	1	传采集自洛阳地区	戊子大吉	有	本文铜人d "英锵"收藏

四、铜人的道教美术属性

上述铜人背后的铭文一旦确定下来，对我们深入了解铜人性质有重要的帮助。

首先，"戊子"为干支之一。"戊"与"子"分别是十天干和十二地支之一，两者组合成为了干支纪元法之一，可以用来纪年、纪月、纪日、纪时。"戊子大吉"四字组合在一起，应是道教的谶纬吉语，借干支以来表灾异、祥瑞等天象，有驱鬼、辟邪、吉祥之意。

汉初的黄老思想经过两百多年的发展，在东汉时期形成"黄老道"，并逐渐分化为"天师道"和"太平道"。太平道的代表人物张角利用"岁在甲子，天下大吉"的口号来反对东汉的统治，宣传群众。《后汉书·皇甫嵩传》载：

> 初，巨鹿张角自称"大贤良师"，奉事黄老道，畜养弟子，跪拜首过，符水咒说以疗病，病者颇愈，百姓信向之。角因遣弟子八人使于四方，以善道教化天下，转相诳惑。十余年间，众徒数十万，连结郡国，自青、徐、幽、冀、荆、杨、兖、豫八州之人，莫不毕应。遂置三十六方。方犹将军号也。大方万余人，小方六七千，各立渠帅。讹言"苍天已死，黄天当立，岁在甲子，天下大吉"。以白土书京城寺门及州郡官府，皆作"甲子"字。[1]

黄巾起义虽然失败，但道教在西南地区依然兴盛，张鲁以"五斗米道"统治汉中近 30 年，这些道教思想在东汉时候非常活跃，也是东汉时期的主流思想之一。

我们初步认为，铜人背后铭文为"戊子大吉"而非"甲子大吉"，可

---

[1] （刘宋）范晔撰，（唐）李贤等注：《后汉书》，中华书局，1965，2299 页。

能与王莽有关。《汉书·王莽传》载，王莽"令天下小学，戊子代甲子为六旬首。冠以戊子为元日，昏以戊寅之旬为忌日。百姓多不从者"。颜师古注曰："元，善也。"[1] 按中国传统，干支纪年六十为一周，甲子为首。王莽自以为土德，戊子属土，故把戊子改为首。行冠礼把戊子日当作吉日。儿童佩戴的铜人上铸有"戊子大吉"的铭文，符合当时的思想意识与风俗。

其次，铭文显示铜人具有明显的道教属性，但考虑到人物具有部分白毫、双手合十、联珠纹项圈等佛教因素，符合东汉时期"佛道糅合"的特点。季羡林先生指出，"当佛像传入中国时，正是谶纬之学盛行的时候。当时的一些皇室贵族，包括个别皇帝在内，比如东汉光武帝和明帝，都相信谶纬之学。在一般人心目中，佛教也纯为一种祭祀，它的学说就是鬼神报应。他们认为佛教也是一种道术，是九十六种道术之一，称之为佛道或释道。佛道并提是当时较流行的做法。《后汉书·光武十王传·楚王英传》说：'楚王诵黄老之微言，尚浮屠之仁祠。'襄楷上书说（《后汉书》卷六十下）：'闻宫中立黄老浮屠之祠。'许多人，包括汉桓帝在内，并祭佛老二氏。佛教就是在这样的伪装之下，在中国社会里生了根"[2]。

再次，重审有翼人像的外来因素。长期以来，在孙机、段鹏琦等前辈的倡导下，学术界往往特别重视这些人像的"双翼"特征，借此将其断为汉晋时期中西交流的实物例证，将其原型视作古希腊、古罗马的厄洛斯。其实，双翼并非汉晋铜人必不可少的特征。以上数例表明，铸有双翼与不铸双翼的童子背后均有"戊子"铭文，说明二者可能具有同样的功能。

从人物形象看，这些童子流露出部分胡人特征，为之前的研究者所

---

1 （汉）班固撰，（唐）颜师古注：《汉书》，中华书局，1962，4138 页。

2 （唐）玄奘、辩机原著，季羡林校注：《大唐西域记校注》，中华书局，1985，16—17 页。

忽视。考古材料中，重庆市云阳旧县坪遗址发现铜人疑似头戴尖顶帽，这是汉代胡人的典型特点，邢义田先生有精辟论述。[1] 而从上文所举铜人 b、d 例看，胡人头发呈竖直、齐额的"瓜皮状"短发，并非汉式儿童或成人发饰。此外，童子裸体，这也是汉代胡人的特点。1970 年济宁南喻屯公社城南张汉墓中出土的汉画像石中，可见裸体表演百戏的胡人。[2] 东汉至两晋时期，活跃在汉地的胡人营造佛寺，翻译佛经，如安世高、支谦、康僧会、佛图澄等，对佛教在中国的传播起到了关键作用。

由于这些铜人的时代、地区差异性较大，尚不能确定最早制品的产地是在中国境内。在贵霜王朝的故地巴基斯坦和阿富汗一带，也发现过类似的铜人，但由于资料限制，无法得知其准确来源和年代。然而，带有铭文的铜人，往往刻画得比较细致，其图像的细节呈现与工艺水平都达到了当时的巅峰，确信应为汉地所铸。

总之，这些汉晋铜人虽然在艺术上借鉴了佛教的一些装饰特点，但在性质上仍属于中国早期道教美术的范畴。带有铭文"戊子"或"戊子大吉"的铜人较其余品种更为精美，可能是在王莽"戊子代甲子"的改革运动中特意铸造的，而其余不带铭文的铜人，应是在不同时空中生产的类似制品，亦有可能是后期的仿品。这些铜人呈现出的外来风格，当被归纳到早期道教美术对佛教美术的吸收和借鉴中来，而不应过分强调其西方属性。

结　论

通过对中国境内出土汉晋时期有翼铜人的研究，并对考古发掘与馆

1　邢义田：《画为心声：画像石、画像砖与壁画》，中华书局，2011，197—314 页。

2　山东省博物馆、山东省文物考古研究所编：《山东汉画像石选集》，齐鲁书社，1982，图版 67。

藏及少量民间收藏铜人的系统梳理，文章得出以下结论。

汉晋铜人主要分布在丝绸之路沿线，呈由西向东分布。铜人可划分为有翼和无翼两种类型，主要作为儿童的佩饰。铜人背后的铭文并非段鹏琦先生释读的"仙子"，而是有"戊子"与"戊子大吉"两种。前者在有翼和无翼类型中均有发现，后者仅见于有翼类型。新发现的铭文表明，此类铜人虽然吸收借鉴了部分佛教艺术因素，但具有清晰的道教美术性质，不宜过分强调其西方来源。

麈尾：形制、功能与六朝文人美学

李修建

中国艺术研究院艺术人类学研究所

摘　要：麈尾是六朝时期常见的一种器物，最初用于清谈，后来遍及日常生活。麈为一种麋鹿，六朝时期广有分布，尾大，可制作麈尾。在文献记载中，麈尾最早出现于东汉，此后便是西晋清谈活动之中。六朝墓葬画及敦煌壁画中，亦多有执麈形象。在六朝，麈尾之用途有四：拂秽清暑、清谈助器、风流雅器和隐逸象征，体现出了六朝士人特有的审美观。

关键词：麈尾；清谈；风流；隐逸

在魏晋的清谈活动中，有一种著名的器物，那就是麈尾。前人对此已多有研究，清代学者赵翼在《廿二史札记》卷八"清谈用麈尾"条中率先指出"六朝人清谈，必用麈尾"[1]，赵翼亦揭示了麈尾的日常功用："盖初以谈玄用之，相习成俗，遂为名流雅器，虽不谈亦常执持耳。"[2]贺昌群

1　（清）赵翼著，王树民校证：《廿二史札记校证》，中华书局，1984，170页。

2　同上，170—171页。

在《世说札记（麈尾考）》中考察了麈尾的形制与日常功用，范子烨《中古文人生活研究》一书中考证了麈尾的渊流、形制，麈尾与清谈名士、名僧的关系，麈尾与维摩诘的关系，分析很是细密。本文即在以上研究的基础上，结合考古文献资料，重点考察麈尾的源流及其所体现出的六朝士人的审美意识。

一、"麈"之义

《说文解字》曰："麈，麋属，从鹿。"[1] 司马光《名苑》云："鹿之大者曰麈，群鹿随之，皆视麈所往，麈尾所转为准，于文主鹿为麈。古之谈者挥焉。"[2] 由此可知，麈乃一种麋鹿，为鹿群中的头领。（图1）而清人徐珂编纂的《清稗类钞》"动物类"中则说："麈，亦称驼鹿，满洲语谓之堪达罕，一作堪达汉，产于宁古塔、乌苏里江等处之沮洳地。其头类鹿，脚类牛，尾类驴，颈背类骆驼。而观其全体，皆不完全相似，故俗称'四不像'。角扁而阔，莹洁如玉，中有黑理，镂为决，胜象骨。大者重至千余斤。其蹄能驱风疾，凡转筋等症，佩于患处，为效甚速，世人

图1　亨利·兰西尔《研究死麈图》

1　丁福保编：《说文解字诂林》，中华书局，1988，9703页。

2　同上，9704页。

贵之。"[1] 此处认为麈乃驼鹿，民间称为"四不像"，其蹄能治风疾，疗效极好，为世所重。这与六朝之麈的功用差异颇大。有学者认为，麈乃麋鹿而非驼鹿，因为麋鹿尾大，驼鹿尾小。此说很有道理。

麈为中国所产。先秦文献中已有记载，如《逸周书·世俘解》载周武王的一次狩猎，猎获"麈十有六"，[2]《山海经》《中山经》中数次提到"多闾麈"，《大荒南经》和《大荒北经》中皆提及有食麈之大蛇。汉魏六朝文献中亦多有所记。司马相如《上林赋》记有"沈牛麈麋"[3]，左思《蜀都赋》有云"屠麖麋，翦旄麈"[4]。在时人小说中，亦有记载猎麈的事情，东晋干宝《搜神记》记载："冯乘虞荡，夜猎，见一大麈，射之。麈便云：'虞荡，汝射杀我耶？'明晨，得一麈而入，实时荡死。"[5] 南朝宋刘澄之《鄱阳记》曰："李婴弟绍，二人善于用弩。尝得大麈，解其四脚，悬着树间，以脏为炙，烈于火上。方喻共食，山下一人长三丈许，鼓步而来，手持大囊。既至，取麈头骼皮并火上，新肉悉内囊中，遥还山。婴兄弟后亦无恙。"[6] 其事为怪力乱神，然猎麈之事当为六朝实情。另据《宋书·五行志》记载，在晋哀帝隆和元年十月甲申，有一头麈进入了东海王的府第。[7]《太平御览》卷四十六录《晋书》郭文事迹："郭文，字文举，隐于余杭大辟山。山中曾有猛兽杀一麈于庵侧，文举因以语人，人取卖之。"[8] 可见当时麈的数量之多与分布之广。

以上史料中，所猎之麈多作食用。李善注《蜀都赋》"翦旄麈"曰：

1　（清）徐珂编撰：《清稗类钞》（第十二册），中华书局，1984，5563 页。

2　黄怀信等：《逸周书汇校集注》，上海古籍出版社，1995，460 页。

3　费振刚等主编：《全汉赋校注》，广东教育出版社，2005，89 页。

4　（清）严可均辑：《全晋文》（中），商务印书馆，1999，779 页。

5　（晋）干宝撰，汪绍楹校注：《搜神记》，中华书局，1979，242 页。

6　（宋）李昉等撰：《太平御览》，中华书局 1960 年影印版，4020 页。

7　（梁）沈约撰：《宋书》，中华书局，1974，922 页。

8　（宋）李昉等撰：《太平御览》，223 页。

"旄麈有尾，故翦之。"[1] 所剪尾巴作何使用，左思没有明言，或是制作麈尾，亦或食用。唐代陈子昂写有《麈尾赋》，他在序文中提到了写作赋文的时间与场景，甲子岁（684），太子司直宗秦客于洛阳金亭大会宾客，酒酣之际，共赋座中食物，陈子昂受命作《麈尾赋》。陈子昂在赋文中提到："此仙都之灵兽，固何负而罹殃？始居幽山之薮，食乎丰草之乡，不害物以利己，不营利以同方。何忘情以委代？而任性之不忘，卒罹纲以见逼，爱庖丁而惟伤。岂不以斯尾之有用，而杀身于此堂，为君雕俎之羞，厕君金盘之实。"[2] 陈子昂对于麈之被食，颇有同情之意。他提到的"斯尾之有用"，其用途，似乎并非作成清谈器物，而是烹制成食，成为盘中之餐。

二、麈尾的源流与形制

陆机在《羽扇赋》中说："昔楚襄王会于章台之上，山西与河右诸侯在焉。大夫宋玉、唐勒侍，皆操白鹤之羽以为扇。诸侯掩麈尾而笑，襄王不悦。"[3] 先秦文献中，未见有使用麈尾的记载，文中说楚襄王时诸侯持麈尾，当为假托。东汉初年，四川广汉雒县人李尤（约44—126）擅作文章，尤以铭文见长，写有铭文120首，其中就有一篇《麈尾铭》："拂成德柄，言为训辞。鉴彼逸傲，念兹在兹。"[4] 李尤原集已佚，这篇铭文见于唐初虞世南所辑《北堂书钞》，明代张溥的《汉魏六朝百三家集》与严可均的《全后汉文》都有收录。如果铭文确为李尤所写，那么在东汉初年即使用麈尾了。不过，李尤擅作铭文，后人将此篇《麈尾铭》的作者安

---

1 （梁）萧统编，（唐）李善注：《文选》，中华书局，1986，187页。

2 （清）董诰等编：《全唐文》（第三册），中华书局，1983，2112页。

3 （清）严可均辑：《全晋文》（中），1028页。

4 （清）严可均辑：《全后汉文》（上），商务印书馆，1999，516页。

放到他的名下，亦未可知。所以，仅凭此篇铭文，不能断定东汉初年即已使用麈尾。

之后一两百年，我们在文字资料中看不到有关麈尾的记载。究其原因，或是因为麈尾乃一卑微小物，在汉末三国的扰攘乱世，士人更多着眼于天下纷争，无意关注此等细物。六朝士人所写铭文中，常提到麈尾的卑贱属性，如王导说"谁谓质卑？御于君子"[1]，徐陵提到"谁云质贱，左右宜之"[2]。更重要的是，作为一种卑微之物，它在此前没有进入士人阶层的视野。清谈始于曹魏正始年间，在何晏、王弼等人的清谈中，未见有麈尾的描述。到了西晋，麈尾出现于清谈活动之中，王衍、乐广这两位清谈宗主已经手持麈尾谈玄论道了。清谈宗主王衍，常执玉柄麈尾。

王衍位高望隆，他手持麈尾的行为，在士人中必然起到了极强的示范作用，从此群起效仿，一手一柄，蔚成风气。这种由名人引领而成为时尚的现象，在六朝很是常见。比如《晋书·谢安传》记载："乡人有罢中宿县者，还诣安。安问其归资，答曰：'有蒲葵扇五万。'安乃取其中者捉之，京师士庶竞市，价增数倍。"[3]所以，将麈尾流行于士人阶层的年代断为王衍（256—311）在世的西晋，也就是公元300年左右，是较为妥当的。孙机先生曾指出："麈尾约起于汉末。魏正始以降，名士执麈清谈，渐成风气。"[4]其实基于文献所记，麈尾之起，难以确知，麈尾之兴，不在

---

1 （清）严可均辑：《全晋文》（上），176页。

2 （清）严可均辑：《全陈文》，商务印书馆，1999，380页。

3 （唐）房玄龄等撰：《晋书》，中华书局，1974，2076页。

4 孙机：《诸葛亮拿的是"羽扇"吗？》，载《文物天地》，1987（4），11页。顺便指出，孙机先生以《艺文类聚》引《语林》与《太平御览》引《蜀书》皆作"毛扇"，推断诸葛亮所拿为麈尾而非羽扇，此说值得商榷。细究原文，《太平御览》与《艺文类聚》所引《语林》稍有出入，《太平御览》"兵部·麈兵"与"服用部·扇"所引《语林》皆作"白毛扇"，《艺文类聚》所引《语林》作"毛扇"，无"白"字。盖"毛扇"为泛指而非特指，文献中所记有鹤羽、雉尾、鹊翅、白鹭羽等，此处指白羽扇的可能性很大。手持羽扇指挥战争，并非孤例，西晋顾荣亦有此事，《晋书》卷一百《陈敏传》载："敏率万余人将与卓战，未获济，荣以白羽扇麾之，敏众溃散。"

图 2　洛阳朱村东汉壁画墓主宴饮图

正始，而在西晋。明代杨慎对此有确切认识，他论道："晋以后士大夫尚清谈，喜晏佚，始作麈尾。"[1]

根据这种判断，我们再来看考古图像资料所反映的信息。在汉魏六朝的墓葬壁画中，多见麈尾的形象。1991 年发掘的洛阳市朱村东汉壁画墓中首次出现麈尾（图 2）。在该墓室中发现壁画三幅，其一为墓主夫妇宴饮图，上有墓主夫妇二人，男女仆各二人，考古报告提道："男墓主左侧，榻床下并立二男仆，一男仆右手执一麈尾，左手执笏抱于胸前，头戴黑帽，浓眉朱唇，身穿长袍，皂缘领袖。"作者依据墓室形制和随葬器物，将此墓年代断为东汉晚期或曹魏时期。不过指出了两点疑问，"墓主宴饮图中一男侍持麈尾则多见于晋，二女侍头梳双髻发型也只见于南朝壁画中"[2]。如若依据麈尾流行的时期来推断，则此墓的年代还应靠后亦未可知。

1997 年发掘的北京石景山魏晋壁画墓中，发现了执麈凭几墓主人图，"男性墓主端坐榻上，穿着合衽袍式上衣，宽袖，束腰带。头戴护耳平顶冠，蓄须，红唇。右手执一饰有兽面的麈尾"[3]。主人执麈凭几，端然正

1　王利器：《颜氏家训集解》卷三《勉学第八》注引《杨升庵集》六七，中华书局，1993，151 页。

2　洛阳市第二文物工作队：《洛阳市朱村东汉壁画墓发掘简报》，载《文物》，1992（12），15—22 页。

3　石景山区文物管理所：《北京石景山八角村魏晋墓》，载《文物》，2001（4），37—61 页。

坐的形象，成为此一时期墓葬壁画的"标准像"，在辽东地区及云南、甘肃等地多有发现。如辽宁辽阳王家村魏晋墓、朝阳袁台子东晋壁画墓，云南昭通后海子东晋壁画墓（386—394年），新疆吐鲁番的阿斯塔那13号墓（东晋），以及朝鲜安岳3号墓（冬寿墓）（357）（图3）等，壁画中墓主人皆手持麈尾，以彰显其对中原文化的世族生活方式及其身份的认同。[1]

佛教造像中的麈尾或始于云冈石窟北魏献文帝时代（466—471），所造第五洞洞内后室中央大塔二层四面中央之维摩，即手持麈尾。其他如龙门滨阳洞、天龙山第三洞东壁、北魏正始元年（504）、北齐天保八年（550）诸石刻中的维摩，皆持麈尾。[2]（图4）敦煌壁画中的麈尾图像始见于北周，唐以降增多，大多数集中在"维摩诘经变"中，麈尾形态样式与中原多数相同，也存在些微差别。[3]可见，麈尾是汉末六朝时期常见的日用器物，它在汉末出现于墓葬壁画之中，在具有程式性的宴饮图壁画上，墓主身边常有麈和隐几。[4]

在传世绘画中，唐代阎立本的《历代帝王图卷》所绘吴主孙权，手中持有麈尾。

图3　冬寿墓执麈图

图4　敦煌壁画维摩诘图

1　［日］门田诚一著，姚义田译：《高句丽壁画古坟中所描绘的手执麈尾的墓主像——魏南北朝时期的士大夫画像》，见辽宁省博物馆编：《辽宁省博物馆馆刊（2013）》，辽海出版社，2014，22—31页。黄明兰：《再论魏晋清谈玄风中产生的名流雅器——麈尾》，见朱青生主编：《中国汉画学会第九届年会论文集（上）》，中国社会出版社，2004，242—243页。

2　傅芸子：《正仓院考古记》，上海书画出版社，2014，126页。

3　杨森：《敦煌壁画中的麈尾图像研究》，载《敦煌研究》，2007（6），37—46页。

4　参见董淑燕：《执麈凭几的墓主人图》，载《东方博物》，2011（3），49—59页。

（图 5）在正始及竹林名士们的清谈史料中，未见对麈尾的描述，晚唐画家孙位的《高逸图》中，画中的阮籍手持麈尾，此画被视为传自顾恺之的《七贤图》。

麈尾实物已不多见。日本奈良正仓院收藏有唐代流传下来的麈尾，余嘉锡注《世说新语·言语》五二条云：

图 5　阎立本《历代帝王图·孙权》

今人某氏（忘其名氏）《日本正仓院考古记》曰："麈尾有四柄，此即魏、晋人清谈所挥之麈。其形如羽扇，柄之左右傅以麈尾之毫，绝不似今之马尾拂麈。此种麈尾，恒于魏、齐维摩说法造像中见之。[1]

余嘉锡所指"今人某氏"即傅芸子先生，其《正仓院考古记》写于1941年。傅芸子在文中提及日本收藏之麈尾柄料有四种：柿柄、漆柄、金铜柄与玳瑁柄。[2] 而今人王勇在经过实地考察与观摩之后，认定正仓院所藏麈尾只有两种柄——漆柄和柿柄，另外的金铜柄与玳瑁柄器物实为拂尘而非麈尾。据其描述，漆柄麈尾，"毫毛尽失，仅存木质黑漆骨子。挟板长34厘米、宽6.1厘米，沿轮廓线嵌有数条牙线，中心线上有四颗花形钉子，用以固定两块挟板。柄长22.5厘米，贴牙纹。镡为牙质，雕唐草花纹。挟板与柄相交处，为狮啮形吞口。残形全长58厘米"[3]。这两柄

1　余嘉锡笺疏：《世说新语笺疏》，中华书局，2011，99 页。

2　傅芸子：《正仓院考古记》，126 页。

3　王勇：《日本正仓麈尾考》，载《东南文化》，1992（Z1），205—209 页。

图 6　正仓院收藏的麈尾

麈尾装饰华丽，工艺精巧，于此可以领略六朝麈尾之风貌。（图 6）此外，徐陵在《麈尾铭》中提到麈尾的形制："爰有妙物，穷兹巧制。员上天形，平下地势。靡靡丝垂，绵绵缕细。"[1] 麈尾之形天圆地方，麈的尾毛绵密低垂，这种形制，在考古图像中亦能见出。

三、麈尾的功能及审美

六朝时期，麈尾广泛出现于士人之手，僧人讲经常持麈尾，道人亦多有手挥麈尾者。这样一种被广泛使用的器物，呈现出多种文化功能和意义，分述如下：

（一）拂秽清暑

麈尾，能够抚秽解暑，兼具拂尘与扇子的功能。如王导《麈尾铭》云："道无常贵，所适惟理。谁谓质卑？御于君子。拂秽清暑，虚心以俟。"[2] 徐

1　（清）严可均辑：《全陈文》，380 页。

2　（清）严可均辑：《全晋文》卷十九，176 页。

陵《麈尾铭》中提到"拂静尘暑，引饰妙词"。当然，麈尾虽有此一功能，但六朝士人手握此物，出于实用的目的不强，更多是作为一种风流雅器，与后世文人手握折扇的功能十分类似。

（二）清谈助器

麈尾出现于西晋清谈活动中。西晋清谈领袖王衍与乐广皆有持麈的记载。乐广曾以麈尾指点客人：

> 客问乐令"旨不至"者，乐亦不复剖析文句，直以麈尾柄确几曰："至不？"客曰："至！"乐因又举麈尾曰："若至者，那得去？"于是客乃悟服。乐辞约而旨达，皆此类。[1]

东晋时期，殷浩与孙盛进行过一次激烈的清谈，其惊心动魄程度通过麈尾这一道具表露无遗：

> 孙安国往殷中军许共论，往反精苦，客主无间。左右进食，冷而复暖者数四。彼我奋掷麈尾，悉脱落，满餐饭中。宾主遂至莫忘食。殷乃语孙曰："卿莫作强口马，我当穿卿鼻。"孙曰："卿不见决鼻牛，人当穿卿颊。"[2]

孙盛与殷浩进行对谈，互为客主，双方义理相当，都不退让，论辩激烈，废寝忘食，竟至奋掷麈尾，使得尾毛尽落于饭中。在二人相对的清谈中，要用到麈尾。

再据《南史·张讥传》记载，陈后主有次来到钟山开善寺，让群臣坐于寺院西南的松树林下，命令擅长玄学的张讥阐述义理。"时索麈尾未

1　余嘉锡笺疏：《世说新语笺疏》，中华书局，1983，205 页。

2　同上，219—220 页。

制器尚象：中国古代器物文化研究

至，后主敕取松枝，手以属讯，曰：'可代麈尾。'"[1]《南史·袁宪传》又载："会弘正将升讲坐，弟子毕集，乃延宪入室，授以麈尾，令宪竖义。"[2]这两例中的清谈，都是一人主讲，众人聆听，主讲者必须手持麈尾。第一例中，因为手头没有麈尾，陈后主便令以松枝替代。

在以上数例中，无论二人对谈，还是一人主讲，皆需手执麈尾。在具体清谈中，到底如何使用麈尾，这在《世说新语》等文献中未见记载。不过，我们可以根据六朝与唐代僧人的讲经活动看出端倪。

六朝僧人讲经，多用麈尾。梁代僧人释智林在给汝南周颙的书信中提道："贫道捉麈尾以来，四十余年，东西讲说，谬重一时。"[3]《续高僧传》记载一则传说，梁代高僧释慧韶圆寂，"当终夕，有安浦寺尼，久病闷绝，及后醒云：送韶法师及五百僧，登七宝梯，到天宫殿讲堂中，其地如水精。床席华整，亦有麈尾几案，莲华满地，韶就座谈说，少时便起"。北魏天竺三藏法师菩提留支受诏于显阳殿，"高升法座，披匣挥麈，口自翻译，义语无滞"[4]。唐代符载在《奉送良郓上人游罗浮山序》中提到良郓法师，"始童子剃落，转持麈尾，讲《仁王经》，白黑赞叹，生希有想"[5]。由诸例来看，麈尾是讲堂必备之物。再如佛教石窟造像中，凡维摩诘造像，不管变相如何，其右手必执麈尾。

日本僧人圆融所著《入唐求法巡礼行记》中，记载了唐代僧人讲经的仪式，其中用到了麈尾，"颂梵呗讫，讲师唱经题目，便开题，分别三门。释题目讫，维那师出来，于高座前，读申会兴之由，及施主别名、所施物色。申讫，便以其状转与讲师，讲师把麈尾，一一申举施主名，独自誓愿。誓愿讫，论义者论端举问。举问之间，讲师举麈尾，闻问者

1　（唐）李延寿撰：《南史》卷七一《张讥传》，中华书局，1975，1751 页。

2　（唐）李延寿撰：《南史》卷二六《袁宪传》，718 页。

3　（梁）释慧皎撰，汤用彤校注：《高僧传》卷八《义解五·释智林传》，中华书局，1992，310 页。

4　（北魏）释昙宁：《深密解脱经序》，《全后魏文》卷六十，商务印书馆，1999，599 页。

5　（清）董诰等编：《全唐文》卷六百九十，7076 页。

语，举问了，便倾麈尾，即还举之，谢问便答"[1]。在论义阶段，都讲发问时，主讲右手举麈尾，都讲发问完毕，主讲将麈尾放下，然后又立即举起麈尾，对发问致谢并回答问题。讲经时，不断将麈尾举起、放下、再举起，往返问答。[2]

《高僧传》卷五《竺法汰传》载："时沙门道恒，颇有才力，常执心无义，大行荆土。汰曰：'此是邪说，应须破之。'乃大集名僧，令弟子昙壹难之。据经引理，析驳纷纭。恒仗其口辩，不肯受屈，日色既暮，明旦更集。慧远就席，设难数番，关责锋起。恒自觉义途差异，神色微动，麈尾扣案，未即有答。远曰：'不疾而速，杼轴何为。'座者皆笑矣。心无之义，于此而息。"[3]《续高僧传》卷五《释僧旻传》亦载："文宣尝请柔、次二法师于普弘寺共讲《成实》，大致通胜，冠盖成阴。旻于末席论议，词旨清新，致言宏邈，往复神应，听者倾属。次公乃放麈尾而叹曰：'老夫受业于彭城，精思此之五聚，有十五番以为难窟，每恨不逢勍敌，必欲研尽。自至金陵累年，始见竭于今日矣。且试思之，晚讲当答。'"[4]于此两例可知，在讲经论辩过程中，麈尾不能长时间放下。道恒"麈尾扣案，未即有答"，就等于论辩失败。发言时必举起麈尾，亦为僧侣讲说之程式，尚未拿起麈尾，则表示还在思考，不能作答。

由于清谈发言时必须手举麈尾，麈尾因而能为清谈水平的象征。在王导招集的一次著名的清谈活动中，名士云集，殷浩、王蒙等清谈大家俱在，王导"自起解帐带麈尾"，以主人的身份挑起与殷浩的清谈。本条余嘉锡注《太平御览》七百三引《世说》曰："王丞相常悬一麈尾，着帐中。及殷中军来，乃取之曰：'今以遗汝。'"殷浩是王导之后最著名的清

---

1 ［日］释圆仁原著，白化文等校注：《入唐求法巡礼行记校注》，花山文艺出版社，2007，187—188页。

2 参考张雪松：《唐前中国佛教史论稿》，中国财富出版社，2013，276页。

3 （梁）释慧皎撰，汤用彤校注：《高僧传》，中华书局，1992，192—193页。

4 （唐）道宣撰，郭绍林点校：《续高僧传》，中华书局，2014，154—155页。

制器尚象：中国古代器物文化研究

谈家，王导以麈尾予之，是因为佩服他的清谈，让他担任清谈主角。

下面此则史料更具说服力：

> 后主在东宫，集官僚置宴，时造玉柄麈尾新成，后主亲执之，曰："当今虽复多士如林，至于堪捉此者，独张讥耳。"即手授讥。[1]

陈后主认为唯有张讥堪捉麈尾，便是认定其清谈能力。麈尾在此的意义突显无遗。《南齐书》卷三三《王僧虔传》所载其诫子书是在论述魏晋清谈时经常被征引的一则史料："僧虔宋世尝有书诫子曰：'……汝开《老子》卷头五尺许，未知辅嗣何所道，平叔何所说，马、郑何所异，《指》《例》何所明，而便盛于麈尾，自呼谈士，此最险事。……'"[2] 王僧虔告诫子孙，不能清谈实难，不对前代清谈义理有精深把握，就手持麈尾，自呼谈士，实则是贻笑于人之举，因为麈尾所标识的是一个人的清谈能力。

唐代陆龟蒙作有一篇《麈尾赋》，描述了谢安、桓温、王珣、郗超、支遁等人的一次清谈活动，以支遁为主角，其中提到："支上人者，浮图其形。左拥竹杖，右提山铭。于焉就席，引若潜听。俄而啮缺风行，逍遥义立。不足称异，才能企及。公等尽瞩当仁，咸云俯拾。道林乃摄艾衲而精爽，捉犀柄以挥揖。天机发而万目张，大壑流而百川入。"将支遁的清谈实力和神采风情摹划得精彩动人。文末提道："虽然绝代清谈客，置此聊同王谢家。"[3] 表明了清谈人的身份地位与价值追求。

（三）风流雅器

有意思的是，麈尾不仅用于清谈，六朝士人在日常生活中亦常常持

---

1 （唐）姚思廉撰：《陈书》卷三三《儒林列传·张讥》，中华书局，1972，444 页。

2 （梁）萧子显撰：《南齐书》卷三三《王僧虔传》，中华书局，1972，598 页。

3 （清）董诰等编：《全唐文》（第 9 册），8399 页。

有，使得麈尾被赋予了新的文化意义，变成了一种风流雅器。

推究起来，盖因麈尾乃轻便之物，清谈活动无固定时间，兴之所至，便可清谈，所以，像王衍之流的清谈宗主，便随身携带，以备清谈。日常持有，随意挥洒，颇能增加其人风度，因此人们便相仿效，成为一时之尚。王衍常持玉柄麈尾，以白玉为柄，精美华贵，有很强的审美属性。《世说新语·容止》中说王衍的手的颜色与玉柄没有分别，可见深受时人赏慕。他人亦向其学习，"晋王公贵人多执麈尾，以玉为柄"[1]。

东晋开国丞相，王衍族弟王导亦爱好麈尾，何充前来造访，王导用麈尾指着座位，招呼何充共坐："来，来，此是君坐。"[2]赏誉五九他常悬于家中帐内，出门也随带身边。有次因惧怕妒妻曹氏伤害他私养的姬妾儿女，命仆人驾起牛车追赶，情急之下，他以麈尾柄帮助御者打牛，样子狼狈不堪，此事遭到了司徒蔡充十分尖刻地嘲弄。王导以麈尾赶牛的行径，实在有损自身形象，同时也破坏了麈尾作为一种名流雅器的功能，因此受到讥讽。梁宣帝有《咏麈尾》诗云："匣上生光影，豪际起风流，本持谈妙理，宁是用椎牛。"[3]即是讽咏此事。

东晋名士王蒙弥留之际，翻转麈尾视之，凄然叹曰："如此人，曾不得四十！"及其死后，至交好友刘惔将犀柄麈尾置于其棺柩中，以作陪葬之物。[4]其人虽逝，却有风流器物相伴，却也构成了诗意的人生。僧人亦常携带麈尾，"庾法畅造庾公，捉麈尾甚佳，公曰：'麈尾过丽，何以得在。'答曰：'廉者不取，贪者不与，故得在耳。'"[5]回答得十分有趣。还有一则非常有意思的史料，北齐时期，颍川人荀仲举受到长乐王尉粲的

1　（宋）司马光编著，（元）胡三省音注：《资治通鉴》，中华书局，1956，2810 页。

2　余嘉锡笺疏：《世说新语笺疏》，中华书局，1983，456 页。

3　逯钦立辑校：《先秦汉魏晋南北朝诗》，中华书局，1988，2105 页。

4　颇有意思的是，《高僧传》卷八《义解五·释道慧传》亦记有类似故事："慧以齐建元三年卒，春秋三十有一。临终呼取麈尾授友人智顺。顺恸曰：'如此之人，年不至四十，惜矣。'因以麈尾内棺中而殓焉。"

5　余嘉锡笺疏：《世说新语笺疏》，中华书局，1983，111 页。

礼遇，二人共饮过量，荀仲举咬了尉粲的手指，伤到了骨头。此事被皇帝高洋得知，仲举受杖刑一百。事后有人问仲举缘故，仲举回答："我那知许，当是正疑是麈尾耳。"[1]把尉粲的手指当成了麈尾。

在六朝志怪小说中，亦能见到神人持麈尾的场景，如刘义庆《幽明录》的"甄冲"条，描述了这样一个场景："社公下，隐漆几，坐白旃坐褥，玉唾壶，以玫瑁为手巾笼，捉白麈尾。"[2]显然，文中所提及的漆隐几、白旃坐褥、玉唾壶、手巾笼、白麈尾等器物，都很名贵，皆为六朝贵族人家的日常用品。

由于麈尾被视为一种风流雅器，所以有时会作为礼物赠送他人。南齐吴郡张融，年在弱冠，同郡道士陆修静送他一把白鹭羽麈尾扇，说道："此既异物，以奉异人。"[3]

另外，由于清谈名士出身世家大族，玉柄麈尾之于他们，也和五石散等物品一样，成了高贵的表征，《南史·陈显达传》所记，出身卑微而位居重位的陈显达谦退清俭，其诸子喜华车丽服，陈显达告诫说："凡奢侈者鲜有不败，麈尾蝇拂是王、谢家物，汝不须捉此自逐。"[4]取来烧了。陈显达之所以烧麈尾，是因为麈尾是"王、谢家物"，它为富贵人家所用，是一种奢侈品，自古成由勤俭败由奢，陈显达深谙个中道理，所以不让孩子玩用。尔时清谈名流已逝，清谈氛围已无，不过，其飘逸潇洒的形象却流传了下来，更重要地，作为器物的麈尾仍在，它被赋予的意义仍在，乍得富贵的少年们渴慕前辈风流，于是，占有麈尾，也就仿佛占有了那份意义。

1 （唐）李百药撰：《北齐书》卷四五《荀仲举传》，中华书局，1975，627页。

2 （南朝）刘义庆撰，郑晚晴辑注：《幽明录》，文化艺术出版社，1988，7页。

3 （梁）萧子显撰：《南齐书》卷四一《张融传》，721页。

4 （唐）李延寿撰：《南史》卷四十五《陈显达传》，1134页。

（四）隐逸象征

南朝时期清谈的气氛渐息，但作为清谈雅器的麈尾却流传下来，不仅那些渴慕清谈风流的士人们手挥麈尾，即连远离世俗的隐逸之士也以麈尾自高，这就为麈尾赋予了一种新的意义：

> 齐高帝辅政，征为扬州主簿。及践阼乃至，称"山谷臣顾欢上表"，进《政纲》一卷。时员外郎刘思效表陈谠言，优诏并称美之。欢东归，上赐麈尾、素琴。[1]

> （吴苞）冠黄葛巾，竹麈尾，蔬食二十余年。[2]

> 孝秀性通率，不好浮华，常冠谷皮巾，蹑蒲履，手执并闾皮麈尾，服寒食散，盛冬卧于石上。[3]

顾欢、吴苞与张孝秀三人都是南朝时期著名的隐士，在隐居之时，他们不忘携带麈尾，不过他们手中的麈尾不再是昂贵的玉柄，而是竹柄、闾皮之类采自乡野的植物，这就为此类麈尾赋予了朴素自然而远离俗世的文化意义。而究其根源，晋代清谈士人们手中的麈尾已然具有了此类意义，清谈本来就具有玄远之意，它远离世俗，不同的是，玉与竹的区别，可说一高贵一自然。而其希慕清谈风流之心昭然可见，特别是张孝秀，手持麈尾，服寒食散，不正是六朝人的游戏吗？

---

1 （唐）李延寿撰：《南史》卷七十五《隐逸上·顾欢传》，1875 页。
2 （唐）李延寿撰：《南史》卷七十五《隐逸下·吴苞传》，1888 页。
3 （唐）李延寿撰：《南史》卷七十六《隐逸下·张孝秀传》，1906 页。

余　论

概而言之，学界从文献学、考古学、图像学对麈尾进行了较为充分的研究，不过，限于史料与视野，有些问题还未能触及和展开。比如，从跨文化交流的角度来说，清谈名士之用麈尾，与佛教徒之讲经有何关系？从现有史料来看，东晋南朝之后的佛教徒用麈尾，是受了清谈的影响。那么，在此之前呢？印度佛教中是否有使用类似器物的现象？佛教于东汉传入之后，僧人是否执拂（或麈）讲经，并且影响到了清谈名士？

再者，周边国家在与中国的跨文化交流中，是否也接受了麈尾？比如东临日本，正仓院藏有唐代麈尾的遗物。日本战国时代（1467—1615），将军常常手持"军配"，指挥作战，日常燕居，亦执团扇或折扇，至今相扑运动中，裁判仍手执军配团扇（图7）。此风是否亦受麈尾影响？

这些问题，还需进一步从图像学、文献学以及人类学等多学科的角度进行深入考论。

图7　相扑行司手持军配

唐宋之间砚台的著述、形制与产地

黄义军

中央民族大学历史学院

　　摘　　要：文章通过对比的方式系统地讨论了唐宋之际对砚台的记录及其形制的差异、产地的变化等著述内容，从一个侧面讨论了唐宋之间物质文化的变迁问题。

　　关键词：唐宋之间；砚台著录；文化变迁

　　笔、墨、纸、砚，被称为文房四宝。本文选择其中的砚台为研究对象，通过对比唐人和宋人著述中对砚台的记录、砚台形制的差异、产地的变化，从一个侧面了解唐宋之间物质文化的变迁。

一、目录书所见宋代砚台著述

　　检索《旧唐书经籍志》和《新唐书艺文志》，没有发现一本专记砚台的书籍。到宋代则出现了一批记录或研究砚台的专书。以下条述宋代目录书和《钦定四库全书总目提要》所载宋代砚台著述。

（一）宋代目录书之著录

存世的宋代目录书，《崇文总目》已无完书，以《郡斋读书志》和《遂初堂书目》为最古。

1. 晁公武（1105—1180）《郡斋读书志》

仅收入苏易简《文房四谱》《文房图赞》《砚谱》。三本书分属于不同的卷数与类别，有简单的提要。

（1）《文房四谱》五卷

卷三下"小说类"："右皇朝苏易简撰，集古今笔砚纸墨本原，及其故实，继以赋颂述作，有徐铉序。"

（2）《文房图赞》一卷

卷五上《附志》之《杂艺术类》："右和靖后人林可山撰。自笔砚而下皆为之官称，图其像于前，而列其赞于后。序谓唐韩愈举颖为中书，他竟无所闻，今图赞一十八人，拟以官酬之。俟异日请于朝，罔俾昌黎颛美有唐。"

（3）《砚谱》二卷

《后志》卷二《子类》："右皇朝唐询撰。记砚之故事及其优劣，以红丝石为第一，端石次之。"

2. 尤袤（1127—1202）《遂初堂书目》

本书分经为九门，分史为十八门，分子为十二门，分集为五门。四库馆臣称"其《子部》别立《谱录》一门，以收香谱、石谱、蟹录之无类可附者，为例最善"。在《谱录》一门中记录了《文房四宝谱》《续文房四宝谱》《砚录》《端砚谱》和《歙砚谱》三书，只录书名，无题录。

3. 陈振孙（1183—? ）《直斋书录解题》

为仿照《郡斋读书志》而作，"其例以历代典籍分为五十三类，各详其卷帙多少，撰人名氏，而品题其得失，故曰'解题'。虽不标经史子集之目，而核其所列，经之类凡十，史之类凡十六，子之类凡二十，集之类凡七，实仍不外乎四部之说也。马端临《经籍考》惟据此书及《读书

志》成编。"（《钦定四库全书总目提要》）

《直斋书录解题》收录有关砚台的著述共 7 种，四库本安排在卷十四《杂艺类》。四库馆臣按曰："《文献通考》马端临曰：'晁、陈二家《书录》以医、相、牛、马、茶经、酒谱之属俱入杂艺术门，盖仍诸史之旧。'原本自论画以下至博戏、酒令，皆附音乐之末，与马氏所言互异，盖系误编。今以评画及文房之类次于书法，而香谱以下俱附算学之后，庶有次第。"也就是说，据《文献通考》，晁、陈二家的《书录》原本是将这几本书编入杂艺门的，但四库馆臣所见的版本却与此不相符，于是根据次第作了调整，将评画与文房之类置于书法之下。

（1）《文房四谱》五卷："参政梓潼苏易简太简撰。"

（2）《歙砚图谱》一卷："太子中舍知婺源县唐积撰，治平丙午岁。"四库馆臣按："《歙砚图谱》以下三种俱系洪适撰，其弟迈有跋可证此。以《歙砚图谱》为唐积撰，而下二种俱不知名氏。《文献通考》《宋史艺文志》及《说郛》遂因之。然适本有谱无图，或图系唐积所补邪。"

（3）《歙砚说》一卷又辨歙石说一卷："皆不著名氏。"

（4）《砚史》一卷："米芾撰。"

（5）《闲堂杂记》四卷："不著名氏，述文房四谱而首载唐氏《砚录》。"

（6）《砚笺》一卷："高似孙撰。"

（7）《续文房四谱》五卷："司农卿李洪秀颖撰。"

（二）《四库全书》之著录

有关砚台的著书，在《钦定四库全书总目提要》中被归入"谱录类"。这是由宋人尤袤新创的一个图书类别。据该类小序称："刘向《七略》门目孔多，后并为四部，大纲定矣。中间子目递有增减，亦不甚相远。然古人学问各守专门，其著述具有源流，易于配隶。六朝以后，作者渐出新裁，体例多由创造，古来旧目遂不能该，附赘悬疣，往往牵强。

《隋志·谱系》本陈族姓，而末载《竹谱》《钱谱》《钱图》，《唐志·农家》本言种植，而杂列《钱谱》《相鹤经》《相马经》《鸶击录》《相贝经》，《文献通考》亦以《香谱》入'农家'。是皆明知其不安，而限于无类可归，又复穷而不变，故支离颠舛遂至于斯。惟尤袤《遂初堂书目》，创立'谱录'一门，于是别类殊名，咸归统摄。亦变而能通矣。今用其例，以收诸杂书之无可系属者。门目既繁，检寻颇病于琐碎，故诸物以类相从，不更以时代次焉。"

《钦定四库全书总目提要》卷一百一十五《子部·谱录》之《云林石谱》三卷按："宋以后书多出于古来门目之外，如此谱所品诸石，既非器用，又非珍宝，且自然而成，亦并非技艺，岂但四库之中无可系属，即'谱录'一门亦无类可从。以亦器物之材，附之器物之末焉。"

以此知：

其一，六朝以后，出现了一类研究物质文化的著述，如《竹谱》《钱谱》《钱图》，与汉代以来的图书编目不能兼容。

其二，宋代以来，此类图书越来越多。直到宋人尤袤《遂初堂书目》创立谱录一门，此类著述得以归并。

其三，为便于检索，四库馆臣采用了"物以类相从"的原则，将这些著述不按时代，而是按材料类别进行排列。

检索《钦定四库全书总目提要》的谱录类图书及其存目，得到宋代专门记录砚台的著述有10种，即《文房四谱》五卷（浙江吴玉墀家藏本）、《歙州砚谱》一卷（浙江鲍士恭家藏本）、《砚史》一卷（浙江鲍士恭家藏本）、《砚谱》一卷（浙江吴玉墀家藏本）、《歙砚说》一卷、《辨歙石说》一卷（浙江鲍士恭家藏本）、《端溪砚谱》一卷（浙江鲍士恭家藏本）和《砚笺》四卷（浙江巡抚采进本）等。

二、文献所见唐宋砚台的形制之比较

（一）唐砚主要形制

1. 三足砚

其起源至迟到汉代。南京博物院藏汉代铜砚为带盖三足砚。南北朝时期出现青瓷三足砚，唐代沿用，至宋消失。《文房四谱》："繁钦砚颂曰：'钧三趾于夏鼎，象辰宿之相扶。'今绝不见三足砚。仆常游盱眙泉水寺，过一山房，见一老僧拥衲向阳，模写梵字，前有一砚，三足如鼎，制作甚古仆。前举而讶之，僧白眼默然不答，仆因不复问其由。是知繁钦颂足可征矣。"

2. 辟雍砚

两晋出现，流行于隋唐时期，宋人仿制。如米芾《砚史》云："晋砚，见于晋顾恺之画者，有于天生叠石上刊人面者，有十蹄圆铜砚中如鏊者。"十蹄圆铜砚中如鏊者，与考古发现的辟雍砚形制相符。又，《杨次公辟雍砚诗》："娲皇锻炼补天石，天完余石人间掷，掷向淮山山下溪，千古万古无人识。去年腊月溪水枯，夺得江头数峰碧，野夫采得琢为砚，形壅水流流若璧。"

3. "风"字砚。见后详述。

（二）宋砚的主要形制

宋砚的形制几乎囊括在端砚与歙砚两个名品中。

1. 端砚

《端溪砚谱》所记载的砚台形制如下：

砚之形制曰平底"风"字、曰有脚"风"字、曰垂裙"风"字、曰古样"风"字、曰凤池、曰四直、曰古样四直、曰双锦四直、曰合欢四直、曰箕样、曰斧样、曰瓜样、曰卵样、曰璧样、曰人面、曰莲、曰荷叶、曰仙桃、曰瓢样、曰鼎样、曰玉台、曰天研（东坡尝得石不加斧凿以为研后人寻岩石自然平整者效之）、曰蟾样、曰龟样、曰曲水、曰钟样、曰圭样、曰笏样、曰梭样、曰琴样、曰鏊样、曰双鱼样、曰团样、曰八棱角柄秉砚、曰八棱秉砚、曰竹节秉砚、曰砚砖、曰砚板、曰房相样、曰琵琶样、曰月样、曰腰鼓、曰马蹄、曰月池、曰阮样、曰歙样、曰吕样、曰琴足"凤"字、曰蓬莱样。

将这些式样作一分类，大体可分为八类：

（1）"凤"字砚，有五种（平底"凤"字、有脚"凤"字、垂裙"凤"字、古样"凤"字、凤池、琴足"凤"字）。

（2）四直砚，有四种（古样四直、双锦四直、合欢四直）。这种四直的式样，或许是米芾《砚史》中所称的端样："今歙人最多作形制，而土人尤重端样，以平直斗样为贵，得美石无瑕，必先作此样，滞墨，甚可惜也。"

（3）仿自然天体，如月样。

（4）仿动物，如卵样、人面、龟样、双鱼样、马蹄样。

（5）仿植物，如瓜样、莲、荷叶、仙桃。

（6）仿人工制品，如鼎样、箕样、斧样、璧样、钟样、圭样、笏样、琴样、琵琶样、腰鼓样、阮样、鏊样。

（7）仿建筑，如玉台样、曲水样、月池样。

（8）仿其他名研究或流行式样，如天研、房相样、吕样、蓬莱样和歙样。

另外还有单纯的造型，如团样、砚砖、砚板。

《砚笺》之"砚图"将端砚中式样古雅者列举如下：

凤池、玉堂、玉台、蓬莱、辟雍、院、房相、郎官、天砚、"凤"字、人面、圭、璧、斧、鼎、鏊、笏、瓢、曲水、八棱、四直、莲叶、蟾、马蹄。

2. 歙砚

《歙州砚谱·名状第六》记录歙砚的形制如下：

> 端样、舍人样、都官样、玉堂样、月样、方月样、龙眼样、圭样、方龙眼样、瓜样、方葫芦样、八角辟雍样、方辟雍样、马蹄样、新月样、鏊样、眉心样、石心样、瓢样、天池样、蝌蚪样、银铤样、莲叶样、人面样、球头样、宝瓶样、笏头样、"风"字样、古钱样、外方里圆筒砚样、蟾蜍样、辟雍样、方玉堂样、尹氏样、虾蟆样、犀牛样、鹦鹉样、琴样、龟样。

其造型可分为：

（1）仿当时名砚或流行款式，如端样、舍人样、都官样、尹式样。

（2）仿自然天体，如月样、方月样、新月样。

（3）仿人物或动物的有人面样、蟾蜍样、蝌蚪样、虾蟆样、犀牛样、鹦鹉样、龟样、马蹄样。仿植物的有龙眼样、方龙眼样、瓜样、方葫芦样、瓢样、莲叶样。

（4）仿人造物品，如琴样、鏊样、球头样、古钱样、宝瓶样、银铤样、笏头样。

（5）仿建筑，如辟雍样、八角辟雍样、方辟雍样、玉堂样、方玉堂样。

（6）仿汉字，"风"字样。另有个别造型不易理解，如石心样、眉心样。

以上砚样曾被制图附于《歙州砚谱》，原图是唐积所认为的"样制古雅者"，另有多种"状样都俗"的砚台并没有画出图来，说明当时歙州砚的形制是十分丰富的。米芾在《砚史》亦说："今歙人最多作形制，而土人尤重端样，以平直斗样为贵，得美石无瑕，必先作此样，滞墨，甚可惜也。"

3. 关于"风"字砚

《端溪砚谱》将"风"字砚列在首位,端砚中的"风"字砚形制有五种之多。歙砚也出"风"字砚。宋人对"风"字砚的重视与官方重视有关。米芾《砚史》称:"唐之制,见《文房四谱》;今之制,见《歙州砚图》,故不重出。"但他在文中,重点辨析了"风"字砚从晋到宋的形制变化。以《砚史》为中心,文献所见"风"字砚形制变化如下:

(1)六朝时期的"风"字砚

右军砚:"今人有收得右军砚,其制与晋图画同,头狭四寸许,下阔六寸许,顶两纯皆绰慢,下不勒成痕,外如内之制,足狭长,色紫,类温岩,中凹成臼。"(《砚史》)

智永砚:"又有收得智永砚,头微圆,又类箕象,中亦成臼矣。"(《砚史》)

(2)唐代的"风"字砚

唐画砚:"又参政苏文简家,收唐画《唐太宗长孙后纳谏图》,宫人于玛瑙盘中托一圆头凤池砚,似晋制,头纯直微凸,如书'凤'字,左右纯斜刊,下不勒痕折,向顶亦然,不滞墨,其外随内势简易。其后至隋唐,工稍巧,头圆,身微瘦,下阔而足或圆为柱,已不逮古。"(《砚史》)

(3)北宋仁宗嘉佑年以前的"风"字砚

《砚史》曰:"至本朝,变成穹高腰瘦,刃阔如铖斧之状。仁庙已前,砚多作此制,后差少。资政殿学士蒲传正收真宗所用砚,与仁庙赐驸马都尉李公炤凤池砚,形制一同,至今尚方多此制。国初已来,公卿家往往有之。仁宗已前赐史院官砚,皆端溪石,纯薄,上狭下阔,峻直不出足,中坦夷,犹有凤池之像。或有四边刊花,中为鱼为龟者,凡此形制多端,下岩奇品也。"

(4)北宋嘉祐砚样

《砚史》称:"嘉祐末,砚样已如大指粗,心甚凸,意求浑厚,而气象盖不古，纯斗故勒深，滞墨难涤，心凸，故点笔不圆，常如三角簇，盖古砚皆心凹，后稍正平，未有凸者。"

米芾认为，这种内心凸起的式样于援毫不便："始自侍读学士唐彦猷，作红丝辟雍砚，心高凸，至作马蹄样，亦心凸，至磨墨溜向身出，观墨色则凸高增浮泛之势，援毫则非便也。"

（5）宣和官样

到宣和年间，出现了凤池样的官样砚台。《端溪砚谱》："宣和初，御府降样造形，若'凤'字，如凤池样，但平底耳，有四环，刻海水鱼龙三神山水池，作昆仑状，左日右月，星斗罗列，以供太上皇书府之用。"

三、唐宋时期名砚的产地

（一）唐宋时期的贡砚

1. 唐代贡砚

关于唐代土贡的记载，可见于《唐六典》《通典》《新唐书》和《元和郡县志》。前三者分别记录了开元二十五年（737）、天宝年间（742—756）、长庆年间（821—824）的土贡，《元和郡县志》记载的土贡分为开元（712—741）和元和（806—820）两个年代。仅记录虢州贡砚：

《唐六典》：河南道虢州贡"砚瓦、地骨、白皮、麝香"；

《通典》：河南道虢州贡"磨香十颗，砚瓦十具"；

《新唐书·地理志》：河南道虢州弘农郡贡"施，瓦砚，麝，地骨皮，梨"；

《元和郡县志》：河南道虢州贡"施，瓦砚，麝，地骨白皮，麝香"，未见瓦砚。

2. 宋代贡砚

宋代的贡砚地点除虢州外[1]，增加了宁州（治陕西宁县）、端州（治广东肇庆）和贺州（治广西贺县）。[2]

（二）唐宋时代的名砚及其由来

1. 唐代名砚

见诸文献的唐代名砚有瓦砚和石砚两种材质，除作为土贡的虢州外，从唐诗中还可以发现当时名砚。

（1）虢州砚

《砚笺》曰："虢澄泥，唐人以为第一。刘义叟如谱法造之绝佳。余得其二，一赠原甫，一置中书阁。今士大夫不学书，罕事笔砚。砚之见于时者惟此尔。"

虢州石砚稠叶砚为晚唐砚台名品。李匡义《资暇集》卷下"稠叶砚"条记述了这种名砚之由来：

稠叶砚始因元和初愚之叔翁宰虢之耒阳邑，诸季父温清之际必访山水以游。一日于涧侧见一紫石，憩息于上。佳其色，且欲随至，遂自勒姓氏年月，遂刻成文，复无刓缺。乃曰："不刓不钝，可琢为砚矣。"既就琢一砚而过，但惜重大，无由出之，更行百步许，往往有焉，又行，乃多至有如拳者，不可胜纪。遂与从僮挈数拳而出，就县第制研。时有胥性巧，请研之，形出甚妙。季父每与俱之涧所，胥父兄稠叶逆肆人也，因季父请，解胥籍而归父兄之业。于是来研砑，席于大路，厥利骤肥。土客竞效，各新其意，爰臻诸器焉。季

---

1 《元丰九域志》卷三"虢州"："土贡……砚二十枚。"《宋史·地理志》亦有记载：虢州"贡麝香、地骨皮、砚"。（宋）王存等撰：《元丰九域志》，钦定四库全书本，3.24b 页。

2 《元丰九域志》卷三宁州"土贡……砚十枚；卷九端州"土贡……砚一十枚"。《宋史·地理志》亦载：宁州"贡庵闾、荆芥、砚、席"；肇庆府"（端州）贡银、石砚"；贺州"贡石砚"。见（宋）王存等撰：《元丰九域志》，3.27b、11.27a 页。

父大中壬申岁授陕，今自元和，后往还京洛，每至稠叶，镌者阙相率辄有所献，以报其本，迄今不息。季父别业在河南福昌邑，下至于弟侄，市其器，称福李家，则价不我贱。

（2）青州石末砚与绛州黑砚

《旧唐书》卷一百六十五《柳公权传》："（公权）所宝惟笔砚图画，自扃鐍之。常评砚，以青州石末为第一，言墨易冷，绛州黑砚次之。"青州石末在当时还是制作腰鼓鼓腔的重要材质。(《唐语林》卷五："宋开府璟虽耿介不群，亦知音乐，尤善羯鼓。尝与明皇论羯鼓事曰：'不是青州石末，即须鲁山花瓷。'")

（3）端砚

到中晚唐，端砚已进入唐代士人的视野。在唐诗中，多有赞咏端砚的诗句。如刘禹锡（772—842）《唐秀才赠端州紫石砚，以诗答之》：

> 端州石砚人间重，赠我因知正草玄。阙里庙堂空旧物，开方灶下岂天然。玉蟾吐水霞光静，彩翰摇风绛锦鲜。此日佣工记名姓，因君数到墨池前。

再如李贺（约790—817）《杨生青花紫石砚歌》：

> 端州石工巧如神，踏天磨刀割紫云。佣刓抱水含满唇，暗洒苌弘冷血痕。纱帷昼暖墨花春，轻沤漂沫松麝薰。干腻薄重立脚匀，数寸光秋无日昏。圆毫促点声静新，孔砚宽顽何足云。"

《续资治通鉴长编》卷三十三："（淳化二年，991）夏四月庚午朔，诏罢端州岁贡石砚。"端州始贡石砚的时间不详，但北宋初年诏罢贡砚后，到元丰年间端砚再次列入土贡名录。

（4）宣州石砚

李白诗："笺麻素绢排数厢，宣州石砚墨色光。"说明宣州石砚在盛唐时期已为士人所知晓。

2. 宋代名砚

从数量上看，宋代名砚较之唐代有了很大的增长。苏易简《文房四谱》载砚 40 余品，对宋砚的评价，以"青州红丝石第一，端州斧柯山第二，龙尾石第三，余皆在中下。虽铜雀台古瓦研列于下品特存古物耳。"这一品评，与唐人已经不同。

米芾《砚史》在"用品"一节中记录了 25 样当时的名砚，计有：玉砚，唐州方城县葛仙公岩石，温州华严尼寺岩石，端州岩石，歙砚婺源石，通远军洮石砚，西都会圣宫砚，成州粟亭石，潭州谷山砚，成州栗玉砚，归州绿石砚，夔州黟石砚，庐州青石砚，苏州褐黄石砚，建溪黯澹石，陶砚，吕砚，淄州砚，高丽砚，青州蕴玉石、红丝石、青石，虢州石，信州水晶砚与蔡州白砚。

按材质可分为：

（1）玉砚；（2）水晶砚；（3）陶砚（2样）；（4）石砚（共21样）

《砚笺》加以扩充，计有65样：

玉砚、水精砚、红丝石砚、蕴玉石砚、紫金石砚、素石砚、黄石砚、青石砚、丹石砚、白石砚、鹊金砚、褐石砚、会圣宫砚、高丽砚、仙石砚、金雀石砚、金坑石砚、凤咮砚、洮石砚、泪石砚、唐石砚、宿石砚、绛石砚、淄石砚、登石砚、宁石砚、宣石砚、明石砚、泸石砚、戎石砚、淮石砚、万石砚、夔石砚、中正砦石砚、归石砚、柳石砚、成石砚、吉石砚、永嘉石砚、沅石砚、滩哥石砚、黛陁石砚、潭石砚、岳麓砚、庐山砚、太湖石砚、石钟山石砚、铜雀砚、汉祖庙瓦砚、灌婴庙瓦砚、东魏兴和瓦砚、楚王庙砖砚、古陶砚、青州石末砚、潍砚、磁砚、虢砚、澄泥砚、缸砚、银砚、铁砚、铜砚、蚌砚、漆砚、金龟砚。

按材质可分为：

（1）玉砚；（2）水精砚；（3）石砚（47样）；（4）陶磁砚（10样，包括澄泥砚、瓦砚、砖砚、缸砚）；（4）银砚；（5）铜铁砚；（6）蚌砚；（7）漆砚；（8）金龟砚（待考）。其中，石砚与陶磁砚的产地较之米芾《砚史》扩大，银砚、铜铁砚、蚌砚、漆砚、金龟砚四类砚则不见于米芾《砚史》。

从产地上看，宋代不仅保留了唐代的名砚产地，还新增了不少产砚地，砚台的产地范围较之唐代大为扩展，名砚分布于包括一些边疆州郡在内的数十个州府。以下以歙砚和青州红丝石砚为例，说明宋代名砚的来源。

（1）歙砚的由来

唐积《歙州砚谱·采发第一》："婺源砚在唐开元中，猎人叶氏逐兽至长城里，见叠石如城，垒状莹洁可爱，因携以归，刊粗成砚，温润大过端溪。后数世叶氏诸孙持以与令，令爱之，访得匠手斫为砚，由是山下始传。至南唐，元宗精意翰墨，歙守又献砚并斫砚工李少微，国主嘉之，擢为砚官，今石工周全师之，尔后匠者增益颇多。今全最高年，能道昔时事，并召少微孙，明访伪诰不获，传多如此。今山下叶氏繁息几数百户，乃猎者之孙。"

这一段话讲述了婺源砚被人偶然发现后，通过供奉官府和朝廷的方式，获得认可，成为名砚的经过。唐时属歙州（治今安徽歙县）。婺源砚始造于唐开元年间。既然猎户都会识石，说明当时人已普遍具备制砚的知识。后来叶姓猎人的子孙将婺源砚献给县令，获得赏识，这种砚开始传到山下。到南唐时，歙州刺史将婺源砚献给南唐元宗，大受赏识，遂将砚工李少微提升为砚官。一直到北宋少微弟子周全还是知名的师工。

（2）青州红丝石的由来

青州石末砚被唐代士人柳公权列为第一。青州红丝石的发现则与北宋士人唐积有关。《事实类苑》卷六十三："唐彦猷清简寡欲不以世务为意，公退一室，萧然终日，默坐惟吟诗、临书、烹茶、试墨以度日。比嘉祐中，守青社，得红丝石于黑山，琢以为砚。其理红黄相间，文如林木，或如月晕，或如山峰，或如云霞花卉。石自膏润浮泛墨色。覆之以匣，至数日不干。彦猷作《砚录》，品为第一，以谓自得此石，端溪龙尾皆置不复视矣。"在唐积所著《砚录》中，将青州红丝石砚品为第一，置于端砚与歙砚之上。

结　语

以上从著述、形制、产地三方面比较了唐宋之间砚台生产的差异。中国人用砚的历史十分悠久，但对砚台的专门记述却是从宋代开始的，宋代既有《文房四谱》这样以类书形式记载砚台的书籍，也有专门记录某一类名砚的专书，如《端溪砚谱》与《歙州砚谱》，更有对用砚历史作全面考察的米芾《砚史》，以及汇编各类记砚著作的《砚笺》。这些著作成为自宋代出现的一类新的著述——谱录类的重要内容之一。唐砚的形制多沿用六朝，而以端砚和歙砚为代表的宋砚则创造出各种复杂而生动的式样，这些形制为后世所重，并成为清代宫廷砚台的模仿对象（见《西清砚谱》）。如果说唐代的名砚只是凤毛麟角，宋代的名砚则是百花齐放，随着砚石知识的积累，士人纷纷将任官所在或游历之处的优良石材制作成砚台，从而使名砚遍地开花。宋代名砚不仅分布于经济发达的都市，而且遍布于贫瘠之地，甚至是战火纷飞的边陲。从砚台这一小小的物品，我们也能一叶知秋，窥见唐宋之间巨大的社会转型。

道德、秩序与情色
——古代墓葬装饰中的梳妆图

陈长虹

四川大学博物馆

　　摘　要：从宏观的角度审视中国古代墓葬装饰中对女性人物的形塑，女性梳妆很容易被研究者忽略。和墓主画像的情况类似，梳妆图像也是东汉与宋金墓葬装饰中常见的题材。本文从前后两个时段入手，一方面对汉代"楼阁拜谒图"中上层女眷的梳妆细节加以辨识，结合两汉人物画的伦理鉴戒功能，推测"楼阁拜谒图"为汉儒家国一体政治乌托邦的图画梦想；另一方面关注宋、金墓葬装饰中的相关图像，结合古代人物画的总体发展趋势，对其中的女性墓主和侍妾身份加以区隔，推论在一个新的社会转型期，处于上升阶段的广大士庶阶层在墓葬营造的家庭私人空间中，用梳妆这一细节建构女性社会性别、身份和地位，并最终达致道德之美与容颜之美的握手言欢。

　　关键词：东汉；宋金；墓葬；梳妆图

　　如果从宏观的角度去审视中国古代墓葬装饰，在题材方面，正如梁庄艾伦指出，会发现有三方面的内容：一是汉唐以来到宋、辽、金墓葬装饰一直沿用的内容，如门吏、四神；二是唐代之后出现的装饰题材上的革新，如家具、格子门、释道因素；三是在汉代出现过但在唐代却没有或只是偶见，在宋代却普遍使用的题材，如宴饮、半启门、孝子故事等。这种归纳颇具启示性，却不够完整。比如汉代墓葬装饰中流行的历史故事，除了孝子故事保留下来，列女、列士等鉴戒类人物故事图像却是魏晋，尤其唐以后墓葬装饰几乎完全摒弃的内容。而墓主画像（准确地说是亡者的镜像）始见于东汉，唐代少见，五代以后又开始广泛流行。本文将讨论的，是古代墓葬装饰中的梳妆题材图像。在过去的研究中，"梳妆"作为女性在纯然私人领域内的一种活动是容易被研究者忽略的，更不被视作一种图像题材加以讨论。但是如果我们从性别角度切入考虑，对于为逝者服务的墓葬装饰而言，服务的对象不外乎男／女两性；图像的内容，所呈现与所关联的也同样是男／女这"两个"群体。对于占据人类群体一半的女性而言，她们在古人的图像中"做什么"，显然对我们理解这些图像至关重要。针对女性梳妆这一古代墓葬装饰中恒久不变的主题，考察其在不同时期的图式与寓意的具体变化，一方面有助于我们避开男权社会的权威话语，直面不同历史时期的社会人群对女性的形象图绘，理解世俗阶层在墓葬绘画中对女性社会性别、身份、地位的建构方式；另一方面，从性别这一视角切入，关注女性的活动，亦有助于我们从一个全新的侧面去思考古人构筑墓葬装饰图像的深层含义。

一、被忽略的"他者"

在山东地区，尤其是嘉祥地区出土东汉小祠堂正壁画像上，常见双层楼阁。这种被多数研究者称作"楼阁拜谒图"的图像已经过学者多年的讨论，但是没有人去认真辨识上层楼阁中女性人物的行为。如果我们细读图像，会发现居中端坐女性的两侧，侧面躬身女子往往有持镜的动作，或举镜侍候正坐女子，或对镜自照，此外还不乏对镜理鬓、垂头梳发的细节。没错，这层楼阁是她们的闺房，而她们正在梳妆。

武氏祠画像中，梳妆女性出现于三处。武梁祠后壁"楼阁拜谒图"中楼阁上层有七名女性。[1] 右起第三、四女为中心人物。第三女头戴花冠，正面端坐，其左侧一女手持便面。第四女侧身向右，面对右边女子手中所持的镜子。此女身后更有一女，躬身手捧圆形奁盒。

前石室后壁小龛正壁楼阁上层正中一身形高大的女性正面端坐，左右各有四女。[2] 右女奉碗（或盏），左女手中所持或为一平举的铜镜。此正面楼阁经过转角，与小龛西壁第二层图像紧密相连[3]。其中八女跽坐，中间二女各伸一手捧接一物，二人之间的地面置一器具，或为奁盒。右起第一女右手握住铜镜的绶带，正举镜端详自己的面容。

图1　左石室后壁小龛后壁女眷图像（采自《中国画像石全集1》图84）

1　参见蒋英炬主编：《中国画像石全集1：山东汉画像石》，山东美术出版社，2000，图51。

2　同上，图84。

3　同上，图64。

此外，左石室双层楼阁上层共有十名女性。居中一女正面端坐，其右女奉上奁具，左女手举镜子。（图1）

嘉祥宋山小祠堂画像上，亦有类似的梳妆场景。

1号小祠堂后壁楼阁上层居中一女正面端坐，其左右各有二女[1]。右女手握铜镜正在审视自己的面容。

3号小祠堂后壁楼阁上层三名女性正面端坐，其右一女手捧一奁面向左边的托梁力士。其左二女，一女捧奁，一女持三珠果。再向左为一组合场景：一名女子面右俯首，长长的头发从头顶拢成一束，从前额拉下，手握发端，正在梳头发。她的对面，一名女子揽镜自照，二人之间有一圆形奁盒。这是汉画中第一次出现女性梳发的场景，所绘情形类似于今时女性刚洗完发后，因头发太长，故垂首从脑后拢至前面梳理。再往右，是托举力士和背囊女子。越过斜坡屋脊和斗拱是另一间楼阁。楼内一女左向立，左手持镜，右手绕到脑后正在簪戴发钗一类头饰。因手臂高举，宽大的衣袖垂坠到肘部，是极为生动的细节描绘。在她面前，托梁力士躬身单手奉上奁盒。（图2）此外，2号小祠堂后壁楼阁上层正中一女正

图2　宋山3号小祠堂后壁楼阁上层女眷图像（采自《中国画像石全集2》图105）

1　参见赖非主编：《中国画像石全集2：山东含画像石》，山东美术出版社，2000，图103。

图 3　嘉祥隋家庄关帝庙画像石女眷梳妆图像（采自《汉代画像全集》一编图 189）

图 4　平阴县实验中学出土汉画像石楼阁女眷图像

[采自《山东平阴县实验中学出土汉画像石》，载《华夏考古》，2008（3），32 页]

面端坐 [1]，其右二女，一女揽镜自照，一女手举一镜奉于端坐女子，同时转过头和身后女性交谈。

嘉祥南武山画像上层与武氏祠左石室上层类似，一女正面端坐，其左右二女，右女奉镜，左女奉碗。[2]

隋家庄关帝庙画像石右半残断，左段左边为一双层楼阁。楼上一体形较大女性正面端坐。其左侧一女手持铜镜递向正坐女子。这个局部画面与前述多幅图像最大的区别在于楼阁的柱子并非托举力士。（图 3）

平阴县实验中学出土祠堂后壁画像虽漫漶过甚，其图像表现亦值得特别注意。[3] 上层左边一女侧身仰首揽镜自照，镜子的绶带随之扬起，极富动感。右边二女对语，面孔贴近（图 4）。右阙外上层檐下楼内有二人对语。左阙上层檐上一兽上攀，檐下三女亲密对语。对语的女性造型让

1　参见赖非主编：《中国画像石全集 2：山东含画像石》，图 92。

2　1969 年在嘉祥南武山出土的三块画像石，从尺寸和画面布局分析，应该是一座小祠堂的三面。参见朱锡禄、李卫星：《山东嘉祥南武山汉画像石》，载《文物》，1986（4），87 页。图像参见赖非主编《中国画像石全集 2：山东汉画像石》图 132。

3　1991 年平阴县实验中学发现一座采用汉画像石建造的晋墓，其中第七石断为两块，估计为祠堂后壁。画像由界栏分为二层，下层为楼阙拜谒图。参见乔修罡、王丽芬：《山东平阴县实验中学出土汉画像石》，载《华夏考古》，2008（3），32 页。

图5　山东祠堂楼阁拜谒图标准样式
（采自《中国画像石全集1》图84）

人联想到洛阳八里台汉墓山墙壁画上的对语女子[1]，她们营造了令人难解的深闺私密气氛。

　　祠堂正壁的"楼阁拜谒图"作为一种固定的图式主要见于嘉祥地区，此外嘉祥以北一百多千米的平阴有一例。目前对这幅图像的上层人物的理解均来自下层受拜谒男子，主要有三种看法，包括受穆天子朝拜的西王母、汉宫中的帝后和妃嫔、祠主的妻妾。[2]

　　从画面来看，楼阁下层和楼阁上层呈现出上下叠压的布局。一层楼阁的斜坡屋顶和双阙的下层斜坡顶几乎相连，托梁力士之外的女子恰似站在坡形屋脊上，实际她是被悬在了半空。在现实中，类似结构的楼阁双阙和人物组合不可能存在。图像描绘的实为空间上具备纵深的建筑，画像石二维平面的构图使得画者采用了上下叠压的方式处理图像。依照下近上远的原则，双阙离我们最近，拜谒者所处下层楼阁是一个单独的厅堂。厅堂之后，女宾所处的第二层楼阁其实是寝，这同样是单层。这是一座以阙为进门标志，前堂后寝的大型院落。楼阁旁边的大树生长于院内，楼阁拜谒图下层的车马出行奔驰于院外（图5）。这种俯瞰为"日"字形的庭院建筑在山东沂南汉墓里有相对立体写实的描绘。[3]代替柱子的

1　参见富田幸次郎：《波士顿美术馆藏中国画帖（汉至宋）》，哈佛大学出版社，1938，图9—13。

2　参见信立祥：《汉代画像石综合研究》，文物出版社，2000，92—93页。

3　参见曾昭燏、蒋宝庚、黎忠义：《沂南古画像石墓发掘报告》，文化部文物管理局，1956，图版103；拓印图见蒋英炬主编：《中国画像石全集1：山东汉画像石》，155—156页，图207。

图6　灵璧县阳嘉三年祠堂画像，楼阁拜谒、梳妆、乐舞图
（采自《中国画像石全集4》图177）

力士，楼阁顶部的飞鸟、羽人等祥瑞都说明这个庭院并非现实生活中的庭院，这是人们想象中的理想世界。

　　类似图样还见于安徽地区。如灵璧县征集的阳嘉三年（134）祠堂后壁画像。画面分上下两层。下层为车骑出行，上层图绘正厅及廊房（图6）。男女主人在厅内相对而坐，身后有仆人陪侍。左廊沿廊道而下有三名男子跪伏持笏拜谒，相对右廊跪坐三名女性，第一女照镜，第二女对镜簪戴头饰，第三女拱手。庭院内正表演建鼓舞。此幅构图是将嘉祥地区祠堂正壁的双层楼阁处理为对称三角形，楼阁内物象的关系从下上递进（实为前后递进）转化为左右并列，而表现的物象不变，仍以男子受拜谒、女子端坐和梳妆为重点，另外增加了庭院内乐舞的内容。

　　此外，灵璧县九顶镇出土一件东汉画像石，画面上层表现为楼阁，屋上、斗拱内有凤鸟，屋檐下有鸿雁，是和山东祠堂类似的梦幻型楼宇。楼上一妇人占据了楼内整个空间。她头戴花冠，踞坐对镜整理发髻，镜子的绶带平行飞起。衣袖下地面上置一圆形食盒。[1]

　　在内寝之中，正面端坐戴花冠的女性为中心人物，多数情况只出现

1　参见汤池主编：《中国画像石全集4：江苏、安徽、浙江汉画像石》，山东美术出版社，2000，图182。

　　　　　　　　　　　　　　　　　　　　　制器尚象：中国古代器物文化研究

一名，唯宋山小祠堂正壁有三名女性端坐。端立女性左右各有数女，均呈侧面造型。单从服饰来看，她们和正面女性没有任何区别，将她们一概称为侍女不尽恰当。这些女子手中持有的物品包括碗、便面、三珠果，形似漆奁的盒子、铜镜。镜子、奁盒皆为梳妆用具，三珠果为长生之药，可能还有驻颜之效。碗中可能盛水，用以净手。除持铜镜者外，其余持物的女子都表现为敬献的姿势，可以推测这类人物的身份为侍女。持有镜子的，一类是举镜到中心端立者面前，一类是揽镜自照。在宋山3号小祠堂中除了照镜的场景外，还有极为生动的梳理长发、对镜插戴首饰的场景。揽镜自照者、梳发者应该是侍妾一类。虽然基于构图的限制与东汉绘画的习惯使然，画面上这些女性只能紧贴楼阁的上层边栏，但是可以肯定画者力图表现的这些人物其实处于室内不同的空间。

在"楼阁拜谒图"中，下层中心男子正堂而皇之地接受诸多官员的拜谒，与之对应的另一半，女眷们却表现为颇具私人性质的照镜梳妆。专属女性深闺内闱的家内活动与展示男性公共空间的政治活动在祠堂画像上并列，制作者的意图，或许给了我们一个重新理解"楼阁拜谒图"表象与深意的关键提示。

二、图画政治乌托邦

在中国古代人的社会生活中，用来照览面影的镜子具有非同寻常的地位。从汉代开始，它就是墓葬中最常见的随葬品之一。出土的铜镜一般置于尸身头部位置，可见死者即使到了漆黑的墓中，依据死后如生的观念，依旧需要揽镜照面，整理衣冠。除了铜镜实物，在巴蜀地区的成都和重庆等地的汉代墓葬中，还出土了大量的持镜俑。这些俑大多长袍及地，头裹巾帻，一手将铜镜抱在胸前。研究者多认为这是女仆形象。

图7　南阳四里岗画像石捧妆台女
子图像

（采自《南阳汉画早期拓片选集》
图102）

持镜女俑在墓中的出现，意味着随时准备侍候主人梳洗。[1]

除了立体塑像，在河南南阳地区的汉代画像石中还常见持镜和捧奁的女仆形象。如南阳市辛店公社英庄村汉画像石墓，主室中门柱上刻一侍女正面端立，右手执铜镜，下垂流苏。[2]左右门柱是伏羲女娲，持镜女站立在绝对中心的位置，镜子的重要性在此得到特别的彰显。南阳四里岗画像石，画面刻二侍女共捧一奁，右女左手还托举着一个带镜的镜台。二人高髻宽袖，长裙曳地徐行，似乎正走向墓中的主人（图7）。此外在河南地区画像石墓葬门柱上，侍女单独站立双手捧奁的图像也时有发现，造型基本一致，即女子正面站立，双手捧奁盒，这显然也是梳妆前的准备。[3]

在四川，镜子还被墓主一类的人物握在手中，这类画像通常出现在崖墓的墓门。新津早年出土的两块墓门画像，在贤儒赵搀的手里，握着一面镜子。曾家包汉墓M2墓门上的男女墓主，女性手中都举着镜子，而男性手握书卷。曾家包M1墓门西扇刻画身形高大的女墓主，左手执镜。

1　参见刘志远：《成都天回山崖墓清理记》，载《考古学报》，1958（1），98页，图版八-4；朱伯谦主编：《中国陶瓷全集第3卷·秦、汉卷》，上海人民美术出版社，2000，图191、228。

2　陈长山、魏仁华：《河南南阳英庄汉画像石墓》，载《中原文物》，1983（3），25—37页。

3　参见南阳市博物馆编：《南阳汉代画像石刻》，上海人民美术出版社，1981，图21；长山、仁华：《邓县长冢店汉画像石墓》，载《中原文物》，1982（1），17—23页，图版六之4、5；南阳市文物研究所：《河南南阳蒲山二号汉画像石墓》，载《中原文物》，1997（4），48—55页；蒋宏杰、赫玉建、刘小兵、鞠辉：《河南南阳陈棚汉代彩绘画像石墓》，载《考古学报》，2007（2），233—266页；《河南省邓州市梁寨汉画像石墓》，载《中原文物》，1996（3），1—7页；《汉代画像石全集6·河南汉画像石》，山东美术出版社，2000，图120、125、199；南阳地区文物研究所、南阳汉画馆：《南阳汉画早期拓片选集》，中州古籍出版社，1993，图109、118、119、143。

东扇门下部残缺，推测也是男性墓主捧书的形象。书卷与镜子是四川两座汉墓墓主夫妇的人生道具，他们分别用书籍和铜镜来修饰人生。

汉代人大量采用铜镜、奁具随葬，墓葬中多有出现侍妆、照镜画面的原因，需要从铜镜所具备的道德、观念层面的意涵去追寻。

古人以镜照面，并将览形和观心相提并论。《韩非子》云："古之人，目短于自见，故以镜观面；智短于自知，故以道正己。故镜无见疵之罪，道无明过之恶。目失镜，则无以正须眉。身失道，则无以知迷惑。"这就强调镜子可以帮助对镜者自省，甚至将"照镜"提高到与"正道"并举的高度。汉代儒学家李尤在自己的铜镜上题辞："铸铜为鉴，整饰容颜。修尔法服，正尔衣冠。"[1] 正衣冠是象征的说法，意思是自省，保持良知和德行。"鉴"之一字为象形字，正像人临镜自照。晋代傅咸在《镜赋》中赞颂镜子"不有心于好丑，而众形其必详；同实录于良史，随善恶而是彰"的美德后，亦强调对镜的君子应该"内省而自箴"。在《汉书·谷乐传》中，照镜与考行结合，"愿陛下追观夏、周、秦所以失之，以镜考己行。"颜师古注："镜谓鉴照之。"[2] 又荀悦《申鉴·杂言上》："君子有三鉴，世人镜鉴。前惟训，人惟贤，镜惟明……故君子惟鉴之务。若夫侧景之镜，亡镜矣。"又"君子有三鉴：鉴乎古，鉴乎人，鉴乎镜"[3] 通过反思过去，反观他人，审视自身，人们知道目前应该如何行事。

作为更多为女性日常使用的物品，镜子对女性同样具备鉴行的功能。蔡邕在《女训》中指出："夫心，犹首面也，是以甚致饰焉。面一旦不修饰，则尘垢秽之；心一朝不思善，则邪恶入之。"[4] 他认为，女子对镜梳妆，一则为去尘垢，更重要的意义在于洁心，将揽镜观面的行为提升到思德

1　陈梦雷等编：《古今图书集成》卷七百九十八《考工典》，巴蜀书社、中华书局，1984—1988，43 页。

2　（汉）班固撰，（唐）颜师古注：《汉书》卷八十五《谷永传》，中华书局，1975，3443—3471 页。

3　（唐）虞世南撰，（明）陈禹谟补注：《北堂书抄》卷一三六，商务印书馆影印四库全书本，136.3a（889-686b）页。

4　（汉）蔡邕：《女训》，《全后汉文》卷七十四，商务印书馆，1999，756 页。

观心的高度。班昭在《女诫》一章中对妇行提出四项标准，包括德、言、容、功。所谓妇容，丝毫不涉及姿色、装扮，而是需要"盥浣尘秽，服饰鲜洁，沐浴以时，身不垢辱"。洁净朴素的容貌是美好德行的表现。蔡邕《女训》中更有这样一段文字，对女子装饰容貌的细节举动做了详细的描述：

> 咸知饰其面，不修其心，惑矣。夫面之不饰，愚者谓之丑；心之不修，贤者谓之恶。愚者谓之丑，犹可；贤者谓之恶，将何容焉？故览照拭面则思其心之洁也，傅脂则思其心之和也，加粉则思其心之鲜也，泽发则思其心之顺也，用栉则思其心之理也，立髻则思其心之正也，摄鬓则思其心之整也。[1]

在汉儒的内心期待中，女性揽镜自照、傅脂施粉、膏发栉沐等一系列实际的举动，伴随的都是内心的反思与自省。对镜梳妆的整个过程，即是修身、观己、思德的过程。

和现代人普遍持有的照镜梳妆即为修饰容貌、以色悦人的看法不同，在汉代，镜子是女性德行的象征，照镜饰容是和道德自省同义的举动。墓中出现的持镜女俑、持镜人物，都暗示着社会对妇女修德的期待。梳妆的女性，实为才德高妙的女性。而女性梳妆的图像，实为传达道德观念、具备伦理意义的鉴戒类列女图像。

需要注意的是，虽然铜镜和奁盒是古代男性也会使用的日常器具，梳妆同样是男性，尤其是贵族男性的日常行为，且同样强调"道德鉴戒"的作用，但是在直观的墓葬图像，甚至包括传世绘画中，从来没有男性对镜或由侍从陪侍妆奁的形象。可见在古代，铜镜和奁盒更多具备的仍是阴性意涵，是女性性别的表征。

---

1 （汉）蔡邕：《女训》，《全后汉文》卷七十四，756页。

山东沂南北寨出土的大型画像石墓，后室是左右并列的两个墓室，为存放棺椁之处。两室中间隔梁处有一斗拱使两室得以沟通。按照汉代人事死如生的观点，这里是逝者的寝室。后室画像虽然没有明确的梳妆场景，但是可以和山东祠堂画像中的楼阁拜谒图对读。

东室南部支撑过梁石画像分上下两格，边栏为三角形纹和象征室内空间的垂帐纹。上格刻画日常用具，包括奁具、食具、酒具。还有一只有翼的猫，面对着前方一只老鼠。

下格内容为梳妆备宴图（图 8）。三位头上插满花钗的女性站立，左侧一人持长柄镜台，居中者捧奁具，右者手持拂尘或幢类物。举镜台的女子脚下放着一方一圆两个奁盒。此外地面还散置鼎、案、几，案上有系列食具。

相应西室南部也分上下格。上格是武库，陈列着三排兵器架，架上有棨戟、刀剑、矛、戈、盾牌、箭筒等武器。下格内容似乎是备马侍宴图。画面左端是一兵器架，上插矛，一侍者捧方盒左向欲行。右侧一侍右手持便面，左手执马辔，正在备马。两人前方放着两壶一奁和一个高足灯。在北部过梁石上，有衣服架子、衣服、几、几上的两双鞋。[1]

东室埋葬的是女性死者，壁上所有物象都暗示了即将进行的闺阁之内的梳妆和饮宴活动。西室埋葬的是男主人，画像包括武器、马匹，象征贵族男性所崇尚的武力和高贵身份。拥有并享用这一切的，当然是棺椁里的男女主人。回看山东祠堂正壁的楼阁拜谒图，其上层正面端坐的女性正被侍候梳妆、饮食，在沂南墓中表现为女婢持镜奉奁和地上散置

1　参见曾昭燏、蒋宝庚、黎忠义：《沂南古画像石墓发掘报告》，29 页。

的饮食器具。其下层侧面踞坐男性被持笏的官员簇拥拜谒，院外有车马出行，在沂南墓中表现为侍者备马侍宴和静置一旁的兵器库。

同样为东汉中晚期，在江苏和安徽的祠堂正壁还有另一类楼阁图像[1]，可与嘉祥祠堂画像并论。除了画面更为庞杂，物象更加充实外，其巍峨壮观的楼阁厅堂，男主人接受拜谒，楼阁上方的祥禽瑞兽都是相同的元素。有趣的是，与嘉祥地区祠堂女眷们忙于梳妆不同，此处的女性正在从事忙碌的纺织活动。

江苏徐州洪楼祠堂左后壁，画面分上下两层（图9）。下层中心部位表现为正在进行乐舞百戏表演的庭院。画右一屋，屋内男性宾主正在观看百戏，踞坐之人皆为戴冠着袍的贵族男子。与此相对，画左也是一屋，屋内三女正在从事纺织活动。右边一人调丝，中间一人络纬，左面一人坐在织机上准备织布。屋檐下悬挂着缠满丝线的籰子。

安徽宿县褚兰建宁四年（171）胡元壬墓祠堂后壁上，前述洪楼祠堂后壁画像中的两座建筑被合刻在一起，成了一座豪华的双层楼阁（图10）。楼阁上层，主人正在举行宴会。宾客皆恭谨面对主人，房外有仆役听候使唤。下层空间内三名妇女正在纺织。左者坐络车旁，手中转动着籰调丝。右者在专心摇纬。中间坐在织机上的妇女抱着婴儿逗乐。[2]

胡元壬祠堂旁边的熹平三年（174）邓季皇祠，祠堂正壁图像中央也有一座大型楼阁。[3]楼上两男对饮，两侧有人物拜谒。楼下梯形空间内是纺织场景：中间一残断织机和纺织女性。右端楼梯下一女踞坐络车旁络纬。左梯下一女纺线，一小儿伏拜。

1　有论者认为这是祠主受祭图，参见前揭《中国画像石全集4》，5页。

2　陈秀慧认为类似图像是《列女传》中梁高行故事，但是没有提出任何可信的证据。参见陈秀慧：《滕州祠堂画像石空间配置复原及其地域子传统（下）》，朱青生主编：《中国汉画研究》第4卷，广西师范大学出版社，2011，197—358页。

3　参见《中国画像石全集4》图172。

图 9　铜山县洪楼祠堂左右壁画像：纺织、拜谒、伎乐
（采自《中国画像石全集 4》图 46）

图 10　安徽宿县褚兰胡元壬墓祠堂
后壁画像局部
（采自《中国画像石全集 4》图 155）

　　三座祠堂在陈秀慧的研究中被统称为褚兰样式。[1]画像的布局虽然稍有差异，但是都可以归纳出男性宴饮、女性纺织、布满祥瑞的楼阁、乐舞百戏等场景内容。此外，徐州还有单独发现的类似风格的祠堂后壁画像石。画像分三层，第二层为双层楼阁图，是褚兰祠堂的倒"V"字形结构。上层画像为正厅与左、右厢内的宾主宴饮，楼下为妇女纺织。最下层凸字形墓碑左端为建鼓乐舞百戏图像，右端为拜谒图像。[2]

　　从地缘看，徐州与褚兰接近，在汉代都位于彭城国的辖区内，极有可能是同一个工匠集团流动的范围，所以才会出现风格与构图如出一辙的作品。祠堂正壁的女性纺织场景往往处于醒目的位置，画面写实，充满生活情趣，与男主人拜谒宴饮活动呼应。嘉祥地区祠堂正壁的双层楼阁在徐州祠堂画像上被安排为并列对称的两座房屋。两个地区女眷的活

1　陈秀慧：《滕州祠堂画像石空间配置复原及其地域子传统（上）》，朱青生主编：《中国汉画研究》第 3 卷，广西师范大学出版社，2010，283 页。

2　陈秀慧：《滕州祠堂画像石空间配置复原及其地域子传统（上）》，283 页。

动，一为梳妆，一为纺织，同样是具有象征意义的表现妇德妇行的活动。[1]
此外，山东还偶见另一种楼阁内纺织的样式。在滕州龙阳店出土祠堂画
像中[2]，画面中部为楼阁拜谒，左侧安排群女纺织，右侧为象征男性权力与
力量的武库图像。在这里，纺织画像的阴性含义更为彰显。

　　不同于"葬者，藏也"，"闭圹之后永不发"的墓葬画像，祠堂图像面
临的是"众生之眼"，可能的观者除了参加葬礼的亲友、乡邻，还包括更
加广泛的社会人群。郑岩曾引用安国祠堂题记的最后一段话来分析祠堂：
"不仅是孝子与其故去的亲人进行心灵对话的场所，而且也可以为其他人
所看到。这些观者有的被设想为从外远道而来的路人，有的是当地不同
年龄的居民。"[3] 在祠堂制作者，尤其是决定祠堂图像构成的出资人心目中，
祠堂画像的观看者是他们"期望画像被观看"的人。作为一座面向公众
的开放性"礼堂"的一部分，祠堂上的图像更具"即视感"与"在场感"，
类似一幅现代意义上的宣传画，宣示着制作者内心的某种愿望，既欲为
不同阶层的"他人"所知，又欲与周遭同阶层的人群共享。

　　在祠堂正壁最易为观者"正眼"所目睹的"楼阁拜谒图"中，人们
居住在华丽的楼居内，男子身居高位接受众多下级官员的拜见，他的有
着高尚德行的妻妾聚于后寝，或对镜修容饰性，或忙于纺织劳作；庭
院内有各种天界祥瑞环拱嬉戏，有巨大的连理树，有象征子孙繁衍的射

1　汉画中操作织机的妇女往往并非下层劳动妇女，纺织图像也并非展现地主庄园的豪华奢侈，或者某
些学者提出的对劳动人民的盘剥，其实是彰显妇德妇功的图像。这些图像中的女性既可以是慈爱母仪
的邹孟轲母、鲁季敬姜，贤德明慧的宋鲍女宗、楚接舆妻，贞节顺从的楚白贞姬、鲁寡陶婴、陈寡孝
妇，也可以是断织劝夫的乐羊子妻、织履养子的翟方进母，她们同为社会理想化、概念化的女性典范。
关于汉代墓葬图像中纺织题材的道德意涵及相关问题的讨论，参见陈长虹《纺织题材图像与妇功——
汉代列女图像考之一》，载《考古与文物》，2014（1），53—69 页。

2　参见《中国画像石全集 2》图 163。

3　郑岩：《视觉的盛宴——"朱鲔石室"再观察》，见《台湾大学美术史研究集刊》41 期，2016，99
页。

图 11　微山两城永和小祠堂后壁画像
（采自《中国画像石全集 1》图 31 ）

鸟场景。[1]庭院内外有高车驷马，这同样是身份和地位的象征。诸种纷繁的物象中，女性的闺阁世界是容易被我们忽略的，但是她们确实不容否认地占据了这栋公共建筑的一半。这一半所代表的女性家内空间与拜谒、车马、武库等暗示的男性政治空间共构一个共同的生活秩序。在这个秩序中，家庭与国家相遇，私人与公共道德相交，达成了一个理想的和谐状态。在这个意义上，我们与其去推论判定楼阁中心人物的具体所指，不如去倾听图像的言说，它陈述的其实就是一个梦想，一个家国一体的政治乌托邦。这种相对固定且在多个地区反复使用的图像和死者及其家人不存在直接对应的关联。内中人物均为模型化的人物。造祠者的个人意愿、工匠的主观意志可能对其中细节产生影响，然而总体格局不变。这种图样范式被工匠在作坊里依样生产，在不同的祠堂反复使用，和后世祠堂内张挂模式化的祖宗影像，年节时厨房内贴财神爷、灶王爷一个道理。而一旦从这个角度回看，山东地区大量祠堂正壁楼阁画像其实都可以做类似解读。较有代表性的如微山两城永和小祠堂后壁画像（图11），在祥瑞簇拥的楼阁内，男女正面端坐。女性旁有女侍拱手，男性旁

1　在《写实与虚构——汉画"射鸟"图像意义再探》一文中，笔者对图像中的射鸟场景进行了分析，认为此类图像具有祈求子孙繁衍的意义。陈长虹：《写实与虚构——汉画"射鸟"图像意义再探》，见《南方民族考古》第九辑，科学出版社，2013，113—147 页。

有官员拜谒。这是前述"楼阁拜谒图"的省减样式。虽然在其中男性被赋予更宽大的身量、更多的侍者、更正中的位置，似乎代表着他的身份地位更为尊崇，但是以相同坐姿呈现在同一空间的男女，毕竟达成了"内/外""阴/阳"调适的一元秩序。

高彦颐在《闺塾师》里谈论明代后期的女性生活时有这样一段分析陈述："早期的观点一度将男性政治空间和女性家内空间视为两个隔绝的区域，但近几十年来的研究更倾向于认为，这种绝对的隔绝更像是一种父权制的理想，而非真实的社会现实。事实上，古代精致的闺阁世界……与男性主导的公众世界之间，并不像舟与海那样是异质的，相反，他们往往是异形而同质的，是可以延伸而转换的。在同一阶层之间，甚至是同谋的关系。"[1]具体到上述论证，几乎可以为这段话提供一项完美的来自中国更古时期图像方面的证据。汉代祠堂画像上女性所体现的"妇道"（妇容与妇功），或正说明东汉社会儒家理念与实际生活与行为层面的张力。在"男女有别"的社会规范下，妇道不仅是实现家庭成员之间互惠互助而达致和谐的途径，更是男性实现其"修身齐家治国平天下"的政治抱负的必备条件。如果考虑到汉代女性在整个历史时期具有相对较高的社会地位，我们或许可以进一步估测，她们并不是疏离于男性主宰的"家国"生活的旁观者，而是通过其自身的行为与"德行"，共享了这一政治乌托邦。

宋代郭若虚观先秦两汉图画中的妇人，"有威重俨然之色，使人见则肃恭有归仰之心"[2]。汉代墓葬中的梳妆图像作为一种道德表征，和两汉人物画以伦理鉴戒为目的的本质特征是相符的。[3]在现实生活中，梳妆作为

1　［美］高彦颐著，李志生译：《闺塾师：明末清初江南的才女文化》，江苏人民出版社，2005，28 页。

2　米田水译注：《图画见闻志·画继》，湖南美术出版社，2000，7 页。

3　陈衡恪在著名的《中国人物画之变迁》的演讲中，将人物画的发展依其性质的变迁截为三段，首段为三代至两汉的"伦理的人物画"，次为六朝隋唐的"宗教的人物画"，末为宋以后的"赏玩的人物画"。在今天看来，这个宏观的分析依然大致有效。

一种凸显性别含义的活动，千载以下为万千女性重复于闺房。暂时撇开较少在墓葬图像中表达这种细节的唐代，我们将目光转向宋朝。如果说在汉代墓葬中，梳妆图像，侍妆女仆，随葬铜镜、奁具的组合为女性构筑了一个充满伦理道德意义的世界，那么在宋墓装饰中，这些相同内容的不同呈现，带给我们的则是相较前代更为复杂的面貌与精神样态。

三、闺阁秩序、道德与情色迷思

从表面上看，宋代仿木结构砖雕墓和东汉画像墓中装饰一样，可纳入梳妆活动考虑的，包括侍妆的婢女和待妆的女主人，正在梳妆的青年女性，以及作为家居陈设的镜子、镜架、奁匣等。它们在图像中的呈现虽然远较汉代明晰，但是同样不被视为独立的题材。女主人是墓主夫妇图像的组成部分，随侍一旁的捧妆具侍女是其不值一提的配角；镜架、奁具作为居家陈设，只是仿木结构砖雕墓中体现自然主义的家内空间的一类并非必须出现的道具；梳妆的女性虽然可以"梳妆图"加以框定，但是由于其出现的频率远远不及启门、散乐杂剧、墓主夫妇像等，因而从未吸引过研究者的目光。

（一）待妆的女主人

作为延续数千年的丧葬艺术主题，墓主画像自汉魏以来一直在墓室装饰中占有重要地位，在唐代却几近消失，而到了宋代又重新在北方中原地区以"一桌二椅"的模式流行起来，并逐渐形成所谓"开芳宴"主题。关于这一主题，自从宿白先生在《白沙宋墓》一书中提出后，近年来讨论很多。最近颇值得注意的成果，是李清泉的研究。他认为，墓主夫妇像是为当时极度流行的夫妇合葬墓而专门设计的一套墓葬装饰方案。作为"永为供养"的对象，反映了当时地上影堂影响导致墓葬装饰的享

图 12　白沙宋墓前室西壁墓主夫妇像　　　　　图 13　白沙宋墓后室西南壁 "梳妆图"
（采自《白沙宋墓》图版伍）　　　　　　　　　（采自《白沙宋墓》图版陆）

堂化趋向，蕴含和寄托着正处于上升阶段的广大士庶阶层在一个新的社会转型时期，为了己身利益和后世幸福而向祖灵发出的深切祈求。[1]

　　值得注意的是，墓主夫妇像在继承汉代墓主夫妇像传统的同时，也继承了对女性墓主的性别身份建构的方式。在 "夫妇对坐图" 中，能看到待妆的女主人形象。

　　河南禹县元符二年（1099）白沙 1 号宋墓，前室西壁墓主夫妇像，桌右女性墓主身后站立两名女子，其后一名执巾，前一名手中所捧物被宿白先生描述为 "绛色圆盒"（图 12）。[2] 这个圆盒同样出现在后室西南壁 "梳妆图" 中最左边的侍女手上，这是一个奁盒（图 13）。很难想象在现实生活中，当夫妇共坐观看杂剧或饮宴时，有必要进行梳妆。即使真有必要，女主人也会避入后室而不是在充斥着仆人、杂剧演员等男性外部成员的相对开放的场合下进行。因此，奁盒在这里的出现并不具备实用性。这是一个符号性的物品，是女主人的人生道具。

1　李清泉：《"一堂家庆" 的新意象——宋金时期的墓主夫妇像与唐宋时期的墓葬风气之变》，载《美术学报》，2013（2），18 页。

2　宿白：《白沙宋墓》，文物出版社，1957，38 页。

登封箭沟壁画墓，八边形墓室中六边壁面有壁画，铜镜出现了三次。[1]西壁墓主夫妇图，坐在椅上的是一对身量高大的老年夫妻。老妇人身前两名侍女，其左一名手里握着铜镜；西北壁"备侍图"，四女站立，一奉茶碗，一捧镜于胸，一持巾。东北壁"备洗图"，垂帐下有搭着巾子的高衣架与盆架。衣架前二女梳高髻，一捧镜，一捧包裹。除此之外，墓室中还有"侍奉图""家宴图"和"伎乐图"。这个"家庭"的成员除了老年墓主、一名中年官员和一名少年外，其余都是女性成员。高频率出现的铜镜暗示弄妆梳洗对这个家庭非同一般的重要性。

四川宋墓中也常见待妆的女主人。这个区域出土的南宋石室墓和中原地区表现出不尽相同的图像程式与制作风格，往往是夫妻双人单室。墓室后龛一般有高浮雕墓主人坐像，或代表主人之"位"的椅子和屏风，"座位"后通常有侍从相伴。女性墓主的侍从手里或举铜镜，或奁盒，或食盒。男性墓主的随侍或行叉手礼，或举书卷，或捧官帽。物品在四川宋墓装饰中有着再明确不过的象征意义。如资中大包山宋墓群，其中 M5 为女性墓主。[2] 坐像表现为正面端坐，高发髻，着对襟袍衣，双手握书卷。两侧线刻女性侍从，右者手握菱花镜，左者捧盏。（图 14）彭山双江镇虞公著夫妇合葬墓，西室葬虞公著妻留氏。棺室后壁的壁龛外刻二侍女，手中分别托铜镜

图 14　资中大包山 M5 女性墓主及左右侍从石刻线描图

（采自《四川资中县大包山宋墓发掘简报》图 20）

1　郑州市文物考古研究所：《郑州宋金壁画墓》，科学出版社，2005，136—153 页。

2　四川省文物考古研究院、资中县文物管理所：《四川资中县大包山宋墓发掘简报》，载《四川文物》，2013（1），16—27 页。

图15　扬州出土的《宋故邵府君夫人
王氏之象》石刻
（采自《扬州出土的宋代石刻线画》
43 页）

和奁盒[1]。再如泸县滩上村 1、3、5 号墓，虽然正面龛中扶手椅上均无人像，墓室内也没有人骨出土，但是由于椅子两侧都有捧奁盒的侍女陪侍，可以推知其墓主必然是女性。此外，泸县还有一批具体位置不清楚的石刻，表现侍女捧奁或铜镜，可以证明所处墓葬墓主的女性身份。如奇峰镇 1 号墓子山土：一侍女手捧镜架图；福集镇龙兴村 1 号墓山土：一女侍站立于单扇门外，手执一枚带柄方形铜镜；牛滩镇寿尊村山土：石刻画框内两扇门，一扇紧闭，一扇微启，一双手捧奁盒的侍女站立门边；福集镇针织厂二号墓，画框上方和两侧有垂帐。中间一侍女正面站立，右手抱奁盒，左手执巾。[2]

在南宋王朝统治的腹心区域，装饰性墓葬相对少见，我们很难看到这一区域的人们在墓葬中对女性的图绘方式。但是扬州出土的一块《宋故邵府君夫人王氏之象》石刻（图15）[3]，又让我们对这一缺席有了切实的想象对象。该石刻画面共三人：王氏袖手端坐椅中，其右一女捧唾盂，身后一女捧大铜镜。图中人物的服饰、主人所坐高足椅及八分侧坐的坐姿、其身后侍从的姿势与手中物品，都和北宋两京地区墓葬装饰中的墓主人像如出一辙。

宋以前肖像画石刻并不多见。元代倪瓒在见到米芾遗像之后写下了

1　四川省文物管理委员会、彭山县文化馆：《南宋虞公著夫妇合葬墓》，载《考古学报》，1985（3），383—401 页。

2　参见四川省文物考古研究所等编著：《泸县宋墓》，文物出版社，2004，86、149—152 页。

3　吴雨窗：《扬州出土的宋代石刻线画》，载《文物》，1958（5），43 页。

一诗："米公遗像刻坚珉，犹在荒城野水滨。绝叹莓苔迷惨淡，细看风骨尚嶙峋。山中仙冢芝应长，海内清诗语最新。地僻无人打碑卖，每怀英爽一伤神。"从诗中看，米芾的石刻遗像就立在他的墓边，三百余年后为倪瓒所见时虽已破败，但其上人物依旧骨气扬厉。扬州的这块石刻未知具体出处，"邵府君"也未知何人，但其出土至少说明长江流域下游的南宋人在为贵妇画肖像画时，和北方两京以及四川地区墓葬装饰的处理一样，亦有用侍女捧镜随侍的方式。

山西金代仿木结构砖雕墓继承了北宋的墓主夫妇像和大致的墓室布局，但是发展为视觉上更加繁复华丽、构图高度程式化的样式。[1] 宋墓中大量表现人物活动的叙事性场景，对物象细腻生动的细节刻画都不再是金墓装饰的内容，而代之以各种具有吉祥意义的装饰图案，这些图案甚至取代了"夫妇对坐图"中桌上或许具有祭祀和供奉意义的果酒茶盏。这一切似乎都在提醒我们，金代墓葬装饰中的图像呈现和现实生活中的家庭的距离已经较宋代远，或许真的就是李清泉所谓的"夫妻合葬墓"的一套装饰方案。即便如此，在这套方案中，女主人身后身量骤然矮小的侍女依然随侍，其手里依然捧着那面"从来不曾被使用"的厚重铜镜。

稷山马村 2 号墓北壁墓主夫妇像，桌上有瓜果、碗、壶，桌下有坛。面部与姿势均显苍老的女主人坐于带足榻的椅子上，梳垂双鬟的侍女紧靠其身侧，手握铜镜，纽带下垂。（图 16）明昌七年（1196）

图 16　山西平阳马村 2 号金墓墓主夫妇宴饮图
（采自《平阳金墓砖雕》图 87）

1　参见山西省考古研究所：《平阳金墓砖雕》，山西人民出版社，1999，8—11 页。

图 17　侯马 65H4M102 墓主夫妇像
（采自《平阳金墓砖雕》图 91）

图 18　宁夏西吉县宋代砖雕墓"双人梳妆侍女砖雕"
（采自《宁夏西吉县宋代砖雕墓发掘简报》图八：1）

侯马董海墓后室北壁，上有帘，悬红纱灯笼，双鱼和桃枝。帘下桌上有碗、汤勺，桌下二坛。桌旁中年的墓主夫妇对座，女主人身后一侍女立足榻上，手捧铜镜。

如果前两者还留存一些宋人写实的痕迹，后面这两座年代更晚的金代墓室就几乎完全图案与装饰化了。金大安二年（1210）侯马董明墓，墓室正面雕堂屋三间，明间是中堂，中设大几，上置一丛牡丹花。左右雕刻墓主夫妇像。二人头上悬荷叶、莲花、绣球等物。老年的女主人手握经卷，一女侍隔一大型立屏随侍一旁，手捧菱花镜。侯马 65H4M102 墓室北壁，夫妇端坐。女主人身侧女侍持镜，手抚长带。（图 17）除了人物保留了下来，北宋构图中的写实性的物件在这座墓中已经完全消失。朴素的方桌代之以玲珑的曲脚花几，案上果酒食具和案下酒坛代之以华丽的花卉图案，人物上方的垂幔和幔间挂饰代之以高浮雕的大丛牡丹花。

在墓主夫妇像缺席的墓葬装饰中，也出现了侍妆的婢女形象。如焦作白庄北宋晚期墓后室东北壁左侧下部手捧圆形奁盒的侍女，[1] 嘉祐五年

1　焦作市文物工作队：《河南焦作白庄宋代壁画墓发掘简报》，载《文博》，2009（1），18—23 页。

（1060）江苏淮安 1 号墓西壁分别捧圆镜和奁盒的二侍女，[1] 陕西洋县南宋彭呆夫妇墓中执镜子、卷轴、印绶等物的侍女雕砖，[2] 禹州市坡街金代壁画墓北壁格子门两侧一捧奁，一捧唾盂的中年侍女，[3] 等等。这些有捧奁侍女出现的墓葬，几乎无一例外都是夫妻合葬墓。

此外，宁夏西吉县北宋晚期砖雕墓中有"双人梳妆侍女砖雕"[4]（图18）。画面中两名女侍并肩正面站立，左女捧奁盒于胸前，右女双手抱一长柄铜镜。同墓还有双人男侍砖雕，侍者手中擎着鸟笼，似乎暗示着男性墓主的逸乐生活。

宋金墓葬中，以墓主人身份出现的女性都表现为中年以上的年龄，虽然常常有侍女捧铜镜或奁盒陪侍，却不表现出梳妆的举动，梳妆用具在这里是对高贵女主人性别、身份和德行的暗示。这种图像上承汉代梳妆类图像母题的伦理鉴戒意义，其形塑的女性和东汉祠堂楼阁二层上的诸女一样，同样也是一个性别符号。四川地区南宋墓中石刻的墓主人由于单独出现而通常表现为偶像似的全正面。北宋与金代对坐的夫妇虽然多为八分侧面，但是夫妻二人不论眼神还是行为都不表现出交流，其身份地位的暗示性与全正面坐姿并无区别。明代周履靖在《天形道貌》中谈论民间画人物像："正像则七分、六分、四分，乃为时常之用者，其背像用之亦少。惟画神佛，欲其威仪庄严，尊重虔敬之理，故多用正像，盖取其端严之意，故也。"[5]

历史学者的研究倾向于认为，中国古代的家族制度构成了一种无间

---

1 江苏省文物管理委员会、南京博物院：《江苏淮安宋代壁画墓》，载《文物》，1960（9），43—45页。

2 李烨、周宗庆：《陕西洋县南宋彭呆夫妇墓》，载《文物》，2007（8），65—70页。

3 河南省文物研究所、禹州市文管会：《禹州市坡街宋代壁画墓清理简报》，载《中原文物》，1990（4），102—108页。

4 耿志强、郭晓红、杨明：《宁夏西吉县宋代砖雕墓发掘简报》，载《考古与文物》，2009（1），3—13页。

5 （明）周履靖：《天形道貌》，转引自杨新：《肖像画与相术》，载《故宫博物院院刊》，2005（6），94页。

的、一元的社会秩序，以家庭为中心，以王治为疆域。"内外有别"的"别"的原则倾向于强调，道德的自主性与权威都集中体现在家内妻子和母亲身上，它们又是丈夫或儿子在外取得成功所必须依赖的。宋金墓葬装饰中呈现的女性墓主在正厅中如同泥塑一般端俨危坐，庄重、沉默、绝对静止，这是现实生活中一个家族的女主人的镜像，是一位同时具备了各种德行的理想女性，一个核心家庭的守护神，最具权威的母亲。

但是，妆奁并不仅仅属于代表权力和道德的女主人。宋金墓葬装饰中，还有大量的女性活动在家内不同的空间中。在帷幔营造的闺房里，同时还发生着另一场梳妆活动。在那里，对镜女性穿着华丽，身姿妖娆，或抚发，或理鬓，或戴饰，她同时定格了时空与情状。如果正厅中端坐的女性墓主是外向的，审视与研判"观者"的，她则全然沉浸在自赏的世界中，是被观看者。

（二）梳妆的女郎

图 19　新密平陌宋代壁画墓西南壁梳妆图局部
（采自《郑州宋金壁画墓》图55，44页）

河南新密平陌大观二年（1108）壁画墓，墓室平面呈八角形，安排了两幅梳妆图。[1] 西南壁一女侧坐案边对镜戴冠，镜中映出她的面容。（图19）女子鹅蛋脸，柳叶眉，朱唇微抿，兰指春葱。与之对应，东北壁一女坐于案侧梳发。一绺青丝自颈后绕于胸前，她左手握发，右手持梳，梳子落在细碎的发丝上，一名侍女站立身后服侍她。该墓另四幅壁画分别是家居图、备宴图、书写图和阅读图。书写和阅读分别表现的是闺房空间内，一女

1　郑州市文物考古研究所、新密市博物馆：《河南新密市平陌宋代壁画墓》，载《文物》，1998（12），26—32页。

写字，一女阅读书卷。备宴图中有四名女性正忙于厨房劳作。家居图即夫妇对坐图，表现一对老年夫妻在桌边对坐，一对青年男女侍立。姑且不论壁画中人物的具体身份[1]，我们可以确认的是，这套壁画表现的包括厅堂、厨房和闺房在内的空间是一个纯然的家庭空间。这个空间里除了两名男性，其余活动的都是女性。闺房占据了其中三分之二，仕女们举止优雅，梳妆、阅读、书写等活动则表明了她们才色兼具。据伊沛霞的研究，宋代社会并不否认女性的才华。实际上，由于需要承担对家中男孩与女孩的教育，宋代对女子读书识字的要求比前代更有所增加。[2]

白沙 M1 后室西南壁梳妆图中共出现了五名女性。一女捧奁盒，一女捧妆具，一女奉茶盏，一女临镜戴冠，一女右手前伸似正呵斥捧奁女。众女身后，还有杌子、巾与巾架、盥盆与盆架。从场景可见，这同样也是一间女性闺房。宿白先生在《白沙宋墓》中对壁画中名物考论甚详，但将此图命名为"侍女梳妆图"并不妥当。其中捧盒、托盘、奉梳妆具的三名梳髻女子为侍女，头戴白团冠正在梳妆和斥人的女性显然地位更高，可能为妾。

和前述平陌壁画类似，白沙 M1 壁画中的主要人物也是女性。除了前述墓主夫妇图和梳妆图，有人物活动的还包括女乐、启门妇人和贡纳财物图。后者描绘帷幔暗示的室内空间，贡纳财物的是两名男子，接受财物的却是两名妇女。在这个"家庭"中，"墓主"是唯一的男性成员，其余空间充斥着女性，他们不但可以和外部世界的男子见面，并且管理着家中的财务。

登封城南庄宋墓留下了至今最令人过目难忘的梳妆图像（图 20）。西南壁青黄相间的横帐下，两仕女立于砖砌盆架一侧。左女梳高髻，着红

1　比如家居图中四人是否为父子婆媳关系？其中年轻女子与其他图中的青年女性为同一人？闺房中的女性的身份为婢妾吗？是老年男人还是其子的妾？对宋墓装饰中"家庭"人员成分的分析留待另文讨论。

2　伊沛霞著，胡志宏译：《内闱：宋代妇女的婚姻和生活》，江苏人民出版社，2010，234 页。

图 20　登封宋墓墓室下部西南壁梳妆图局部
（采自《郑州宋金壁画墓》，122 页，图一五四）

襦，仰首注视女伴。[1] 右女低眉凝目水盆，轻舒右腕，纤指微捻发鬓，似以水为镜，整理花容。二女蝤首蛾眉，眼波流转，即使画面在地底历经千年，已斑驳漫漶，其图像优良的美学品质仍然足以让今时的观者动容。

此幅相对的东北壁另绘一无人的闺房空间。相同的青黄横帐下砌一镜架，架上空悬一镜。

此外，该墓西壁宴饮图中有一桌二椅，唯左边椅上坐着姿态端庄的中年贵妇人。中部壁画为八幅婴戏图，均为婴儿与牡丹的组合。简报称"墓室被扰，骨架腐朽严重，性别不详"。从壁面呈现的活动人物全是女性，且宴饮图中男性缺席，以及中部大量的婴戏图，我们可以推测城南庄墓是单人葬，且墓主是女性。

荥阳槐西墓东壁下部梳妆图分两部分，左半幅绘闺房家居与陈设，包括直尺、交股剪、熨斗等专用于女红的工具；右半幅绘二女梳妆（图21）。地面立一红色镜架，架上悬圆镜。镜架左边女子微微俯首对镜理

1　郑州市文物考古研究所、登封市文物局：《河南登封黑山沟宋代壁画墓》，载《文物》，2001（10），60—66 页。

　　　　　　　　　　　　　　　　制器尚象：中国古代器物文化研究

鬟，右边女子双手合于胸前，扭身回眸视镜。[1] 物象空隙间点缀赭红色小碎花，为闺房与美人平添视觉上的华丽，有"落花人立，雨燕双飞"之感。

图21　荥阳槐西墓室东北壁下南半部，梳妆图
（采自《荥阳槐西壁画墓发掘简报》彩版一：1）

此外北壁还出现了捧奁的侍女。简报言其所在画面为"备宴图"，其实包括备宴、半启门、侍妆（或侍寝）三个部分。右部分二女，左女端黄色唾盂，右女托一奁盒。整个空间点缀红色的牡丹花。该墓壁画还包括居家图、出行图、梳洗图。除了居家图表现的老年夫妻共坐和墓室南壁入口处绘一男子牵马欲行外，整个壁面下部装饰亦均为女性和女性空间。

再如河北武邑龙店村2号墓[2]，西壁具备剪刀、熨斗、衣柜的闺房空间内，一女对镜梳妆。河南上蔡宋墓，左壁砖雕一中年妇女怀抱一小儿站在方桌旁。桌上有镜台，小儿面向挂在镜台上的铜镜做嬉戏状，镜中浮现出小儿的面影。[3]

金代仿木结构砖雕墓中几乎没有宋代墓葬中近乎自然主义的写实描绘，也很难再看到类似北宋的梳妆场景。唯有焦作承安四年（1199）邹王复墓，是宋、金少见的画像石墓[4]。据墓室北壁题刻，可知为天水郡秦氏为亡夫邹王复建墓。出土画像石二十三块，其中有所谓"侍女图画像"，线

1　郑州市文物考古研究院、荥阳市文物保护管理所：《荥阳槐西壁画墓发掘简报》，载《中原文物》，2008（5），21—25页。

2　河北省文物研究所：《河北武邑龙店村宋墓发掘报告》，见河北省文物研究所编：《河北省考古文集》，东方出版社，1998，325—327页。

3　杨育彬：《上蔡宋墓》，载《河南文博通讯》，1978（12），34—35页。

4　河南省博物馆、焦作市博物馆：《河南焦作金墓发掘简报》，载《文物》，1979（8），1—2页。

刻人物七个。中央一贵妇端坐椅上，周围有侍女六人。身后二人一抱铜镜、一捧奁盒；身前四人双手捧果盒，两女先行，两女后随。从构图来看，此幅类似墓主像。然而该墓画像石还包括散乐图，其相对墙壁的图像刻画为两椅两桌，桌上置果肴食具，椅上无人，各有男女侍者，方为我们熟悉的墓主夫妇位。可见贵妇人就不太可能是女性墓主了，只能是家中成员，或为婢妾。她头戴花冠，右腿斜置椅上，坐姿是不够雅驯的。有趣的是，1973 年河南修武史平陵村出土一具金代石棺，根据《中国画像石棺全集》中披露的几个局部 [1]，石棺左侧的"贵妇梳妆"（图 22）与邹王复墓"侍女图"、石棺右侧的杂剧图和邹王复墓杂剧图，明显出自同一粉本。虽然未知棺中葬者性别，但是从棺两侧图像布局（右侧包括杂剧、散乐、孝子故事，右侧包括侍妆、孝子故事）来看，我们会自然地将其中待妆的贵妇理解为墓主。这两处画像一方面让我们对宋金墓葬中"墓主"的身份定位更加怀疑，一方面也让我们猜测，造墓者在修建坟墓时并不见得都严格按照一种理想的模式，而有较多的随意性。出于对资金、

1　高文：《中国画像石棺全集》，三晋出版社，2011，624—630 页。

时间、工匠水平等各种问题的考量，有时按时完成一座墓穴，往往比精心制作一个完美的坟墓更为重要。

梳妆图在考古简报中经常被称为"侍女梳妆图"。根据以上分析，我们认为宋墓壁画中凡是正在梳妆的，都不应视作侍女，其身份更可能是婢妾。这些女性从外貌看都是二八佳人，容颜如玉，身材颀长，衣饰华丽，是宋代美人的典型代表。画工似乎有意对她们进行了细致的描绘，无论立还是坐，其女性特质都显露无遗。其所处的闺阁空间也具有强烈的暗示性，如轻软的帐幔，另一侧的床榻、开放的花卉等。在精神分析理论里，这些都是性欲的象征。这部分对女性梳妆场景及生活环境的描绘形成了一个特有的女性私密空间。这种私密的女性空间往往是现实生活中男性无法获知的，或者是离开之后无法知晓的，他们对此有着强烈的窥探欲望。墓葬的装饰在努力满足"观者"对女性空间的窥看欲望。这类图像让我们很容易忽略它本质上是墓葬内的装饰绘画，似乎人们在构筑一个阴界立体真实的空间的同时，又创造了一个唯美的图画空间。其中生动鲜活的女性既是想象的生活本身，又是满足视觉感官不可触摸的镜中影像。

墓葬图像的礼仪性质往往让我们忽视它本身是属于绘画的一部分。宏观中国古代绘画史的发展，魏晋南北朝的绘画已完成了从"迹简意淡而雅正"向"细密精致而臻丽"的演进过程。宋代，绘画分科，文人画大兴，闺房内女子形象已脱离了上古人物画的伦理鉴戒色彩，变成了更具审美意义，更重视内心刻画的独立构图。如王诜的《绣栊晓镜图》、苏汉臣《靓妆仕女图》等，都以女性梳妆为主题。宋代郭若虚在《图画见闻志》中论妇人形象时说："历观古名士画金童玉女及神仙星官中有妇人形象者，貌虽端严，神必清古，自有威重俨然之色，使人见则萧恭有归仰之心。今之画者，但贵其娇丽之容，是取悦于众目，不达画之理趣也。"宋代墓葬装饰图像作为世俗绘画的一部分，很难说不会受到绘画发展的大趋势影响。墓葬中梳妆的女性非常接近我们所理解的"美人画"。画匠的真实心意虽然难求，但是当我们注目登封宋墓西南壁临水照容的女子，就不能不为其线条、构图所塑造的女性之美叹服。而同墓绘画中，墓主夫妇庄严正坐，不苟言笑。威重俨然的妇人和容色娇丽的女郎同处一墓，她们是圣洁的妻和美丽的妾，分别代表着道德之美与容颜之美，这大概也是宋代世俗社会男性关于女性的真实梦想。不同于文人画家笔下削肩清瘦的仕女，墓葬装饰中的女性面庞都是丰满的，面色红润。显然民间对"另一半"的期待不同于文人士大夫，他们更欣赏健康的女性，而并非被小脚（或被男人）框定了活动范围，纤弱、苍白，随时都处于闺怨状态的（换言之，随时都思念着男人的）女人。

此外，宋墓装饰中还偶有镜台、镜架的出现。作为日常陈设用品，它们在仿木结构的墓室空间并非如窗棂、桌椅等必需之物，也不如剪刀、熨斗出现得频繁。由于其绝对的闺阁气息，对于其出现的墓葬，是否应作特殊的考虑？比如我们假设，有梳妆台或镜架出现的墓葬其墓主必为女性，或至少有女性作为葬者之一的夫妻合葬，从而影响到墓葬的设计？

（三）作为陈设的镜架与奁具

河北曲阳五代王处直墓为夫妻合葬墓，设东、西耳室，两室东壁壁面均包括一幅大型屏障画和一张长案。案上放置的日常生活用具意味着主人的日常起居。[1] 象征男主人的东室，壁面屏风绘"一水二坡岸"格局的山水，长案上最醒目的是左方的一具帽架，上面置一顶黑色展脚幞头。象征女主人的西室，壁面屏风所绘为花鸟，长案上各种华丽的奁盒中间，有一幅硕大的镜架，其上圆镜有着漂亮的花卉。此外西室北壁和南壁均绘侍女，其中一名侍女手中所捧为葵瓣形奁盒。

王处直墓壁画的构图使我们不能不想到山东沂南汉墓。同样为墓主人缺席的画面空间，沂南汉墓通过系列梳妆用具、侍女捧奁和兵器库、

1　河北省文物研究所、保定市文物管理处：《五代王处直墓》，文物出版社，1998，15—31 页。

车马出行来建构女主人和男主人的性别身份和社会地位，而王处直墓的男女墓主则通过官帽和铜镜来分别建构。

宋太宗元德李后陵地宫，墓室内所存壁面装饰可分三组：假门和假窗，桌、椅和灯檠，衣架、盆架和梳妆台。其砖雕桌椅、衣架和灯檠等亦见于郑州南关外至和三年（1056）墓，唯衣架下缺少剪刀、尺和熨斗。盆架也见于禹县白沙 M1 后室西南壁，但后者架足已做弯曲状。[1] 葬主元德李后为宋太宗妃嫔，真宗生母。贵为帝后之身，其墓室中所用家具与一般富有平民相差无二，或可说明北宋皇室与民间社会彼此已基本共享雷同的室内家具及居室设计。而剪刀、尺子、熨斗等器具的缺乏，又似乎暗示以墓主的高贵身份，生前无需操持这类女红工具。

洛阳邙山宋墓墓主为一名女性。墓中随葬品丰富，包括金簪、金饰、金耳环、鎏金手镯、粉盒、铜镜等女性用品。银葵花盘有"行宫公用"铭文，暗示墓主身份或与皇室有关。[2] 墓室内北侧壁龛内有砖雕梳妆台，台架上砌长方抹角形粉盒。龛后雕有剪刀，上方绘两幅以花鸟画为题的卷轴画。显然，墓主同时也是一位知识女性。

郑州南关外砖石墓，东壁为女性闺阁空间，砖雕包括衣架、剪刀、尺、熨斗、梳妆台，台上圆形带柄镜，以及文房用具笔架、笔、砚和墨。[3] 后者的出现或说明使用这间闺房的女性也同样具备阅读书写的能力。该墓发现了两具重叠放置的人骨，居上者系在居下者埋好之后二移迁葬于此。据墓内买地券，墓主为男子胡进。我们推测胡进先亡，并计划其妻死后祔葬。该墓在设计墓葬空间时将未亡者同时纳入考虑。类似的情况还有登封双庙小区金墓，墓室东北壁砌一镜架，其旁侧并雕交股剪和熨

1　河南省文物研究所、巩县文物保管所：《宋太宗元德李后陵发掘报告》，载《华西考古》，1988（9），19—46 页。

2　洛阳市第二文物工作队：《洛阳邙山宋代壁画墓》，载《文物》，1992（12），37—51 页。

3　河南省文物局文物工作队第一队：《郑州南关外北宋砖石墓》，载《文物》，1958（5），52—54 页。

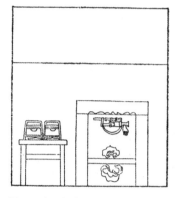

图 23　安阳新安庄西地 44 号墓东壁砖雕图案

（采自《河南安阳新安庄西地宋墓发掘简报》图 6—3）

斗。出土一男一女两具骨架。女性为二次葬。[1]

洛阳涧西耐火材料厂 13 号墓，西壁浮雕双鱼镜台。据棺钉分布范围推测有棺材两具[2]，为夫妻合葬。济南商埠第三十五中学金墓，东南壁雕一镜台。墓中发现两具骨架。济南铁厂金墓，双人葬。左壁雕镜架一个。济南实验中学金墓，墓门左壁为一镜架。室内未发现骨架，推测也是夫妻合葬墓。[3]此外再如安阳新安庄西地 44 号墓，墓室东壁砌高柜、低桌各一。桌面以上嵌有砖雕两块，雕出一对奁匣（图 23）。墓中出土三具骨架。一枚铜镜枕在成年女性头下，两对铜耳环分别在成年和未成年女性头部附近。[4]据出土墓志，墓主为王现，身份是一名小商贾。可见人骨分属王现、其妻和女儿。那么桌上两副妆奁，恰好对应墓中的两名女性成员。这种情况或许说明，墓葬室内空间设计与葬者的关系有时比我们设想的更加紧密。

1　宋嵩瑞、耿建北、付得力：《河南登封市双庙小区宋代砖室墓发掘简报》，载《文物春秋》，2007（6），33—37 页。

2　洛阳博物馆：《洛阳涧西三座宋代仿木结构砖室墓》，见洛阳师范学院河洛国际文化研究中心编：《洛阳考古集成，隋唐五代宋卷》，国家图书馆出版社，2005，526—529 页。

3　济南市博物馆：《济南市区发现金墓》，载《考古》，1979（11），508—510 页。

4　中国社会科学院考古研究所安阳工作队：《河南安阳新安庄西地宋墓发掘简报》，载《考古》，1994（10），910—918 页。

余　论

虽然正史和历代文人（男性）书写几乎完全忽视了女性这一性别，但是在一般民众的现实生活中，女性却很难被忽略。比如在古代关乎生死大事的墓葬画像上，女性就常常作为男性的伙伴关系出现。这一点在汉代祠堂画像和宋代仿木结构砖雕墓中都有较为直观的体现。本文所关注的梳妆虽然只是墓葬装饰中女性活动一个极为微小的细节，但它的确是体现性别差异的强有力的视觉形象。图像中的人与物，主与仆，活动与静止，都成为传递男女性别差异观念的颇为有效的方式。

古代男子对女性"色"的追求在不同时代大同小异，真正不同的往往是主流意识形态。在汉代，汉儒们用《列女传》《女诫》等书形塑他们心目中理想女性的形象。文人的"上层"书写和留存下来的墓葬图像（民间世俗图像）相互印证，显示这个社会从上到下对儒家伦理道德的遵从与循服。汉墓中与梳妆相关的图像与俑像都说明了社会对女性修德的期待：侍妆的女仆等待的是抽象的女主人；祠堂楼阁上梳妆的眷属虽然身份可能存在差异，却表现出了整齐划一的服饰、气质和风格。她们表面上是一群人，其实只是一个人，是"道德之阴"的化身。

宋代社会对女性的想象已然不同。"德"依然非常重要，甚至在某些理学家的道德训诫中，德行远较生命更为重要。然而现实社会各层面的丰富色彩已经不是泛化的道德说教可以一言以蔽之。北宋政治的剧变，经济的持续富足和市民阶层的繁荣唤起了社会前所未有的逸乐之风，这包括上层以至富有人家对爱好和品位的培养，对休闲生活的热衷。男性通宵观伎、走马看棚、纳妾狎妓都是潮流风尚。虽然纳妾名义上是为了天地人伦子嗣承续，但是大量经济条件允许的男子即使有了子嗣，还是在正妻之外纳妾，更不说日常流连于勾栏。对他们而言，娶妻是理智的社会性需要，妻子是家内事务和家中子嗣的管理和维护者，是家庭稳定的核心；纳妾是情感与情欲的需要，妾是温柔美丽、善解人意的，是男性有活力和男子气的表征。宋代仿木结构砖雕墓的拥有者主要属于相对于皇室、官户、奴婢家庭的民户家庭，但又多属于民户中的上层，如地主、商人、经济宽裕的平民。如果说汉代的小官吏是把家国梦想画在祠堂上砥砺世人，那么宋代的中产阶级就是把梦想中的休憩天堂描绘在墓葬里。这个天堂里有德行高尚会理家的贤夫人，有漂亮优雅能生育的婢妾，她们和谐并存。这既是人们活在现世通过努力可以实现的人生理想，又是死后进入阴间亦不舍放弃的在世迷梦。

此外，可进一步指出的是，无论宋代仿木结构砖雕墓的壁面呈现是否展示家中盛宴，且同时具备了祭祀和供奉的含义，是否模仿了地面庆堂、寿堂，墓内装饰空间营构的都是纯粹的家内空间。和汉代祠堂画像上有大量的男宾出现、车马行走人声喧阗不同，宋墓的空间是绝对内向、封闭、寂静的。即使墓主夫妇正在观看乐舞、杂剧或散乐演出，并同时饮宴，这场宴会也没有邀请一位外来宾客。这是一场完全私人的家庭聚会。从室内陈设可以判断，空间的组成除了厅堂，其余就是卧室、闺房、厨房，或者还存在书房。而其间活动的人物除了男性墓主（包括其子），余者几乎都是女性。她们具体的身份包括家中的老妇人、可能的媳妇、数量不明确的妾、大量的婢女。男性主人虽然是这个家庭抽象的主宰，但是这座"宅子"委实充满了脂粉气，弥漫着浓郁的阴性气息。

商代神人纹双鸟鼓纹饰研究 *

韩鼎

河南大学历史文化学院考古文博系

摘　要：神人纹双鸟鼓中人物表现出具有角饰、翎羽、面具以及披发、蹲踞等特征，其身份应为商代赤裸身体作法时的巫觋。鸟爪状双手和蝉体状躯干表现了巫觋占有鸟、蝉沟通人神、祖先的能力。鸟纹和鱼纹则暗示了黄泉和天上，即祖先身体和灵魂的居所。鼓中多次强调双鸟，应是对鸟能够在人和天帝、祖先间传递讯息的强调。

关键词：神人纹双鸟鼓；巫觋；人首蝉身；蹲踞

现藏于日本泉屋博古馆的神人纹双鸟鼓因其独特的造型和纹饰，颇受学界关注，但对其纹饰的解读至今尚未得到令人满意的结论。在此文中，笔者将结合商代相关器物，尝试对该鼓的纹饰特征进行系统认识。

《中国青铜器全集》对该鼓简介如下："鼓身横置，上有双鸟相背的枕形物，中有穿孔，鼓身下有四个外撇的短锥足。鼓两端仿铸出鼍皮鼓面，边缘各饰乳钉三周。鼓腔上饰兽面纹，围以四瓣目纹组成的方框。

---

* 本文为河南省哲学社会科学规划项目"殷墟礼器兽类纹饰研究"（2017CKG003）阶段性研究成果。

鼓身饰头上有双角高耸弯曲的神人纹，双手上举，双腿弯踞，人面做浅浮雕略凸于器表。通体以雷纹填地，并辅饰以鱼纹、斜角云纹等。四短足上饰兽面纹。"[1]主体纹饰细节，可参照拓片。[2]（图1）

传言此鼓为圆明园旧藏[3]，所以学界对它的出土地并不清楚，樋口隆康认为此鼓为"商代晚期华南所作"[4]，林巳奈夫认为"应属南方地方性青铜器"[5]，李学勤认为"双鸟鼍鼓有可能也是湖南地区的产物"[6]，王宁认为该鼓与"江西新干大洋洲出土的器物有着明显的同一性，因而应是江西地区所铸"[7]。笔者较为赞同王宁的看法（因为该鼓鼓钉内侧的形纹在新干青铜器上多有出现，是极具地方特色的纹饰元素[8]）。

图1　神人纹双鸟鼓图像及其拓片

1　《中国青铜器全集》编辑委员会：《中国青铜器全集4》，文物出版社，1996，图一七九。

2　［日］林巳奈夫：《殷周时代青铜器纹样の研究——殷周青铜器综览二》，东京：吉川弘文馆，1986，304页。

3　［日］梅原末治：《新修泉屋清赏》，京都：泉屋博古馆，1971，101页。

4　［日］樋口隆康：《乐器》，京都：泉屋博古馆，1982，14页。

5　［日］林巳奈夫著，常耀华等译：《神与兽的纹样学——中国古代诸神》，生活·读书·新知三联书店，2009，139页。

6　李学勤：《比较考古学随笔》，广西师范大学出版社，1997，187页。

7　王宁：《神人纹双鸟青铜鼓的铸地》，载《中原文物》，2008（2），37—41页。

8　王宁：《新干大洋洲青铜器"燕尾"纹探讨》，载《中原文物》，2003（2），45—50页。

关于鼓上人物身份，林巳奈夫认为它代表的是音乐神，因头上有羊角，推断其为祖先夔，但由于与夔的字形和传说不一致，故林巳奈夫称自己的研究"结果并不理想"[1]，俞伟超因为该鼓上袒露的男性生殖器而认为其身份是"祖神"[2]。笔者认为，该鼓上人物和大禾人面方鼎上人物[3]的身份一样，都是商代巫觋的形象[4]（至于巫觋的形象与祖先形象是否具有一致性，则是另一个问题，下文详论），下文将从角饰、翎羽、面具、鸟爪状双手、蝉体、披发（羽翅）等多个方面对其身份进行论证。

一、角饰

鼓上人物头部上有巨大的双角，这种角型在饕餮纹中颇为常见，《商周青铜器纹饰》中称为"外卷角"[5]，林巳奈夫和段勇都认为其原型为羊角[6]，笔者也同意这一推测。除作为饕餮纹的角，这种角饰也曾出现在商代人形纹饰的头部之上，如新干出土的神人铜头像（图2）[7]，该铜头像的双角与鼓上人物角饰外卷结构相似，只是大小和各部分比例不同。类似的外卷角，在殷墟也有发现，妇好墓曾出土过若干角状玉雕，发掘报告称之为"眉

图2　新干神人铜头像

1　［日］林巳奈夫著，常耀华等译：《神与兽的纹样学——中国古代诸神》，139页。

2　俞伟超：《古史的考古学探索》，文物出版社，2002，148页。

3　上海博物馆青铜器研究组编：《商周青铜器纹饰》，文物出版社，1984，343页。

4　韩鼎：《大禾人面方鼎纹饰研究》，载《中原文物》，2015（2），57—61页。

5　上海博物馆青铜器研究组编：《商周青铜器纹饰》，1页。

6　［日］林巳奈夫：《殷周时代青铜器纹样的研究——殷周青铜器综览二》，80页；段勇：《商周青铜器幻想动物纹研究》，上海古籍出版社，2003，33页。

7　江西省文物考古研究所等：《新干商代大墓》，文物出版社，1997，图六八。

图 3　妇好墓出土"外卷角"

形饰"（图 3 ）[1]，通过与商代兽类纹饰的对比可以确定：所谓"眉形饰"其实是模拟的兽角。观察这些角饰，末端都有凸起，属于榫卯结构的榫子。这就解释了角饰是如何安插在人面之上的，最可能的模式是将角饰插入面具。

二、翎羽

鼓上人物头顶正中，有两个对称的羽纹组成的纹饰，细节图展示得更为清晰。（图 4 ）对于它的性质，笔者认为这是置于人物头顶的翎羽，可能也是插在面具之上。额上翎羽在饕餮纹中是非常常见的，林巳奈夫称之为"蕤"[2]，而在人面上也并非孤例，如殷墟小屯 B4 号探坑中出土的一件"大理石神人面饰"（R000932）（图 5 ）[3]，在该大理石面饰的额上有一个翎羽状装饰，其形象是商代常见的羽纹，如果将其左右对称地展开（即设想将侧面像转化为正面像），那和鼓上人物头顶的翎羽就基本一致了。

另外，在三星堆出土的大型青铜面具上，我们也能见到在面具额间有类似的装饰物，如青铜面具（K2②:144）（图 6 ）[4]，额间处有一卷曲的青铜饰件，由下至上远超出面具，从其卷曲的纹样设计（中间部分也颇似羽纹），笔者推测这应也是对面具上额间翎羽的象征表现。

再观察新干神人铜头像，头顶上除两角外，中间有一个圆形的孔洞，通过位置对比，可推测该处可能也是用于插入翎羽，插入后的形象应与鼓上人物形象相仿。

1　中国社会科学院考古研究所编著：《殷墟妇好墓》，文物出版社，1980，图版一六三。

2　［日］林巳奈夫著，常耀华等译：《神与兽的纹样学——中国古代诸神》，8 页。

3　李永迪编：《殷墟出土器物选粹》，"中央研究院"历史语言研究所，1999，178 页。

4　四川省文物考古研究所编：《三星堆祭祀坑》，文物出版社，1999，197 页。

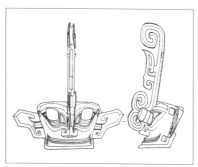

图 4　翎羽细节图　　图 5　小屯出土神人面饰　　　　图 6　三星堆出土青铜面具

三、面具

　　既然角和翎羽都不是长出来的，那它们是如何安置于头顶的呢？最可能的模式就是安插在面具之上。从民族志材料可知，大部分面具均为木质，难以保存到现在，但城固出土的青铜面具给了我们重要的启示（图 7 ）[1]。这样的青铜面具在城固地区多有出土，多数面具在顶部有两个孔，其位置正与双鸟鼓上人物头上角饰位置一致。另外，双鸟鼓人物面部和城固面具在整体造型以及具体特征（圆目、列齿、脸型）等方面都相近。因此，笔者推测鼓上人物形象可能佩戴有面具。

图 7　城固出土青铜面具

　　从表现模式来看，神人纹双鸟鼓上的整个人物只有面部是用浮雕手法凸出于器表来表现，这可能暗示了面部和身体的其他部分并不是一体的。大禾人面方鼎上的人面也是用浮雕手法，笔者曾结合殷墟出土的青

1　曹玮主编：《汉中出土商代青铜器》第三卷，巴蜀书社，2006，523 页。

铜面具论证浮雕人面其实是佩戴面具的象征表现[1]。如果此推论正确，那角饰、翎羽如何安置于头上的问题也就迎刃而解了。

面具是商周巫觋作法时的重要装扮，比如甲骨文中🝔字，叶玉森、郭沫若、李孝定等学者都认为这是"人戴面具之形"[2]，郭沫若引申判断其为"魌字初文"[3]（魌：古代驱疫鬼时扮神的人所戴的面具）。美国学者江伊莉认为，🝔"異"🝔"鬼"等字均表现了巫师头戴面具之形。[4]

种种证据表明，双鸟鼓上人物的浮雕面部可能象征了佩戴面具的形象，面具为角饰和翎羽提供了安插之处，同时，也辅证了人物的巫觋身份。

四、鸟爪状双手

如果说该鼓上人物的整体特征还算写实的话，那么只有手的部分太过怪异，因为这不是一双人手，而是鸟爪。虽然不合常理，但在商代艺术中却并非孤例。如大禾人面方鼎的纹饰（图8），在巨大的人面之下，双手也是鸟爪状。而且，鸟与人手的同化方式并非只有将人手表现为鸟爪一种，还有将整个手臂表现为鸟形的例子，如现藏于哈佛大学福格艺术馆的商代玉雕[5]，其双臂（包括双手）整体被表现为两只鸟的形象（图9）。

为何用鸟的局部特征来表现手臂？笔者认为这一形象的来源可能与

---

1 韩鼎：《大禾人面方鼎纹饰研究》。

2 于省吾：《甲骨文字诂林》，中华书局，2009，320页。

3 郭沫若：《卜辞通纂》，科学出版社，1983，第九八片。

4 江伊莉著，刘源译：《商代青铜器纹饰的象征意义与人兽变形》，载《殷都学刊》，2002（2），22—28页。

5 台北"故宫博物院"编辑委员会编：《海外遗珍·玉器》，台北"故宫博物院"，1989，图35。

图 8　大禾人面方鼎

图 9　哈佛大学福格艺术馆藏玉雕

商代巫觋在仪式上"操鸟"作法有关。《山海经·大荒东经》记载，"有人曰王亥，两手操鸟，方食其头"。在卜辞中，称王亥为高祖享受最隆重的祀典。[1]"亥"字字形在卜辞中略有差异[2]，于廪辛时期写作，表现了"两手操鸟"的形象。先商时期，商族的巫很可能由氏族首领兼任[3]，王即为群巫之长，因此，王亥"操鸟"的记载，可理解为巫觋执鸟作法。基于此认识，再看大英博物馆藏杆头饰（图10）[4]，它表现的正是身披虎皮、头上插角的巫师双手操鸟的形象。由此，笔者推测，之所

图 10　大英博物馆藏杆头饰

以用鸟来表现手臂，是因为巫觋在仪式中经常操鸟作法。这和商周时期用蛇来表现手臂或双腿形象的原理一致，因在操蛇施法时，经常双臂、双腿盘蛇，所以，用蛇来替代双臂或双腿，形成"半人半蛇"的形象，以此来表现对巫觋伴兽能力的占有[5]。

1　陈梦家：《商代的神话与巫术》，载《燕京学报》，第二〇期（1936），485—576 页。

2　胡厚宣：《甲骨文所见商族鸟图腾的新证据》，载《文物》，1977（2），84—87 页。

3　晁福林：《商代的巫与巫术》，载《学术月刊》，1996（10），81—87 页。

4　［日］林巳奈夫：《殷周时代青铜器纹样の研究——殷周青铜器综览二》，98 页。

5　韩鼎：《早期"人蛇"主题研究》，载《考古》，2017（3），82—93 页。

五、蝉体

双鸟鼓人物的身体呈倒三角形，熟悉商代青铜器纹饰的学者很容易辨别出这极为接近商代蝉纹的身体部分，如妇好墓出土方壶（M5：807）上的蝉纹[1]。将两者比较，鼓上人物身躯的倒三角造型、内部对称的卷曲纹，都与此蝉纹相近。如果说仅有此例尚不足以说明此人物身体为蝉身的话，可再参见两件弓形器上的纹饰，铜川出土弓形器[2]，其上人物的蝉身和双鸟鼓顶部蝉纹身体特征一致，另外还有上海博物馆藏弓形饰[3]，其上纹饰也为"人首蝉身"。另外，此两例的人物头上也都戴角，应与鼓上人物身份一致，亦为商代巫觋。通过这几例的对比可知，双鸟鼓上人物的倒三角身体正是蝉体的象征（图 11）。

图 11　商代艺术中的蝉与"人蝉"主题
（左：妇好墓方壶上的蝉纹　中：铜川出土弓形饰　右：上海博物馆藏弓形饰）

1　中国社会科学院考古研究所：《殷墟妇好墓》，19 页。

2　铜川市文化馆：《陕西铜川发现商周青铜器》，载《考古》，1982（1），107 页。

3　上海博物馆青铜器研究组编：《商周青铜器纹饰》，344 页。

六、披发或羽翅

该鼓上人物头部和身侧两旁有对称的羽纹，这可能是对披发或者羽翅的表现。林巳奈夫认为："当时的人都相信披头散发、赤身裸体者是鬼（神、精灵）……一看到披头散发、赤身裸体的怪人，就会想到此人非同一般。"[1] 而该鼓上的神人像，既是披头散发，又是赤身裸体，可见"非同一般"，但是否就是鬼神的形象尚难以确定。

当然，还有另一种可能，这些羽纹象征了羽翅，如新干大墓出土的"鸟首人身"玉雕（图12）[2]，整个造型成蹲踞状，玉人的肋下有羽翅状纹饰（大腿处有与鼓上神人纹身体两侧相近的羽纹）。另外，殷墟妇好墓出土的踞坐玉人（小屯 M5 : 372），其背后也有类似翅膀的纹饰。（图13）[3] 基于此，笔者推测该鼓上人身两侧的羽纹也有可能是羽翅的象征表现。

图12　新干出土玉雕

图13　妇好墓出土玉人（背面）

1　［日］林巳奈夫著，常耀华等译：《神与兽的纹样学——中国古代诸神》，5 页。

2　江西省文物考古研究所等：《新干商代大墓》，158 页。

3　中国社会科学院考古研究所：《殷墟妇好墓》，153 页。

七、男根

该鼓人物身体之下有一明显的男性生殖器，俞伟超认为"此神既突出表现其男根，应当是象征祖神"[1]。潘守永、雷虹霁结合人类学材料，认为这个袒露生殖器的与生殖崇拜相关[2]。在图像中如此醒目地表现男根，而且旁边还有两条鱼（往往被视为生殖力的象征），让我们很容易联系到生殖崇拜，当然这也是可能的。但是否有可能这只是对巫觋赤裸身体作法的客观表现呢？妇好墓出土的玉人（M5：373）一面是男性、一面是女性，都袒露生殖器（头上的角饰证明了其巫觋的身份）。（图14）[3]结合两例，笔者推测，沟通人神的巫觋在某些巫仪中很可能会以裸体姿态施法。

从祭祀的目的来说，以祈求繁衍多产的生殖崇拜和商代祭祀祖先、神祇以求其庇佑的目的似难以契合。在商代的祭祀文化中，青铜礼器可视为宴飨祖先、神祇的中介，其纹饰设计也是基于同样的目的，即加强礼器的中介功能，除此例外，未见其他青铜器上有表现生殖器的纹样。另一方面，种种证据都证明了鼓上的人物身份为巫觋，将巫觋作为生殖崇拜的对象似乎也有不妥。所以，无论是祭祀的目的，还是鼓上人物的巫觋身份，都与生殖崇拜有较大距离。因此，笔者更倾向于将其视为巫觋裸体作法的表现。（当然，不排除这是南方区域文化的特殊表现，将该区域性生殖崇拜文化传统融入外来的商文化礼器纹饰特征，也不是没有可能。）

图14　妇好墓出土双性玉人

1　俞伟超：《"神面卣"上的人格化"天帝"图像》，148 页。

2　潘守永、雷虹霁：《九届神人与良渚古玉纹饰》，载《民族艺术》，2000（1），150—165 页。

3　中国社会科学院考古研究所：《殷墟妇好墓》，154 页。

八、蹲踞

鼓上人物为正面像，下肢蹲踞，上肢蜷曲上举。俞伟超认为它表现的是"九屈神人"[1]，即《楚辞·招魂》"土伯九约"中的"九约"形象，笔者也赞同此观点。在商代，更常见的蹲踞形象为侧面蹲踞玉人像，如殷墟妇好墓玉人（小屯 M5：518）（图 15）[2]、侯家庄西北冈出土的玉人（M1550-40：R001339）（图 16）[3]，以及前例中新干出土玉人。另有多例，不再一一举出，殷墟"浮雕人像多作侧视蹲踞形，双臂上举"[4]已是共识。美国学者艾兰曾论证这一姿态玉人的身份为商代巫觋[5]，加之头上的角饰和鸟爪状手，也可辅证其结论。

我国早期艺术中蹲踞形态的人物形象非常丰富，甚至世界范围内诸多早期艺术中都有类似形象出现，已有学者对此进行过细致梳理[6]。这里，笔者不想把该形象意义泛化，仅想强调，在商文化的语境中，我们至少可以确认，商代艺术中的蹲踞人像，其身份为巫觋。

图 15　妇好墓玉人　　图 16　西北冈玉人

1　俞伟超：《"神面卣"上的人格化"天帝"图像》，148 页。

2　中国社会科学院考古研究所：《殷墟妇好墓》，154 页。

3　图像转引自：李济：《李济文集》卷四，上海人民出版社，2006，499 页。

4　中国社会科学院考古研究所：《殷墟的发现与研究》，科学出版社，1994，339 页。

5　Sarah Allan, "He Flies Like a Bird；He Dives Like a Dragon；Who is That Man in The Tiger Mouth？Shamanic Images in Shang and Early Western Zhou Art", Orientations, Apr. 2010, Vol. 41 Issue 3, pp.45-51.

6　黄亚琪：《左江蹲踞式人形岩画研究》，2012 年届中央民族大学博士学位论文，171—177 页。

九、鸟和鱼

双鸟鼓人像两侧有鸟、鱼、龙这三种动物，观察其分布，手臂两侧为双鸟，下肢及身下为龙和鱼。直观上，我们很容易理解为这是表现了鸟翔于天、鱼潜于渊的状态。结合商代祭祀文化背景，笔者认为这样的装饰有更深层的象征意义。鱼象征了"黄泉"（地下世界），而鸟则象征了天上。在商人的观念中，地下和天上分别是祖先的身体和"灵魂"的居所，祖先死后身体埋于地下，而灵魂则"宾于帝"，在天帝左右。加之祭祀的目的就是穿越生死界限来沟通人神，所以祭祀礼器上的动物往往具有连接生死世界的象征意义。祭祀仪式中，巫觋的任务就是使祭品、牺牲能顺利地传递给祖先、神灵，这就要求他能够打破地下、人间、天上的界限，所以，鼓上的人物在身侧表现了鸟和鱼，应是象征地表现了巫觋沟通天地的能力。（龙纹的情况则比较复杂，将另文专述）

十、双鸟

在该鼓上方，有两个立体鸟形（图 17）[1]，从略凹的面部来判断似乎表现的是鸱鸮的形象，这也和商代艺术中重视鸱鸮的传统是一致的。究竟鸱鸮是否就是"天命玄鸟，降而生商"的神鸟，这里笔者不想多做论述，只想强调鸟在商人意识中，应能沟通上天和人间，正如林巳奈夫认为，自殷代到西周前期凤鸟都具有作为帝的意向传达者的性质[2]，卜辞中的"帝史凤"就是证明。鼓与鸟结合的例子在商代还有出现，如妇好墓出土的

---

1 ［日］梅原末治：《新修泉屋清赏》，102 页。

2 ［日］林巳奈夫：《所谓饕餮纹は何を表はしたものか—同时代资料による论证》，《东方学报》五十六卷（1984），1—97 页。

石鸱鹕颈有石鼓（图 18）[1]。结合种种证据，在神人纹双鸟鼓的鼓顶上方铸出两只鸥鹗，也许表现了向天帝、祖先传递祭祀讯息的意义。

在该鼎上（双鸟之下）有一饕餮纹（图 19）[2]，该饕餮纹设计巧妙，从整体上看是兽面的形式，而换个角度理解也能将其视为两只顾首相对的鸟。这主要源于"臣"字目的设计，使之既可以视为带钩的饕餮纹眼角，又可以视为鸟纹的眼睛和喙。从顶部圆雕的双鸟、到鼓腔上面的双鸟 / 饕餮纹，再到鼓身上人物旁边的双鸟，以及人物的一双鸟爪。该鼓多次表现双鸟的形象，这可能是强调了在祭祀仪式中鸟作为沟通人神的使者意义。

图 17　双鸟鼓上方双鸟　　　图 18　妇好墓出土鸱鹕石鼓　　　图 19　双鸟鼓上对鸟状饕餮纹

十一、鼍鼓

该双鸟鼓虽然是鼓的形态，但因下部（四足之中）不是封闭的，应并不能作为乐器来敲击演奏。该鼓的原型是以鳄鱼皮做鼓面的木鼓，即所谓"鼍鼓"，相关文物在考古发掘中已屡有出现[3]。王子初认为夔龙和鳄有着密切的关系，即"夔正为鼍鼓之精"，又由于夔龙的神性，鼍鼓成为了祭祀重器。[4] 林巳奈夫曾根据夔与鼍鼓的关系论证此鼓上人物就是商人

1　中国社会科学院考古研究所：《殷墟妇好墓》，201 页。

2　［日］梅原末治：《新修泉屋清赏》，103 页。

3　陈国庆：《鼍鼓源流考》，载《中原文物》，1991（2），47—50 页。

4　王子初：《鼍鼓论》，载《中央音乐学院学报》1986（3），27—31 页。

的高祖"夔",但后来自己也认为"结果并不理想"[1]。但通过相关文献我们至少可确定，鼍鼓本就是颇具神性的祭祀礼器[2]，其各部分纹饰特征的象征意义和鼍鼓自身的性质在祭祀的"语境"中相得益彰。

十二、对图像的理解

（一）人物身份及形象

角饰、翎羽、面具、蹲踞等特征都表明双鸟鼓中人物的身份为商代的巫觋，有学者认为它表现了商代的祖神。其实，从另一个角度来看，在商代的祭祀仪式中，巫觋和祖先在形象上有可能是同形的。

我们知道，商代艺术诸多特征都表现出与萨满教的密切关系，张光直曾有过相关论述[3]，萨满教的一个重要特征就是将神灵请入巫师的身躯之内，类似"降神"或"附体"。江伊莉认为甲骨文的"宾""降"和"陟"，都反映了"灵魂"升降的过程，而"異"字（🪶）正表现了巫觋变形的形象[4]，而巫觋所"变形"的目标就是祖先"🦵"（鬼）的形象。若依此说，巫仪中巫觋的形象可能同时也是祖先的形象（虽然有这种可能，但笔者对这一观点仍持保留态度）。

（二）人兽合体

该人物的双手为鸟爪，身体为蝉身，那应该如何理解这种人兽合体的形象呢？

1　[日]林巳奈夫著，常耀华等译：《神与兽的纹样学——中国古代诸神》，139 页。

2　张法：《鼍、鼍、夔：鼓在中国远古仪式之初的演进和地位》，载《杭州师范大学学报（社会科学版）》，2016（3），1—10 页。

3　张光直：《中国青铜时代》，生活·读书·新知三联书店，1983，313—342 页。

4　Elizabeth Childs-Johnson，"The Metamorphic Image：A Predominant Theme in Shang Ritual Art of Shang China"，Bulletin of Museum of Far Eastern Antiquities. 1998，No 70，pp.5-171.

要回答这个问题，必须要理解鸟、蝉在商代艺术中的意义。上文谈到，"鸟"在商人观念中是往来人间和上天的使者，巫觋经常"操鸟"作法，也是为了依靠鸟的力量沟通人神，所以鸟爪状双手象征了巫觋对鸟的能力的获得。那又该如何理解蝉的意义呢？

首先，蝉具有"新生"（重生）的能力。蝉从地下钻出蜕皮后，能够以另外一种生命形态存在，某种意义来说，就是"重生"，这与商人相信祖先死后以另外一种形态存在，并能影响人间的观念是一致的。这可能也是祭祀礼器纹饰中大量蝉纹出现的原因。商代艺术中对具有"重生"能力的动物（器官）有着特别的强调，如蝉（身）、蛇（身）、鹿（角），它们在商代艺术中被不断重组，创造出不符合现实的新生物，而选择它们作为重组的材料，正是基于对其"重生"能力的认识[1]。

其次，蝉的生命历程所体现的象征性也与祭祀的目标具有一致性。蝉出于地下，能蜕皮以"新生"，"新生"后又能飞行于天上。地下是祖先的长眠之地，天上是祖先灵魂的最终居所。这样蝉就天然地成为沟通人神、祖先的理想象征物（该鼓上方双鸟之间也有蝉纹，应与双鸟表达相近的象征意义）。巫觋在祭祀中会借助动物能力来沟通祖先，动物不仅扮演着助手或工具的角色[2]，也是巫觋沟通人神能力的重要来源。笔者认为"人首蝉身"的形象正反映了巫觋对蝉沟通人神能力的占有[3]。

因此，可推测，鸟爪状双手和蝉体状躯体都象征了在巫仪中巫觋占有了这些动物沟通人神、祖先的能力。

---

1 韩鼎：《早期"人蛇"主题研究》。
2 张光直：《中国青铜时代》（二集），生活·读书·新知三联书店，1990，105 页。
3 江伊莉认为：人兽主题表现了商王向动物变形的形象，商王通过向动物变形以获得沟通人神的能力。笔者虽不同意人物身份为商王的说法，但"获得动物的能力"与笔者观点相近。Elizabeth Childs-Johnson,"The Metamorphic Image：A Predominant Theme in Shang Ritual Art of Shang China".

总　结

　　神人纹双鸟鼓中人物的角饰、翎羽、面具、披发（羽翅），以及蹲踞的姿态都证明其身份为商代的巫觋，裸露的男根表现了巫觋作法时赤身裸体的特征，而鸟爪状双手和蝉体状躯干则表现了对鸟和蝉的沟通人神、祖先能力的占有。人物旁边的鸟纹和鱼纹暗示了黄泉和天上，即祖先身体和灵魂的居所。鼓中多次强调双鸟，应是对鸟能够在人和天帝间传递讯息意义的强调。另外，虽然鼓上人物身份为巫觋，但不排除在作法时，祖先可能降神于巫觋的可能，这时巫觋也便是祖先神的形态。

器物周边研究

洛阳西朱村曹魏墓石牌刻铭中的镜鉴考

霍宏伟

中国国家博物馆

摘　要：洛阳西朱村南一号曹魏墓出土 200 余件刻铭石牌。其中，铭文与镜鉴相关的石牌有 4 件，主要涉及金错镜、车琚镜及镜台。因该墓被盗严重，石牌刻铭记载的上述三类器物早已不存。今结合历史文献与考古发掘资料进行深入考证，得出以下结论：其一，该墓随葬的金错镜应是小于七寸的金错铁镜，属于特种工艺镜；其二，石牌刻铭中提到的"车琚镜"，即车渠镜，亦即后人所云螺钿镜，这一刻铭应是目前所见最早记载螺钿镜的史料；其三，石牌上所记纯金银镜台，尚未见到实物，亦属特种工艺加工，为上流社会制作的奢侈品。总体来看，西朱村曹魏墓墓主人具有极高的身份、地位，初步推断应在魏武王曹操与壮侯曹休之间。

关键词：洛阳西朱村；曹魏墓；刻铭石牌；金错镜；车琚镜

2015—2016 年，河南洛阳市寇店镇西朱村南发掘一座曹魏时期大墓

M1（以下简称"西朱村 M1"），该墓被盗严重。出土刻铭石牌 200 余件[1]，均为单面刻字，阴刻隶书体。2019 年 4 月，承蒙洛阳市文物考古研究院史家珍院长相邀研讨，并提供墓中出土所有石牌高清拓本电子版。经笔者认真检索，其中 4 件石牌上阴刻铭文与镜鉴相关。本文谨以此作为切入点，重点对 4 件石牌上所记器名进行考证，兼及其他石牌刻铭。

一、金错镜

（一）石牌刻铭释义

西朱村 M1 出土一件与金错镜相关石牌。刻铭 3 行，每行 6 至 7 字，共计 19 字（图 1）。今将石牌刻铭录文如下，先逐词释义，再做整体解读，下同。

七寸、墨涞画、金带 / 疏具一合，金错 / 镜，丹缣衣，自副。
（M1：314）

第一，"七寸"。有学者认为，西汉和新莽时期的"一尺"，一般为 23 厘米，东汉一尺的标准值暂定为 23.4 厘米[2]。汉代七寸，相当

图 1　洛阳西朱村 M1 出土 314 号刻铭石牌（徐大明摄影）及其拓本（洛阳市文物考古研究院供图）

1　洛阳市文物考古研究院：《河南洛阳市西朱村曹魏墓葬》，载《考古》，2017（7）；王咸秋：《洛阳寇店西朱村曹魏墓》，见国家文物局主编：《2016 中国重要考古发现》，文物出版社，2017，102—105 页。
2　白云翔：《汉代尺度的考古发现及相关问题研究》，载《东南文化》，2014（2）。

于 16.38 厘米。1972 年，在甘肃省嘉峪关市新城公社一带发掘曹魏时期的二号墓，出土两件骨尺，全长 23.8 厘米[1]。以此折算，曹魏时期的"七寸"，即今 16.66 厘米。

第二，"墨涞画"。《孟子·滕文公上》"面深墨"赵岐注："墨，黑也。"[2]漆作"涞"，隶省体。"墨涞画"，即黑漆彩画。

第三，"金带"。金黄色的条带。

第四，"疏具一合"。"疏"通"梳"。清代朱骏声《说文通训定声·豫部》：疏，假借为梳。[3]"疏具"即"梳具"，指梳妆用具。西朱村 M1 还出土有"淳金五寸疏具一具"刻铭石牌（M1：467），"疏具"亦即梳具。

第五，"金错镜"。"厝"为古"错"字，见《汉书·地理志》"是故五方杂厝"颜师古注引晋灼曰："厝，古错字。"《广雅·释诂三上》：错，磨也。[4]"金错"，即在器物上画出纹饰，錾刻凹槽，镶嵌金丝之后，再用厝石打磨平整。金错镜的制作工艺技术较为复杂，属于特种工艺镜。

第六，"丹缣衣"。"丹"见于《广雅·释器》：丹，赤也。"缣"，《说文·系部》："缣，并丝缯也。……从系，兼声。"《释名·释采帛》："缣，兼也。其丝细致，数兼于绢，染兼五色，细致，不漏水也。"《汉书·外戚传上》"媪为翁须作缣单衣"颜师古注："缣，即今之绢也，音兼。"[5]"衣"，意为覆盖于器物表面之物。"丹缣衣"，即以赤红色的绢作为镜衣，包裹金错镜。1972 年，湖南长沙马王堆一号西汉墓出土两件镜衣，其形制均

1 甘肃省文物队、甘肃省博物馆、嘉峪关市文物管理所编：《嘉峪关壁画墓发掘报告》，文物出版社，1985，41 页。

2 （清）焦循撰、沈文倬点校：《孟子正义》卷一〇《滕文公章句上》，中华书局，2007，329 页。

3 （清）朱骏声撰：《说文通训定声·豫部第九》，武汉市古籍书店，1983，407 页。

4 《汉书》卷二八下《地理志》，中华书局，1975，1642—1643 页；（清）王念孙撰：《广雅疏证》卷三上《释诂三上》，上海古籍出版社，1983，291—292 页。

5 《广雅疏证》卷八上《释器》，第 1072 页；（汉）许慎撰：《说文解字》十三上《系部》，中华书局，1985，273 页；（汉）刘熙撰、（清）毕沅疏证、王先谦补、祝敏彻等点校：《释名》卷四《释采帛第十四》，中华书局，2008，149 页；《汉书》卷九七上《外戚传上》，3962—3963 页。

为简状，分别置于五子漆奁与九子漆奁，其中前者镜衣内盛有一面铜镜。据该墓内所出竹简二六四所云，"素长寿镜衣一赤掾（缘）大"，应该是指盛放铜镜的镜衣[1]。

第七，"自副"。"副"，量词，器物多数配成套称"副"。"自副"，即自成一套。在河南安阳西高穴曹操高陵出土的刻铭石牌中，其中两件石牌刻铭文末为"自副"一词，分别为"广四尺、长五尺绛绢斗帐一具，构自副"，"丹文直领一，白绮裙自副"[2]。在文献典籍中，亦见"自副"一词的使用。《初学记》引晋《东宫旧事》："皇太子纳妃，有着衣大镜尺八寸，银华小镜一尺二寸，并衣纽自副。漆奁盛盖银华金薄镜三，银龙头受福莲花钮锁自副。"[3] 1979 年，在新疆阿斯塔那 M383 出土一件帛书。经研究，确认为北凉承平十六年（即北魏太安四年，459 年）武宣王沮渠蒙逊夫人彭氏随葬衣物疏。经笔者统计，其中"自副"一词，共计出现 26 次。该衣物疏整理者认为，文中多次出现"自副"一词，意谓自己成组成套。[4] 其中，第 16 条录文为："故剪刀一枚，尺自副。"只能解释为两者成为一套，而不是尺子为剪刀的附属品。

这件金错镜石牌铭文可翻译为：七寸黑漆画金黄色条带梳具一盒，内盛包裹着赤红色绢的金错镜一面，自成一套。

（二）金错工艺及金错镜

曾有学者对中国古代的金错工艺技术进行过较为系统的探讨，其中谈到河北满城西汉刘胜墓出土金错卷云纹铁匕首、四川成都天回山出土

---

1 湖南省博物馆、中国科学院考古研究所：《长沙马王堆一号汉墓》上集，文物出版社，1973，72、150 页。

2 河南省文物考古研究院：《曹操高陵》，中国社会科学出版社，2016，彩版八七：2，八九：2。

3 （唐）徐坚等：《初学记》卷二五《镜九》，中华书局，1980，607 页。

4 吐鲁番地区文物保管所：《吐鲁番北凉武宣王沮渠蒙逊夫人彭氏墓》，载《文物》，1994（9）。

图2 河南安阳西高穴东汉曹操高陵出土金错铁镜正面、背面（《曹操墓真相》）

的金错铁书刀等。[1] 在历史文献中，也有诸多对金错工艺制品的记述。《汉书·食货志》：王莽居摄，变汉制，"又造契刀、错刀。……错刀，以黄金错其文"。《盐铁论·散不足》："中者野王纻器，金错蜀杯，夫一文杯得铜杯十，贾贱而用不殊。"《后汉书·杨赐传》："（光和）四年，赐以病罢。……诏赐御府衣一袭，自所服冠帻绶，玉壶革带，金错钩佩。"颜师古注云："金错，以金间错其文。"东汉张衡《四愁诗》："美人赠我金错刀，何以报之英琼瑶。"《北堂书钞》引魏武王曹操《上杂物疏》云："御物有尺二寸金错铁镜一枚，皇后杂物用纯银错七寸铁镜四枚。"[2]

2010 年 12 月 15 日，在曹操高陵后室淤土中，发现一面金错铁镜（M2：252）。圆形，正面平整，背部中央有一桥形钮，钮内有穿绳，绳外拴有一铁棍。经过现代电子仪器 CT（计算机横断）扫描，在镜背发现图案，并有金丝露出，由此推测这应该是--面金错铁镜（图2）。铁镜表面

---

1 史树青：《我国古代的金错工艺》，载《文物》，1973（6）；后收入氏著《鉴宝心得》，山东画报出版社，2007，20—29 页。

2 《汉书》卷二四下《食货志四下》，中华书局，1975，1177 页；王利器校注：《盐铁论校注》卷六《散不足》，中华书局，1992，351 页；《后汉书》卷五四《杨赐传》，中华书局，1973，1783—1784 页；逯钦立辑校：《先秦汉魏晋南北朝诗》汉诗卷六《张衡》，中华书局，2013，180 页；（唐）虞世南编撰：《北堂书钞》卷一三六《服饰部三·镜六五》，中国书店，1989，552 页。

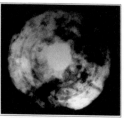

图 3 洛阳孟津送庄曹魏曹休墓出土
残铁镜（洛阳市文物考古研究院供图）

图 4 洛阳机车工厂东汉晚期 M346 金
错铁镜及其 X 射线片（程永建供图）

包裹有至少三层纺织品，甚至四层。其中，最外层纺织品纹理较粗，里面两层纹理细密。[1]

曹操高陵出土的这面金错铁镜，直径为 20.5 厘米。以汉代一尺等于今天的 23.4 厘米来折算，高陵发现的金错铁镜直径接近汉代的九寸，反映出汉代王一级所使用的镜子，应该是九寸金错铁镜。

西朱村 M1 随葬金错镜，因放置于一件七寸漆奁之中，故其直径有可能接近七寸，墓主人身份比曹操要低一等，推测 M1 随葬镜子应该是金错铁镜。2009—2010 年，在洛阳邙山发掘出三国曹魏时期壮侯曹休墓，出土半面铁镜，直径约 15 厘米（图 3）。[2] 此镜接近七寸，制作工艺一般，而非金银错的特种工艺镜。

据此判断，西朱村 M1 墓主人身份应该介于魏武王曹操与壮侯曹休之间。曹操《上杂物疏》说明，在东汉晚期，不同身份、等级的人，虽然使用的镜子均为铁镜，但身份不同，铁镜的制作工艺、直径大小、使用数量，均有严格规定。（表 1）[3]

---

1 河南省文物考古研究院：《曹操高陵》，中国社会科学出版社，2016，46、220—221、227 页，彩版一一五：3、4。

2 洛阳市文物考古研究院：《洛阳朱仓东汉陵园遗址》，中州古籍出版社，2014，124 页。

3 表一资料源于《北堂书钞》《太平御览》引《上杂物疏》。参见（唐）虞世南撰：《北堂书钞》卷一三六《服饰部三·镜六五》，中国书店，1989，552 页；（宋）李昉等：《太平御览》卷七一七《服用部一九·镜》，中华书局，1963，3178 页。

表 1　东汉晚期不同身份镜鉴使用者一览

身份	铁镜工艺	直径	数量（枚）
御物	金错	尺二寸	一
皇后	纯银错	七寸	四
皇太子	纯银错	七寸	四
贵人至公主	一般	九寸	四十

曹操高陵出土一面镜子为九寸金错铁镜，西朱村 M1 随葬一面镜子为小于七寸的金错铁镜，将两者与此表对比来看，两座墓的墓主人身份均低于皇帝，而高于皇后。

今见东汉时期的金错镜实物资料，可分为考古发掘品与传世品两类。[1] 其中，考古发掘品主要见于东汉晚期墓，包括河南洛阳机车工厂职工医院 M346 出土 3 面铁镜，其中一面为金错镜（图 4）。南阳东郊汉代宛城遗址东 M10 出土一面金错鎏金镜（图 5）。河北定县东汉熹平三年中山王刘畅墓出土铁镜 19 面，其中一面为金银错镜。甘肃武威雷台东汉墓，出土一面金银错变形四叶八凤纹铁镜（图 6）。中国国家博物馆、清华大学艺术博物馆各收藏一面传世品铁镜（图 7、8）。其中，清华大学艺术博物馆藏铁镜修复后的直径达到 32.2 厘米。另有一幅民国时期拍摄的金银错铁镜老照片（图 9），实物下落不明。

综上所述，根据目前所见东汉晚期金错铁镜的发现规律与使用规制进行推测，洛阳西朱村曹魏墓出土石牌上所记"金错镜"，有可能是直径接近汉尺七寸的金错铁镜，而不可能是金错铜镜，因为从未发现过汉魏时期的金错铜镜，此为这一时期特种工艺镜的显著特点。

1　霍宏伟：《鉴若长河：中国古代铜镜的微观世界》，生活·读书·新知三联书店，2017，77—82 页。

图 5　河南南阳宛城 10 号东汉晚期墓出土金错铁镜 [《文物》，1997（7）]

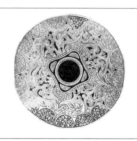

图 6　甘肃武威雷台东汉晚期墓出土金错铁镜及其摹本
[《考古学报》，1974（2）]

图 7　中国国家博物馆藏东汉金银错铁镜（《华夏之路》第二册）

图 8　清华大学艺术博物馆藏金错铁镜
（清华大学艺术博物馆供图）

图 9　金银错铁镜民国老照片
（贾树供图）

二、车琚镜

（一）石牌刻铭释义

西朱村 M1 发现 1 件与"车琚镜"相关石牌。刻铭 2 行，每行 4 字，共计 8 字。（图 10）另有"车琚佩"（图 11）、"车琚爪锤"刻铭石牌（图 12）各 1 件，"车渠跳脱缨"石牌 1 件（图 13）、"车渠"制作的器物残石牌 2 件（图 14、15），一并录文如下。

车琚镜一／枚，柙自副。（M1：382）

车琚佩□／具，柙自副。（M1：380）

车琚爪锤……（M1：360）

珊瑚人、车渠／跳脱缨一具。（M1：361）

车渠……金……（M1：55）

……车渠……锤一……（M1：99）

图 10　洛阳西朱村 M1 出土 382 号刻铭石牌（徐大明摄影）及其拓本
（洛阳市文物考古研究院供图）

图 11　洛阳西朱村 M1 出土 380 号石牌（徐大明摄影）及其拓本
（洛阳市文物考古研究院供图）

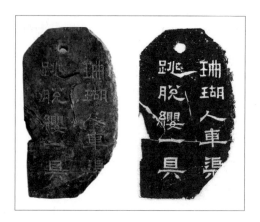

图 12　360 号石牌刻铭拓本　　　　图 13　洛阳西朱村 M1 出土 361 号石牌（徐大明摄影）
（洛阳市文物考古研究院供图）　　及其拓本（洛阳市文物考古研究院供图）

图 14　55 号残石牌刻铭拓本　　　　　图 15　91 号残石牌刻铭拓本
（洛阳市文物考古研究院供图）　　　　（洛阳市文物考古研究院供图）

　　第一行录文的意思是：车琚镜一枚，放于一匣中，自成一套。"柙"，通 "匣"，即放置物品的盒子，此处是指镜匣。朱骏声《说文通训定声》："柙，假借为匣。"按："柙""匣"音同义近，古多通用。[1]

　　车琚镜到底是一种什么样的镜子？先要考证清楚车琚是什么。琚是一种佩玉。《说文·玉部》："琚，琼琚。从玉，居声。诗曰：报之以琼

<hr />

1　（清）朱骏声撰：《说文通训定声·谦部第四》，武汉市古籍书店，1983，150 页上；冯其庸、邓安生纂著：《通假字汇释》，北京大学出版社，2006，342 页。

制器尚象：中国古代器物文化研究

琚。"《诗·卫风·木瓜》："投我以木瓜，报之以琼琚。"毛传："琼，玉之美者。琚，佩玉名。"[1] "琚"，玉旁居声，音近而意通，"琚"与"居"相通。"居"通"渠"，当读为"渠"[2]。所以，"琚"与"渠"相通，则"车琚"等于"车渠"。《广雅·释地》："砗磲，石之次玉"，王念孙疏证："砗磲，古通作车渠。"[3] 西晋崔豹《古今注》曰："魏武帝以马瑙石为马勒，以车渠石为酒杯。"唐代苏鹗纂《苏氏演义》卷下："魏武帝以玛瑙石为马勒，砗磲为酒碗。"[4] 上述两种文献记载同一史实，可见"车渠"与"砗磲"相通。

通过文献检索，查到两条与"车琚"相关史料。一是明代高濂《遵生八笺·起居安乐笺》："草子用久如漆，玛瑙、琥珀、金珀、水晶、人顶骨，以傍宗眼血实色红者为佳，枯黑为下，珊瑚恶甚。车琚椰子珠，作匾（扁）样，紫檀乌木棕竹车者，亦雅。"[5] 所谓"车琚椰子珠"，应是与现代砗磲加工、制作成的珠子近似，形状较扁。

二是《明书·婆罗传》："永乐四年，国王遣人来朝贡真珠、玳瑁、玛瑙、车琚，赐王及妃文绮。"[6] 这一记载亦见于《明史·外国传》："婆罗，又名文莱，东洋尽处，西洋所自起也。……（永乐）四年十二月，其国东、西王并遣使奉表朝贡。……厥贡玳瑁、玛瑙、砗磲、珠、白焦布、花焦布、降真香、黄蜡、黑小厮。"[7] 对照两种文献记载可知，两书中的"车琚"与"砗磲"，是同物异名，"车琚"即今人所云"砗磲"，古代多写作"车渠"。

---

1 （汉）许慎撰：《说文解字》一上《玉部》，中华书局，1985，12页；（清）马瑞辰撰，陈金生点校：《毛诗传笺通释》，中华书局，1989，224—225页。

2 冯其庸、邓安生纂著：《通假字汇释》，北京大学出版社，2006，296页。

3 （清）王念孙撰：《广雅疏证》卷九下《释地》，上海古籍出版社，1983，269页。

4 （晋）崔豹撰：《古今注》卷下《杂注第七》，商务印书馆，1956，25页；（唐）苏鹗纂《苏氏演义》卷下，商务印书馆，1956，24页。

5 （明）高濂：《遵生八笺》卷八《起居安乐笺》下卷，明万历刻本。

6 （清）傅维鳞撰：《明书》卷一六七《婆罗传》，清畿辅丛书本。

7 《明史》卷三二三《外国传·婆罗传》，中华书局，1974，8378页。

（二）车渠性质及来源

1. 车渠性质

古时文献一般称"车渠"，"砗磲"（Tridacna）一词在现代常用。从历史文献来看，唐代之前，大多用"车渠"两字，"砗磲"少见，自唐开始大量使用"砗磲"一词。车渠是一种海洋生物，主要分布于印度—西太平洋热带海洋，共计 6 种。我国台湾、海南岛及其他南海诸岛屿均有出产，属于双壳纲帘蛤目的一科，壳大而厚，形状略呈三角形，两壳同形。壳表面有沟垄，如车轮之渠，因以得名。壳边缘呈锯齿状。[1]外表为白色或浅黄色，内面质白如玉，或为浅黄，有光泽。

2. 关于《尚书大传》"车渠"记载的辨析

目前所见最早关于"车渠"的历史文献记载是《尚书大传》。旧题西汉伏生撰《尚书大传·西伯戡耆》："文王一年质虞芮，二年伐于，三年伐密须，四年伐畎夷，纣乃囚之。……（散宜生）之江淮之浦，取大贝，如车渠，陈于纣之庭。"郑玄注云："渠，车网（辋）也。"[2]

对此记述有三种观点，一是东汉郑玄的车辋（车轮）说，二是北宋沈括的蚌类说，三是南宋程大昌的车辙说。现代学界大多数学者赞同沈括的蚌类说。详见《梦溪笔谈·谬误》云：

> 海物有车渠，蛤属也，大者如箕，背有渠垄，如蚶壳，故以为器，致如白玉，生南海。《尚书大传》曰："文王囚于羑里，散宜生得大贝，如车渠，以献纣。"郑康成乃解之曰："渠，车罔也。"盖康成不识车渠，谬解之耳。[3]

1　中国大百科全书总编辑委员会《生物学》编辑委员会等编：《中国大百科全书·生物学 I》，中国大百科全书出版社，1991，134—135 页；《辞海·生物分册》修订稿，上海人民出版社，1975，423—424 页。

2　王闿运补注：《尚书大传补注》卷四《殷传六·西伯戡耆》，《丛书集成初编》，3570 册，中华书局，1991，29—30 页。

3　（宋）沈括著，胡道静校注：《梦溪笔谈校证》卷二二《谬误》，中华书局，1960，727 页。

明代李时珍与沈括的观点一致："车渠，大蛤也。大者长二三尺，阔尺许，厚二三寸。壳外沟垄如蚶壳而深大，皆纵文如瓦沟，无横文也。壳内白皙如玉，亦不甚贵。番人以饰器物，谬言为玉石之类，或云玉中亦有车渠，而此蛤似之故也。沈存中《笔谈》云：车渠大者如箕，背有渠垄如蚶壳，以作器，致如白玉。"[1]

南宋程大昌《演繁露·车渠》针对《尚书大传》的这段文献，提出"车渠是车辙"的看法："车渠非大贝也，特贝之大者，可比车渠耳，不知车渠又何物也。车者，车也；渠者，辙迹也。孟子谓城门之轨者是也。"[2]

3. 古代车渠的来源

关于车渠的来源，是一个悬而未决的问题：车渠到底是来自海洋，还是陆地？东汉三国时期的文献大多说车渠出自西域诸国、大秦及天竺国等。《艺文类聚》引曹丕《车渠碗赋》："车渠，玉属也。多纤理缛文。生于西国，其俗宝之。"[3] "西国"，即西域诸国。曹植《车渠碗赋》曰："惟斯碗之所生，于凉风之浚湄。""凉风"即《离骚》之阆风。王注："阆风，山名，在昆仑之上。凉、阆一声之转。"浚湄，即陡峭岸侧[4]。此赋首句意即车渠碗的原料出产于昆仑山脉阆风山上的陡峭岸侧。但是，2008 年之前，曾有中国学者前往昆仑山考察玉矿，未发现有关车渠的实物资料。[5] 所以，曹植赋中所言车渠源于昆仑山一说值得斟酌。

出自西域诸国的车渠，推测可能是由于某一地区曾经是海洋环境，出产车渠，而后山脉隆起，经过长期演变，车渠成了化石，甚至有人认为极少数车渠产自喜马拉雅山 5000 米以上的山脉中，是金丝砗磲的主要来源，这应该是远古海洋生物演变成化石的实例。需要说明的是，源于

1 （明）李时珍撰：《本草纲目》卷四六《介部二·车渠》，商务印书馆，1957，第六册，37 页。

2 （宋）程大昌撰：《演繁露》卷二《车渠》，《丛书集成初编》293 册，中华书局，1991，16 页。

3 （唐）欧阳询撰，汪绍楹校：《艺文类聚》卷八四《宝玉部下·车渠》，中华书局，1965，1442 页。

4 （魏）曹植著，赵幼文校注：《曹植集校注》卷一，人民文学出版社，1984，137—138 页。

5 尚昌平：《玉出昆仑》，中华书局，2008。

西域诸国的车渠也不排除来自海洋的可能性。

　文献记载遥远的大秦、天竺也盛产车渠，可能源于地中海和印度洋。《三国志·魏书》引《魏略·西戎传》："大秦多金、银、铜、铁、铅、锡、神龟、白马、朱髦、骇鸡犀、瑇瑁、玄熊、赤螭、辟毒鼠、大贝、车渠、玛瑙、南金、翠爵、羽翮、象牙、符采玉、明月珠、夜光珠、真白珠、虎珀、珊瑚……"[1]唐代《艺文类聚》引晋郭义恭《广志》曰："车渠出大秦国及西域诸国。"又引东晋郭璞《玄中记》曰："车渠出天竺国。"苏子曰："车渠、马瑙，出于荒外，今冀州之土，曾未得其奇也。"[2]

　至于出产于西域的车渠何时进入中原内地，在文献中也有间接反映。《三国志·魏书·武帝纪一》：东汉建安二十年（215），"夏四月，公自陈仓以出散关，至河池。氐王窦茂聚万余人，恃险不服。五月，公攻屠之。西平、金城诸将麹演、蒋石等共斩送韩遂首"[3]。有学者据此推测，建安二十年，凉州平定，西域交通开始恢复，西域诸国馈送，才能到达邺都，邺下文人同题辞赋《车渠碗赋》的创作年代应在建安二十一年[4]。由上述文献来看，来自西域的车渠进入中原内地的时间应该是在东汉晚期，即建安二十年凉州平定，中原与西域的交通线重新开通之后。

（三）洛阳西朱村 M1 随葬车渠器物的原因

　从西朱村 M1 出土石牌刻铭来看，该墓中随葬了一些车渠制作的器物。若要分析其出现的原因，应将其放在东汉晚期至三国曹魏时期车渠使用状况这个历史大背景之下来考察。

　西域诸国向中原内地的朝廷进贡宝物，是车渠器物出现于内地的主要原因。《三国志·魏书三〇·东夷传》："魏兴，西域虽不能尽至，其大

1　《三国志·魏书》卷三〇《乌丸鲜卑东夷传》引《魏略·西戎传》，中华书局，1962，861 页。

2　（唐）欧阳询撰，汪绍楹校《艺文类聚》卷八四《宝玉部下·车渠》，中华书局，1965，1442 页。

3　《三国志》卷一《魏书一·武帝纪一》，中华书局，1962，45 页。

4　（魏）曹植著，赵幼文校注：《曹植集校注》卷一，人民文学出版社，1984，139 页。

国龟兹、于寘、康居、乌孙、疏勒、月氏、鄯善、车师之属，无岁不奉朝贡，略如汉氏故事。"[1] 从历史文献记载来看，中原地区所见车渠原料来自外域，加工、制作于中原内地。曹植《车渠碗赋》曰："于时乃有笃厚神后，广被仁声。夷慕义而重使，献兹宝于斯廷。命公输之巧匠，穷妍丽之殊形。华色粲烂，文若点成。""神后"指曹操[2]。该辞赋透露出如下信息：东汉晚期，有来自外域使者进献车渠原料，曹操命能工巧匠加工、制作包括碗在内的一些器物。

《太平御览》引曹丕《古车渠碗赋》，内容大多与《艺文类聚》相同，唯最后一句，未见于《艺文类聚》，引文："小以系颈，大以为器。"[3] "小以系颈"者为形制较小的佩饰，"大以为器"者即器物，包括酒杯、碗、觯等。

至于具体的车渠器物加工细节，语焉不详，只能借助南宋时期的文献记载来进行分析，这些文献恰好为曹丕所云"小以系颈，大以为器"做了细致的注解。南宋周去非《岭外代答·砗磲》："南海有蚌属曰砗磲，形如大蚶，盈三尺许，亦有盈一尺以下者。惟其大之为贵，大则隆起之处，心厚数寸。切磋其厚，可以为杯，甚大，虽以为瓶可也。其小者，犹可以为环佩、花朵之属。其不盈尺者，如其形而琢磨之以为杯，名曰激滟，则无足尚矣。"[4] 宋赵汝适《诸蕃志·砗磲》："砗磲出交趾国，状似大蚌，沿海人磨治其壳，因其形为荷叶杯，肤理莹洁如珂玉，其最大者琢其根柢为杯，有厚三寸者，脱落碎琐，犹为环佩诸玩物。"[5] 从这两条南宋文献资料可知，体形较大的车渠隆起处较厚，可制作杯、瓶；形制小者，可做环佩、花朵。而车渠加工之后留下的边角碎料，完全可以再利

1 《三国志》卷三〇《魏书三〇·东夷传》，中华书局，1962，840 页。

2 （魏）曹植著，赵幼文校注：《曹植集校注》卷一，人民文学出版社，1984，137—138 页。

3 《太平御览》卷八〇八《珍宝部七·车渠》，3592 页。

4 （宋）周去非著，杨武泉校注：《岭外代答校注》卷七《宝货门·砗磲》，中华书局，1999，265 页。

5 （宋）赵汝适著，杨博文校释：《诸蕃志校释》卷下《志物·砗磲》，中华书局，2000，206 页。

用，经打磨、雕刻，粘贴于镜背，制成独具特色的车渠镜。

车渠制作的器物种类，一类是历史文献记述的碗、觯等生活器皿，另一类是洛阳西朱村 M1 出土石牌刻铭所反映出的镜、爪锤、佩、跳脱等小件器物，这些石牌刻铭应是目前发现最早有关车渠的地下出土文献资料。

值得一提的是，作为"建安文学"代表人物的"三曹""建安七子"等邺都文人群体，曾创作出一些同题辞赋。其中，曹丕、曹植、王粲、应玚、徐幹、陈琳作《车渠碗赋》，是较有特色的一种，撰写时间大约在东汉建安二十一年（216）[1]，此时西凉已被平定，从而打通了中原与西域交往的通道。

> 夫其方者如矩，圆者如规。稠希不谬，洪纤有宜。（曹丕）
>
> 于时乃有笃厚神后，广被仁声。（曹植）
>
> 侍君子之宴坐，览车渠之妙珍。（王粲）
>
> 惟兹碗之珍玮，诞灵岳而奇生。（应玚）
>
> 盛彼清醴，承以雕盘。因欢接口，媚于君颜。（徐幹）
>
> 廉而不刿，婉而成章。德兼圣哲，行应中庸。（陈琳）[2]

曹植赋中的"笃厚神后"，已有学者指出是曹操。王粲赋中所云"侍君子之宴坐"，"侍"意为陪从在尊长的旁边。文中"君子"应是指曹操。在东汉晚期，能够充分调动上述六人的积极性，使其创作同题辞赋者，唯有曹操。曹公曾使用过车渠酒杯，亦见于西晋崔豹《古今注》记载："（魏武帝）以车渠石为酒杯。"[3]

---

1 （魏）曹植著，赵幼文校注：《曹植集校注》卷一，人民文学出版社，1984，139 页。

2 （唐）欧阳询撰，汪绍楹校：《艺文类聚》卷八四《宝玉部下·车渠》，中华书局，1965，1442 页；卷七三《杂器物部·盘》，第 1262 页；俞绍初辑校：《建安七子集》，中华书局，2005，50、111、155、181 页。

3 （晋）崔豹撰：《古今注》卷下《杂注第七》，商务印书馆，1956，25 页。

综上所述，东汉晚期至三国曹魏时期，车渠得到了中原内地上流阶层的青睐。因此，在洛阳西朱村 M1 曹魏墓中出土一些以车渠制作的器物石牌，如镜、爪锤、佩、跳脱等刻铭石牌，亦在情理之中。

南朝时车渠仍然流行，如南朝梁简文帝《答张缵谢示集书》所云："檐梧初下，浮云生野，明月入楼，时命亲宾，乍动严驾，车渠屡酌，鹦鹉骤倾。"[1] 明杨慎《丹铅总录·琐语六》："车渠、鹦鹉皆指酒杯。俗传：车渠为杯，注酒满过一分，不溢。尝试之，信然。"[2] 以车渠制成的碗，简称"渠碗"。南朝齐谢朓《谢宣城集》二《金谷聚》诗："渠碗送佳人，玉杯邀上客。"[3] 唐人对车渠亦是钟爱有加，车渠成为唐代外来宝石之一。今陕西历史博物馆收藏有唐代人用车渠制作的梳背、带胯等器物[4]，显示出车渠在唐人生活中已是渐露端倪（图 17）。

宋明以降，车渠更是成为宗教界、世俗社会喜爱的宝石，得到世人的追捧。虽然"佛教七宝"的种类说法不一，《法华经》《无量寿经》《般若经》各有所指，但车渠均名列其中。

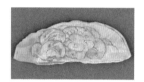

图 16　左：梳背正面；中：梳背背面；右：带胯残片

1　（唐）欧阳询撰，汪绍楹校：《艺文类聚》卷五八《杂文部四·书》，1042 页。

2　（明）杨慎撰：《丹铅总录》卷二七《琐语类》，《四库笔记小说丛书》，《丹铅余录·谭苑醍醐》，上海古籍出版社，1992，660 页。

3　逯钦立辑校：《先秦汉魏晋南北朝诗》齐诗卷三《谢朓》，中华书局，2013，1420 页。

4　张晓艳：《唐代外来宝石研究》，2016 年西南大学硕士学位论文；韩建武：《陕西出土的唐代玉石器及相关问题》，载《上海文博》，2005。

（四）螺钿镜探源

洛阳西朱村 M1 出土用车磲制作的车琚镜石牌刻铭，车琚镜应是后人所说的螺钿镜。明代黄成《髹饰录》"螺钿"条："螺钿，一名甸嵌，一名陷蚌，一名坎螺，即螺填也。百般文图，点、抹、钩、条，总以精细密致如画为妙。又分截壳色，随彩而施缀者，光华可赏。又有片嵌者，界郭理皴皆以划文。"清代赵翼《陔余丛考》卷三三："髹漆器用蚌蛤壳镶嵌，象人物花草，谓之螺填。"[1] 车磲符合上述文献所云螺钿的基本特点。2014 年，有学者在综合各家研究成果的基础上提出，中国古代的"螺钿起源于商代，西周至春秋为发展时期，战国以后衰落，唐、五代勃兴"，在镜背上嵌螺钿是唐代人的首创[2]。（图 17）

笔者则认为，洛阳西朱村 M1 出土的车琚镜石牌，是目前所见最早关于螺钿镜的文字记载。这一面盛放于镜匣之中、随葬墓中、现已不存的"车琚镜"，推测应是以某种金属为胎、背面镶嵌车磲的镜子，因为在古人眼中车磲就是一种玉石。先在镜背上描绘出纹饰，再加工之后，呈现出不同形状的车磲粘附于镜背，从而形成别具一格的特种工艺镜。

图 17　洛阳涧西晚唐陈曦墓出土高士宴饮螺钿镜
（中国国家博物馆供图）

1　王世襄：《髹饰录解说·坤集·填嵌第七》，文物出版社，1983，101 页；（清）赵翼撰：《陔余丛考》卷三三"螺填"条，中华书局，1963，710 页。

2　范淑英：《唐代螺钿镜的定名及其工艺内涵》，载《考古与文物》2014（1）。

三、镜台

（一）石牌刻铭释义

西朱村 M1 出土两件与镜台相关石牌，刻铭 3 行，每行 5 字，共计 15 字（图 18、19）。两件石牌刻铭内容、格式相仿，唯前者中的"镜"字，后者改为"又"，推测是因"镜"字笔画稠密，为简省刻铭，故以"又"字相称，"台"亦指镜台。朱骏声《说文通训定声·颐部》：又，假借为再[1]，有重复出现、再次出现之意。有学者将此石牌刻铭中"又"字释为"叉"，笔者以为仍是"又"字。因为西朱村 M1 出土两件石牌上均有"叉"字，如西朱村 M1 出土 171 号石牌刻铭"三点七……角叉……"（图 20），34 号石牌刻铭"绳叉一，绳自副"（图 21），曹魏高陵出土一件"木绳叉一"刻铭石牌（图 22）[2]。在上述三件石牌中，"叉"字上部倒三角形内空白中央，明显刻有一点。《说文·又部》："又，手也，象形。三指者，手之列多，略不过三也。凡又之属皆从又。""叉，手指相错也。从又，象叉之形。"[3] 由此可知，曹魏时期的人们对"又""叉"两字分得非常清楚，不存在通假现象。

> 淳金银、解间／涂带、镜台一，／丹缣沓，自副。（M1：310）
>
> 淳金银、解间／涂带、又台一，／丹缣沓，自副。（M1：132）

第一，"淳金银"。"淳"与"纯"字相通。《左传·襄公十一年》"淳十五乘"杨伯峻注："淳通纯。"《艺文类聚》卷八〇引晋潘尼《火赋》：

1　（清）朱骏声撰：《说文通训定声·颐部第五》，武汉市古籍书店，1983，198 页。

2　李凭主编：《曹操高陵：中国秦汉史研究会、中国魏晋南北朝史学会会长联席会议》，浙江文艺出版社，2010，图版 38 页，石牌用品类之十。

3　（汉）许慎撰：《说文解字》三下《又部》，中华书局，1985，64 页。

图 18　洛阳西朱村 M1 出土 310 号石牌刻铭拓本（洛阳市文物考古研究院供图）

图 19　洛阳西朱村 M1 出土 132 号刻铭石牌及拓本（孔震供图）

图 20　171 号石牌刻铭拓本（洛阳市文物考古研究院供图）

图 21　34 号石牌刻铭拓本（洛阳市文物考古研究院供图）

图 22　曹操高陵出土"木绳叉一"刻铭石牌（《曹操高陵》）

制器尚象：中国古代器物文化研究

"含太阳之灵晖，体淳刚之正气。"淳刚，即纯正的阳刚[1]。"淳金银"，即纯金银。在西朱村 M1 出土石牌石铭中也有类似记述，如"淳金五寸疏具一具"刻铭石牌（M1∶467 号）。

《北堂书钞》引魏武王《上杂物疏》云："中宫有纯银参带镜台一枚。"[2]"纯银"与"淳金银"两词相较，可见文献典籍中的用法与曹魏石牌上记述基本相同。比起纯金，还有次一等的金，被称为"介金"，如洛阳西朱村 M1 出土"介金炉"刻铭石牌（M1∶253）。

第二，"解间"。"解"即物体相连接之处，《周礼·考工记·弓人》"今夫茭解中有变焉"，郑玄注："茭解，谓接中也。"贾公彦疏："取弓隈与箫角相接，名茭也。"间，间隙、空隙，《尔雅·释诂》"孔，间也"，邢昺疏："间，古闲反，隙也。"[3]"解间"，即物体连接处的缝隙。

第三，"涂带"，意即涂饰弦纹带。

第四，"镜台一"，即一件镜台。今见最早记载于文献的"镜台"，为《北堂书钞》引魏武王《上杂物疏》："中宫有纯银参带镜台一枚，又纯银七子，贵人、公主银镜台四，凡有七枚。"[4]"中宫"是指皇后居住之所，亦借指皇后。《汉书·外戚传下·孝成赵皇后》"即从中宫来"颜师古注："中宫，皇后所居。"[5]皇后、贵人、公主使用的均为银镜台，而洛阳西朱村 M1 随葬的是纯金银镜台，可见墓主人身份应该在皇后、贵人、公主之上。

第五，"丹缣沓"。丹缣，即赤色绢。沓，通"鞜"，套。《汉书·外

1　杨伯峻：《春秋左传注·襄公十一年》，中华书局，1981，991 页；（唐）欧阳询撰，汪绍楹校：《艺文类聚》卷八〇《火部·火》，中华书局，1965，1366 页。

2　（唐）虞世南编撰：《北堂书钞》卷一三六《服饰部三·镜台六六》，中国书店，1989，553 页。

3　（汉）郑玄注，（唐）贾公彦疏，彭林整理：《周礼注疏》卷四八《冬官考工记下·弓人》，上海古籍出版社，2010，1709 页；（晋）郭璞注，（宋）邢昺疏，王世伟整理：《尔雅注疏》卷二《释诂第一》，上海古籍出版社，2010，58 页。

4　（唐）虞世南编撰：《北堂书钞》卷一三六《服饰部三·镜台六六》，中国书店，1989，553 页。

5　《汉书》卷九七下《外戚传下》，中华书局，1975，3994 页。

戚传下·孝成赵皇后》：皇后"居昭阳舍，其中庭彤朱，而殿上髤漆，切皆铜沓（冒）黄金涂。"颜师古注："切，门限也。……沓，冒其头也。"[1] "冒其头"，即覆盖于门限的头上。"丹缣沓"，即用赤红色的绢覆盖于镜台上。

这一段录文可翻译为：纯金银，在其间隙之处涂以装饰带，镜台一件，外面覆盖着赤红色绢，自成一套。

类似记述镜台的石牌，仅见于 2010 年 12 月 4 日曹操高陵后室扰土中发现六边形石牌上阴刻"镜台一"（图 23，表 2）。据考古发掘现场观察，镜台已朽，留有残迹。曹操高陵出土铁镜两侧各有一个短轴状的外突。此镜出土于后室底部靠近南侧室门口的一组漆木器上（图 24），据石牌所记，墓内随葬一件镜台。因此，推测该漆木器应是镜台，铁镜原来是放置于镜台之上的[2]。

图 23　曹操高陵出土"镜台一"刻铭石牌（《曹操高陵》）

图 24　曹操高陵金错铁镜发掘现场（《曹操墓真相》）

1　《汉书》卷九七下《外戚传下》，3989 页。

2　河南省文物考古研究院：《曹操高陵》，中国社会科学出版社，2016，45、220 页，彩版八六：1；河南省文物考古研究所、安阳县文化局：《河南安阳市西高穴曹操高陵》，载《考古》，2010（8）。

制器尚象：中国古代器物文化研究

表2 曹操高陵与洛阳西朱村M1出土镜台石牌比较一览

墓名	出土位置	形制	高度（厘米）	宽度（厘米）	厚度（厘米）	铭文字数（个）	墓葬年代
曹操高陵	后室	平首斜肩六边形，上部正中有一圆孔	8.5	2.1—4.2	0.5	3	东汉晚期
西朱村M1	不详		8.3	4.6—4.9	不详	15	曹魏

（二）东汉三国镜台资料梳理

这一时期的镜台资料，包括实物与图像两类。根据其形制、结构的不同，分为两种类型。[1]

甲型：镜托型。上部为"U"形镜托，中部为立杆，下部为台座。例如，上海博物馆藏鎏金铜镜台（图25），美国纳尔逊-阿特金斯艺术博物馆藏镜台（图26），传洛阳金村一带出土、加拿大皇家安大略博物馆藏鎏金铜镜托（图27）均属于此类形制。

B型：挂板型。上为一横向挂板，中为立杆和托板，下为台座。如河北涿州东汉墓出土陶镜台（图28），山东沂南东汉晚期墓画像石上雕刻的镜台图像（图29），四川成都羊子山东汉墓画像石上的镜台图像（图30）[2]，安徽马鞍山三国孙吴大将朱然墓出土漆盘上的《梳妆图》（图31、32）。

图25 上海博物馆藏东汉镜台及铜镜
（《镜映乾坤：罗伊德·扣岑先生捐赠铜镜精粹》）

图26 美国纳尔逊-阿特金斯博物馆藏东汉镜台及铜镜（马麟供图）

---

1 霍宏伟：《鉴若长河：中国古代铜镜的微观世界》，三联书店，2017，168—172页。

2 高文主编：《中国画像石全集》第7卷《四川汉画像石》，河南美术出版社等，2000，第图六三。

图 27　传洛阳金村一带出土、加拿大皇家安大略博物馆藏东汉鎏金
铜镜台构件（《洛阳故城古墓考》）

图 28　河北涿州凌云集团新厂 1 号东汉墓彩绘陶镜台（王咸秋摄影）

图 29　山东沂南东汉墓画
像石上的镜台形象拓本
（《中国画像石全集》第 1
卷《山东画像石》）

图 30　成都羊子山一号汉墓出土车马出行宴乐图拓本局部

制器尚象：中国古代器物文化研究

图 31　安徽马鞍山三国孙吴朱然墓漆盘
[《安徽马鞍山东吴朱然墓发掘简报》，载
《文物》，1986（3）期]

图 32　朱然墓漆盘上的《梳妆图》摹本
（朱笛摹绘）

通过对东汉三国镜台资料的分析，可以总结出以下两点：一方面，虽然仅凭洛阳西朱村曹魏墓出土石牌的简略记述，仍无法确定该墓随葬镜台的具体形制、结构，但根据镜台发展规律来推测，其形制、结构可以大致圈定在上述两种类型的范围之内。

另一方面，将洛阳西朱村曹魏墓出土石牌记述的纯金银镜台资料与现有镜台资料进行比较，尚未发现此类纯金银镜台实物，由此可见西朱村曹魏墓随葬的镜台应是上层社会使用的奢侈品，其墓主人身份不同一般。

结　语

通过对洛阳西朱村曹魏墓 M1 出土石牌刻铭中镜鉴与镜台问题的探讨，主要有以下收获：

一是本文的研究思路，就是要以名找物、用物证名、名物相符、透物见人。这是探索西朱村 M1 出土石牌刻铭与墓葬关系的基本思路。

二是该墓石牌铭文所透露出来的文物信息，金错镜与车琚镜均属于特种工艺镜，镜台质地、装饰不同一般。墓中出土石牌上所记"金错镜"，应是直径小于七寸的金错铁镜；该墓中石牌铭文中的"车琚镜"，应是后人所说的螺钿镜，这一石牌刻铭是目前所见最早关于螺钿镜的文字记载；另有石牌上所记纯"金银"镜台，目前尚未见过此类实物，应该是曹魏时期上层社会使用的奢侈品。东汉晚期皇后、贵人、公主使用的是银镜台，而洛阳西朱村 M1 随葬的是纯金银镜台，推测墓主人身份应高于皇后、贵人、公主。从墓中随葬镜鉴与镜台的石牌文字记述来看，西朱村曹魏墓 M1 墓主人具有极高的身份、地位，大致可以推断在魏武王曹操与壮侯曹休之间。

三是墓中出土六件与车渠相关刻铭石牌，值得关注。东汉末年，曹操曾以车渠为酒杯，曹丕、曹植、王粲、应瑒、徐干、陈琳皆以《车渠碗赋》为题，创作辞赋。由此可见，"车渠"作为西域诸国进贡中原的宝物，在当时为统治阶层所珍视。西朱村 M1 随葬包括镜、佩、爪锤、跳脱等与车渠相关器物，另有与车渠类似、同出于海洋的宝物有珊瑚人、海大斑螺、六寸玳瑁、海贝等，不仅显示出墓主人显赫的社会地位，而且也是洛阳作为丝绸之路东端起点的重要物证。

总之，洛阳西朱村曹魏墓 M1 出土 200 余件刻铭石牌具有重要的历史、艺术及科学价值。本文谨以其中与镜鉴相关的刻铭石牌为例，探讨了金错镜、车琚镜及镜台等相关问题，从一侧面较为深入地阐释了刻铭石牌独特的学术价值。

附记：在本文写作过程中，得到了洛阳市文物考古研究院史家珍院长、程永建、王咸秋、程召辉等先生，洛阳电视台徐大明先生，中国国家博物馆孔祥星先生，陕西历史博物馆呼啸先生，杭州孔震先生的帮助，或提供资料信息，或惠赐相关文物图片，谨致谢忱。本文原载《博物院》2019 年第 5 期。

器与图
——宋代墓葬中的剪刀、熨斗图像组合

邓菲

复旦大学文史研究院

摘　要：本文着眼于宋墓中常见的剪刀、熨斗砖雕，通过分析相关的图像组合和空间配置，尝试建立起图与器、图与建筑之间的联系。原本作为日用工具的剪刀、熨斗、直尺等，在墓中既表现了与制衣有关的生产活动，也是女性所属空间的代表物，还与其他的家居场景一同建构出具有象征意义的死后世界。这类图像元素在墓葬中的出现，带有鲜明的地域、时代特征，有助于我们理解唐宋之际北方地区墓葬图像模式的传播与发展。

关键词：唐宋时期；北方地区；剪刀熨斗；图像组合；墓葬空间

　　近年来，中国古代墓葬美术研究所关注的时段不断后延，宋辽金元时期的墓葬艺术开始受到重视，并引发了研究者对其图像题材的阐释和解读。[1]

1　有关该时期墓葬艺术的主要研究是对墓内的装饰题材进行分类与图像学分析。这类研究方法在国内外相当流行，学者多以墓葬中的单个装饰题材为主题进行分析，其中又以宋辽金元墓中常见的散乐、杂剧、孝子、妇人启门等题材最为引人关注。

宋代砖室墓内壁多以砖雕或彩绘表现家居场景，体现了"事死如生"的丧葬理念。除了砖砌仿木构建筑的柱、枋、斗拱等元素外，门、窗、桌椅、灯檠、箱柜、衣架、镜架、剪刀、熨斗也是最为常见的装饰。门、窗等家具题材可以解释为墓葬对地上宅第、陈设的模仿，而剪刀和熨斗等器物却引起了笔者的兴趣，它们经常并置一壁，频频出现在墓葬空间之中。

早在20世纪50年代，宿白先生在对河南禹县白沙宋墓的发掘及研究中，就已经注意到墓壁上的剪刀、熨斗砖雕，并提出河南唐宋墓中常出土有剪、熨斗、尺等成组的器物。[1] 由于这些器物为日常用具，加上相关图像在墓室中相当普遍，学者们一直将它们视为日用器在墓葬空间里的视觉再现。因此，很少有研究者专门对这类装饰进行分析、解读，讨论墓葬设计者为何会在众多的流行器用中选择剪刀、熨斗加以呈现，对这些元素的强调是否暗含特定的目的，它们与其他壁面装饰的关系如何等。[2]

本文将着眼于宋墓中这一图像细节，试图以组合的形式对剪刀、熨斗等图案加以解释。一方面，分析图像属于"看图说话"，"看"起来不难，"看"懂却并不容易。真正读懂图像，需要对该时段的观念信仰、社会风俗有深入的了解。[3] 另一方面，对墓葬图像意义的追寻实际上建立在一个基本的假设之上，即墓葬装饰是为埋葬死者所建的地下空间的一部分，主要题材的选择、布局都有特殊的目的，也都反映了当时的丧葬礼

1　宿白：《白沙宋墓》，文物出版社，1957，38 页，注 74。

2　郑以墨在讨论五代墓葬美术时，提出晚唐、五代墓中也出现剪刀、熨斗、注、盏等日常器物，它们多为女性家居劳作的工具，似可看作女性墓主的象征。黄小峰延续了这一论断，通过分析张萱《捣练图》，提出"熨帛"在五代以后成为新的图像样式，10—12 世纪的北方砖雕墓中流行的剪刀、熨斗等图像，也是为了营造女性活动的空间。上述研究对本文具有一定的启发。见郑以墨：《五代墓葬美术研究》，中央美术学院博士学位论文，2009，168—178 页；黄小峰：《四季的故事：〈捣练图〉与〈虢国夫人游春图〉再思》，载《美苑》，2010（4），72—83 页。

3　扬之水：《读图时代，对"读图"者的思考能力有更高的要求》，载《文汇报》，2017-5-5（11）。

俗。[1] 从这一假设出发，本文不仅关注剪刀、熨斗组合与其寓意，同时也希望不限于对图像意义的考证，将器物、图像与建筑的关系视为一种观察材料的角度，以此探讨唐宋之际墓葬图像模式的形成与发展。

一、图像组合

家居生活化是宋代墓葬装饰的重要特征。许多仿木构砖室墓都将墓室建造为庭院或居室，通过砖砌板门、直棂窗、桌椅、箱柜、衣架、灯檠等元素来模仿地上厅堂，并在其基础之上绘出宴饮、备食、梳妆、伎乐、杂剧等生活场景（图1）。[2] 值得注意的是，有两类器物时常与门窗、家具一同出现在墓壁之上，展现墓主的居家陈设和生活细节。一类是与饮食备献有关的注子、盏托、碗、盘、瓶等饮食器；另一类则是以剪刀、熨斗为主，偶尔包括直尺、针线笸箩等小型用具。它们多被制作成砖雕的形式，镶嵌在墓壁之上，之上再施彩绘。

例如，河北武邑龙店发现了一座北宋仁宗庆历二年（1042）的砖室墓，墓室平面呈圆形，四壁皆有装饰：南壁中间为券门，西侧砖砌假门；西壁砌衣架，架下砌衣柜，柜上一罐，北侧上雕刻圆镜，旁边墨绘一名女子，下方绘熨斗和剪刀各一，衣架两侧绘花卉（图2）；北壁砌假门，门侧各绘一人；东壁砌一桌二椅，桌上绘注子、杯盏等，椅后绘一人。[3] 我们可以发现，该墓在西壁上砌出衣架、衣柜的大体形状，剪刀、熨斗与家具搭配出现。这种组合情况相当常见。时代略晚于此墓的河南郑州南关外胡进墓（1056）中也发现了类似的墓室装饰，只是图像设置的方

1 相关讨论，可见郑岩《魏晋南北朝壁画墓研究》，文物出版社，2002，13页。

2 秦大树：《宋元明考古》，文物出版社，2004，143—145页。

3 河北省文物研究所：《河北武邑龙店宋墓发掘报告》，见河北省文物研究所编：《河北省考古文集》，东方出版社，1998，323—329页。

图 1　河南新安石寺李村宋
四郎墓墓内装饰

图 2　河北武邑龙店 2 号墓西
壁、南壁线描图

图 3　河南郑州南关外胡进墓墓壁展开图

位稍有区别，改为在东壁上砖砌衣箱、衣架，架下浮雕一剪刀、一尺、
二熨斗，并砌出镜台（图 3）。[1] 这表明家具和器物的配置方式在当时的墓
葬中较为固定。

1　河南省文化局文物工作队第一队：《郑州南关外北宋砖室墓》，载《文物》，1958（5），52—54 页。

　　　　　　　　　　　　　　　　　　　　制器尚象：中国古代器物文化研究

这种布局在晚唐、五代时期的砖室墓中就已经出现。河北故城西南屯的几座晚唐墓与河南濮阳段庄、西佛店地区发现的五代墓都以东壁桌椅、北壁门窗、西壁剪与熨斗的题材装饰墓室内壁。[1] 根据目前收集到的墓葬资料（表1）来看，剪刀、熨斗图案自晚唐开始出现，五代逐渐发展，至北宋时期作为墓葬装饰中常见的图像组合，延续至金代初期。就其空间分布来看，该图像组合主要分布于河北、河南。另外，北京、内蒙古、湖北、安徽等地也偶有发现。

表1　唐宋砖雕壁画墓中的熨斗、剪刀图像

序号	墓例	时代	地区	图像组合及其位置	出处
1	河北故城西南屯1号墓	晚唐	河北故城	墓室西壁砌假门，北侧雕一剪刀、熨斗，旁砌一柜，上置针线筐箩	《河北省考古文集（三）》，科学出版社，2007，129—138页
2	河北故城西南屯2号墓	晚唐	河北故城	墓室北壁东侧砌一柜，柜上叠放衣物，右边一针线筐箩，之上砌一剪刀，紧挨小柜砌一熨斗	同上
3	河北龙店1号宋墓	北宋	河北武邑	墓室西壁砌衣架，其下砌衣柜，柜上置长靿乌靴一双，衣柜北侧雕熨斗和剪刀各一并涂墨，衣架北侧绘牡丹花	《河北省考古论文集》，东方出版社，1998，323—329页

1　衡水市文物管理处：《河北故城西南屯晚唐砖雕壁画墓》，见河北省文物研究所编：《河北省考古文集（三）》，科学出版社，2007，129—138页；张文彦主编：《濮阳考古发现与研究》，中国科学技术出版社，2005，83—88、147—150页。

序号	墓例	时代	地区	图像组合及其位置	出处
4	河北武邑龙店2号宋墓	北宋庆历二年（1042）	河北武邑	墓室西壁砌衣架，下砌衣柜，柜上一罐柜上雕一圆形镜子，旁边绘一女子，下方墨绘熨斗和剪刀各一衣架两侧墨绘花卉各一束	同上
5	河北武邑龙店3号宋墓	北宋	河北武邑	墓室西壁砌一衣架，下砌衣柜，柜上置乌靴等物柜右侧雕刻熨斗和剪刀各一，熨斗中尚留有炭火衣架右侧绘一人物	同上
6	河北曲阳北宋政和七年墓	北宋政和七年（1117）	河北曲阳	墓室西壁右侧绘长方形框，框内绘熨斗，熨斗中绘有燃烧的火焰，右侧绘剪刀一把	《文物》，1988（11），72—79页
7	河北井陉柿庄1号宋墓	北宋重和、宣和年间	河北井陉	墓室东北壁窗下砖雕剪刀、熨斗各一	《考古学报》，1962（2），31—75页
8	河北井陉柿庄2号宋墓	宋末金初	河北井陉	墓室东壁正中砌假门，北侧画悬幔，下画红番莲，并雕剪刀、熨斗各一，南侧画"墓主人供养图"	同上
9	河北井陉柿庄3号宋墓	宋末金初	河北井陉	墓室东南壁左侧绘粮仓、人物，中砌一矮足柜，左侧雕剪刀、熨斗各一	同上
10	河北井陉柿庄4号宋墓	宋末金初	河北井陉	墓室西北壁正中砌一柜，其上放八角形盒，盒上置长靿乌靴，上方倒悬一黑色展脚幞头，左上雕剪刀、熨斗各一	同上

序号	墓例	时代	地区	图像组合及其位置	出处
11	河北井陉柿庄5号宋墓	宋末金初	河北井陉	墓室西北壁正中砌一柜，上雕剪刀、熨斗各一，右绘金盆、银锭，左绘一女子，右侧墨绘一猫	同上
12	河北井陉柿庄6号宋墓	北宋政和以后	河北井陉	墓室西壁南侧绘"宴乐图"，北侧砌一长窗，长窗下绘一小猪，两侧雕剪刀和熨斗各一	同上
13	河北井陉柿庄7号宋墓	宋末金初	河北井陉	墓室东壁正中为妇人启门，北侧砌一柜，南侧雕剪刀、熨斗各一	同上
14	河北井陉柿庄10号宋墓	宋末金初	河北井陉	墓室西北壁雕熨斗、剪刀各一把	同上
15	河北平乡1号宋墓	宋末金初	河北平乡	墓室东南壁砖雕熨斗和剪刀各一	《河北省考古文集（三）》，237—247页
16	河北平山两岔宋墓2号墓	北宋后期	河北平山	墓室西南壁砌一灯台，另绘流云五朵、剪刀、熨斗矮足柜各一	《考古》，2000（9），49—60页
17	河北平山两岔宋墓5号墓	北宋后期	河北平山	墓室西南壁已塌毁，两块砖上分别浮雕剪刀和熨斗，熨斗柄部两侧出有花牙，剪刀极为逼真	同上
18	河北平山两岔宋墓7号墓	北宋后期	河北平山	墓室东北壁上浮雕剪刀和熨斗，壁上还墨绘家具图案，无法辨清	同上
19	河北平山西石桥1号宋墓	宋末金初	河北平山	墓室第五间砖雕直棂窗、熨斗、剪刀、立柜各一，柜上墨绘钉帽和锁具	《文物春秋》，1989（3），88—92、64页

序号	墓例	时代	地区	图像组合及其位置	出处
20	河北平山东冶村2号墓	宋末金初	河北平山	墓室西壁雕剪刀、熨斗	同上
21	河北新城北场村时丰墓	金代早期（1127）	河北新城	墓室北壁绘幔帐与围栏木床，床上放剪刀、熨斗等	《考古》，1962（12），646—650页
22	北京亦庄18号辽墓	辽代	北京	墓室南壁墓门西侧雕剪刀、熨斗	《北京亦庄考古发掘报告》，科学出版社，2009，240—288页
23	北京东白塔辽墓	辽代	北京大兴区	墓室西壁北侧影作雕梳妆架，以及剪刀、熨斗各一	《文物春秋》，2011（6），37—39页
24	内蒙古清水河县山跳峁3号墓	五代	内蒙古呼和浩特	墓室北壁中间砌一门，东侧上部砌两个直棂窗，下部由四块砖雕组成，分别为注子、茶盏、镰斗、熨斗、尺子、剪刀	《文物》，1997（1），20—35页
25	内蒙古清水河县山跳峁4号墓	五代	内蒙古呼和浩特	墓室东北壁中部有两直棂窗，下部有一组砖雕，分别为镰斗、熨斗、剪刀	同上
26	内蒙古清水河县山跳峁6号墓	五代	内蒙古呼和浩特	墓室东壁中部砌格子门，左侧上方为黑色柱子，右侧置2个茶盏，下方为镰斗、熨斗、直尺、剪刀	同上
27	内蒙古塔尔梁1号墓	五代末宋初	内蒙古呼和浩特	墓室东北壁左侧上方为菱格形假窗，下方砖雕一组工具，包括镰斗、熨斗和剪刀各一	《文物》，2014（4），16—38页

序号	墓例	时代	地区	图像组合及其位置	出处
28	内蒙古塔尔梁2号墓	五代末宋初	内蒙古呼和浩特	墓室北壁正中砖雕一门两窗，右侧下方砖雕长方形方框，其内雕刻镣斗、熨斗和剪刀	同上
29	河南登封唐庄中晚唐墓	唐代中晚期	河南登封	墓室东壁中间雕灯架，另雕熨斗、直尺、剪刀、衣柜各一	《中国文物报》，1998，12—20
30	河南濮阳乙烯厂砖室墓	五代	河南濮阳	墓室墓壁砌剪刀、熨斗砖雕	《濮阳考古发现与研究》，科学普及出版社，2005，6页
31	河南濮阳段庄3号墓	五代（955）	河南濮阳清丰县	墓室西壁上砌剪刀、熨斗砖雕	同上，83—88页
32	河南濮阳段庄4号墓	五代（955）	河南濮阳清丰县	墓室西壁上砌假窗，其下雕剪刀、熨斗	同上
33	河南濮阳西佛店5号墓	五代	河南濮阳清丰县	椅子右侧砌剪刀、熨斗砖雕	同上，147—150页
34	河南濮阳西佛店13号墓	五代	河南濮阳清丰县	墓室西壁上砌有灯架，阴刻熨斗、剪刀、椅子	同上
35	河南安阳汤阴宋墓	北宋早中期	河南安阳	其中砖雕熨斗、剪刀（因考古报告不详，不清楚具体所在位置）	《中原文物》，1985（1），23—26页
36	河南安阳新安庄44号宋墓	宋代后期	河南安阳	墓室东北壁上砌破子棂窗，窗下砌方橙一条，上砌花边状家具一件，窗下砌砖雕剪刀、熨斗、细颈瓶各一	《考古》，1994（10），290—296页

序号	墓例	时代	地区	图像组合及其位置	出处
37	河南禹州龙岗电厂121号宋墓	北宋	河南禹州	墓室东北壁为一桌二椅，桌上置注子、杯盏等，并砌熨斗、剪刀	《中国考古学年鉴1997》，文物出版社，1999，178页
38	河南禹县白沙1号宋墓	北宋元符二年（1099）	河南禹县	前室西壁窗下画二黑色高瓶，瓶左画铤形物、细腰修刃剪刀一把另外，后室西北壁正中砌破子棂窗，窗右画一蕉叶钉，下系剪刀一把，左侧竖置一熨斗左侧立一罐，罐左画小几，几上置一瓶，几左下画一黄猫	宿白：《白沙宋墓》，文物出版社，1957
39	河南新乡丁固城44号墓	北宋早中期	河南新乡	墓室西壁上部砌直棂窗，下砌一桌一柜，柜正面刻出剪刀和熨斗	《中原文物》，1985（2），1—10、109—111页
40	河南郑州二里岗宋墓	北宋初年	河南郑州	墓室东壁南侧为灯檠，旁边雕一柜，柜上有锁，北侧砖砌一衣架，架下雕熨斗、剪、尺	《文物参考资料》1954（6），44—48页
41	河南郑州南关外胡进墓	北宋至和三年（1056）	河南郑州	墓室东壁砌衣架，衣架下浮雕一剪刀、一尺、二熨斗衣架南侧雕梳妆台，台上为圆形带柄镜，下部雕抽斗；衣架北侧砌箱，上雕笔架、砚与墨锭	《文物参考资料》，1958（5），52—54页
42	河南郑州卷烟厂宋代54号砖雕墓	北宋早中期	河南郑州	墓室东壁中部砖砌衣架，衣架上悬挂一腰带，衣架下雕一篾剪、一尺、一熨斗、一镶斗衣架南侧雕梳妆台，台上为镜架，台下雕梳妆盒衣架北侧砌一柜，柜上雕钥匙和锁，柜上南侧浮雕笔架、裁纸刀，北侧雕砚台、墨锭	《中原文物》2014（3），12—17页

序号	墓例	时代	地区	图像组合及其位置	出处
43	河南郑州二七路66号宋墓	北宋	河南郑州	墓室东壁南侧砌灯台，中间砌一柜，柜上雕锁和钥匙，下设方足，柜北侧砌一衣架，衣架下浮雕熨斗、簧剪、尺各一	《中原文物》，2012（4），13—18、2、113页
44	河南郑州二七路88号宋墓	北宋	河南郑州	墓室东壁北侧砌一衣架，衣架下雕一熨斗、一尺、一簧剪、一镳斗，衣架南部砌一梳妆台，台上雕镜架，台下为梳妆盒，南侧为三足灯台	同上
45	河南新郑兴弘花园宋墓	北宋	河南新郑	墓室东壁左侧为衣架，衣架下雕剪刀和熨斗，右侧为梳妆台和圆凳	《中国考古学年鉴2006》，文物出版社，2007，289页
46	河南荥阳槐西宋墓	宋末金初	河南荥阳	墓室东壁左侧绘直尺、交股剪、熨斗各一，右侧绘一柜，正面设锁和钥匙，柜后立一衣架，右侧绘二女子，中间为镜架，架上悬一圆镜	《中原文物》，2008（5），21—25页
47	河南新密下庄河宋墓	北宋后期	河南新密	墓室东北壁绘锦帐，帐下两朵西番莲，衣架下绘一熨斗、一剪刀	《中原文物》，1999（4），4—10页
48	河南登封高村宋墓	北宋后期	河南登封	墓室西壁绘二名女侍，双手端盘，左侧卧一狗，前方为矮几，几上放一瓶，前方水平表现一剪刀、熨斗及直尺	《郑州宋金壁画墓》，科学出版社，2005，62—87页

序号	墓例	时代	地区	图像组合及其位置	出处
49	河南登封城南庄宋墓	北宋后期	河南登封	墓室东南壁上悬黄、淡青横帐，帐下左侧砌交股剪、熨斗各一，右侧砌一灯檠、檠置三盏	《文物》，2005（8），62—70页
50	双庙小区宋墓	北宋后期	河南登封	墓室东北壁砌镜架，右下部雕交股剪和熨斗	《文物春秋》，2007（6），33—37页
51	河南南召鸭河口水库宋墓	北宋中后期	河南南召	墓室东南壁砖雕熨斗、尺子、剪刀和衣柜	《文物》，1959（6），77页
52	河南蒲城店宋墓	北宋	河南平顶山	墓内砖雕熨斗、剪刀、尺子等	《平顶山市卫东区年鉴2012》，新华出版社，2012，386页
53	河南泌阳对外贸易总公司1号宋墓	北宋中后期	河南泌阳	墓室东南壁左侧砌一矮足柜，上置两盒，中部砌一衣架，上刻一箱，箱右下角砖雕剪刀、熨斗各一	《华夏考古》，2005（2），28—34页
54	河南泌阳对外贸易总公司2号宋墓	北宋中后期	河南泌阳	墓室东南壁左侧砌一柜子，柜子右下角砖雕剪刀、熨斗，右侧砖砌灯台	同上
55	河南泌阳对外贸易总公司3号宋墓	北宋中后期	河南泌阳	墓室东壁砌一矮足柜，砖雕剪刀、尺子、熨斗各一，灯台一座	同上
56	河南商丘犁岗1号墓	北宋中期	河南商丘	墓室东壁砌一条几，几下砌一箱柜，柜上刻锁具，箱柜左侧刻剪刀，右侧砌熨斗	《商丘的考古发展与初步研究》，中国广播电视出版社，2005，240—245页

序号	墓例	时代	地区	图像组合及其位置	出处
57	湖北襄樊油坊岗1号墓	北宋后期	湖北襄樊	墓室东壁砌桌案、灶、灯台以及剪、熨斗图案	《考古》，1995（5），407—413页
58	湖北襄樊油坊岗3号墓	北宋后期	湖北襄樊	墓室东壁砌灶、灯台、剪、熨斗图案	同上
59	湖北襄樊油坊岗4号墓	北宋后期	湖北襄樊	墓室东壁砌桌案、灶、灯台、剪、熨斗图案	同上
60	湖北丹江口柳树沟6号宋墓	宋代	湖北丹江口武当山	墓室西壁残存刻划方砖，上为剪刀、熨斗图案	《中国考古学年鉴2009》，文物出版社，2010，310—312页
61	湖北丹江口六里坪5号宋墓	北宋	湖北丹江口	墓室西壁砌棂窗与一桌二椅，北侧雕剪刀、熨斗及灯台	《鄂西北考古与研究》，长江出版社，2009，281—281页
62	颍上八里庄21号宋墓	宋代中晚期	安徽颍上	墓室西壁嵌有砖雕熨斗、剪刀各一	《中国考古学年鉴2011》，文物出版社，2012，250—251页
63	颍上八里庄19号宋墓	宋代中晚期	安徽颍上	墓壁嵌有砖雕熨斗、剪刀	同上

　　一方面，这种时空分布与砖室墓形制的发展紧密相关。仿木构砖室墓自晚唐大中年间开始出现在河北地区，历五代、宋初，至北宋中晚期开始广泛流行于中原北方地区的平民之中。有学者将该墓葬形制的流行视为河北因素在五代、宋初时期的继承和影响。[1] 实际上，如果把墓葬装

---

[1] 崔世平：《河北因素与唐宋墓葬制度变革初论》，见北京大学中国考古学研究中心编：《两个世界的徘徊：中古时期丧葬的观念风俗与礼仪制度学术研讨会论文集》，科学出版社，2016，282页。

饰放在这样的脉络中来观察，有助于我们理解不同时段、区域间墓葬艺术的变化。另一方面，也正是从晚唐、五代开始，桌椅、衣架、盆架、镜台等高型家具开始流行，北宋中叶以后相当普及，并且成套出现。新兴的陈设风尚同样影响了墓内的视觉空间。

目前所收集的大部分墓例都延续了晚唐、五代时期砖室墓的图像配置。关于剪刀、熨斗组合的一个重要特征是，这些器物多表现为浅浮雕砖雕，与门窗、家具一同作为墓内重要的装饰元素。它们并非随机所作，通常提前预制备好，在建墓时镶嵌于墓壁之上（图4）。问题也随之而来：这些用具在该时期的社会生活中究竟有何重要之处？墓葬装饰为什么会选取它们来表现与墓主生活有关的内容？虽然墓室的宅第化使得我们有机会了解到唐宋时期的生活场景，但墓葬的空间相对有限，并非涵盖日常生活的全部内容，而是选取最有代表性、必要性的部分。很多墓例都是以少数陈设、器物精简地呈现出家居环境，而剪刀、熨斗组合在其中十分突出。

值得注意的是，剪刀、熨斗、直尺常与搭挂衣巾之用的衣架、放置衣物的衣柜同置一壁。这种搭配为解读图像意义提供了重要的线索，提示我们不应孤立地看待装饰元素，而需结合其他内容，以组合的方式来观察墓内图像。例如，在河南郑州地区发现的一座宋墓中，墓室东壁砌

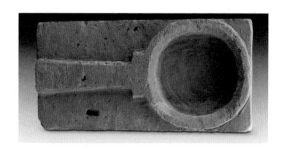

图4　河南宋墓出土熨斗砖雕

图 5　河南荥阳槐西宋墓东壁壁画

出衣架，衣架下浮雕熨斗、尺、簧剪、镲斗，衣架南部砌梳妆台，台上雕镜架，台下为梳妆盒，南侧立三足灯台。[1] 这些墓壁装饰同处一壁，在形式和内容上存在许多关联。剪刀、熨斗、尺皆与缝纫、剪裁衣物有关，也因此与衣架形成固定搭配；另一侧的镜台、镜架和妆奁，作为与梳妆活动相关的家具、用品，暗示着梳妆类的场景或空间。

　　此外，河南荥阳槐西宋墓也提供了相似的布局。该墓为长方形土洞墓，墓室四壁虽未设砖雕，皆以彩绘装饰。墓壁上层画孝子故事图，下层描绘了以墓主为中心的家居场景。西壁表现墓主宴饮、僧侣作法。北壁正中绘妇人启门、两侧为侍者。东壁则与前文所述的郑州南关外宋墓东壁构图一致：左侧绘直尺、交股剪、熨斗；中部画衣架，架下绘一柜，正面设锁和钥匙；右侧则直接绘二名女子，其间立一镜架，架上悬镜，对镜梳妆（图 5）。[2] 此墓壁画虽绘制粗糙，但整体的图像内容似乎涵盖了

1　郑州市文物考古研究所：《郑州市北二七路两座砖雕宋墓发掘简报》，载《中原文物》，2012（4），13—18、2、113 页。

2　郑州市文物考古研究所等：《荥阳槐西壁画墓发掘简报》，载《中原文物》，2008（5），22 页。

宋墓装饰中最为主要的题材，从宴饮、侍奉、梳妆、启门到孝子故事。其中东壁上彩绘剪刀、熨斗、直尺的主要目的很可能与它们的使用功能相关，而这些用具又与女子梳妆场景搭配在一起，二者共同呈现出一个象征剪裁、熨烫、梳妆活动的空间。

二、器与图

墓壁上表现的剪刀、熨斗、直尺都是唐宋时期常见的生活用具。剪刀，又称"翦刀""剂刀"，最早可见于先秦，为截裁布帛之工具。至汉代，出现两刃相交的屈环弹簧剪，五代时期开始流行后刀与柄间装轴的支轴剪。[1]熨斗，也称"火斗""铜斗"，自汉代开始出现，多用于熨烫纺织品。一般为圆形平底，似斗勺，长柄，可将火置于斗中，从上按下，使之平帖。[2]尺作为度量之物，起于先秦，主要为测量布帛之用，在唐宋时期尺的形式有明确规定。[3]

这类剪刀、熨斗、直尺图案很可能显示出当时流行的器用样式（图6）。剪刀有时表现为交股曲环式，有时则为支轴式。熨斗常作圆形侈口斗，带长柄，偶尔还会在斗中绘出炭火。尺的形式多浮雕或彩绘为长直尺，正面分若干等分，标出刻度。整体来看，这些图像都描绘出器物的轮廓，虽然简洁，但也相当直观。河北武邑龙店两座宋墓的西壁上都砌衣架、衣柜，柜右侧竖直雕出直尺、剪刀、熨斗的大致形状，同时注意

1　皇甫江、周新华等：《刀剑（剪）春秋》，中国美术学院出版社，2009，15 页。

2　张小东：《漫话熨斗》，《紫禁城》，1985（1），28—29 页。另外，汉唐墓葬中出土的熨斗与镳斗很容易混淆，熨斗为熨烫布匹之用，镳斗则是用来温煮食物的器具，功能与器形都不相同。相关讨论见徐家珍：《"熨斗"和"镳斗""刁斗"》，《文物》，1958（1），32—33 页。宋墓中有时会将两者一同表现出来。

3　矩斋：《古尺考》，载《文物》，1957（3），25—28 页。

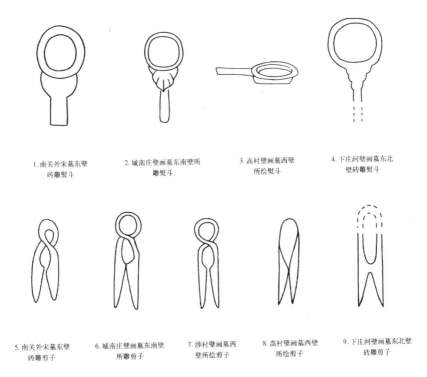

1. 南关外宋墓东壁
砖雕熨斗

2. 城南庄壁画墓东南壁所
雕熨斗

3. 高村壁画墓西壁
所绘熨斗

4. 下庄河壁画墓东北
壁砖雕熨斗

5. 南关外宋墓东壁
砖雕剪子

6. 城南庄壁画墓东南壁
所雕剪子

7. 涉村壁画墓西
壁所绘剪子

8. 高村壁画墓西壁
所绘剪子

9. 下庄河壁画墓东北壁
砖雕剪子

图 6　郑州宋代壁画墓所见熨斗、剪刀

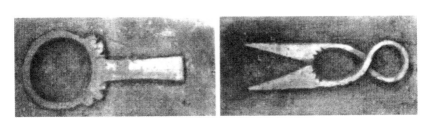

图 7　河北平山两岔 5 号宋墓出土剪刀、熨斗砖雕

细节化的处理，不仅将器物涂黑，还在熨斗中绘出炭火的痕迹。[1] 又如河北平山两岔 5 号宋墓的西南壁上浮雕剪刀和熨斗，熨斗柄部两侧出有花牙，剪刀也表现得极为逼真（图 7）。[2]

器物图像均可在出土实物中找到对应的形式。实际上，唐宋时期的墓葬中也发现有剪、熨斗等实物。湖北宜城皇城村唐墓出土的铁剪呈 "8" 字交股形，与湖北襄樊油坊岗宋墓中的剪刀图案基本一致。[3] 河南洛阳涧西地区的一座北宋熙宁五年（1072）墓中出土了两把铁剪，一把作交股曲环式，另一把后端绕成双环，刃把之间安装支轴，正好对应了墓壁上常见的两类剪刀图像。[4] 又如辽宁建平辽墓出土一件铸铁熨斗，斗呈圆盘形，直柄，折口起沿，口沿部有花纹，内底有卷草和花纹图案。[5] 该器虽略有装饰，其大体的形式还是与宋墓中的熨斗砖雕相同。另外，宋墓中也常出土木制或漆制的直尺实物。[6] 例如，江苏江阴孙四娘子墓随葬了一枚雕花木尺，尺面等分十寸，每寸均浮雕海棠图案，可与直尺图像相对应。[7] 所以，正如宿白先生在讨论河南白沙宋墓时提出的看法：剪刀、熨斗、直尺砖雕皆是对实际器用的视觉化呈现，主要目的还是以图像来代替实物之用。[8]

在墓中随葬剪刀、熨斗的传统可追溯至汉代。早在西汉时期，熨斗就已经作为随葬器物。例如，长沙汤家岭汉墓出土了一件铜斗，圆形，外折沿，敞口，直柄，柄上翘，底上墨书"张端君熨斗一"，明确标明器

1　河北省文物研究所：《河北武邑龙店宋墓发掘报告》，323—329 页。

2　河北省文物研究所：《河北平山县两岔宋墓》，载《考古》，2000（9），49—60 页。

3　相关报告，可见襄樊市博物馆：《湖北襄樊油坊岗宋墓》，载《考古》，1995（5），407—413 页；《宜城县皇城村出土唐代文物》，载《江汉考古》，1992（2），96 页。

4　皇甫江、周新华等：《刀剑（剪）春秋》，15 页。

5　冯永谦：《辽宁省建平、新民的三座辽墓》，载《考古》，1960（2），15—24 页。

6　陆雪梅：《从苏州博物馆藏宋尺谈起》，载《东南文化》，2002（11），48—49 页。

7　苏州博物馆等：《江阴北宋"瑞昌县君"孙四娘子墓》，载《文物》，1982（12），28—35 页。

8　宿白：《白沙宋墓》，54 页。

物的名称与功用。[1] 随后的东汉墓中也出土有熨斗，大多为铜质。[2] 至北朝，西北地区发现了随葬熨斗、剪刀的墓例。宁夏固原北周李贤夫妇墓中曾出土银制熨斗、剪刀各一件，用材相当考究。[3] 相关组合在5—7世纪的新疆吐鲁番、阿斯塔那地区十分常见，许多墓葬都随葬有剪刀、尺、针线等。如吐鲁番发现的北凉彭氏墓中出土了5件铅质微型明器，包括刀、尺、熨斗、剪刀等，可能为一组缝纫、裁剪类用品。[4]

这类用具与女性的活动紧密相关，常被记录在随葬的衣物疏中。[5] 另外，衣物疏中出现"右上所条悉是年年所生用之物"[6] 的表述，说明它们也可能为墓主生前所用之物。生器对于其所有者来说具有相当重要的意义。敦煌文书S.5381背面的10世纪左右的康氏遗书中就明确提到，死后应随葬其生前常用的木尺与剪刀：

> 日落西山昏，孤男流（留）一群。
>
> 剪刀并柳尺，贱妾随身。
>
> 盒令残妆粉，流（留）且与后人……[7]

此类器物在中古时期可能确实暗示着女性活动，另外它们不仅仅是日常工具，还与家庭祭祀有关。唐《异闻录》中记载一老妇路中求宿时，偶遇一墓室，墓主梁氏在哭诉其夫董江续娶新妇之事时，提到刀尺之物的重要性：

1　湖南省博物馆：《长沙汤家岭西汉墓清理报告》，载《考古》，1996（4），75页。

2　徐家珍：《"熨斗"和"镣斗""刁斗"》，32—33页。

3　宿白：《宁夏固原北周李贤墓札记》，载《宁夏文物》，1989（3），2—3页。

4　吐鲁番地区文物保管所：《吐鲁番北凉武宣王沮渠蒙逊夫人彭氏墓》，载《文物》，1994（9），75—81页。

5　相关出土材料，见国家文物局古文献研究室等：《吐鲁番出土文书（第三册）》，文物出版社，1981，9、66、69页。

6　国家文物局古文献研究室等：《吐鲁番出土文书（第三册）》，69页。

7　黄永武主编：《敦煌宝藏》，第42册，台北：新文丰出版社，1982，288页。

今嗣子别娶，征我筐笥刀尺祭祀旧物，以授新人。我不忍与，是有斯责。[1]

在这则故事中，"刀尺"等既是主妇身份的标志，也具有家庭祭祀中的礼仪用品的功用。文献中虽然明确写到尺、剪刀等物，但是需要注意的是，据学者研究，唐墓中常见的实物组合主要以铁剪与铜镜为主，并未包括尺、熨斗。唐代两京、河北、辽宁以及西北地区盛行随葬交股式铁剪与铜镜。它们多随葬于女性墓中，属于女性用具，可能分别象征着"女工"与"女容"的意涵。[2]

剪刀继续出现于辽金时期的墓葬中。辽宁、河北等地的辽墓常随葬各式铁质生活用具，其中包括剪与熨斗。例如，辽宁朝阳地区发现的一座辽墓中出土了铁质熨斗、剪刀各一件，其中熨斗为圆形盘，折口起沿，执柄上有圆孔，剪刀把作环状，刃身有心形镂孔，似为实用器。[3]除了随葬实用器外，辽金墓中还放入了相关的陶质明器。辽宁朝阳马场村辽墓中出土了一套泥质灰陶的生活用具，其中包括一件陶熨斗和一件陶剪（图8）。[4]另外，河北宣化下八里辽墓、北京大玉胡同辽墓、北京北程庄辽金墓中也都随葬有剪、熨斗等陶明器。[5]我们需要考虑辽金墓中剪刀、熨斗作为整套铁质或陶制器物中的一部分，是否仍象征着女性用品与活动，

1　（宋）李昉等：《太平广记》卷三百四十三《庐江冯媪》，中华书局，1961，2718—2719 页。

2　范淑英：《铜镜与铁剪——唐墓随葬品组合的性别含义及丧葬功能》，见《两个世界的徘徊：中古时期丧葬观念风俗与礼仪制度学术研讨会论文集》，193—215 页。

3　靳枫毅：《辽宁朝阳前窗户村辽墓》，载《文物》，1980（12），17—29 页。另外，内蒙古宁城小刘杖子辽墓、内蒙古昭乌达盟上烧锅辽墓、河北官庄辽墓等都出土了包括剪刀、熨斗在内的成组铁器。相关报告可见宁城县志编委会：《宁城县志》，内蒙古人民出版社，1992，1045 页；项春松：《上烧锅辽墓群》，载《内蒙古考古文物》，1982（2），56—64 页。

4　于俊玉等：《辽宁朝阳马场村辽墓发掘简报》，载《文物春秋》，2016（5），50—57 页。

5　张家口市文物事业管理所等：《河北宣化下八里辽金壁画墓》，载《文物》，1990（10），1—19 页；北京市文物管理处：《近年来北京发现的几座辽墓》，载《考古》，1972（3），35—40 页；北京市文物研究所：《大兴北程庄墓地：北魏、唐、辽、金、清代墓葬发掘报告》，科学出版社，2010，24—160 页。

它们与其他随葬品间的关系又如何。

　　虽然这一传统看似具有延续性，但是其组合、形式和意涵在不同的时期、区域、文化之中都不断发生着变化。唐代流行铜镜与铁剪的随葬组合，至辽金时期墓中则多配置包括熨斗、剪刀在内的一系列实用器或明器。即便是在10—11世纪同一时段内，不同地区或群体也通过多样的形式来表现同类用品。铁质、陶制的剪刀、熨斗主要出现在辽地，而宋

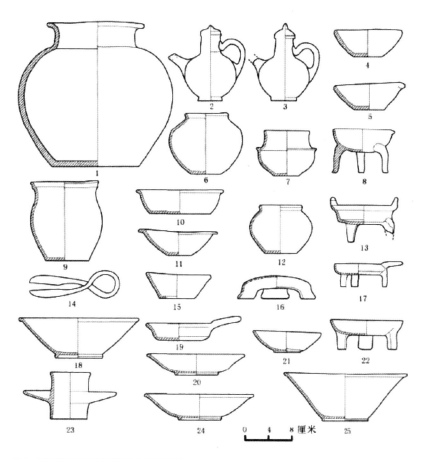

图 8　辽宁朝阳马场村辽墓出土灰陶明器

墓则偏好以砖雕或壁画来表现相关组合。[1] 它们是同一内容的不同表现形式。可以确定的是，不论其材质如何，该组合出现在墓中的主要原因源于这类用具的实际功用；不论是器还是图，它们都与墓葬建筑共同营建出了象征性的空间。[2]

三、从"捣练"到"熨帛"

河北井陉地区的一组墓群为我们理解本文考察的图像组合提供了关键信息。在井陉柿庄家族墓地发现的 14 座宋金墓中，8 座墓内都装饰了剪刀、熨斗图像。最为有趣的是柿庄 6 号墓，其大致时代推测为北宋政和年间之后，墓内的壁画内容非常丰富（图 9）。南壁东侧绘树木坡石，一牧童手持长鞭，身旁十只羊，其后尾随一犬；西侧画芦苇河边，一牧童赶牛三头、驴马各一匹头向东徐行。西壁南侧表现一树垂柳下，男墓主坐在椅上观赏伎乐，旁有侍者；北侧为长窗，窗下墨绘小猪，两侧雕剪刀、熨斗。北壁正中砌假门，两侧各辟一窗。墓室东壁画面右边绘一男子担水，旁砌三足灯檠，中间部分绘三名女子，其中二人双手拉帛，另一人熨帛，左侧为二名女子，一人开柜取衣，另一人作捶衣状，上部悬挂布帛衣物（图 10）。[3]

柿庄 6 号墓东壁上的壁画尤为引人注意，整个场景表现出捶打、熨

1　这种材质、媒介上的差异源于各地不同的丧葬传统与墓葬形制。中原北方地区的乡绅富民多采用仿木构砖室墓，墓内随葬器物极少，似乎有意以墓壁上的彩画或砖雕器物来代替实物。另外，这也许与当时纸质明器的流行有关。

2　有关器物与图像的讨论，另见袁泉《物与像：元墓壁面装饰与随葬品共同营造的墓室空间》，载《故宫博物院院刊》，2013（2），54—71 页。

3　河北省文化局文物工作队：《河北井陉县柿庄宋墓发掘报告》，载《考古学报》，1962（2），31—71页。

图9 河北井陉柿庄6号墓墓壁展开图

图10 河北井陉柿庄6号墓东壁捣练图

烫纺织品的主要步骤，也因此被称作"捣练图"。其中在熨烫布帛的画面之中，熨帛女子还使用了熨斗，展示出该器物在实际生活中的使用方式。更有趣的是，该墓不仅绘出了女性熨帛场景，还在该图对面西壁北侧的长窗下直接雕出剪刀、熨斗，似乎不断在墓中强调裁剪、熨烫、缝纫的活动空间。剪刀、熨斗是否与捣练的场景有关？这种强调的目的何在？

我们首先需要了解捣练的文学与图像传统。捣练，有时又称"捣衣"，是唐宋时期制衣的重要工序。古代的"练"是一种生丝织品，需要煮熟后用砧杵捣练，以便脱去丝帛中的丝胶，使其柔软、更有光泽、更易于着色，然后熨平使用。这原本只是一种生产活动，后来逐渐被赋予了诗

器物周边研究

意化的内涵。中古时期流行一种以"捣衣"为名的诗歌，常常将捣衣活动进行文学化的加工，使其成为了表达女性闺怨的重要题材。[1] 唐王建的《捣衣曲》属于此类诗歌：

> 月明中庭捣衣石，掩帷下堂来捣帛。
> 妇姑相对神力生，双揎白腕调杵声。
> 高楼敲玉节会成，家家不睡皆起听。
> 秋天丁丁复冻冻，玉钗低昂衣带动。
> 夜深月落冷如刀，湿着一双纤手痛。
> 回编易裂看生熟，鸳鸯纹成水波曲。
> 垂烧熨斗帖两头，与郎裁作迎寒裘。[2]

诗中既有对浸练、捣练、熨练流程的生动记载，同时也具有"秋天丁丁复冻冻"的闺怨意象。"捣衣"在文学中成为了一种象征和符号。"捣衣诗"也带动了"捣衣图"类绘画的出现。根据张彦远《历代名画记》中的记载，东晋、南朝的不少名家如张墨、陆探微等都画过此类题材，可惜都未能留存下来。目前可见的最早的捣练图，发现于长安兴教寺遗址中的一个石槽上，石槽两边各刻一幅初唐时期的线刻画，图中表现立于庭院中的数名宫廷女性，身旁有山石、树木、修竹环绕，画面正中的四名女子手执细腰木杵，正在捣衣。（图 11）[3]

另外一幅重要的作品是美国波士顿美术馆所藏的《捣练图》，传为宋徽宗摹唐代张萱之作。据学者研究，该图是一件 12 世纪初的摹本，底本

1　相关研究见李晖：《唐诗"捣衣"事象源流考》，载《华东师范大学学报（哲学社会科学版）》，2000（2），119—123 页；衣若芬：《闺怨与相思：牟益〈捣衣图〉的解读》，载《中国文哲研究集刊》第 25 期，2004 年 12 月，25—59 页；石润宏：《宋词"捣衣"意象的变化》，载《文学界》，2011（12），124—126 页。

2　（清）彭定求等：《全唐诗》，中华书局，1999，3382 页。

3　刘合心：《陕西长安兴教寺发现唐代石刻线画"捣练图"》，载《文物》，2006（4），69—77 页。

图11　长安兴教寺出土初唐石刻捣练图线描图

可能出自 8 世纪中期。[1] 整幅画面可分为三组人物：右侧描绘四名女子，两人一组，各执一木杵捣练；中间表现了两名女性团坐，正在络线、缝纫；左侧则展现烫熨的场景，两名女子将一匹练伸展，中间一妇人手持熨斗，身旁穿插煽火的少女和幼童，充满生活的意趣。（图 12）[2] 如果我们将波士顿美术馆的《捣练图》与井陉柿庄 6 号墓中的捣练场景相比可以发现，两图在内容的表现上既有差异又有相似之处。

　　首先，两画中的捣衣场景较为不同。波士顿美术馆的《捣练图》中描绘两女对立持杵，布帛平铺于盆内，四人两两轮番进行捣杵。柿庄 6 号宋墓东壁左侧表现一女子坐于盆边，捶打浸泡在盆中的布帛，右侧绘挑水之人，应是挑水作浸泡、捶洗之用。这种差异在一定程度上反映出唐代以来丝绸精炼工艺的发展。唐代以前的精炼工艺主要是灰练、煮练和捣练。唐代开始采用胰酶剂精炼工艺对蚕丝中的丝胶进行溶解。至宋

1　黄小峰：《四季的故事：〈捣练图〉与〈虢国夫人游春图〉再思》，载《美苑》，2010（4），73—75 页。

2　相关研究，另见陈继春《唐张萱〈捣练图〉及其相关问题》，载《文博》，2007（2），22—30 页；Lara Blanchard, "Huizong's New Clothes : Desire and Allegory in Court Ladies Preparing Newly Woven Silk," Ars Orientalis, vol.36, 2009, pp.111-135.

图 12　波士顿艺术博物馆藏《捣练图》

代，这一工艺得到普及。[1] 所以，宋代以后的捣练法，由原来的四人站立执杵发展为两人对坐捶打，劳动强度大大减轻。晚唐以来的文献中也都记载有双人双杵对坐捣练的情况，"捣衣"已不再是制衣流程中的关键步骤。

其次，这两幅作品都表现了女性熨烫布帛的活动。熨帛场景在波士顿美术馆《捣练图》中占据很大的比重（图 13）。井陉柿庄 6 号墓则将熨帛场景置于整个东壁的中心。二者都反映出"熨帛"活动及其图像在中晚唐以来的流行。丝织物在脱水晾干后，往往还需熨烫处理，才能达到伸展平顺的效果。因为捣练在制衣工艺中的地位下降，熨烫丝帛的步骤开始凸显。据黄小峰的研究，也正是在晚唐以后，"熨帛"这一场景开始逐渐诗意化，成为了一种独立的图像样式，既可以与捣衣图组合成序列，也可以单独成幅。[2] 北宋郭若虚在《图画见闻志》中谈到周文矩时，曾提

1　钱小萍主编：《中国传统工艺全集·丝绸织染卷》，大象出版社，168—169 页。

2　黄小峰：《四季的故事：〈捣练图〉与〈虢国夫人游春图〉再思》，80 页。

到作为单独画题出现的"熨帛"图：

有"贵戚游春""捣衣""熨帛""绣女"等图传于世。[1]

元代柯九思在看过其画作之后，曾作《题周文矩〈熨帛士女图〉》：

熨开香雾细裁缝，蜀锦吴绫五色浓。
云母屏前秋冷澹，自将纤手折芙蓉。[2]

"熨帛"意象在文学与图像中都成为了一种象征和符号。至明代，该题材发展为宫廷女性活动的代表，可与弈棋、观画等活动并列。

1 （宋）郭若虚：《图画见闻志》卷三，见于安澜：《画史丛书（第一册）》，上海人民美术出版社，1982，42 页。
2 宗典：《柯九思史料》，上海人民美术出版社，1985，134 页。

图 13　波士顿艺术博物馆藏《捣练图》局部

　　井陉柿庄 6 号墓东壁的捣练、熨帛场景就是在这样的文化背景中产生的。画面既图绘出了制衣的工艺流程，也是该时期流行的女性闺怨题材。柿庄墓群的大部分墓葬中还浮雕有熨斗、剪刀，这两个元素作为日常器用，象征了与"熨帛""裁衣"有关的生产活动，是女性活动与空间的代表物。另外，如《异闻录》故事所示，此类物品也许还与礼仪祭祀活动有关。从具象化的捣练场景到象征性的视觉元素，整个空间变得更为简洁，但却仍富有深意。

　　实际上，对于妇功类内容的视觉刻画并非唐宋时期的独创，纺织作为中国古代女性的基本生产活动，早在汉代时期就已经进入丧葬艺术的传统，与其内容相关的图像题材也多具有象征性的意涵，代表了社会家庭对理想女性的期待。[1]

<hr />

1　陈长虹考察了汉画中的纺织图，并梳理了纺织类图像的发展，提出女性纺织场景具有明确的象征意义。见陈长虹：《纺织题材图像与妇功——汉代列女图像考之一》，载《考古与文物》，2014（1），53—69 页。

四、性别空间

由表2可知，剪刀、熨斗，偶尔也包括直尺、针线笸箩，时常与衣架、衣柜、镜架、巾架组合在一起，共同装饰特定壁面。上文提到的河北故城西南屯晚唐墓中都在西壁上浮雕剪刀、熨斗，旁砌一柜，上置针线笸箩。[1] 剪、尺、熨斗、针线等作为女性常用的裁衣、熨烫、缝纫用具，它们与衣架、衣柜的组合，具有功能上的相关性，即都与衣物、丝帛有关。类似的组合形式在稍后时期冀东、山东等地元墓中继续保留，并发展出西壁表现衣架衣柜、东壁表现谷仓粮囤的题材组合，其中虽未刻画剪刀、熨斗等器用，但东西壁分别暗示了"衣帛满柜"和"粮粟满仓"之意。[2] 我们目前尚难判定唐宋墓葬中的剪刀、熨斗与衣架组合是否也隐含着衣帛丰足的意涵，但就整个墓室的图像配置来看，唐宋时期的砖室墓似乎仅是通过相关陈设、器用来呈现与制衣活动有关的空间。

表2　剪刀、熨斗图像以及其他各壁题材

墓例	时代	南壁	西壁	北壁	东壁
河北故城西南屯1号墓	晚唐	券门、假窗、倚柱	假门、剪刀、熨斗、衣柜、针线笸箩	假门	一桌二椅
河北武邑龙店2号宋墓	北宋庆历二年（1042）	券门、假门	衣架、衣柜、罐、圆镜、熨斗、剪刀、花卉及一女子	假门、门侧人物	一桌二椅、酒瓶、注子、杯，以及侍者
河北武邑龙店3号宋墓	北宋	券门、人物、灯檠、假门	衣架、衣柜、乌靴、熨斗、剪刀及一人	假门、门侧人物	一桌二椅、酒瓶、注子、杯以及侍者

1　衡水市文物管理处：《河北故城西南屯晚唐砖雕壁画墓》，129—138 页。

2　袁泉讨论了蒙元时期北方墓葬中的"东仓西库"图像组合，相关讨论见袁泉《生与死：小议蒙元时期墓室营造中的阴阳互动》，载《四川文物》，2014（3），74—82 页。

墓例	时代	南壁	西壁	北壁	东壁
河南郑州南关外胡进墓	北宋至和三年（1056）	券门	一桌二椅、注子、杯盏等、三足灯台	假门、二窗	衣架、剪刀、尺、二熨斗、梳妆台、镜架、箱、笔架、砚与墨锭
河南郑州卷烟厂宋代54号砖雕墓	北宋早中期	券门、灯檠、盆架	一桌二椅、注子、杯盏、食盒、小口瓶、灯架	北壁已毁	衣架、簧剪、尺、熨斗、镰斗、梳妆台、镜架、妆奁、柜、笔架、裁纸刀、砚台、墨锭
河南郑州二七路88号宋墓	北宋	券门	一桌二椅、注子、杯盏、柜、笔架	假门、二窗	衣架、熨斗、尺、簧剪、镰斗、梳妆台、镜架、妆奁、三足灯台
河南荥阳槐西宋墓	宋末金初	券门、一人一马、盆架	一桌二椅、杯盏等，墓主夫妇及四位僧侣	妇人启门、二窗、四名侍女、黑猫	直尺、交股剪、熨斗、柜、衣架、镜架、二女子
河南泌阳对外贸易总公司1号宋墓	北宋中后期	券门	西南壁：一桌二椅、注子、茶盏、盏托；西北壁：弓箭、箭囊、直棂窗	北壁：假门与两窗	东北壁：直棂窗、灯台；东南壁：柜、二盒、衣架、箱、剪刀、熨斗
河南登封城南庄宋墓	北宋后期	券门	西壁：一桌二椅、女性墓主及侍从；西南壁：盆架、梳妆图；西北壁：灯台、柜	北壁：假门	东壁：衣架、花卉；东北壁：镜架；东南壁：交股剪、熨斗、灯檠
河北井陉柿庄4号宋墓	宋末金初	券门	西壁：墓主宴饮图；西南壁：妇人启门；西北壁：柜、盒、乌靴、幞头、剪刀、熨斗	北壁：妇人启门、假窗	东壁：灯檠、短案及绢；东北壁：妇人启门；东南壁：妇人启门

图14 河南荥阳槐西宋墓墓壁展开图

另外，与缝纫类用具、衣架柜等一同出现的还包括镜架、铜镜、妆奁等，偶尔还搭配巾架、盆架。这类元素均与女性的梳妆、梳洗活动有关。[1] 荥阳槐西宋墓的东壁上除了彩绘剪、尺、熨斗与衣架外，还在右侧直接绘出二名女子，中间立镜架，上悬一枚圆镜。镜左的女子梳高髻，正在对镜梳妆，右边女子双手合于胸前，回眸望镜。在该场景的右侧，即墓门东侧绘一盆架，束腰鼓腿，上置一盆，架上搭一条碎花毛巾（图14）。[2] 从墓葬图像题材的角度来看，两幅画面都是对闺阁之中女性生活用具、场景的描绘，兼具女工与女容的寓意，生动地建构出了女性的日常家居环境。

"墓葬空间"近些年来成为讨论墓葬美术史的基本概念，它既指墓室的实际空间，也可将墓室作为研究框架，讨论墓室中的元素如何有机地整合在墓室方位、空间的关系之内。这一视角有助于帮助我们打破图像、器物和建筑的传统类别，也可以将关注点从孤立的图或器转移到它们之

---

1 王静：《中国古代镜架与镜台述略》，载《南方文物》，2012（2），218—220 页。
2 郑州市文物考古研究所等：《荥阳槐西壁画墓发掘简报》，载《中原文物》，2008（5），22 页。

图15　河南登封城南庄宋墓西壁

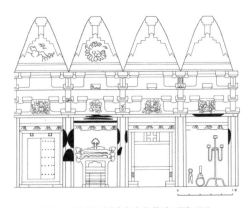

图16　河南登封城南庄宋墓壁画展开图

间的关系上。[1]"性别空间"是空间讨论中的重要概念,也可见于墓葬研究。河南登封城南庄宋墓提供了一个非常典型的例子。该墓墓室为八角形,各壁面均有装饰:西南壁砌盆架;西壁砌一桌二椅,绘女性墓主及侍女(图15);西北壁砌灯台、柜,柜上设锁;东北壁下砌镜架;东壁砌一衣架,架间有花卉;东南壁左侧砌交股剪、熨斗,右侧砌三足灯檠(图16)。城南庄宋墓除了明确绘出女性墓主外,各壁上的陈设也可视作与性别有关的视觉元素,整个墓室通过暗示梳洗、梳妆、缝纫、熨帛等场景,营造出了一个属于女性的特殊空间。

性别空间在墓葬中的呈现确实值得关注,然而,仅仅从图像角度出发是否可以推断出墓主人的性别?答案很可能是否定的。与性别相关的图像题材有助于性别空间的塑造,但是墓葬是装饰、随葬品、葬具、建筑空间的复杂组合,过于关注某些孤立的元素有时可能会导致过度解读。

实际上,宋代砖室墓中并不只是描绘出与女性活动相关的内容,许多墓例都表现出双重的性别空间。在河南郑州卷烟厂发现的一座宋代砖雕墓中,墓室西壁雕一桌二椅、灯台,北壁砌一门二窗,东壁砌衣架、

1　巫鸿:《黄泉下的美术:宏观中国古代墓葬》,生活·读书·新知三联书店,2010,13—88页;巫鸿:《"空间"的美术史》,上海人民出版社,2017,11页。

制器尚象:中国古代器物文化研究

梳妆台等。整体来看，图像的布局十分精简，但墓室东壁上的细节仍值得进一步分析。东壁正中为衣架，衣架上悬挂一根腰带，下有三块竖砖分别浮雕剪刀、熨斗、镲斗；衣架南侧雕梳妆台，台上有一镜架，架上挂圆镜，台下雕妆奁，表面上下饰两朵云纹；衣架北侧砌一柜，柜中部雕锁和钥匙，柜上南侧雕笔架、笔、裁纸刀，北侧浮雕一砚，砚上方雕长条形墨锭。以上图像皆为砖雕，其中梳妆台及镜架涂朱红色，锁和砚台涂为黑色。[1] 如果从器物的种类与功能进行解读，东壁上的衣架、镜台、妆奁、剪刀与熨斗表明了与女性相关的场景，而另一侧箱子上的笔架、笔、砚与墨锭象征着书写场景，似乎与男性的日常活动有关。[2] 非常有趣的是，墓室中部的棺床上发现了两具人骨，虽保存很差，无法确认性别，但至少说明该墓为合葬墓，在一定程度上与墓室内的装饰题材相对应。

河北井陉柿庄4号宋墓也提供了类似的例子，只是呈现男性空间的元素稍作改变。墓室东壁砌一桌二椅，绘出男女墓主及侍从；西北壁正中砌衣柜，上置八角形盒，盒上放一双长靿乌靴，再上倒悬黑色展脚幞头，左上侧雕熨斗、剪刀（图17）。[3] 这种布局似乎也在视觉层面上对应

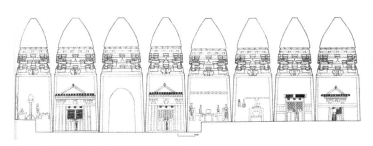

图17　河北井陉柿庄4号墓墓壁展开图

1　郑州市文物考古研究院：《郑州卷烟厂两座宋代砖雕墓简报》，载《中原文物》，2014（3），12—17页。

2　另外，郑州南关外胡进墓中的墓壁装饰与其十分相似，见河南省文化局文物工作队第一队《郑州南关外北宋砖室墓》，52—54页。

3　河北省文化局文物工作队：《河北井陉县柿庄宋墓发掘报告》，31—71页。

了墓主性别，以象征性的符号来呈现出男女墓主的生活空间。另外，河南泌阳地区发现的一座宋墓也证实了上述图像布局。该墓西南壁砌一桌二椅，桌上雕注盏。西北壁左侧砌弓一张、箭四支、箭囊一个，右侧砌直棂窗。东北壁砌直棂窗和灯台。东南壁左侧砌矮足柜，上置两盒，中部砌衣架，之下砌一箱，箱右下角砖雕剪刀、熨斗。泌阳宋墓的西北、东南两壁似乎分别以弓箭和箭囊、熨斗和剪刀两组元素来指代不同性别的活动空间。

这种图像设置使人不由地联想到河北曲阳五代时期的王处直墓。[1] 在王处直墓中，前室北壁正中绘山水画，东西两壁各有一个耳室，室内布满壁画。其中东耳室东壁上部画山水屏风，屏风前置长案，案上自北向南依次放置帽架、黑色展脚幞头、长方形盒、圆盒、瓷器、镜架、箱、扫帚、葵口瓶（图18）；西耳室西壁的上部绘花鸟屏风，前面长案上依次绘盒子、镜架、箱、瓷枕、如意形盒子、细颈瓶、大奁、圆盒和饰花小盒（图19）。[2] 这些器用皆被解读为墓主生前所用之物，该墓也是通过特定的"器"在两侧耳室中呈现出男女墓主的私人化的起居环境。

上述视觉特征是否为晚唐以来河北地区的墓葬传统，仍有待考察，但值得注意的是，这种形式似乎一直延续至北宋中期。不少墓例将位于两耳室的图像元素或合并一壁，或分置两壁，通过特定的器物，视觉化地呈现出分属男女墓主的生活空间。从整体结构来看，宋墓极力模仿地上居所；从图像装饰上来说，这些墓葬也反映出了富民阶层的生活场景、家庭结构，我们可以从许多内容中窥探到这一阶层女子在家庭中的重要角色。[3]

1　该墓一经出土便引起了许多学者的关注，有关其墓葬壁画、浮雕的研究也颇为丰富。相关研究见郑以墨：《五代王处直墓壁画的空间配置研究——兼论墓葬壁画与地上绘画的关系》，载《美苑》，2010（1），72—76页。

2　河北省文物研究所等编著：《五代王处直墓》，文物出版社，1998，15—31页。

3　李会：《从宋代墓葬壁画看女性的地位与作用》，载《中国国家博物馆馆刊》，2011（5），50—56页。

图 18　河北曲阳五代王处直墓东耳室东壁
壁画

图 19　河北曲阳五代王处直墓西耳室西壁
壁画

余　论

综上所述，宋墓中装饰的剪刀、熨斗等组合似乎是时人对家庭中女性角色定位的折射，它们与梳洗图等题材共同在墓葬中营造出一个具有象征意义的家居环境。需要注意的是，这类图像组合在墓葬中的出现，带有鲜明的地域、时代特征。剪刀、熨斗砖雕从最初见于晚唐、五代冀南与豫北地区的砖室墓，发展至北宋早中期豫中地区的仿木构砖雕墓。其原本的寓意很可能与女性活动密切相关，然而，随着墓葬工艺、格套的传播，剪熨组合的象征性意涵在北宋后期豫中、豫西北等地的砖雕壁画墓中逐渐消解，转而发展出了多类表现内寝环境的图像题材，并增添了人物的活动，包括女子梳妆、侍婴、备洗、备宴等场景（图 20），更加直观且多样化。在这一过程中，剪刀、熨斗图像也逐渐消失在墓室之中。

十分有趣的是，至明初，剪刀、熨斗等物仍作为重要的器用随葬在女性墓葬中。《永乐大典·丧·丧礼四十六》中提到，明太祖为成穆贵妃举行丧礼时，其葬仪的仪仗包括"锡造剪子、镜、火筯、熨斗……"等

图20　河南登封黑山沟宋墓东北、东、东南壁壁画

各式明器，似乎说明该组合已经进入官方的丧葬礼仪。[1]

　　从 10 世纪敦煌康氏对生前所用之物的眷恋，到明初宫廷对皇室女性葬仪的规范，不论是辽金墓葬中随葬的实物，还是宋墓内壁上镶嵌的砖雕图案，剪刀、熨斗等物都进入了死者的世界。这背后也隐藏着中国古代文化对于"器"的执着。在本文所考察的案例中，"器"转化为"图"，建构出了一个充满视觉意味的死后空间。

---

1 《永乐大典·丧·丧礼四十六》，第 4 册，卷七千三百八十六，中华书局，1986，3141 页。

景德镇明代民窑青花瓷的考古发现及年代学研究 *

陈冲

北京大学考古文博学院、北京大学中国考古学研究中心

摘　要： 自 20 世纪初，在世界范围内发现大量青花瓷，出土遗址涉及生产、流通和使用等各个环节，相关考古发现除窑址外，还屡见于国内外墓葬、城址、窖藏、贸易点、沉船等各类遗迹。本文在全面梳理民窑青花瓷发现的基础上，归纳总结其年代学研究的成果和不足，提出在对民窑青花瓷进行考古学断代时，关键在于依靠遗址地层或遗迹单位确定器物组合关系，来判定青花瓷的相对年代；而在对青花瓷进行类型学分析时，应综合考量器型、纹饰、款识和制作工艺等因素，避免将型式分析单一化、烦琐化，从而使论述结果不够清晰和直观，编年框架流于宽泛；最后，再结合纪年墓、纪年器、绘画、版画和静物画等材料判定各组年代，从而建立景德镇民窑青花瓷的编年体系，揭示历史时期手工业发展的一般规律。

关键词： 景德镇；民窑；青花瓷；考古学断代；编年体系

---

* 本文为教育部人文社会科学研究 2013 年度青年基金项目《沉船所见景德镇明代青花瓷的考古学研究》成果，项目批准号 13YJC780001。

青花瓷是景德镇重要的手工业产品。有明一代，民窑青花瓷产量巨大、品种丰富、行销海内外。自 20 世纪初，在世界范围内发现大量青花瓷，出土遗址涉及生产、流通和使用等各个环节，相关考古发现除窑址外，还屡见于国内外墓葬、城址、窖藏、贸易点、沉船等各类遗迹。

大量青花瓷的发现，引申出很多值得探讨的问题，至今也取得了一系列的研究成果。然而，在考古学研究中，器物的年代学是各项研究的基础，但目前尚缺乏运用考古学的方法对景德镇明代民窑青花瓷进行整体断代的研究，完备的民窑青花瓷编年体系尚未建立。

本文在全面梳理民窑青花瓷发现的基础上，归纳总结其年代学研究的成果和不足，探讨适用于青花瓷的考古学年代研究方法。

一、考古发现

（一）中国遗址

1. 窑址

明清时期，景德镇瓷业生产几乎完全集中在市区，除湖田一带延续烧造自 15 世纪晚期至 16 世纪早期，郊区其他旧日窑场均已成为废墟。1980 年代起，研究者对瑶里栗树滩[1]、北郊旸府山[2]窑址进行过调查，市区内的十八桥、赛宝坦、花园里、刘家弄、太白园、胜利路和莲社路等地也有零星发现[3]，为了解景德镇明代窑业遗存的分布和今后考古工作的开展

1　黄云鹏：《明代民间青花瓷的断代》，载《景德镇陶瓷》，1986（3），28—45 页；欧阳世彬：《十五世纪景德镇民窑研究》，载《陶瓷学报》第 21 卷 2 期，2000 年 6 月，72—85 页。

2　陈冲、刘未：《景德镇旸府山明代窑址瓷器之考察》，见国家文物局水下文化遗产保护中心编：《水下考古学研究》第 2 卷，科学出版社，2016，121—139 页。

3　江建新：《景德镇窑业遗存的考察与研究》，《陈昌蔚纪念论文集》第 3 辑，台北：财团法人陈昌蔚文教基金会，2006，77—130 页；曹建文《近年来景德镇窑址发现的克拉克瓷器》，见中国古陶瓷学会编：《中国古陶瓷研究》第 10 辑，紫禁城出版社，2004，141—149 页。

提供了线索。

经过正式考古发掘的有 1988—1999 年湖田窑址[1]、2002—2004 及 2014 年明清御窑遗址[2]、2005 年丽阳瓷器山窑址[3]和 2007 年观音阁窑址[4]。瓷器山窑址年代为 15 世纪早中期，湖田窑址出土青花瓷以 15 世纪晚期至 16 世纪早期产品为多，观音阁窑址包含 16 世纪窑业堆积，御窑遗址出土民窑青花瓷年代集中于 17 世纪前期。其中观音阁窑址地层关系明确，器物组合丰富，为明代民窑青花瓷的考古年代学研究提供了重要资料。

2. 墓葬

出土明代民窑青花瓷的纪年墓 69 座，主要分布于江西、四川、江苏和浙江等省，时代从明正统二年（1437）至清顺治三年（1646）。所出器物以碗、盘、罐、瓶、炉为多，为明代民窑青花瓷绝对年代的推断提供较高参考价值。

3. 窖藏

出土民窑青花瓷的明代窖藏 33 处，多见于四川地区，所出器物以碗、盘、碟为主。窖藏的埋藏年代除个别为 15 世纪中期至 16 世纪早期外[5]，其

1　江西省文物考古研究所、景德镇民窑博物馆：《景德镇湖田窑址》，文物出版社，2007。

2　北京大学考古文博学院、江西省文物考古研究所、景德镇市陶瓷考古研究所：《江西景德镇市明清御窑遗址 2004 年的发掘》，载《考古》，2005（7），35—41 页；北京大学考古文博学院、江西省文物考古研究所、景德镇市陶瓷考古研究所：《江西景德镇明清御窑遗址发掘简报》，载《文物》，2007（5），4—47 页；景德镇市陶瓷考古研究所、北京大学考古文博学院、江西省文物考古研究所、故宫博物院：《江西景德镇明清御窑厂遗址 2014 年发掘简报》，载《文物》，2017（8），4—42 页。

3　故宫博物院、江西省文物考古研究所、景德镇市陶瓷考古研究所：《江西景德镇丽阳瓷器山明代窑址发掘简报》，载《文物》，2007（3），17—33 页。

4　北京大学考古文博学院、江西省文物考古研究所、景德镇市陶瓷考古研究所：《江西景德镇观音阁明代窑址发掘简报》，载《文物》，2009（12），39—58 页。

5　代表窖藏见苏裕民：《永登出土明代青花瓷器》，载《文物》，1994（1），94—95 页；广东省博物馆、香港中文大学文物馆：《广东出土五代至清文物》，1989，图 76。

余多集中在 17 世纪前期[1]。此外,成因较为特殊的北京毛家湾瓷片坑[2]则包含了大量 15 世纪晚期至 16 世纪早期以前产品。

4. 城址

城市考古所见明代民窑青花瓷,发现较早且非常重要的是南京明故宫玉带河遗址[3],出土器物年代跨度较大,贯穿明代始终,这批材料引导了早年的年代学研究。近年来,成都下东大街[4]及水井街[5]、襄阳民主路[6]、永顺老司城[7]等遗址发掘资料得到刊布,多具备较好的地层关系,便于考古年代学的讨论。

(5)贸易点

竹蒿湾(Penny's Bay)遗址位于香港大屿山东北部,1975 年发现,先后进行三次发掘,出土约 500 余件可复原的青花瓷,另有 2000 多件残

1　代表窖藏见赵义元:《北川县发现明代窖藏瓷器》,载《四川文物》,1989(1),70—72 页;何志国、许蓉、胥泽蓉:《绵阳市红星街出土明代窖藏》,载《四川文物》,1990(2),35—40 页;黄桂珍:《明代秦王府瓷藏珍:西安解放路出土的明青花窑藏》,载《收藏界》,2004(6),13—17 页;刘恒武:《西安明代秦府北门出土的景德镇青花瓷》,载《南方文物》,1998(4),71—74 页。

2　北京市文物研究所:《毛家湾:明代瓷器坑考古发掘报告》,科学出版社,2007;北京市文物研究所编著:《北京毛家湾出土瓷器》,科学出版社,2008。

3　南京博物院、香港中文大学文物馆:《朱明遗萃:南京明故宫出土陶瓷》,1996。王志敏:《明初景德镇窑"空白点"瓷》,载《中国陶瓷》,1982(3),53—58 页;1982(4),57—64 页;1982(5),67—69 页。

4　成都文物考古研究所:《成都市下东大街遗址考古发掘报告》,见《成都考古发现 2007》,科学出版社,2009,452—539 页。

5　四川省博物院、四川省文物考古研究院、成都文物考古研究所:《水井街酒坊遗址发掘报告》,文物出版社,2013。

6　襄樊市文物考古研究所:《襄阳城内民主路遗址明代遗存发掘简报》,见襄阳文物考古研究所编《襄樊考古文集》第 1 集,科学出版社,2007,478—498 页。

7　湖南省文物考古研究所、湘西自治州文物局、永顺县文物局:《永顺老司城》,科学出版社,2014。

片，所属年代为 15-16 世纪初期[1]。据研究，竹蒿湾遗址为成弘之际的贸易走私港[2]。

花碗坪遗址位于广东台山上川岛，1965 年发现，随后进行过多次调查，出土 16 世纪中期的民窑青花瓷[3]，该遗址当与葡萄牙人西来初期的贸易活动有关[4]。

葡萄牙于嘉靖三十六年（1557）落脚澳门，荷兰于天启二年（1622）占据台湾，澳门[5]和台湾[6]地区出土青花瓷则以 16—17 世纪产品为主，多见所谓外销性质的"克拉克瓷"。

1　James Hayes, "Archaeological Site at Penny's Bay，Lantau", Journal of the Hong Kong Archaeological Society, Vol.11，1984-1985，pp.95-97；William Meacham, "A Ming Trading Site at Penny's Bay，Lantau", Journal of the Hong Kong Archaeological Society, Vol.12，1986-1988，pp.100-115；Peter Y. K. Lam, "Ceramic Finds of the Ming Period from Penny's Bay—An Addendum", Journal of the Hong Kong Archaeological Society, Vol.13，1989-1992, pp.79-90；中国香港考古研究室：《大屿山竹蒿湾旧财利船厂望东坑遗址 2000 年考古抢救发掘工作报告》，香港古物古迹办事处藏，2000。

2　林梅村：《大航海时代东西方文明的冲突与交流：15—16 世纪景德镇青花瓷外销调查之一》，载《文物》，2010（3），84—96 页。

3　黄薇：《上川岛明代外销瓷器调查与初步研究》，北京大学硕士学位论文，2006；黄薇、黄清华：《广东台山上川岛花碗坪遗址出土瓷器及相关问题》，载《文物》，2007（5），78—88 页；黄薇、黄清华：《上川岛与十六世纪中葡早期贸易》，见香港城市大学中国文化中心、陶瓷下西洋研究小组：《陶瓷下西洋：早期中葡贸易中的外销瓷》，香港城市大学出版社，2010，60—87 页。

4　林梅村：《澳门开埠以前葡萄牙人的东方贸易：15—16 世纪景德镇青花瓷外销调查之二》，载《文物》，2011（12），61—71 页。

5　刘朝晖、郑培凯：《澳门出土的克拉克瓷器及相关问题探讨》，见郑培凯主编：《逐波泛海：十六至十七世纪中国陶瓷外销与物质文明扩散国际学术研讨会论文集》，香港城市大学中国文化中心，2012，34—52 页；Armando J.G.，Sabrosa，De Macau a Lisboa—Na Rota das Porcelanas Ming, research project, Instituto Cultural da Ream, Lisbon, 2003；马锦强：《澳门出土明代青花瓷器研究》，社会科学文献出版社，2014。

6　卢泰康：《澎湖风柜尾荷据时期陶瓷遗物之考证》，载《故宫文物月刊》第 221 期，2001，116—134 页；卢泰康：《十七世纪台湾外来陶瓷研究：透过陶瓷探索明末清初的台湾》，成功大学历史学研究所博士论文，2006，39—72 页；卢泰康：《从台湾与海外出土的贸易瓷看明末清初中国陶瓷的外销》，见郑培凯主编：《逐波泛海：十六至十七世纪中国陶瓷外销与物质文明扩散国际学术研讨会论文集》，237—252 页；谢明良：《台湾宜兰淇武兰遗址出土的十六至十七世纪外国陶瓷》，载《美术史研究辑刊》第 30 期，83—184 页。

器物周边研究

（二）国外遗址

1. 东亚

日本于 1960—1970 年全国范围内兴起的考古调查与发掘工作中，在多处城址、寺院、墓葬和窖藏遗址发现明代民窑青花瓷。1975 年，日本东京国立博物馆举办"日本出土的中国陶瓷"特别展，较为全面地收录并记述了早期的调查与发掘情况 [1]。1970 年代，日本爱知县陶瓷资料馆针对日本城馆遗迹出土陶瓷进行研究展示，收录了日本一都二府十八县总计八十处遗址出土陶瓷 [2]。1980 年，日本贸易陶瓷研究会成立，陆续有明代民窑青花瓷出土资料发表于会刊《贸易陶瓷研究》，较为重要的如福井县一乘谷仓氏宅邸遗址 [3]、大阪府堺环濠遗址 [4]、山梨县新卷本村窖藏等 [5]。1993 年起，韩国国立民俗历史博物馆牵头，建设"陶瓷器出土遗迹数据库"，其中出土青花瓷遗迹达 1527 处 [6]。韩国发现的明代民窑青花瓷相对较少，1980 年代以来约 15 处遗址有所出土，多为 15 世纪晚期之后的产品 [7]。

2. 东南亚

明代青花瓷在东南亚的考古发现始于菲律宾。1922—1925 年，密歇根大学卡尔·古特（Carl E. Guthe）在菲律宾中南部进行调查，采集 8000

1　东京国立博物馆：《日本出土の中国陶磁》，东京国立博物馆，1978。

2　爱知县陶磁资料馆：《近世城馆迹出土の陶磁》，爱知县：图录刊行会，1984。

3　小野正敏：《福井县一乘谷における陶磁器の组成机能と分担》，《贸易陶磁研究》4，1984，75—80 页。

4　岛谷和彦：《界环濠都市遗迹（SKT14）出土の宽永 3 年—正保 4 年の陶磁器》，《贸易陶磁研究》7，1986，67—74 页。

5　小野正敏：《山梨县东八代郡一宫町新卷本村出土の陶磁器》，《贸易陶磁研究》1，1981，47—55 页。

6　国立历史民俗博物馆：《日本出土の贸易陶磁》西日本编 1—3 册；东日本编 1—2 册，千叶：国立历史民俗博物馆，1993、1994 年

7　曹周妍：《韩国出土明代瓷器的初步研究》，中国国家博物馆水下考古研究中心《水下考古学研究》第 1 卷，科学出版社，2012，313—330 页。

多件陶瓷标本，其中包含大量明代青花瓷[1]。美国学者亨利·拜尔（Henry O. Beyer）于 20 世纪初期在菲律宾开展了大量考古调查与发掘工作，其关于明代青花瓷的年代认识也产生了深远的影响。1930 年代，拜尔在黎刹省发掘 60 余处遗址，出土大量明代青花瓷[2]。1940 年，哈佛大学奥洛夫·詹森（Olov R. T. Janse）发掘吕宋岛八打雁省的卡拉塔甘（Calatagan）墓地[3]，其中的 60 多座明墓出土青花瓷。1958 年，菲律宾国家博物馆罗伯特·福克斯（Robert B. Fox）对该墓地进行了更大范围的发掘，共发掘 500 余座墓葬，出土青花瓷近 300 件[4]。1961—1962 年美国洛克辛夫妇（Leandro & Cecilia Locsin）发掘了马尼拉的圣安娜（Santa Ana）墓地[5]，在发掘的 15 座明墓中出土青花瓷。詹森、福克斯与洛克辛都参考拜尔的意见，认为出土青花瓷的年代约为 14 世纪晚期至 15 世纪早期。英国驻菲律宾大使约翰·艾迪斯（John M. Addis）著文全面介绍在菲律宾出土的中国陶瓷[6]，并对拜尔、福克斯等关于明代青花瓷的年代判定重新加以讨论，认为多

1　Carl E. Guthe, "The University of Michigan Philippine Expedition", American Anthropologist, Vol.29, No.1, 1927, pp.69-76. Kamer Ago-Oglu, "Ming Porcelain from Sites in the Philippines", Archives of the Chinese Art Society of America, Vol.17, 1963, pp.7-19.

2　Walter Robb, "New Data on Chinese and Siamese Ceramic Wares of the 14th and 15th Centuries", Philippine Magazine, Vol. 27, No.3, 4, 1930.

3　Olov R. T. Janse, "An Archaeological Expedition to Indo-China and the Philippines：Preliminary Report", Harvard Journal of Asiatic Studies, Vol.6, No.2, 1941, pp.247-267；Olov R. T. Janse, "Notes on Chinese Influences in the Philippines in Pre-Spanish Times", Harvard Journal of Asiatic Studies, Vol. 8, No.1, 1944, pp.34-62.

4　Robert B. Fox, "The Calatagan Excavations：Two Fifteenth Century Burial Sites in Batangas", Philippine Studies, Vol. 7, No. 3, 1959, pp. 321-390；The National Museum Special Exhibition of the Calatagan Excavations, Manila：Bureau of Printing, 1961；Robert B. Fox, "Chinese Pottery in the Philippines", The Fookien Times Yearbook：Internationally Recognized Chronicle on Philippine Progress, 1962, pp.248-258.

5　Leandro & Cecilia Locsin, Oriental Ceramics Discovered in the Philippines, Rutland：Charles E. Tuttle Company, 1967.

6　J. M. Addis, "Chinese porcelain found in the Philippines", Transactions of the Oriental Ceramic Society, 1967-68/1968-69, pp.17-35.

属 16 世纪的产品[1]。1997 年，菲律宾东方陶瓷学会主办名为"菲律宾发现的中国及越南青花瓷器"的展览并出版图录，是迄今为止有关菲律宾出土中国青花瓷最为全面的著作[2]。近年，日本学者对马尼拉西班牙王城（Intramuros）多处地点出土的 16—17 世纪青花瓷予以介绍和研究[3]。

比菲律宾地区的工作稍晚，婆罗洲马来西亚所属地区和文莱也相继发现明代青花瓷。直到 1964 年，沙捞越博物馆是婆罗洲唯一的博物馆，因此这一地区系统的考古工作主要由馆长汤姆·哈里森（Tom Harrison）主持。1948—1967 年，哈里森在沙捞越河流域开展工作，在发掘的 31 处遗址中，基本没有发现明代青花瓷，据此，哈里森提出"明代间隔期"（Ming Gap）的概念[4]。1967—1977 年，沙捞越博物馆在其西南部继续开展工作，共发掘 15 处遗址，发现约为 16 世纪早期之后的青花瓷[5]，据此修正了所谓"Ming Gap"的概念。1966—1967 年沙捞越博物馆还发掘了米里（Miri）的 Lobang Kudih 墓地[6]，出土 17 世纪青花瓷。文莱地区，哈里森于 50—60 年代在卢穆特河（Sungai Lumut）流域进行发掘[7]，并于 1968

1　J. M. Addis, "The Dating of Chinese Porcelain Found in the Philppines：A Historical Retrospect", Philippine Studies. Vol.16, no.2, 1968, pp.371-380.

2　Larry Gotuaco et al, Chinese and Vietnamese Blue and White Wares Found in the Philippines, Manila, 1997.

3　野上建纪等：《スペイン時代のマニラ出土磁器》,《金沢大学考古学紀要》28，2006，29-60 页。

4　Tom Harrisson, "The 'Ming Gap' and Kota Batu, Brunei", The Sarawak Museum Journal, Vol. 8, No. 11, 1958, pp.273-277.

5　Lucas Chin & R. Nyandoh, "Archaeological Work in Sarawak", The Sarawak Museum Journal, Vol.23, No.44, 1975, pp.1-7；Lucas Chin, "Trade Pottery Discovered in Sarawak from 1948 to 1976", The Sarawak Museum Journal, Vol.25, No.46, 1977, pp.1-7.

6　Charmian C. Woodfield, "Lobang Kudih：The excavation of A Ming Period Burial Cave, Near Beluru, Miri Division, within the Baram Basin", The Sarawak Museum Journal, Vol.61, No.82, 2005, pp.31-186.

7　Barbara Harrisson, P. M. Shariffuddin, "Sungai Lumut：A 15 Century Burial Ground", The Brunei Musedum Journal, 1969, Vol.1 no.1, pp.24-61.

年发掘了著名的哥打巴图（Kota Batu）遗址[1]，两处遗址出土大量16—17世纪的青花瓷，哥打巴图出土者或可早至15世纪。

印尼经过科学考古发现的明代青花瓷不多[2]，1936年日本考古学者在印尼中部的苏拉威西岛望加锡附近进行了系统的发掘，出土中国瓷器181件[3]。2001—2002年度，日本再次进行调查，采集大量15—17世纪青花瓷[4]。此外，新加坡[5]等地区也有一些发现。

3. 南亚、西亚、北非、东非

南亚地区在印度果阿[6]、斯里兰卡[7]出土16世纪中晚期至17世纪中期的产品。

在阿拉伯半岛，较为重要的遗址有靠近霍尔木兹海峡的祖尔法（Julfar）以及巴林国卡拉特巴林（Qal'at al-Bahrain）。祖尔法遗址位于波斯湾西南部阿曼群岛北部，在阿拉伯哈伊马角北部海域沿岸，绵延约4千米。自1970年以来进行七次发掘，遗址发掘出土器物以14世纪产品

1　Tom Harrisson and Barbara Harrisson, "The Preliminary Report of the Kota Batu Excavation", The Sarawak Museum Journal, Vol. 7, Nos. 17-18, 1956, pp. 283-319；Barbara Harrisson, "A Classification of Archaeological Trade Ceramic from Kota Batu, Brunei", The Brunei Museum Journal, Vol.2, No.1, 1970, pp.114-187.

2　Sumarah Adhyatman, Antique Ceramics found in Indonesia, Various Uses and Origins, 2nd ed., Jakarta：Ceramic Society of Indonesia, 1990.

3　M·苏莱曼：《东南亚出土的中国外销瓷器》，中国古外销陶瓷研究会：《中国古外销陶瓷研究资料》第1辑，1981，68—75页。

4　Inagaki Masahiro, Morimoto Asako, Ceramic Finds from the Somba Opu Castle Site, Bulletin of the Research Center for Silk Roadology 20, A Study of Ceramic Trade on the Tirtayasa Site, Banten, Indonesia, The Strategic Point through the Ocean Silk Road, 2004, pp.135-153.

5　Kwa Chong Guan, "16th Century Underglazed Blue Porcelain Shards from the Kallang Estuary", Heritage, No.10, 1989, pp.76-81.

6　SilaTripati, "Study of Chinese Porcelain sherds of Old Goa, India：Indicators of Trade Contacts", Author version：Man Environ, Vol.36（2）, 2011, pp.107-116.

7　Noboru Karashima, In Search of Chinese Ceramic-sherds in South India and Sri Lanka, Tokyo：Taisho University Press, 2004.

为主，另外有少量 15 至 16 世纪的青花瓷[1]。1980 年以前，法国考古队曾在巴林卡拉特巴林遗址进行发掘[2]。20 世纪以来，巴林、丹麦和法国考古队分别对遗址做了更大面积的发掘[3]，出土青花瓷分别属于霍尔木兹（1487—1521）、葡萄牙（1521—1602/1603）和萨法维（1602/1603—1736）时期。

20 世纪初期，埃及学者开始调查并发掘福斯塔特遗址，日本、美国的学者和机构也相继介入，出土大量 14 世纪晚期至 15 世纪的景德镇青花瓷[4]。东非地区，英国学者柯克曼在肯尼亚的拉穆群岛、马林迪和蒙巴萨等地区开展大量工作：1948—1949 年发掘马林迪的格迪古城遗址[5]，出土 16 世纪的青花瓷；1958 年发掘蒙巴萨的耶稣城堡遗址[6]，出土大量 17 世纪前期青花瓷；50 年代调查的马林迪及曼布鲁伊的 29 处柱墓，发现 15 世纪

1　赵冰、罗伯特·卡尔特尔、克莉斯强·威尔德：《佐尔法·努杜德港口遗址出土中国瓷片》，载《文物》，2014（11），33-46 页；Zhao, Bing, Robert Carter, Kevin Lane and Christian Velde, "The Rise and Ruin of a Medieval Port Town：Excavations at Julfar al-Nudud.", In Conference of the Seminar for Arabian Studies. British Museum, London, 2011；佐々木达夫，Tatsuo Sasaki《ジュルファール出土陶磁器の重量》，《金泽大学文学部论集·史学·考古学·地理学篇》第 26 卷，2006，51—202 页。

2　Michele Pirazzolit' Sterstevens, "Chinese Ceramics Excavated in Bahrain and Oman", 三上次男博士喜寿记念论文集编集委员会编：《三上次男博士喜寿记念论文集：考古编》，东京：平凡社，1985，315—335 页。

3　赵冰：《巴林国卡拉特巴林遗址出土的十六 - 十七世纪中国瓷片》，郑培凯主编：《泛海逐波：十六至十七世纪中国陶瓷外销与物质文明扩散国际学术研讨会论文集》，103-111 页；Bing Zhao, "Chinese and Southeast Asian Ceramics Imported in Bahrain during the Islamic Period", in Pierre Lombard ed, Twenty Years of Bahrain Archaeology（1986-2006），9-11 December 2007（Manama：National Museum of Manama, forthcoming；赵冰：《波斯湾巴林国卡拉特巴林遗址出土的东亚和东南亚瓷器》，《中国古陶瓷研究》第 14 辑，紫禁城出版社，2008，599-614 页。

4　R. L. Hobson, "Chinese Porcelain from Fostat", The Burlinton Magazine for Connoisseurs, Vol.61, No.354, 1932, pp108-110/113.

5　J. S. Kirkman, The Arab City of Gedi：Excavations at the Great Mosque Architecture and Finds, Oxford University Press, 1954；James Kirkman, Gedi, the Palace, Mouton & Co. Publishers, the Hague, the Netherlands, 1963；秦大树、徐华峰：《肯尼亚发现的十六至十七世纪中国瓷器及相关问题讨论》，郑培凯主编：《泛海逐波：十六至十七世纪中国陶瓷外销与物质文明扩散国际学术研讨会论文集》，63—75 页。

6　James Kirkman, Fort Jusus：A Portuguese Fortress on the East African Coast, Oxford：Clarendon Press, 1974.

晚期至 16 世纪晚期的青花瓷[1]。非洲东部的其他地区如坦桑尼亚[2]、埃塞俄比亚[3] 以及马达加斯加[4] 也都有中国青花瓷的发现。乔维斯·马修（Gervase Mathew）对非洲发现的中国陶瓷进行过总结[5]，卡洛琳·沙逊（Caroline Sassoon）对肯尼亚发现中国瓷器的款识进行过介绍[6]。

西亚地区见于两处重要收藏，即土耳其的托普卡比宫[7] 和伊朗的阿德比尔神寺庙[8]。阿德比尔神庙藏品在万历三十九年（1611）年后没有增加，其藏品构成具有年代学意义。

（4）欧洲、拉美

弘治元年（1488），葡萄牙人抵达非洲南端好望角；弘治十一年（1498），达·伽马从马林迪穿越印度洋，首航印度西海岸古里（今科兹科德）；弘治十二年（1499），达·伽马率葡萄牙舰队返回里斯本，献给葡萄牙国王一批从古里带回来的瓷器，这些 16 世纪早期以前的瓷器多收藏在葡萄牙的桑托斯宫[9]。葡萄牙船队将景德镇青花瓷运抵欧洲后，立即成为

1　Kirkman, J.S. "The Great Pillars of Malindi and Mambrui", Oriental Art, Vol.4, 1958, pp.3-15.

2　Neville Chittick, Kilwa：An Islamic Trading City on the East African Coast, Nairobi, 1974.

3　马文宽：《中国古瓷在非洲的发现》，紫禁城出版社，1987，7—9 页。

4　Bing Zhao, "Versune expertise plus fine etuneapproche plus historique de lacéramiquechinoise de lanécropole deVohémar", Études OcéanIndien, 2011, pp.46-47.

5　Gervase Mathew, "Chinese Porcelain in East Africa and on the Coast of South Arabia", Oriental Art New Series, Vol.2, No.2, 1956, pp.50-55.

6　Caroline Sassoon, Chinese Porcelain Marks from Coastal Sites in Kenya：Aspects of Trade in the Indian Ocean, 14-19 centuries, BAR International Series（Supplementary）43, 1978.

7　Regina Krahl, John Ayers, Chinese Ceramics in the Topkapi Saray Museum Istanbul：A Complete Catalogue, London：Sotheby's Pub., 1986. 三杉隆敏, Chinese Porcelain Collections in the Near East, Topkapi and Ardebil, 香港大学, 1981。

8　Pope, John Alexander, Chinese Porcelains from the Ardebil Shrine, Washington：Freer Gallery of Art Smithsonian Institution, 1956；三杉隆敏, Chinese Porcelain Collections in the Near East, Topkapi and Ardebil, 香港大学, 1981。

9　Daisy Lion-Goldschmidt, "Les Porcelaines Chinoises du Palais de Santos", Arts Asiatiques, Vol.39（1984）, pp. 5-72.

欧洲君主和贵族珍藏的对象[1]，青花瓷器的形象还出现在画作《诸神之宴》（正德九年，1514）中。作为东西方瓷器贸易的主导国，葡萄牙[2]、西班牙[3]及荷兰[4]本土出土大量 17 世纪青花瓷。由于西班牙对美洲贸易的拓展，在拉美地区也有发现，如北美[5]的墨西哥[6]、危地马拉[7]，南美的秘鲁[8]、阿根廷[9]等。各遗址出土青花瓷数量不多，主要以 17 世纪的"克拉克瓷"为主。

1　Boiani, G.C.（ed）, Ceramica e Araldica Medicea, exhibition catalogue, Monte San Savino, 1992；Harrisson, B., Asian Ceramics, Princessehof Museum, Leeuwarden, 1986；Harrison-Hall, j., Catalogue of late Yuan and Ming ceramics in the British Museum, London, 2001.

2　Paulo César Santos, "The Chinese Porcelain of Santa Clara-a-Velha, Coimbra：Fragments of a Collection", Oriental Art, Vol.49, No.3（2003/2004）, pp.29-30, figs.21-24a

3　Etsuko Miyata Rodriguez, "Chinese Ceramics Excavated from Northwest Spain（1）", The Oriental Ceramic Society of the Philippines Newsletter, June 2008, pp.8-10；Junly 2008, p.6, figs.9 and 11.

4　Jan Van Campen and Titus Eliëns（eds.）, Chinese and Japanese porcelain for the Dutch golden age, ［Amsterdam］Rijksmuseum Amsterdam［Den Haag］Gemeentemuseum Den Haag［Groningen］Groningen Museum Leeuwarden Keramiekmuseum Princessehof Zwolle Waanders Uitgevers, 2014.

5　Linda S. Shulsky, "Chinese Porcelain in Spanish Colonial Sites in the Southern Part of North America and the Caribbean", Transactions of the Oriental Ceramic Society, Vol.63, 1998-1999, pp.83-98.

6　George Kuwayama, Chinese Ceramics in Colonial Mexico, Los Angeles County Museum of Art, University of Hawaii Press, 1997；Etsuko MiyataRodríguez, "The Early Manila Galleon Trade：Merchant's Networks and Markets in Sixteenth-and Seventeenth- Century Mexico" in Asia & Spanish America. Trans-Pacific & Cultural Exchange, 1500-1850, Papers from the 2006 Mayer Center Symposium at the Denver Art Museum, Denver, 2009, p.49, fig.3；SanJerónimo, Patricía Fournier García, Evidencias Arqueológicas de la improtación de cerámic en México, Con Base En los Materiales d'Elx Covento de San Jerónimo, No.213, INAH, 1990, pp.38, 34-5, and 37, respectively；Susana Gómez Serafín and Enrique Fernández Davila, Catálogo de losobjetoscerámicos de la Ordendominicana del ex convent de Santo Domingo de Oaxaca, Instituto Nacíonal de Antrpología e Historia, Mexico, 2007, pp.14-15 and 220-21；Luis A. Romero, "La cerámic de improtación de Santo Domingo", Antigue Guatemala, paper presented at the XX Simposio de InvestigacionesArqueológicas held in Guatemala, 2006, pp.1529-1545.

7　George Kuwayama and Anthony Pasinski, "Chinese Ceramic in the Audiencia of Guatemala," Oriental Art, Vol.48, No.4, 2002, pp.25-35.

8　George Kuwayama, "Chinese Ceramic in Peru", Oriental Art, Vol.46, No.1, 2000, pp.2-15.

9　Teresa Canepa, "The Portuguese and Spanish Trade in Kraak Porcelain in the Late 16th and Early 17th Centuries", 郑培凯主编：《泛海逐波：十六至十七世纪中国陶瓷外销与物质文明扩散国际学术研讨会论文集》, 259-285 页。

（三）国内外沉船

自 20 世纪 50 年代起，尤其是 70 年代后，在东南亚海域、太平洋及大西洋等航路上陆续发现明代沉船，据笔者统计为 83 处。沉船瓷器数量众多，器类丰富，保存完整，同船器物时代集中，年代较为明确，是明代青花瓷分期研究的重要资料[1]。较为重要的如 15 世纪中期的菲律宾潘达南沉船（Pandanan Wreck）[2]、15 世纪晚期的菲律宾利纳沉船（Lena Shoal Junk）[3]、16 世纪早期的文莱沉船（Brunei Shipwreck）[4]、16 世纪中期的马来西亚宣德号沉船（Xuande Shipwreck）[5]、16 世纪晚期的广东汕头南澳 I 号沉船[6] 以及 17 世纪前期南大西洋圣赫勒拿岛（St. Helena）海域的白狮号（Witte Leeuw）[7]

1　陈冲：《沉船所见景德镇明代民窑青花瓷》，载《考古与文物》，2017（2），101-114 页。

2　Eusebio Z. Dizon. "Anatomy of a Shipwreck：Archaeology of the 15th-Century Pandanan Shipwreck", Christophe Loviny, The Pearl Road：Tales of Treasure Ships in the Philippines. Makati City, 1996, pp. 62-94；Kazuhiko Tanaka & Eusebio Z. Dizon, "Shipwreck Site and Earthenware Vessels in the Philippines：Earthenware Vessels of the Pandanan Shipwreck Site", Mark Staniforth. ed. Asia-Pacific Regional Conference on Underwater Cultural Heritage Proceedings, Manila, 2011.

3　Franck Goddio, Monique Crick, Peter Lan, Stacey Pierson, Rosemary Scott, Lost at Sea：The Strange Route of the Lena Shoal Junk, London：Periplus, 2002.

4　Michèle Pirazzoli-t' Serstevens, "The Brunei Shipwreck：A Witness to the International Trade in the China Sea around 1500", The Silk Road, Vol.9, 2011, pp.5-17.

5　Roxanna Brown & Sten Sjostrand, "Maritime Archaeology and Shipwreck Ceramics in Malaysia", Kuala Lumpur：Department of Museums & Antiquities, 2nd edition, 2004；Roxanna M. Brown, "Xuande-marked Trade Wares and the 'Ming Gap'", Oriental Art. Vol.43. No.2, 1997, pp.2-6.

6　广东省文物考古研究所、国家水下文化遗产保护中心、广东省博物馆：《广东汕头市"南澳 I 号"明代沉船》，载《考古》，2011（7），39-46 页；广东省文物考古研究所：《南澳 I 号明代沉船 2007 年调查与试掘》，载《文物》，2011（5），25-47 页；广东省文物考古研究所、广东省博物馆：《孤帆遗珍：南澳 1 号出水精品文物图录》，科学出版社，2014。

7　C. L. van der pijl-Ketel, ed., The Ceramic Load of the "Witte Leeuw"（1613）, Amsterdam：Rijksmuseum, 1982.

和毛里求斯的班达号（Banda）[1]、马来西亚的万历号（Wanli）[2]以及南中国海域的哈彻号（Hatcher Junk）[3]等。此外还有疑为万历二十三年（1595）或万历七年（1579）年的加州德雷克湾沉船 / 遗址。大量沉船的发现及材料的公布，为明代青花瓷的编年研究提供了非常有价值的资料。

二、研究概况：以年代学为中心

（一）材料单一与问题专指

20 世纪初期，基于东南亚的调查与发掘，拜尔、福克斯、洛克辛等学者开始就明代青花瓷的年代进行探讨。但由于多数发掘遗址为墓葬，缺乏可供参考的地层关系和纪年器物，且发掘者对中国瓷器的认识不够全面，因此未能建立准确的分类体系，在对青花瓷的年代判定上，更是缺乏行之有效的方法和足够的依据。这一时期对于青花瓷的年代认识，往往提前约一个世纪。

与此同时，哈里森就沙捞越早期的发现缺乏明代青花瓷这一现象，提出瓷器贸易史上的"明代间隔期"问题[4]。西方学者则基于文献和传世资

1　C. L. van der pijl-Ketel,"Identification of Export Porcelains from Early 17th Century VOC Shipwrecks and the Linkage to Their Cultural Identification", Asia-Pacific Regional Conference on Underwater Cultural Heritage Proceedings, 2011；J. Dumas, Fortune de mer à l'lle maurice, Paris, 1981.

2　Sten Sjostrand, Sharipah Lok Lok bt. Syed Idrus, The Wanli Shipwreck and its Ceramci Cargo, Department of Museums Malaysia, 2007.

3　Colin Sheaf & Richard Kilburn, The Hatcher Porcelain Cargoes：The Complete Record, Phaidon-Christies, Oxford, 1988.

4　Brown, Roxanna, The Ming Gap and Shipwreck Ceramcis in Southeast Asia, Phd Dissertation of UCLA, 2004；Roxanna M. Brown,"Ming Ban-Ming Gap：Southeast Asian Shipwreck Evidence for Shortages of Chinese Trade Ceramics", 郑培凯主编：《十二至十五世纪中国外销瓷与海外贸易国际研讨会论文集》，78—104页；Roxanna Maude Brown, The Ming Gap and Shipwreck Ceramics in Southeast Asia：Towards a Chronology of Thai Trade Ware, Bangkok：The Siam Society under Royal Patronage, 2009.

料，就"空白期"（Ceramic Interregnum）[1]、"转变期"（Transitional Period）[2]

1　John Alexander Pope, Chinese Porcelain from the Ardebil Shrine. Washington：Smithsonian Institution Freer Gallery of Art, 1956；Regina Krahl, John Ayers, Chinese Ceramics in the Topkapi Saray Museum Istanbul：A Complete Catalogue, London：Sotheby's Pub., 1986；藤冈了一：《元明初の染付》，《陶器全集》11，东京：平凡社，1966，17—18 页；藤冈了一：《明の染付》，《陶磁大系》42，东京：平凡社，1975；欧阳世彬、黄云鹏：《介绍两座明景泰墓出土的青花、釉里红瓷器》，载《文物》，1981（2），46—50 页；王志敏：《明初景德镇窑"空白点"瓷》，载《中国陶瓷》1982（3），53—57 页，1982（4），57—63 页，1982（5），67—69 页；刘毅：《明代景德镇瓷业"空白期"研究》，载《南方文物》，1994（3），55—61 页；谢明良：《十五世纪的中国陶瓷及其有关问题》，载《故宫学术季刊》1999 年 17 卷 2 期，后收入《中国陶瓷史论集》，台北：允晨文化，2007，215—237 页；欧阳世彬：《十五世纪景德镇民窑研究》，载《陶瓷学报》，2000（2），72—85 页；Peter Y.K. Lam, "Dating Criteria for Chinese Blue and Whites of the Mid to Late 15th Century from Shipwrecks", TAOCI：Revue Annuelle de la Societe Francaise d'Etude de la Cermicque Orientale, No.2, 2001, pp.35-46；Rita C. Tan, "Development of Ming Minyao Blue and White Ware with Reference to Philippines Finds", Larry Gotuaco et al, Chinese and Vietnamese Blue and White Wares Found in the Philippines, Manila, 1997, pp.79-108；庄良友（Rita C. Tan）：《菲律宾出土的十四至十五世纪中国青花瓷》，见江西省博物馆、香港中文大学文物馆：《江西元明青花瓷》，2002，50—58 页。

2　Soame Jenynes, "The Wares of the Transitional Period Between the Ming and the Ch'ing：1620-1683", Archives of the Chinese Art Society of America, Vol.9, 1955, pp.20-42.

Richard S. Kilburn, Transitional Wares and their Forerunners, Exhibition Catalogue, Hong Kong：Oriental Ceramic Society of Hong Kong, 1981；Margaret Medley, "The Ming - Qing Transition in chinese Porcelain", Arts Asiatiques, Vol.42, 1987. pp.65-76；Richard Kilburn, "The Hatcher Junk", The Hatcher Porcelain Cargoes：The Complete Record, Phaidon-Christies, Oxford, 1988, pp.25-80；藤冈了一：《世界陶磁全集》14，东京：小学馆，1993；西田宏子、出川哲朗：《明末清初の民窑》，东京：平凡社，1997。

Stephen Little, Chinese Ceramics of the Transitional Period, 1620-1683, Exhibition Catalogue, New York：China Institute in America, 1983；Julia B. Curtis, Chinese Porcelains of the Seventeenth Century：Landscapes, Scholars' Motifs and Narratives, Exhibition Catalogue, Seattle & London：The University of Washington Press, 1995；Michael Butler & Barbara Harrisson, Chinese Porcelain：the Transitional Period 1620-1683：A Selection from the Michael Butler Collection, Exhibition Catalogue, Leeuwarden：The Ptincessehof Museum, 1986；Michael Butler & Julia B. Curtis & Stephen Little, Treasures from an Unknown Reign：Shunzhi Porcelain, Exhibition Catalogue, Alexanderia, Virginia：Art Services International, 2002；上海博物馆：《上海博物馆与英国巴特勒家族所藏十七世纪景德镇瓷器》，上海书画出版社，2005；陈克伦《17 世纪景德镇瓷器编年研究》，见《上海博物馆集刊》第 11 期，2008，283—297 页；Michael Butler, "The Chronology of 17th Century Chinese Porcelain", Transactions of the Oriental Ceramic Society, Vol.71. 2006-2007, The Oriental Ceramic Society, 2008, pp.79-87.

和"克拉克瓷"（Kraak Porcelain）[1] 问题展开讨论，但这类研究往往依据风格分析法，无法建立全面而准确的编年框架。这类"专指性"问题也一直为后来的学界所关注，这在一定程度上丰富了明代青花瓷的研究资料和年代学框架。

（二）材料丰富与方法缺失

相较于国外的发现，国内所见民窑青花瓷大量来自窑址、纪年墓、城址和窖藏等，便于对瓷器进行分类和年代判定。很多学者就青花瓷的年代展开讨论，取得一些成果。但是，至今尚缺乏从考古学角度进行综

1　H. E. van Gelder, Gravenhage in Zeven Eeuwen, Amsterdam：Meulenhoff, 1937；T. Volker, Porcelain and the Dutch East India Company, Leiden：E. J. Brill, 1954；John Alexander Pope, Chinese Porcelain from the Ardebil Shrine, Smithsonian Institution Free Gallery of Art, Washington, 1956.

Brian S. McElney, "The Blue and White Wares-Post 15th Century", Southeast Asian and Chinese Trade Pottery, Exhibition Catalogue, Hong Kong：The Oriental Ceramic Society of Hong Kong, 1979.

Pijl-Ketel. C. van der, The Ceramic Load of the Witte Leeuw, Rijksmuseum, Amsterdam；Colin Sheaf and Richard Kilburn, the Hatcher Porcelain Cargoes：the Complete Record, Oxford：Phaidon, Christie's, 1988；Maura Rinaldi, Kraak Porcelain：A Moment in the History of Trade, London：Bamboo Pub, 1989；Kilburn. R. S., Transitional Wares and Their Forerunners, exhition catalogue, O.C.S. of Hong Kong, Hong Kong；Casswell. J., Blue and White-Chinese Porcelain and its Impact on the Western World, Exhibition Catalogue, the University of Chicago, the David and Alfred Smart Gallery, Chicago, Illinois；Regina Krahl, John Ayers, Chinese Ceramics in the Topkapi Saray Museum Instanbul, Sotheby, 1986；Lion-Goldschmidt D., "Les Porcelaines Chinoises du Palais de Santos", Arts Asiatiques, Vol.39, Paris, 1984. pp.5-72；Luisa Vinhais & Jorge Welsh, Kraak Porcelain：The Rise of Global Trade in the Late 16th and Early 17th Centuries, London：Jorge Welsh Books, 2008；藤冈了一：《明の染付》，《陶磁大系》42，东京：平凡社，1975；矢部良明：《中国陶瓷の八千年》，东京：平凡社，1992；西田宏子、出川哲朗：《明末清初の民窑》，平凡社，1997；冯先铭、冯小琦：《荷兰东印度公司与中国明清瓷器》，载《南方文物》，1990（2），101—117页；马文宽：《从一件青花开光瓷碗谈起》，见中国古陶瓷学会：《中国古陶瓷研究》第10辑，紫禁城出版社，2004，133—140页；曹建文：《近年来景德镇窑址发现的克拉克瓷器》，见中国古陶瓷学会：《中国古陶瓷研究》第10辑，141—149页；江建新：《景德镇考古发现的克拉克瓷》，见陶瓷下西洋研究小组、香港城市大学中国文化中心编：《陶瓷下西洋：早期中葡贸易中的外销瓷》，香港城市的大学中国文化中心，2010，35—44页；江建新：《晚明社会与景德镇及克拉克瓷的烧造：谈克拉克瓷的烧造年代及相关问题》，见《泛海逐波：十六至十七世纪中国陶瓷外销与物质文明扩散国际学术研讨会论文集》，2012，313—328页，后收入江建新：《景德镇陶瓷考古研究》，科学出版社，2013，249—268页。

合的年代学分析。

20 世纪 60 年代，南京明故宫玉带河在疏浚渠道时出土大量瓷片，所属时代贯穿整个明代。王志敏通过对这批瓷片的整理研究，试图厘清明代民窑青花瓷器的发展序列，尤其是对明代早中期的判断比较有代表性，对后来学者的影响较大[1]。80 年代中期，景德镇的陶瓷学者开始对年代问题进行比较深入的探讨，景德镇陶瓷馆的黄云鹏、欧阳世彬等根据窑址采集标本，参照当地纪年墓葬出土材料，提出断代意见[2]，在相当长一段时间内成为明代青花瓷器断代的重要参考。但这一认识主要是基于窑址采集品，缺乏地层依据，且没有充分考古发掘材料的印证，断代方法和结论还需要进一步讨论和修正。同期，耿宝昌先生的《明清瓷器鉴定》一书出版[3]，从传世官窑瓷器角度为民窑断代提供了一定的线索。

20 世纪 90 年代中期，吉林扶余明墓出土大量青花及红绿彩瓷器[4]，关于出土瓷器的年代，学界产生广泛的争论，《文物》就此刊发系列文章。张英认为一些带有"福""至正"或八思巴文底款的青花、红绿彩瓷器，

1 王志敏：《明初景德镇窑"空白点"瓷》，载《中国陶瓷》1982（3），53—57 页；1982（4），57—63 页；1982（5），67—69 页。南京博物院、香港中文大学文物馆：《朱明遗萃》，1996。

2 黄云鹏：《明代民间青花瓷的断代》，载《景德镇陶瓷》，1986（3），28—45 页；欧阳世彬：《十五世纪景德镇民窑研究》，载《陶瓷学报》，2000（2），72—85 页。

3 耿宝昌：《明清瓷器鉴定》，紫禁城出版社，1993。

4 张英：《吉林扶余岱吉屯元墓出土瓷器》，载《文物》，1994（9），41—53、2 页；张英：《扶余市石桥欢迎砖场元墓清理简报》，载《文物》，1995（4），32—46、2 页；张英：《吉林扶余岱吉屯元墓第二次清理简报》，载《文物》，1996（11），69—79 页。

是元代瓷器的重大发现[1]。其他不同认识随之而来[2]，分别从瓷器的造型、款识、装饰及八思巴文等入手，判定这些瓷器当为明代中期，或者明代中晚期的弘治、正德时期，抑或是嘉靖时期的产品。从这一争论可以看出，明代民窑青花瓷的断代在当时是不成熟的，缺乏行之有效的方法，也未形成较为一致的意见。

由于考古工作历来不重视明清时期的发现，很多出土瓷器资料未被及时而全面地发表，随后的一些文章则多是参照各地出土瓷片进行年代判定。而一些收藏者所藏瓷片则已成系列，并根据纪年器为线索，对每一片瓷片进行断代[3]。然而，这类断代研究由于过分依赖纪年器，依然无法形成科学的年代标准体系。

本世纪，随着沉船的不断发现和资料的发表，由于同船瓷器的共时性，沉船瓷器为青花瓷的编年研究提供了重要资料。相关学者开始以沉船为单位、以沉船瓷器为基础或参照器物群[4]，展开青花瓷的年代学研究[5]。但在对沉船瓷器进行年代判定时，依然存在过分依靠纪年器和风格分析法而无法形成科学的年代学认识问题。此外，由于很多沉船并非科学发

1 张英：《从"至正年制"彩瓷碗的发现谈"大明年造（制）"款瓷器的年代》，载《文物》，1994（2），62—71页；张英：《对〈也谈八思巴文款青花瓷器的年代一文的商榷》，载《文物》，1998（10），62—66页。

2 曹淦源：《"至正年制"款彩瓷碗与嘉靖红绿彩瓷》，载《文物》，1994（8），71—80页；欧阳世彬：《从景德镇官窑的书款制度看岱吉屯"至正年制"款彩瓷碗的年代及其他》，载《文物》，1997（5），62—70页；葛师科：《也谈巴思八文款青花瓷器的年代》，载《文物》，1997（6），43—47、38页；吕成龙：《关于八思巴字款青花瓷器年代之我见》，载《文物》，2001（8），77—83页；张小兰：《吉林扶余岱吉屯和石桥欢迎砖场出土"福"字款等瓷器及相关问题研究》，载《北方文物》，2002（2），40—46页。

3 曲永健：《残片映照的历史：北京出土景德镇瓷器探析》，中国建材工业出版社，2002；曲永健：《北京出土瓷片断代与鉴赏》，文物出版社，2012。

4 郭学雷：《"南澳1号"沉船的年代、航路及性质》，载《考古与文物》，2016（6），118—132页；吉笃学：《上川岛花碗坪遗存年代等问题新探》，载《文物》2017（8），59—88页。

5 Peter Y.K. Lam, "Dating Criteria for Chinese Blue and Whites of the Mid to Late 15th Century from Shipwrecks", TAOCI：Revue Annuelle de la Societe Francaise d' Etude de la Cermicque Orientale, No.2, 2001, pp.35-46.

掘，发表资料不够全面，也颇为零散，因此尚难以据此建立起完备的编年体系。

（三）"小野编年"

与我国的发现情况相类，日本出土青花瓷的遗址类型也较为丰富，包括城址、寺院、墓葬和窖藏等，为青花瓷的年代判定提供了较为充分的材料。此外，日本学者在对瓷器进行编年研究时，更为注重对方法的审视。

小野正敏[1]以一乘谷遗址出土景德镇民窑青花瓷为主要资料，依据器型和纹饰对青花碗、盘类器物进行分群、分组研究，建立起15—16世纪青花瓷的分类与编年体系。这一研究成果为日本考古学界广泛认可和沿用，并成为日本学界研究出土青花瓷的基本分类与编年方法。随后，铃木秀典[2]、森树健一[3]和上田秀夫[4]等学者，依据大阪城、堺环濠等遗址出土资料，将其编年下限延伸至17世纪。小野正敏的研究抓住了碗、盘类民窑青花瓷的主要特征，并从器物组合入手，综合分析民窑青花瓷的时代特征，这一分析思路和编年方法非常值得借鉴。但由于缺乏足够的资料，"小野编年"尚有待进一步细化和修正[5]。

1　小野正敏:《15—16世纪の染付碗、皿の分类と年代》,《贸易陶磁研究》2, 1982, 71—88页。

2　铃木秀典:《大坂城遗迹における输入陶磁器の变化》,《大坂城迹》3, 大阪市文化财协会, 1988。

3　森树健一:《界环濠都市遗址出土の陶磁器の组成と机能分担》,《贸易陶磁研究》4, 1984, 41—49页；森树健一:《界环濠都市遗迹出土の近世陶磁器》,《考古学ジャナル》297, 1988, 37—44页。

4　上田秀夫:《16世纪末から17世纪前半における中国制染付碗、皿の分类と编年への予察》,《关西近世考古学研究》1, 1991, 56—74页。

5　森达也:《十五世纪后半～十七世纪の中国贸易陶瓷—沉船と窑址发见の新资料を中心に—》,《关西近世考古学研究》17, 2009, 153—166页。

结　语

在景德镇明代民窑青花瓷资料日益丰富的情况下，有必要依据青花瓷的自身特点，运用考古学方法对其进行综合的年代学分析，以推进相关研究的深入。在考古学研究中，通常运用类型学和地层学来确定器物的制作或流行时间。通过类型学建立器物自身的演变序列，依靠地层学确定器物组合并判断所建序列的早晚关系——即相对年代，最后运用纪年材料来考证这一序列中各组合的绝对年代。此外，有时也会辅以科技检测手段判定其绝对年代。

对民窑青花瓷进行考古学断代，关键在于依靠遗址地层或遗迹单位确定器物组合来判定器物的共存或相对早晚关系，这也是考古学不同于单纯依靠纪年器或风格分析法进行分期研究的关键所在。而在对器物进行类型学分析时，通常是以器型为主要依据。然而，作为历史时期手工业产品的明代民窑青花瓷，其纹饰的类型与演变远较器型复杂。同一时期的青花瓷，其纹饰类型多样、组合复杂；不同时期的瓷器，其纹饰的变化多是突变或替代，而非直接的继承或渐序的演化。如果套用一般的类型分析，更多的是进行层次复杂的分类工作，而较少能够分析所谓"式"的演变，这会使论述过程极为繁琐，论述结果不够清晰和直观，编年框架也会流于宽泛。

综上，在对民窑青花瓷进行考古学年代研究时，当重点选取具有共存和早晚关系的材料，确定器物组合，综合分析各组器物的器型、纹饰、款识、技法和胎釉等特征，再结合纪年墓、纪年器、绘画、版画和静物画等材料判定各组年代，从而建立景德镇民窑青花瓷的编年体系。

明代造物中的"崇古"与"追新"意识

彭圣芳

广州美术学院工业设计学院

摘　要：文人趣味主导下的明代造物尽管具有较为鲜明的审美倾向，但也存在许多矛盾、差异和变化。透过集古好古、古物新用、追捧时玩和仿古仿倭等现象，我们可以看到"崇古"和"追新"这一对意识在明代造物领域是如何共生共存并互动发展的。"崇古"和"追新"意识的相悖、共存也直接反映了作为历史转折期的明代社会物质文化和价值观念的特点。

关键词：明代造物；崇古；追新；古物新用；时玩；仿古仿倭

明代是中国传统手工业经过长期的技艺积累后进入的高度发达期，也是造物设计活动空前繁荣的时期。更重要的是，由于有文人阶层的参与和影响，明代造物在审美上体现出的鲜明特点也几乎可以将其自身类型化。尽管诸多证据表明，明代造物审美具有较为明显的一致倾向，然而应该看到的是，在文人气息笼罩的明代造物中也存在着许多矛盾、差异和变化。这些矛盾、差异和变化不仅体现在各种文献里著述者各执己见的品评或是某文人雅士前后相左的造物观念中，还直观地体现在许多流露着异质审美价值倾向的物品上。正如在《妮古录》《长物志》《考槃余事》《燕闲清赏笺》等著作中作者往往好古求雅，终日摩挲古物，精于鉴藏赏玩，并在书斋摆设、园林布置中将古典作为标准予以实践。但在相同的篇章里我们也看到，他们又在关注时下衣食住行用的各种新样式，并比较、取舍、巧妙经营改造。可以说，明代造物领域中"崇古"和"追新"这一对意识的相悖共存，带有作为转折期的明代中晚期的时代特点，有着深刻的社会的、历史的和文化的成因。通过下述明代造物领域的几种现象，或可析出其中原因。

一、集古好古，以古为尚

"崇古"是中国文化史上的重要现象，以古代社会为理想社会蓝本，以先王先圣为人格情操楷模乃至以古代文物为承载传统的对象，都是由此而生的文化情结。尤其是宋代以后，在古代知识阶层中普遍存在的是，一方面集古好古、借古物证经补史研究古代；另一方面，通过古物引发历史联想，并借以追寻文化记忆，寄托文化理想。《宋史》记刘敞"得先秦彝鼎数十，铭识奇奥，皆案而读之，因以考知三代制度"（《宋史·刘敞传》卷三百十九）；南宋赵希鹄撰《洞天清禄集》专述文物收藏和品赏，以"奇古""古意"等范畴赞赏器物的审美特征，深深影响了其后《妮古录》《长物志》《考槃余事》《燕闲清赏笺》等著作的成书。可以看到，以"古"为最基本的文化诉求下，明代造物中发展了一系列以"古"为特征的形式标准：

其一，古制。在传统儒家学者看来，三代社会的"万民之法"和"圣王之治"是理想的道德治世，因此，不仅三代的礼法制度成为后代文人考辨的对象，而且三代的铜器和玉器的形制也被后世奉为典范。器物是文化的表征，以三代器物制度为源头，汉唐、两宋经典文化遗物的样式、使用习惯、陈设方式也受到推崇和追捧，在明代随即形成一股崇尚古制的风气。明人谢肇淛评论日用器物"茶注"：

> 茶注……岭南锡至佳，而制多不典。吴中造者，紫檀为柄，圆玉为纽，置几案间，足称大雅。[1]

"典"在这里是具有代表性和典范意义的古代经典形制。他认为，质地虽佳，然形制"不典"的器物是不符合审美标准、不雅的。又如高濂论：

> 虽然制出一时工巧，但殊无古人遗意。以巧惑今则可，以制胜古则未也。[2]

这里是说，结构巧妙的样式虽然能以突出的工艺技术吸引人，但其形制丧失古意。还是受到了否定。高濂曰：

> 窑器有哥窑五山三山者，制古色润；有白定卧花哇，莹白精巧。[3]

其一，五山、三山样式的笔格是古代的经典式样，承袭了传统的样式，在他看来是最符合审美标准的。

其二，古色。经过岁月的淘洗，各种不同材质的器物往往会呈现出一些特殊的色泽，如古铜器表面的锈色、古玉器的沁斑等。这种特殊的色泽本是鉴定器物的依据，然而古旧的色泽不免使人产生时间的追思和历史的联想。因而，明代造物中也有不少将古色作为器物鉴赏的一种审美标准。以古铜器为例，自宋代赵希鹄在《洞天清禄集》中描述古铜器

---

1 （明）谢肇淛：《五杂俎》卷十二，上海书店出版社，2001，246页。
2 （明）高濂编撰，王大淳校点：《遵生八笺》之五《燕闲清赏笺》，巴蜀书社，1992，533页。
3 （明）高濂编撰，王大淳校点：《遵生八笺》之五《燕闲清赏笺》，604页。

的外观色泽之后，元代陶宗仪的《辍耕录》、明初曹昭的《格古要论》、中晚明的王三聘和方以智等，都对"入土""入水"或"流传人间"的铜器所具的不同的"古铜色"有相似的总结。对此，高濂的意见是：

> 高子曰：曹明仲格古论云：铜器入土千年者，色纯青如翠，入水千年者，则色绿如瓜皮，皆莹润如玉，未及千年，虽有青绿而不莹润，此举大概，未尽然也。若三代之物……[1]

此外，他还按色泽建立了一套评价铜器品级的标准：

> 古铜以褐色为上，水银黑漆鼎彝为次，青绿者又次之也，若得淳青绿一色不杂，莹若水磨，光彩射目者，又在褐色之上。[2]

而张应文在《清秘藏》中提出的标准却稍有差异，他认为：

> 古铜色有以褐色为最上品者，余以为铅色最下，硃砂斑次之，褐色胜于硃砂而不如绿，绿不如青，青不如水银，水银不如黑漆……[3]

尽管各人意见稍有差别，然稍作归纳不难发现，古铜器的暗褐色都是最受赞美的颜色。此外，台湾学者杨美莉认为，不仅铜器如此，备受文人珍视的玉器的沁斑、澄泥砚的鳝鱼黄色，都属于暗褐色系统。[4] 可以认为，这种暗褐色系即是最被推崇的古色，由此而建立的基于色泽差异的标准也作为一套评价器物高下的标准运作起来。

---

1 （明）高濂编撰，王大淳校点：《遵生八笺》之五《燕闲清赏笺》，515 页。

2 （明）高濂编撰，王大淳校点：《遵生八笺》之五《燕闲清赏笺》，517 页。

3 （明）张应文：《清秘藏》，《景印文渊阁四库全书》第 872 册，台湾商务印书馆，1983，872 页。

4 杨美莉：《晚明清初仿古器的作色——以铜器、玉器为主的研究》，《故宫学术季刊》第二十二卷第三期，台北"故宫博物院"，2005，17—53 页。

二、古物新用

"崇古"意识影响下的集古好古风气固然是明代造物领域的重要现象，然而不同于前代的是，明代对古物的收藏和品鉴别出心裁。古代器物往往不是被束之高阁，而是被合理地安排、巧妙地取用于周围的环境中。通过安排和取用现成物品、发掘其用途来使其服务于环境和人，实质上是对物品的一种"再设计"，对开发物品的价值极有意义。尤其是在明代通常被视为文化遗物或纯艺术品的物品，也往往取其日常使用和装饰价值，借其历史文化意蕴和审美价值来共同创造一种当下的日常生活的装饰风格。古代器物越来越多地被取用于日常生活之中，古物被移作生活用品[1]，这种现象在明代极常见：如高濂不但将上古之"鼎"用于焚香，而且认为，彝盘……今可用作香橼盘。

> 觚、尊、觯，皆酒器也，三器俱可插花。觚壶，……今以此瓶注水、灌溉花草，雅称书室育蒲养兰之具。周有蟠虬瓿、鱼瓿、罌瓶，与上蟠螭、螭首二瓶，俱可为多花之用。
>
> ……每有虾蟆蹲螭，其制甚精，古人何用？今以镇纸。又有大铜伏虎，长可七八寸，重有三二斤者，亦汉物也。此皆殉葬之器，今以压书。
>
> ……
>
> 他如羊肠钩，螳螂捕蝉钩，镂金者，皆秦汉物也，无可用处，书室中以之悬壁，挂画，挂剑，挂尘拂等用，甚雅。[2]

---

1 关于明代奢侈品被挪作日用品的现象，英国学者 Craig Clunas 在著作 Superfluous Things：Material Culture and Social Status in Early Modern China（中译本参《长物志：早期现代中国的物质文化与社会状况》，生活·读书·新知三联书店，2015）的第五章专有讨论。
2 （明）高濂编撰，王大淳校点：《遵生八笺》之五《燕闲清赏笺》，524—526 页。

古代器物不再是被束之高阁的"藏品"，而是被取用于日常生活之中，通过"再设计"成为营造文雅生活的道具。高濂还记载了一次有趣的"再设计"经历：

> 余得一砚炉，长可一尺二寸，阔七寸，左稍低，铸方孔透火炙砚；中一寸许稍下，用以暖墨搁笔；右方置一茶壶，可茶可酒，以供长夜客谈。其铭曰："蕴离火于坤德兮，回春阳于坚冰。释淘泓于冻凌兮，沐清泚于管城。"是以三冬之业，不可一日无此于灯檠间也。[1]

在这里，古代器物被重新改装成为实用的生活用品，重新融入当下的日常生活。这种古物新用的做法，使古物不再只是作为历史文化的标本以激发慕古之情，而是要将人带入新的生活情境。与此同时，许多不再具有使用价值的古代器物却被否定。如"元制榻"和"笔床"：

> 更见元制榻有长丈五尺阔二尺余，上无屏者，盖古人连床夜卧以足抵足，其制亦古，然今却不适用。[2]

> 笔床之制，世不多见，有古鎏金者长六七寸，高寸二分，阔二寸余，上可卧笔四矢，然形如一架，最不美观，即旧式可废也。[3]

这表明，物品的历史文化内涵退入相对次要的位置，而其审美和实用价值上升到相对重要位置。正如明末清初鉴赏家李渔说：

---

1 （明）高濂编撰，王大淳校点：《遵生八笺》之五《燕闲清赏笺》，526 页。

2 《长物志·几榻》。见（明）文震亨原著，陈植校注：《长物志》卷六《几榻》，江苏科学技术出版社，1984，226 页。

3 《长物志·器具》。见（明）文震亨原著，陈植校注：《长物志》卷七，257 页。

置物但取其适用，何必幽渺其说，必至理穷义尽而后止哉！[1]

在许多文人士大夫看来，将本不作为实用物出现的物品置入特定的生活情境，进行"再设计"能够发掘其构建特定生活风格的作用，而这种服务于当下生活风格的实用性正是物品的价值所在。"古物新用"的现象反映了文化遗物从收藏品到日用品的角色转变，更折射出人们观念的趋新。正因为此，物品不再因其"古"而被无条件地推崇，而只有能够为当下生活创造特定情境的古代器物才是符合审美标准的。

以陈设和实用的标准对古代器物进行重新选择，表明了明代造物领域某些核心审美和价值观的转变，即以评价设计艺术的形式标准替换了以往固守的器物年代、品相和政教意义等标准。正如李渔说："夫今人之重古物，非重其物，重其年久不坏，见古人所用者，如对古人之足乐也。"[2] 即是，明人所看重的器物，是那些外观形式符合特定的氛围并能营造出使用者期待的古雅清幽生活情境的器物。这种转变与明代中晚期社会的变化直接相关。明代中期以后，"心学"对程朱理学的冲击及资本主义生产方式在某些地区的萌芽，促使整个社会普遍滋长了一种个体意识和肯定日常的现世生活的精神。泰州学派开创者王艮以"百姓日用条理处即圣人之条理处"的日常儒学或曰平民儒学观，道出了商品经济社会和消费时代到来后士人"日用即道"的价值观。其后，李贽更把日常生活从修道的工具地位提高到必须加以重视的本体地位，将穿衣吃饭视作为人伦物理，这是对传统儒学的超越，也是对王艮"百姓日用即道"思想的发展。"穿衣吃饭，即是人伦物理，除却穿衣吃饭，无伦物矣，世间种种皆衣与饭类耳。"[3] 与日常的衣食住行用玩相关的物质生活产品逐渐被关注和重视，表面上是对"物"的价值的肯定，背后却还是对使用物品

---

1 （明）李渔：《李渔全集》第三卷，《闲情偶寄〈器玩部〉》，浙江古籍出版社，1991，221 页。

2 （明）李渔：《李渔全集》第三卷，《闲情偶寄〈器玩部〉》，215 页。

3 （明）李贽著，张建业主编《焚书》，《李贽文集（第 1 卷）》，社会科学文献出版社，1996，4 页。

的"人"及其价值的肯定。的确，若我们从设计的角度来看，一件物品是必须通过接受者的"伦常日用"才能确立其形态和本质的。正是这样，在被使用的过程中，古代器物的本质才由收藏品变为服务于生活的、实用的工艺品，而体现出不同于以往的新价值。

三、追捧时玩

除了古物新用，更重要的是明代许多时尚设计物——"时玩"也开始被接受。所谓"时玩"是指近世或当代的物品。明代万历年间，近当代书画、永乐漆器、宣德铜炉、永乐宣德成化瓷器、紫砂器、紫檀红木器乃至折叠扇、蟋蟀盆等物件，为世人竞相收藏。（图1、2）沈德符《万历野获编》说瓷器：

> 本朝窑器用白地青花间装五色，为古今之冠，如宣德品最贵，近日又重成窑，出宣窑之上。[1]

本朝瓷器被誉为"古今之冠"，说明年代不再是决定价值高低的绝对因素，近世或当代物品越来越受到追捧。王世贞记道：

> 画当重宋，而三十年来忽重元人，乃至倪元镇以逮明沈周，价骤增十倍。窑器当重哥汝，十五年来忽重宣德，以至永乐、成化价亦骤增十倍。[2]

---

1 （明）沈德符：《万历野获编》，中华书局，1959，653 页。
2 （明）王世贞：《觚不觚录》，《景印文渊阁四库全书》第 1041 册，台湾商务印书馆，1983，440 页。

图 1　宣德款三足双耳香炉　　　　　　　　　图 2　宣德款青花缠枝牡丹纹蟋蟀罐

以至于"本朝宣、成、嘉三窑，直欲上驾前代"[1]。袁宏道记道：

> 铸铜如王吉、姜娘子，琢琴如雷文、张越，窑器如哥窑、董窑，
> 漆器如张成、杨茂、彭君宝，经历几世，士大夫宝玩欣赏，与诗画
> 并重。[2]

所述都是当代器物设计制作的名匠，其作品已被文人视为与诗画相当的地位。同时，近世和当代物品的市场价值不断走高：

> 瓦瓶如龚春、时大彬，价至二三千钱。龚春尤称难得，黄质而
> 腻，光华若玉。铜炉称胡四，苏松人，有效铸者皆能及。扇面称何
> 得之。锡器称赵良璧，一瓶可直千钱，敲之作金石声。[3]

1　（明）董其昌：《骨董十三说》，见邓实辑，黄宾虹撰编：《中国古代美术丛书》第二集第八辑（国际文化出版公司，1993），263 页。

2　（明）袁宏道著，钱伯城笺校：《袁宏道集笺校》卷二十，上海古籍出版社，1981，730 页。

3　（明）袁宏道著，钱伯城笺校：《袁宏道集笺校》卷二十，上海古籍出版社，1981，730 页。

宜兴罐，以龚春为上，时大彬次之，陈用卿又次之。锡注，以王元吉为上，归懋德次之。夫砂罐，砂也；锡注，锡也。器方脱手，而一罐一注价五六金，则是砂与锡与价，其轻重正相等焉，岂非怪事！一砂罐、一锡注，直跻之商彝、周鼎之列而毫无惭色，则是其品地也。[1]

"时玩"的市场价值直追"古物"，说明"古物"与"时玩"先天的高下之分已被打破，设计本身的高下——"品地"成为市场价值的依据。因此有袁宏道论花瓶：

大抵斋瓶宜矮而小，铜器如花觚、铜觯、尊罍、方汉壶、素温壶、匾壶，窑器如纸槌、鹅颈、茹袋、花樽、花囊、蓍草、蒲槌，皆须形制短小者，方入清供。不然，与家堂香火何异，虽旧亦俗也。[2]

还有，文震亨论笔筒：

有鼓样，中有孔插笔及墨者，虽旧物亦不雅观。[3]

明代人不再迷信古即是雅的观念，而是认为若不把握器物及其陈设规律，即使是古旧的器物也可能营造出俗气的情境。李渔更是明确地表达了对当代坐具设计"以今胜古"的赞赏：

器之坐者有三：曰椅、曰杌、曰凳。三者之制，以时论之，今胜于古，以地论之，北不如南；维扬之木器，姑苏之竹器，可谓甲

1 （明）张岱：《陶庵梦忆·西湖梦寻》卷二，上海古籍出版社，1982，17 页。
2 （明）袁宏道：《瓶史》。见（明）袁宏道著：《袁中郎随笔》，作家出版社，1995，251 页。
3 《长物志·器具》。（明）文震亨原著，陈植校注：《长物志》卷七，258 页。

于古今，冠乎天下矣，予何能赘一词哉！[1]

这些观点鲜明的陈述表明，在明代"古"与"时"的绝对界限开始淡化，人们更关注器物设计本身的优劣。在发达的手工业条件下，越来越多人开始成为设计出色的"时玩"的拥趸。同时，发达的手工业也为日用器物、服饰、园林建筑等领域提供了前所未有的生产能力，带动手工产品数量、品类迅速增长，新颖的"时玩"更层出不穷。如在制瓷业方面，明代就创造了更丰富的表面装饰，由一种色釉发展到多种色釉，由釉下彩绘发展到釉上彩绘，出现红绿彩、五彩、素三彩、色地加彩、青花斗彩等。制陶业中，紫砂陶器异军突起，《阳羡名壶系》谓："近百年中，壶黜银锡及闽豫瓷，而尚宜兴陶，又近人远过前人处也。"万历以后紫砂工业形成独立的生产体系，进入百品竞新的兴盛时期，除生产茶具外，还生产文房雅玩、香盒等工艺品。万历时期，时大彬、徐友泉等名匠对紫砂的泥色、形制、技法、铭刻有杰出的创造，创"汉方""梅花""八角""葵花""僧帽""天鹅""足节"诸壶式。可以说，明代中后期手工业产品的推陈出新与人们观念的日益趋新互相推动，促成了"时玩"成为市场追捧的热点。

四、接受仿古和仿倭

明代设计因"崇古"引起对古制和古色的推崇带来的一股仿古设计风潮也是这一时期重要的现象。以铜器为例，明代出现了许多铸铜名家，如石叟、胡文明、徐守景等，说明当时仿古设计物已广为接受。高濂就对"新铸伪造"并不绝对排斥，认为仿古器物"可补古所无"，甚至对当时淮

---

1 （明）李渔：《李渔全集》第三卷，《闲情偶寄〈器玩部〉》，204 页。

安地区所制之大香猊、香鹤、铜人之类以及吴中所制铜器抱赞赏态度：

> 近日吴中伪造细腰小觚、敞口大觚……镀金观音弥勒，种种色样，规式可观，自多雅致。若出自徐守素者，精致无让，价与古值相半。其质料之精，摩弄之密，功夫所到，继以岁月，亦非常品忽忽成者。置之高斋，可足清赏。不得于古，具此亦可以想见上古风神，孰云不足取也？此与恶品非同日语者，鉴家当共赏之。[1]

认为只要铜质、纹样俱佳，皆可为赏鉴之物。他对以善仿古瓷而著称的苏州人周丹泉的作品（图3）也持肯定态度：

> 近如新烧文王鼎炉、兽面戟耳彝炉，不减定人制法，可用乱真。若周丹泉初烧为佳，亦须磨去满面火色，可玩。[2]

图3中为台北"故宫博物院"所藏的周丹泉最具代表性的仿古铜鼎而制的娇黄色瓷鼎，批评家认为这类仿古器若经过时间的洗礼磨去"火色"也是不错的。对仿古设计物的接受意味着明代造物已不再将"古"与"时"作为绝对界限，而能对器物作纯粹审美上的鉴别。

图3 "周丹泉"款娇黄锥拱兽面纹鼎

除了仿古器物被接受，各种仿制东洋样式的器物也受到喜爱。明初政府虽有海禁政策，但许多朝贡国依旧在官方贡品交换之外带来大量物品，在朝廷的

---

1 （明）高濂编撰，王大淳校点：《遵生八笺》之五《燕闲清赏笺》，523页。

2 （明）高濂编撰，王大淳校点：《遵生八笺》之五《燕闲清赏笺》，533页。

监管下进行民间贸易，其后，海外贸易经历了一次解禁后再度收紧。尽管几经变化，然而至明代中后期，民间商舶贸易已经成为不可阻挡的潮流，在半明半暗的状态下持续，几乎从未中断。海外贸易带来了大量具有异国风格的物品，这些器物一方面流入民间以供日用，另一方面也以其独特的设计风格和制作工艺影响着手工业者。在充分肯定"倭制"器物的前提下，明代设计对其工艺、装饰和风格多有借鉴。如文震亨就对"倭制"器物较推崇，他论"台几"：

> 倭人所制种类大小不一，俱极古雅精丽，有镀金镶四角者，有嵌金银片者，有暗花者，价俱甚贵。[1]

论"厢"：

> 倭厢，黑漆嵌金银片，大者盈尺，其铰钉锁钥俱奇巧绝伦，以置古玉重器或晋唐小卷最宜。[2]

又论"几"：

> 天然几，以文木如花梨铁梨香楠等木为之，第以阔大为贵，长不可过八尺，厚不可过五寸，飞角处不可太尖，须平圆乃古式，照倭几下有拖尾者更奇。[3]

另如论"袖炉"，他也认为"倭制漏空罩盖漆鼓为上"，再如秘阁、折叠剪刀、裁刀、香盒等物，倭器都能以轻便、精巧而取胜。《长物志》

---

1 《长物志·台几》。(明)文震亨原著，陈植校注：《长物志》卷六，234 页。
2 《长物志·厢》。(明)文震亨原著，陈植校注：《长物志》卷六，242—243 页。
3 《长物志·天然几》。(明)文震亨原著，陈植校注：《长物志》卷六，231 页。

的许多言论都反映了文氏赞赏倭式器物的态度，而从另一侧面也折射出了明代日本舶来品和倭式器物大行其道的事实。

文氏对日本舶来品和倭式器物的接受和赞赏并不是个例。高濂在论述"文具匣"时，也曾指出此物"不必镶嵌雕刻求奇"，"亦不用竹丝蟠口镶口，费工无益，反致坏速。如蒋制倭式，用铅钤口者佳甚"。[1] 这里，他赞赏了蒋姓工匠仿倭所制的文具匣。据记载，他也曾令人用铜仿制设计巧妙的倭制文具盒做压尺。漆器方面，以"泥金"和"缥霞"技艺制器而著称的明代髹漆名匠杨埙，也是因其学习了日本漆艺而大有成就。《七修类稿》记："天顺间，有杨埙者，精明漆理，各色俱可合，而于倭漆尤妙。其缥霞山水人物，神气飞动，真描写之不如，愈久愈鲜也，世号杨倭漆。所制器皿亦珍贵。"[2] 此外，经由高丽舶来的日本折扇也受到了上至宫廷、下至市井的喜爱。日本折扇除工艺上多用"泥金""洒金"外，其扇面所表现的自然和人物风情都带有浓郁的异域风格，这种崭新的风格深得人心。随后，遂有宁波、杭州、苏州、金陵、徽州、四川等地工匠纷纷仿制"倭扇"，其中以苏州和四川所产折扇最受欢迎。《五杂俎》记载："上自宫禁，下至士庶，推吴蜀二种最盛行"，"蜀扇每岁进御，馈遗不下百余万。上及中宫所用，每柄率值黄金一两，下者数铢而已"。[3]

结　论

对古代的追慕是根植于传统中国文化中的基因，普遍存在的"今不如昔"的退化历史观深刻地影响着国人的观念，并反映为一种崇古、好

1　（明）高濂编撰，王大淳校点：《遵生八笺》之五《燕闲清赏笺》，603页。

2　（明）郎瑛：《七修类稿》卷四十五《事物类》。参见《笔记小说大观》，台湾新兴书局，1984，687页。

3　（明）谢肇淛：《五杂俎》卷十二，241页。

古意识。然而，自明代始，"崇古"意识在造物中渐渐表征为对古代设计的模仿和引用，许多绝对的标准已被放下，新的观念和事物渐被接受。随之出现的古物新用、仿古设计的现象表明，器物渐从"藏品"转变为日常生活中的"赏品"和"用品"。甚至，在发达的手工业条件下，手工产品数量、品类迅速增长，不断涌现的新式设计引领消费风潮，人们已毫不避讳地将时玩作为追捧的对象。此外，海外贸易带来的舶来品也因其工艺精巧和风格独特成为明代造物模仿的对象，"仿倭"成为明代造物领域又一独特的现象。可以说，明代造物虽仍崇古尚雅但已不拘于古，在追新慕异的同时又会力避流俗。这一方面反映了明代社会文化开放、包容和务实的特点，另一方面也折射出中国传统的辩证思维逻辑。正如英国科技史家李约瑟曾说："当希腊人和印度人很早就仔细地考虑形式逻辑的时候，中国人则一直倾向于发展辩证逻辑。"[1]在特定的历史情境下，中国传统的辩证思维模式甚至能使许多矛盾的观念并行不悖地统一在对一事一物的具体评判中。

同时，明代是中国传统社会的一个转折点，"整个古老的中国，正面临着各项冲击与变动，这是个弥漫'世变'气氛的历史阶段"[2]。文人趣味左右下的明代造物一方面倾向离异于世俗世界的庄禅境界，另一方面，不免也被丰富多彩的物质世界所吸引，受到多变的社会时尚的濡染。因而，在古调与新声的合奏中，物质文化中所反映出的设计审美意识也呈现出"崇古"与"追新"的共生与互动，并以这种相悖并存的状态为"世变"做着坚实的注脚。

1　［英］李约瑟：《中国科学技术史》第3卷，科学出版社，1978，337页。

2　毛文芳：《物·性别·观看——明末清初文化书写新探》，台湾学生书局，2001，3页。

"绳墨"考释

王拓

苏州大学艺术学院

　　摘　要："绳墨"系上古时期民间匠作工具——墨斗的雏形,在先秦以降诸子文献中,多以其作为准则、律令、规则、法度等概念的隐喻。在民间匠作行业语境中,"绳墨"又是职衔和技艺等级的称谓和象征。这一现象源自古人在造物实践中所受的器具功能和工艺行为的启发。由器物形态的称谓逐渐引申为规范人的言行的法律、准则,以及成为归纳事物的原理、规律等意识形态的范畴用语,"绳墨"超越了本体固有的工具文化属性而被赋予新的哲学内涵。

　　关键词:绳墨;考释;墨斗;赭绳;工具

前　言

　　中国传统工艺的造物理论形态和思想观念早在春秋战国时期即已初步形成。其典型特征便是有机地融合了设计思想、技术思想和哲学思想。由于古代经典的撰著一直偏重从形而上的层面"坐而论道",这种带有局限性的价值观念使古代先贤对传统工艺造物的思想和理论的发掘和整理未能形成一套系统的学术体系。先秦以降,精神文化形态中特别是哲学、法学、政治学，以及艺文类的思想论著中所使用的大量词语，如"规矩""曲直""范畴""模范""度量""文章""权衡"等，都来自古代物质文化，或曰工艺文化。它是人类在利用和改造自然的过程中对事物的概括、哲理性认知和升华。设计学角度对传统工艺造物文化的研究与古器物学、名物学等研究器物的治学方法虽有交叉，但存在研究视角和方法论上的不同。设计学围绕器物涉及的人—物—环境三者之间的和谐关系对生产者和使用者、器物的造型审美与功能、制作工艺及其生活方式进行分析和研究。它与以考古学和金石学为基础，注重对古器物本体进行分型分式和微痕研究的古器物学相区别。同样，名物学的研究以语言学为基础，将自然界和社会生活中广义的"物"如鸟兽、草木、人造器物等作为研究对象，从色彩、形状或形制、功能、材质等方面加以考证、辨别和认知，探讨其称谓的由来、流变，名称与实物的关系以及与之相关的人文历史内涵等，以实现"持物找名"和"因名寻物"。基于此，本文将从设计学的视阈结合器物学、名物学的研究方法，以民间从事泥、石、瓦、木等匠作行业的艺人用于画线定位和校正取直的器具——墨斗为研究对象，对其进行设计文化学层面的研究。从中窥探中国古代工艺造物文化中的设计思维、设计方法以及立基于此而逐渐形成的物质文化和东方设计哲学。

一、"绳"与"悬绳校正"

（一）释"绳"

绳，是早期先民所使用的一种非常重要的手工劳动工具。《世本·作篇》中记载，"绳"是由上古时代舜帝的巧匠倕所发明："倕作规矩准绳。"[1]

---

[1] （汉）宋衷注，（清）茆泮林辑：《世本》，中华书局，1985，115 页。

尧帝时代距今约有 4000 多年，从文献的记载来看，我国先民在新石器时代已经制作并使用绳这种工具。由于绳的制作材料易腐难存，早期绳的实物形态今天已经无法得见。然而，绳作为工具在早期先民营造活动中广泛应用，在大量的古文献中不胜枚举。我们从这些古代文献的记录中可以获知关于绳的使用信息。

上古时代，我国最早的一部史书《尚书》便记录了绳在营建活动中的作用。《尚书·商书·说命上》中记载：

> 惟木从绳则正，后从谏则圣。[1]

又《尚书·冏命》中有"绳愆纠缪，格其非心"[2]。

唐孔颖达疏："正义曰：木不正者，以绳正之，'绳'谓弹正，'纠'谓发举，有愆过则弹正之，有错谬则法举之。"[3]

先秦部分文献中也有关于"绳"在制器活动中的功用。如《诗经·大雅·绵》中便有关于西周初期周民族使用绳的记述：

> 乃召司空，乃召司徒，俾立室家。其绳则直，缩版以载，作庙翼翼。[4]

《庄子·外篇·马蹄》中：

> 匠人曰：我善治木。曲者中钩，直者应绳。[5]

1　（清）阮元校刻：《十三经注疏》（附校勘记），中华书局，1980，62 页。
2　陈戍国校注：《尚书校注》，长沙：岳麓书社，2004，190 页。
3　（唐）孔颖达撰：《尚书正义》，商务印书馆，1935，950—951 页。
4　袁愈荌译注：《诗经全译》，贵州人民出版社，2008，362—365 页。
5　孙通海译注：《庄子》，中华书局，2007，167 页。

《荀子·劝学》中亦云：

> 木直中绳，輮以为轮，其曲中规，虽有槁暴，不复挺者，輮使之然也。故木受绳则直，金就砺则利。[1]

又《管子·形势解第六十四》中：

> 奚仲之为车器也。方圆曲直，皆中规矩钩绳。[2]

下列文献中，还指出了绳的断木功能。如《韩非子·有度》中：

> 故绳直而枉木斫，准夷而高科削。权衡县（通"悬"）而重益轻，斗石设而多益少。故以法治国，举措而已矣。法不阿贵，绳不挠曲。[3]

南宋罗大经《鹤林玉露·卷十》中亦云：

> 一日一钱，千日千钱，绳锯木断，水滴石穿。[4]

西汉淮南王刘安撰《淮南子·主术训》中亦云：

> 得失之道，权要在主。是故绳正于上，木直于下。[5]

清曾国藩《邓湘皋先生墓表》中云：

> 引绳落斧，剖晰毫厘。[6]

1　北京大学《荀子》注释组：《荀子新注》，中华书局，1979，1 页。

2　颜昌峣：《管子校释》，岳麓书社，1996，494 页。

3　陈秉才译注：《韩非子》，中华书局，2007，17 页。

4　（宋）罗大经撰：《鹤林玉露》，中华书局，1983，191 页。

5　（汉）高诱：《淮南子注》，上海书店，1986，135 页。

6　曾国藩：《曾国藩全集·诗文》，长沙：岳麓书社，1986，第 270 页。

历代文献中，还有许多关于"绳"的功用不胜枚举，此不赘述。关于"绳"的训诂，《说文解字》中曰："绳，索也。"[1]《原本玉篇》中释："索也，直也，度也。"[2]《宋本广韵》中释："直也，又绳索，俗作绳。"[3]

从文献的记载和对"绳"的训诂来看，绳不仅是用来测量长度、校正平直的度量工具，在锯齿未发明之前，绳还被用来断木。

（二）悬绳校正

绳还被古人用以垂悬校正。春秋战国时期的文献中多有记载此技术。如《墨子·法仪篇》中记载的"百工五法"中就有：

> 百工为方以矩，为圆以规，直以绳，正以悬，无巧工不巧工，皆以此五者为法。[4]

现代工匠测量物体垂直度的工具一般为铅垂。而在古代，匠人的"垂悬取正"技术没有固定的形器，在一根绳的绳端系一重物，在重力作用下，绳自然垂直而下，测直工序即可完成。可见，垂悬测直，仍离不开绳的"正直"作用。

唐颜师古《匡谬正俗·音字》中：

> 今山东匠人犹言垂绳视正为捵也。[5]

1　（东汉）许慎撰：《说文解字》，广陵书社，2001，275页。

2　（梁）顾野王编撰：《原本玉篇残卷》，中华书局，1985，160页。

3　陈彭年：《宋本广韵》（张氏泽存堂本影印），中国书店出版社，1982，179页。

4　李小龙译注：《墨子》，中华书局，2007，21页。

5　转引自李浈：《中国传统建筑木作工具》，同济大学出版社，2004，220页。

之所以谈到"悬绳取正"的测量工艺，是因为后世墨斗的吊线功能与"悬绳取正"之法等同，亦应看作是此法的延续。

从上述文献来看，在早期的工匠营造活动中，绳的绷紧测直、悬绳校正功能与后世墨斗抨线、吊直的基本功能无二致。因此，绳应该看作是墨斗最原始的雏形。

（三）"赭绳"

《商君书》中除记载"绳墨"外，还记载了一件工具："赭绳束枉木。"[1]

赭绳，是战国时期工匠画线用的细绳。因色赤，故称"赭绳"。后人多将"赭绳"解释为墨斗。

清代厉荃所辑《事物异名录·渔猎部·匠具》引《唐韵》释：

> 《商君书》："赭绳束枉木。"古之匠人用赭绳，即今墨斗是也。[2]

荆三林先生亦认为赭绳就是墨斗，而且属春秋战国时代在土木工程工具上的新创造：

> 由春秋战国时铁冶工业的发达，各种工具都加以改进，同时创造了不少新的土木工程工具，如……商君书记载的"赭绳"（即"墨斗"，起线用的工具）……[3]

1　（明）杨慎《艺文伐山》、（清）厉荃《事物异名录》等文献，以及李浈《中国传统建筑木作工具》等著作均引《商君书》中"赭绳束枉木"一说，但笔者查阅中华书局1954年出版的第严万里校注的《商君书》及上海人民出版社1974年出版的《商君书》等文献，未发现"赭绳束枉木"之字句，仅在《商君书·农战篇》中有"引诸绝绳而求乘枉木也"一句与其接近。

2　（清）厉荃辑：《事物异名录》，岳麓书社，1991，268页。

3　荆三林：《中国生产工具发达简史》，山东人民出版社，1955，47页。

尽管如此，赭绳的具体形态我们难以知晓。但从文献的描述来看，应该是以某种赤褐色的物质作为颜料，其主要形式仍是用绳染线。与"绳墨"相比，仅是画线的颜料不同而已，应该没有形态上的变化。当然，"赭绳"亦可能是"绳墨"的另一名称。

二、"墨"与"繆徽"

（一）释"墨"

墨，《说文》中：墨，书墨也。[1]

墨是古代用于书写和绘画用到的黑色颜料。它的主要原料是炭黑、松烟、胶等，是碳元素的一种非晶质形态。由于自然界中碳元素的化学性质最为稳定，因而墨迹的附着能力很强，能够经年不褪。

此外，墨还有以下含义：

1."墨"，作为度量单位，如战国时期左丘明《国语·周语（下）》中云：

夫目之察度也，不过步武尺寸之间；其察色也，不过墨丈寻常之间。注：五尺为墨，倍墨为丈。[2]

---

1 （东汉）许慎撰：《说文解字》，广陵书社，2001，287 页。
2 （晋）皇甫谧撰：《二十五别史·国语》，齐鲁书社，2000，59 页。

可见，古代以墨为单位，五尺为一墨，二墨为一丈。

2. 指"绳墨"。汉牟融《理惑记》中：

> 工输能与人斧斤绳墨，而不能与人巧。[1]

又汉杨雄《太玄·法》中：

> 物仰其墨，莫不被则。
> 注："谓绳墨也"[2]

由此可以看出，墨不仅是书画的颜料，它本身亦有"测量""度量"之义。因此，"绳墨"一词，亦含有测量、画线之义。

（二）縲徽

此外，"绳墨"在古代还有一罕见的称谓："縲徽"。如唐韩愈《送区弘南归》一文中：

> 我念前人譬葑菲，落以斧引以縲徽。[3]朱熹注：此言縲徽，谓木工所用之绳墨也。[4]

1　周叔迦辑撰，周绍良新编：《牟子丛残新编》，中国书店出版社，2001，12 页。

2　李浈：《中国传统建筑木作工具》，同济大学出版社，2004，216 页。参见刘韶军《太玄校注》中："万物皆仰遵其法，莫不受其法则之支配。墨、则，皆法也。法首言用法之道。"刘韶军：《太玄校注》，华中师范大学出版社，1996，88 页。

3　（唐）韩愈：《韩愈集》，岳麓书社，2000，48 页。

4　晚清著名学者俞樾反对朱熹此观点，认为縲徽不是木工使用的绳墨，而是表"未雨绸缪"之义。（按："葑""菲"皆菜名，葑，即芜菁，又名蔓菁。菲，即萝卜。俞樾认为，"朱子以为木工之绳縲，则亦非也"。并指出"盖薪采之事，而非工匠之事也。引以縲徽，即绸缪束薪之义"。俞按《诗·绸缪篇·正义》曰："言薪在田野之中，必缠绵束之，乃得成为家用。韩子诗意亦然，谓既落之以斧，而又引之以縲徽此。此诗但譬区子之材如葑菲然，尚有可采，故不忍弃耳，未及斫之而成器也，何取于绳縲乎？"）俞氏观点备考。

明黄一正辑《事物绀珠·杂什器类·绳》释曰：

> 縸，音木，三股索。徽，三股索。[1]

如《庄子·骈拇》中：

> 附离不以胶漆，约束不以縸索。[2]

又《淮南子·说林训》中：

> 溺予拯者金玉，不若寻常之縸索。[3]

可见，"縸索"也指捆绑用的绳子。然而，"縸"为何有"墨"，《说文》曰：

> 索也。从糸，黑声。段注：按从黑者，所谓黑索拘挛罪人也。今字从墨。[4]

縸即"抓捕有罪之人的黑色绳子"。

"徽"，《说文》释：徽，一曰三纠绳也。[5]可见，"徽"与"縸"同指三股之绳。而"徽"，又做"标志""符号"之义。由此，"縸徽"即是"可以标记符号的黑色绳子"。所以，"縸徽"一词，与"绳墨"一样，是古代墨斗的另一称谓。

---

1 （明）黄一正辑：《事物绀珠》（四十六卷），齐鲁书社，1995，825页。

2 孙通海译注：《庄子》，中华书局，2007，164页。

3 （汉）高诱：《淮南子注》，上海书店，1986，297页。

4 （东汉）许慎撰：《说文解字》，广陵书社，2001，659页。

5 （东汉）许慎撰：《说文解字》，657页。

三、"绳墨"

历代文献中，有许多关于"绳墨"的记载。如先秦时期的《庄子》《荀子》《孟子》《韩非子》《管子》以及《吕氏春秋》《商君书》等诸子经典中，"绳墨"一词多次出现。

《庄子·逍遥游》云：

> 其大本臃肿而不中绳墨，其小枝卷曲而不中规矩。[1]

《荀子·性恶》云：

> 故隐栝之生，为枸木也；绳墨之起，为不直也。[2]

《荀子·儒效》云：

> 设规矩，陈绳墨，便备用，君子不如工人。[3]

《韩非子·大体》云：

> 使匠石以千岁之寿，操钩，视规矩，举绳墨，而正太山。[4]

《孟子·尽心上》云：

1　孙通海译注：《庄子》，中华书局，2007，17 页。
2　北京大学《荀子》注释组：《荀子新注》，中华书局，1979，396 页。
3　北京大学《荀子》注释组：《荀子新注》，92 页。
4　邵增桦注译：《韩非子今注今译》（下册），台湾商务印书馆，1983，878 页。

大匠不为拙工改废绳墨，羿不为拙射变其彀率。[1]

《管子·七臣七主》云：

法律政令者，吏民规矩绳墨也。[2]

《商君书·定分》云：

夫不待法令绳墨而无不正者，千万之一也。[3]

《吕氏春秋·离俗》中云：

故以绳墨取木，则宫室不成矣。[4]

《战国策·卷十八赵一·苏秦为赵王使于秦》云：

吾已大矣，年已长矣，吾苦夫匠人且以绳墨案规矩刻镂我。[5]

屈原《离骚》云：

固时俗之工巧兮，偭规矩而改错；背绳墨以追曲兮，竞周容以为度。[6]

1　万丽华、蓝旭译注：《孟子》，中华书局，2007，313 页。

2　颜昌峣：《管子校释》，岳麓书社，1996，430 页。

3　石磊译注：《商君书》，中华书局，2009，207 页。

4　任明、昌明译注：《吕氏春秋》，山西古籍出版社，1999，157 页。

5　（西汉）刘向等编集：《二十五别史·战国策》，齐鲁书社，2000，194 页。

6　（宋）洪兴祖：《楚辞补注》，中华书局，1983，15 页。

《黄帝内经·素问·至真要大论》曰：

> 方士不能废绳墨而更其道也。[1]

汉代文献中，也有许多"绳墨"的记载。如汉王逸注曰：

> 绳墨，所以正曲直。[2]

汉司马迁《报任安书》中曰：

> 且人不能早自裁绳墨之外。[3]

汉东方朔《七谏·沈江》中曰：

> 灭规矩而不用兮，背绳墨之正方。[4]

上述汉代以前的文献中，记载了"绳墨"的功能与引申意义。但从字面上，我们无法知晓当时的"绳墨"是否已经成为一种较为成熟的工具形态。但从文献的大意来看，"绳墨"更多是指弹印在材料上的、具体的墨迹线。然而，仔细阅读文献我们又可发现，在同一时代的同一部文献中（如《庄子》《荀子》《管子》《淮南子》等），"绳"与"绳墨"常同时出现。结合文献中文句所表达的含义，可知"绳"与"绳墨"表示的是两种不同属性的事物。以《管子》为例，在《管子·宙合》篇中，最

1　（明）吴昆著，孙国中、方向红点校：《黄帝内经素问吴注》，学苑出版社，2001，392 页。

2　（宋）洪兴祖：《楚辞补注》，15 页。

3　徐兆文主编，袁梅、刘焱等注译：《古文观止今译》，齐鲁书社，1983，406 页。

4　（宋）洪兴祖：《楚辞补注》，241 页。

为明确地指明了"绳"是具体的工具形态：

世用器械，规矩绳准，称量数度，品有所成。[1]

而在《管子·七臣七主》篇中，绳墨则用来喻意法律政令：

法律政令者，吏民规矩绳墨也。[2]

同样，商鞅在其《商君书·定分》中也将"绳墨"引喻为法律含义：

夫不待法令绳墨而无不正者，千万之一也。[3]

又如《淮南子·齐俗》云：

若夫规矩钩绳者，此巧之具也，而非所以巧也。[4]

据此，我们可断定：绳是工具，且在古人眼中乃"巧之具也"。而"绳墨"则多指用绳渍墨后打出的墨线。由"依据黑色墨线对材料进行裁割"之意来引申为遵守正直、法律、政令和准则的表征，这也似乎比以工具形态引申为法律、准则、法度等意，更为恰当和符合逻辑。

1 颜昌峣：《管子校释》，岳麓书社，1996，110 页。
2 颜昌峣：《管子校释》，岳麓书社，1996，430 页。
3 石磊译注：《商君书》，207 页。
4 （汉）高诱：《淮南子注》，上海书店，1986，179 页。

制器尚象：中国古代器物文化研究

四、墨子与"绳墨"

关于墨子出身，学界普遍认为，他出身于手工业或小私有者阶层，其学说多为社会下层劳动者立言，"具有小生产劳动者思想代表的特征"[1]。而有关墨子姓氏起源的研究，学术界亦有争论。或以为墨子之"墨""改刑徒役夫之称"，[2] 在《庄子·天下篇》中，庄子评价墨子有吃苦耐劳严格自律的风格特征：

> 不侈于后世，不靡于万物，不晖于数度，以绳墨自矫，而备世之急。古之道术有在于是者，墨子、禽滑厘闻其风而说之。[3]

因而有学者认为墨子以"墨"为姓，而其"墨"字的原意就是使用绳墨的木匠。[4] 有历史学者认为：

> 墨也许是姓，也可能含有色黑、瘠黑（俭薄）、绳墨、墨刑等的含义，而以因为刑劳而致色黑，与其实行俭薄，以绳墨自矫为近是。[5]

可见，墨子之名亦与"绳墨"（墨斗）有所关联。传说中的墨子是一位精通手工技艺的工艺匠人，因他有着出色的运用绳墨的技巧而被世人称为"墨"，倒也是有可能的。

1　转引自李泽厚《墨家初探本》一文，见李泽厚：《中国古代思想史论》，人民出版社，1986，52页。

2　钱穆：《国学概论》，商务印书馆，1997，44页。

3　马恒君：《庄子正宗》，华夏出版社，2007，390—391页。

4　求是：《经史杂考三则》，载《学习与思考》（中国社会科学院研究生院学报），1984（4），35—36页。

5　转引自郭成智、张新河：《墨子姓氏、先祖考略》，见郭成智：《墨子鲁阳人考论》，黄山书社，1999，40页。

五、从"施绳墨者"到"掌墨师":"绳墨"的职衔衍化

在民间,负责主持工程营造的职衔围绕"绳墨"一词,衍化出许多种称谓。如"绳墨""主绳""主墨"(福建屏南)、"厢墨"(广西侗族)、"掌墨木匠"或"掌墨师(傅)"(湖北孝感地区、黔东南地区苗族、土家族、客家)等,他们相当于现代社会营建工程项目中"营造师"和"总工程师""技术总监""设计总监"的角色,而"副绳""副墨"则是与"主绳"和"主墨"相对应的助手和副职的称谓。仅举一例:福建屏南地区,在建成的廊桥桥屋内的大梁上,便刻有主持建桥工程的"主绳"和"副绳"的名字、建桥的年月、捐款人、建桥董事及其他建桥工匠。对于"主绳""主墨"称谓的来源、地位及镌刻在梁木上的文化意义,《人民日报》记者郑娜在《木拱廊桥:营造千年绳墨传奇》一文中做了简要解释:

> "主绳"又称"主墨",源于木工"绳墨"一词,相当于现在的建筑总工程师。在古桥的大梁上,"主绳"和"副绳"的名字都会连同时间一起刻在上面,博得后世瞻仰的无上荣光。[1]

这种现象根源于古人的传统观念。
宋胡宏《知言·文王》曰:

> 执斧斤者听于施绳墨者,然后大厦成。执干戈者,听于明理者,然后大业定。[2]

明刘基《郁离子·主一不乱》中云:

---

1 郑娜:《木拱廊桥:营造千年绳墨传奇》,《人民日报》(海外版),2009—10—27(7)。
2 郭廉夫、毛延亨编著:《中国设计理论辑要》,江苏美术出版社,2008,571页。

为巨室者，工虽多，必有大匠焉，非其画不敢裁也；操巨舟者，人员多必有舵师焉，非其指不敢行也。[1]

"施绳墨者"即"明理者"和"大匠"之角色，弹画墨线的掌墨师不仅是营造活动的工程设计者和决策者，也是工匠群体中具备丰富营造经验和高超技艺匠师人。也正因如此，"绳墨""主绳""主墨""掌墨师"便成了工匠行业中具有较高地位的能工巧匠的象征。直到今天，这些称谓在民间的工匠行业中依然被沿用。

六、关于"墨斗"最早的记载

尽管目前唐代文献中还未发现"墨斗"的称谓。但根据目前所掌握的最早的墨斗图像资料，即唐代新疆阿斯塔那唐代墓葬群中出土的多件《伏羲女娲》图中所描绘的墨斗之形态，可以断定："绳墨"应当为墨斗最早的名称。

唐代文献中，如房玄龄等撰《晋书·阮仲传》中记载：

贤才之畜于国，犹良工之须利器，巧匠之待绳墨也。器用利，则斫削易而材不病；绳墨设，则曲直正而众形得矣。[2]

又《柳宗元集·卷三十四·书》中：

俞、扁之门，不拒病夫，绳墨之侧，不拒枉材。[3]

1　同上。

2　（唐）房玄龄：《晋书》，吉林人民出版社，1995，851 页。

3　（唐）柳宗元：《柳宗元集》，中华书局，1979，869 页。

都已证明，"绳墨"就是墨斗当时的名称。

现存历史文献中，"墨斗"一词最早出现于北宋沈括《梦溪笔谈·卷十八·技艺》中：

> 审方面势，覆量高深远近，算家谓之"壼（壼，音 wèi）术"，壼文象形，如绳木所用墨斗（豆斗）也。[1]

宋马永卿在《懒真子·卷之一》中，将墨斗称作"木斗"：

> 但古笔多以竹，如今工匠所用木斗竹笔，故其字从竹。[2]

可见"墨斗"一词的初现不晚于北宋。在当时，"绳墨"和"墨斗"很可能已交混使用。然而除《梦溪笔谈》外，其他宋代文献中均不见"墨斗"的记载，说明当时这一提法并不流行。

元明清时期，"墨斗"的称谓逐渐增多。如元李冶《敬斋古今黈·卷八》中：

> 又闻墨斗谜云：我有一张琴，琴弦藏在腹，莫笑墨如鸦，正尽人间曲。[3]

元刘埙《隐居通议·诗歌二》云：

---

1 （宋）沈括：《梦溪笔谈》，团结出版社，1996，199 页。

2 （宋）马永卿：《懒真子》，中华书局，1985，4 页。参见尚秉和：《历代社会风俗事物考》，江苏古籍出版社，2002，248 页。古竹笔，今木匠仍用之。宋《懒真子》云："古笔多以竹，如今木匠所用墨斗竹笔，故字从竹。"按，今木匠所用竹笔，长约五六寸，笔尖削成薄片，宽半寸余，成斜刀形，以刀析其末，使刃碎能受墨，即秦以前之笔。至所用墨斗，疑亦周旧也。

3 （元）李冶：《敬斋古今黈》，中华书局，1985，110 页。

制器尚象：中国古代器物文化研究

此篇笔力超然，高风远韵尚可想见，岂寻常诗人绳墨所能束缚。[1]

明冯梦龙《明清民歌时调集·挂枝儿·咏部·墨斗》中：

墨斗儿手段高，能收能放，长便长，短便短，随你商量，来也正，去也正，毫无偏向，（本是个）直苗苗好性子，（休认做）黑漆漆歹心肠，你若有一线儿邪曲也，瞒不得他的谎。[2]

清刘大观《玉磐山房文集·周衣亭太史〈四书文〉序》中还形容了墨斗之于工匠的重要性：

譬营室焉，千楹万础，匠于一心，拘拘为庸，恢恢为哲。惟意所适，叠变不穷。室主人不能夺其绳车，而劫其墨斗也。[3]

清李渔《闲情偶寄·词曲部·音律第三》中：

分股则帖括时文是已，先破后承，始开终结，内分八股，股股相对，绳墨不为不严矣。[4]

宋王安石《命解》中：

1　（元）刘埙：《隐居通议》，中华书局，1985，71 页。

2　（明）冯梦龙：《明清民歌时调集》（上），上海古籍出版社，1987，213 页。

3　（清）刘大观：《玉磐山房文集·周衣亭太史〈四书文〉序》，该文引自邵福亮先生在新浪博客上发表其所录《玉磐山房文集》原文，系邵福亮先生对刘文的校勘和研究成果，尚未出版。参见网址：http：//blog.sina.com.cn/s/blog_51ef5f3501009ean.html.

4　（清）李渔著，立人校订：《闲情偶寄》，作家出版社，1995，33 页。

修身洁行，言必由绳墨。[1]

其中，"绳墨"一词还用来指书法、诗歌等艺术创作的技法和规律。如宋黄庭坚《答洪驹父书》中：

诸文亦皆好，但少古人绳墨耳。[2]

宋董逌《广川书跋·北亭草笔》中，赞扬怀素之书法曰：

素虽驰骋绳墨外，而回旋进退，莫不中节。[3]

又《赵璘登科记》篇云：

而稍微出入绳墨不拘律度内。[4]

宋《宣和画谱》称赞画家毕宏云：

而宏一切变通，意在笔前，非绳墨所能制。[5]

明项穆《书法雅言·中和》中：

其真书绝有绳墨，草字奇幻百出不逾规矩，乃伯英之亚，怀素

---

1 中国社会科学院文学研究所：《格言选读》，作家出版社，2000，20 页。

2 赵则诚、陈复兴、赵福海：《中国古代文论译讲》，吉林人民出版社，1984，246 页。

3 （宋）董逌：《广川书跋》，中华书局，1985，97 页。

4 同上，101 页。

5 岳仁译注：《宣和画谱》，湖南美术出版社，1999，220 页。

制器尚象：中国古代器物文化研究

岂能及哉。[1]

此外，还有以"绳墨"作为专业文献的书名，意为"概论""原理"之意。如明方隅编纂的《医林绳墨》、清林君升的水军教科书《舟师绳墨》。

至于用"绳墨"一词来喻意国家的"法律""政令"，前文提及许多，此不赘述。仅举最为典型的即《管子·七臣七主》中：

> 法律政令者，吏民规矩绳墨也。[2]

又，《管子·七法》中曰：

> 尺寸也，绳墨也，规矩也，衡石也，斗斛也，角量也，谓之法。[3]

秦商鞅《商君书·定分》中：

> 夫不待法令绳墨，而无不正者，千万之一也。[4]

后世用于代指法律、政令的还有，汉司马迁《史记·老子韩非列传第三》中：

> 韩子引绳墨，切事情，明是非，其极惨礉少恩。[5]

---

1 （明）项穆：《书法雅言》，中华书局，1985，12 页。

2 （战国）管仲撰，梁运华校点：《管子》，辽宁教育出版社，1997，149 页。

3 李山译注：《管子》，中华书局，2009，58 页。

4 石磊译注：《商君书》，207—208 页。

5 （汉）司马迁：《史记》，线装书局，2006，286 页。

图 1　中国民俗墨斗博物馆藏传汉代
青铜墨斗

图 2　敦煌莫高窟 285 窟窟顶东披壁画
伏羲左手手持墨斗图像

图 3　日本奈良东大寺正仓院藏唐代
漆饰银平脱龙船墨斗 29.7 厘米 ×9.4
厘米 ×11.7 厘米

图 4　河南汝州大峪谷东沟窑出土青
瓷墨斗，上面还留有粘烧痕迹，说明
烧造时产品装窑较密集

图 5　中国民俗墨斗博物馆藏传明代
布袋和尚墨斗

图 6　日本民俗学家染木煦在中国东
北地区考察记录的伪满洲国时期墨斗
器型

图 7　中国民俗墨斗博物馆藏近代船
型墨斗

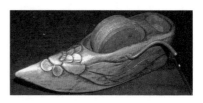

图 8　中国民俗墨斗博物馆藏三寸金莲
墨斗

　　　　　　　　　　　制器尚象：中国古代器物文化研究

南朝范晔《后汉书·邓寇列传第六·寇荣》中：

> 尚书背绳墨，案空劾，不复质确其过。李贤注："绳墨谓法律也。"[1]

"绳墨"在类似上述文献中不胜枚举，相关成语如不拘绳墨、绳墨自矫、枉墨矫绳、规绳矩墨、规矩绳墨、绳墨之言、践墨随敌等。在《红楼梦》第五十一回《薛小妹新编怀古诗·胡庸医乱用虎狼药》中，薛宝琴借题发挥，编成十首怀古绝句来"暗隐俗物十件"。其中，第七首《青冢怀古》的诗谜云：

> 黑水茫茫咽不流，冰弦拨尽曲中愁。
> 汉家制度诚堪叹，樗栎应惭万古羞。[2]

著名红学家陈毓罴先生推断谜底即"墨斗"。

结　语

综上所述，从先秦诸子文献中的"绳""绳墨"到明清时期"赭绳""涵绳""线墨"等。这些称谓与工具的形态、结构、功能等不断发展和演变的过程相适应。而在这一过程中，衍生出诸多与之相关的设计文化、工艺文化乃至制度文化等。它反映出中国传统工艺造物文化的独特性，即以形、象来表意，即"立象尽意"。古代匠人在营造的实践活动

1　（刘宋）范晔撰，（唐）李贤等注：《后汉书》，中华书局，1965，628页。
2　陈毓罴：《红楼梦怀古诗试释》，见陈毓罴、刘世德、邓绍基：《红楼梦论丛》，上海古籍出版社，1979，209—210页。

中，运用联想、比喻、象征、类推等思维方法将工艺器物的名称、工艺原理、工艺现象同与其具有共同原理、特征的概念、行为之间建立起表征的联系，使其嬗变为一种充满象征意蕴的文化"符号"。这种"比类取象"的设计思维方式也为既定的传统社会秩序和意识形态提供了合法性的支持。在这一"以物征事"的过程中，"绳墨"作为一件工具的名称已逾越了它本身固有的物质属性而被赋予隐喻和象征性的文化内涵。可以说，整个工艺事象本身就体现着一定的哲理性和形象性。而这种根据器物和工艺事象的逻辑原理而引申出的伦理哲学，应该说也是一种文化现象。尽管这种文化现象在当时的造物过程中是经验性的，而非理论性的，但终究使得本来毫无相关的两种事物之间建立起象征与被象征、能指与所指的关系。这一将民间工艺事象中的造物原理提升到哲学高度的设计文化现象，反映出古人对传统"道""器"关系的一种哲理性思考。

中国饰纹体系初成时期奠定的造纹依据和取象模式 *

子仁

中国艺术研究院美术研究所

　　摘　要：在"纹学"的观照下，以及在划分中国陶瓷饰纹史三大阶段的基础上，文章把饰纹作为艺术的同时，还视之为一大类文化符号体系，着重地对中国饰纹的初成时期所奠定的造纹依据和取象模式做了讨论和阐述。中国饰纹体系的造纹依据和取象模式，萌芽和形成于现代考古学所发现的史前陶器之上，存在于饰纹的形态、组织结构及其与陶器的器型、组合与陶器功用等方面的关系中，也在《周易》《说文解字》(以下简称《说文》)等先秦到两汉的文献中留下了扼要的追记，可以简要地概述为"仰观俯察、权衡物我"的造纹依据，与"观象取则、依类象形"的取象模式。

　　关键词：纹学；饰纹体系初成期；造纹依据；取象模式

---

　　* 本文原本是笔者于 2006 年在中国艺术研究院研究生院完成并以其获得美术学博士学位的毕业论文《中国古陶瓷饰纹发展史论纲》之"余论"部分，经节选并略作修改而成。此前，笔者只发表了论文中的"导论"部分，并命题为《中国古陶瓷饰纹发展史导论》，分上下两篇连载于《美术观察》2009 年第 3、4 期。时隔十年之后，笔者以为在那篇博士论文的"余论"部分所讨论的"中国饰纹体系初成时期奠定的造纹依据和取象模式"，仍然是一个值得关注的话题，便以"余论"中的有关内容，用现在这个标题把这篇尚不十分成熟的小文奉献于此，并请教于各位方家。

饰纹不仅仅是一种最古老的艺术，还是一类最重要的文化符号体系。正是在这个意义上，我们有必要将它作为一个相对独立的研究对象，并建构相应的理论和历史的框架，这便是"纹学"的必要。[1] 本文所谓"初成时期"，基本上是通常所言的原始时代，并稍有后延。它根据"中国饰纹体系阶段性总体特征"的基本差异[2]，将中国饰纹史划分为三大阶段中的第一个阶段，即中国进入文明时代而且特别是在文字体系初步形成（目前公认中国文字的最早形态是商代甲骨文）之前的时期，大约相当于公元前 7000 年前后至公元前 2000 年之间。[3] 那时，饰纹体系还处于一种"混合性的'无名'状态"；进入文明时代，也就是中国饰纹历史的第二阶段——那也是一个"纹明时期"[4]，当时的人们才以文字的方式隐隐约约地、陆陆续续地追记下祖先的造纹依据和取象模式。

一、《周易》与《说文》的追记

《周易·系辞下》曰：

> 古者包牺氏之王天下也，仰则观象于天，俯则观法于地，观鸟

1　"纹学"的概念乃笔者在博士论文中提出，并初步架构了一个史学性的理论框架。在《中国古陶瓷饰纹发展史论纲》一文中，笔者从"纹学"的视角，将饰纹作为一门艺术的同时，也将其作为一类文化符号体系来看待，通过对中国古陶瓷饰纹的历史梳理，把"纹学"涉及的一些基础问题做了论述。其中的基础讨论见拙文《中国古陶瓷饰纹发展史导论》（下），载《美术观察》，2009（4），97—103 页。笔者后来还从"纹学"的视角，对中国的当代文化和美术理论做过一些思考，见《纹化衰变与纹学渐兴——从纹学的视角看新中国美术理论的自觉》，载《美术观察》，2009（4），14—17 页。

2　拙文《中国古陶瓷饰纹发展史导论》（下）。

3　关于中国古陶瓷饰纹史"三阶段"的分期和理由，见拙文《中国古陶瓷饰纹发展史导论》（下）；进一步涉及原始时代中国古陶瓷饰纹"初成时期"时空分布的相关内容，详见于笔者的博士论文第一章第一节。

4　见拙文《中国古陶瓷饰纹发展史导论》（下）。

兽之文，与地之宜，近取诸身，远取诸物，于是始作八卦，以通神明之德，以类万物之情。[1]

这段文字谈到了卦象体系产生的创造机制，也谈到了创制八卦的依据和取象模式。但它作为对造文（也即造纹）原理的认识，所谈问题却不仅仅属于卦象体系。

东汉许慎在《说文解字·叙》中，开篇也引用了这段文字，但是做了改动并加以充实，意思也更为明显，其文曰：

古者庖牺氏之王天下也，仰则观象于天，俯则观法于地，视鸟兽之文，与地之宜，近取诸身，远取诸物，于是始作易八卦，以垂宪象。及神农氏结绳为治，而统其事。庶业其繁，饰伪萌生。黄帝之史仓颉见鸟兽蹄迒之迹，知分理之可相别异也，初造书契。……仓颉之初作书，盖依类象形，故谓之文。其后形声相益，即谓之字。[2]

许慎引用此文，删去了《周易》直接点出八卦功能的内容（"以通神明之德，以类万物之情"），将其概括并强调为"以垂宪象"。[3]

从文本语境和文意逻辑来看，这种强调显然是把八卦看成是后来的"神农结绳""饰伪萌生""仓颉造书"等一系列关于中国文化符号系统演变的重大事件的源头——从考古学、文字学等学科领域的现有成果来看，许慎安错头了，但是他无形中却说明了文字体系的产生（包括"结绳""饰伪"的产生）与卦象体系的产生都具有相同的创造机制——这就不能不

1　（宋）朱熹注：《周易本义》，中华书局，1985，六四页。
2　（汉）许慎撰，（清）段玉裁注：《说文解字注》，上海古籍出版社，1988，753 页。
3　关于"宪象"的含义，本文取（清）章学诚《文史通义·易教中》所释："钦明之为敬也，允塞之为诚也，宪象之为宪也，皆先具其实而后著之名也。"章原注："宪象之宪，作推步解，非宪书之名。"故，今人多解释为"观测推算天象"。

让我们联想到，中华饰纹体系的产生也具有与此相同的创造机制。邓白先生就曾经注意到这段文字，他说："这虽然是创作八卦的过程，但其基本精神，例如对天地自然规律、鸟兽的自然生态的观察，以及近取诸身，远取诸物的主客观实践过程，都包括了原始艺术产生的实质，可以作为探讨陶瓷装饰历史渊源的借鉴。"[1]虽然邓先生并未就此展开论述，但是他的判断应该是准确的。

许慎在文中明确提到耕陶并作的神农氏时代的"饰伪萌生"，当然可以包括很多内容，但实际上此处的"饰伪"首先应该指"文饰"（即纹饰），因此许慎这句话的意思主要也应该是指"饰纹体系"的产生。"饰伪"与"文饰"这样的概念，在先秦到秦汉时期大量见于各种文献典籍当中，它的本义是指"以纹样进行装饰的行为"或"纹饰的结果"。

另外，"神农结绳为治，而统其事"通常是指上古先民以绳打结作为记事的方式，是以"特定的空间形状"来记录、认识对象之间所存在的较恒稳关系的"空间构成形式"。[2]有趣的是，关于"神农"的创造，古人记录甚多，除了这里所说的"结绳"，众所周知的要数"神农耕而作陶"（宋《太平御览》引《逸周书》），因此神农在传说中被认为是发明农业和创烧陶器的人物。我们不妨把神农的"农耕""作陶""结绳"联系起来，再检视一遍中国远古陶器诞生之后最早见于陶器表面的饰纹，当会颔首而悟：经过一段时间的无纹陶器之后，陶器表面最早出现的饰纹恰恰是"绳纹"。通过梳理考古发现的史前早期陶器资料就不难看出，绳纹是历

---

1 邓白主编：《中国历代陶瓷饰纹·概说》，万里书店，上海科学技术出版社，1989，8 页。

2 见陈绶祥：《遮蔽的文明·彩陶艺术研究》，北京工艺美术出版社，1992，128 页。

史上流行时间最久的一种"搏埴饰纹"类型。[1] 这样，我们不妨把"神农结绳为治，而统其事"的记载，看成是先民最初在陶器这种空间形式的物质媒介上，以可供视觉接受的平面构成形式的"绳纹"来"统其事"。至于所统何事，不明确，亦不排除陶瓷饰纹的整个发展过程。

由此我们还可以进一步理解到，"仰则观象于天，俯则观法于地，观鸟兽之文，与地之宜，近取诸身，远取诸物"云云，无非是说人类对世界的观察、选择、取舍乃至自省、自觉等活动，而这一系列活动，正是卦象、文字、饰纹等平面符号体系得以产生的创造机制，它所归纳的造文依据及取象模式也是各体系在创制之初所共同遵循的。以中华上古先民创造的彩画饰纹为代表的饰纹体系，自然也遵循着原理相同的造纹依据和取象模式。[2]

下面通过对《系辞》引文的分析，对文字体系形成之前饰纹体系的造纹依据和取象模式做一些说明。

二、造纹依据：仰观俯察，权衡物我

从《周易》和《说文》两则文献的内容来看，先民造纹主要是通过仰观俯察天地万物之象和权衡于物我之间这两个方面来确定造纹依据的。

---

1 《周礼注疏》卷三十九"冬官·考工记"第六："搏埴之工二。"郑玄注："搏之言拍也；埴，黏土也。"见（清）阮元校刻：《十三经注疏》上册，中华书局，1980，九〇六页。经梳理研究可知，绳纹是中国史前陶器上出现的诸多"搏埴饰纹"中最重要的一种，而搏埴饰纹是中国古陶瓷饰纹史上最早出现的一大类饰纹类型，其最基本的技术特征可以归纳为"与器并成"，搏埴饰纹期约在公元前7000—前4500年，主要分布于黄河流域、长江流域和岭南地区。拙文《中国古陶瓷饰纹发展史论纲》第一章第一节"概述"对此做了论述。

2 当搏埴饰纹演为盛况之时，"彩画饰纹"也随之逐渐兴起，成为新石器时代中、后期最繁盛的饰纹类型。约公元前5500—前2000年间，是为彩画饰纹期，分布范围极为辽阔。"以画成纹"是彩画饰纹最基本的技术特征。彩画饰纹从搏埴中独立出来，成为饰纹体系走向完善的标志。拙文《中国古陶瓷饰纹发展史论纲》第一章第一节"概述"做了论述。

具体而言，观察对象按类分为"天象""地法""鸟兽之文""地之宜"四个方面。别而言之，象者天垂之象，法者地法天则，故《易》曰"法象莫大乎天地"[1]。因此，所谓"天象"，既属"天文"的范畴，也指纯阳性质的乾象；所谓"地法"，既包括"地理"范畴的地物，也指纯阴性质的坤象。这二者无论是关乎天文还是地理，都与古人的生息有密切关系。而所谓"鸟兽之文"，多属于远古"物候历法"的范畴，主要是指各种与四季节气同律互动的鸟兽虫鱼等动物的形象、节律和活动轨迹；而所谓"地之宜"，则指不同地域有不同的表象，主要涉及地貌和植被，前者亦属于地理范畴，后者在原始时期主要属于农业范畴。实际上，这些对象所属的范畴都是文明时期逐渐分化而成，如果追溯到新石器时代，当时所有的知识都是在农业的基础上获得，是围绕农业而展开。

新石器时代先民的定居生活和农耕生产最根本的问题是农作物的生长。在那个以"轮种休耕"和"刀耕火种"为主要生产方式的时代里[2]，先民除了可以主动观察和选择作物籽实之外，大多只能在较为被动的情况下主动地观察"天时"，密切注意农作物的生长情况。因此，与天时相关的一切现象都是先民观察的重点。这些对象主要就是上述的天象、地法、鸟兽之文、地之宜。

原始先民通过"图文"的方式记录这些对象的形象及其最具特征的变化，来达到记载经验、总结认识和形成观念的目的，而在陶器这种空间形式的物质媒介上以饰纹这一平面符号的方式加以记录，无疑是当时能做出的最佳选择。文献记载了"昆吾作陶"的传说[3]，他同时又是

---

1 《周易》"系辞上"第十一章，六二页。

2 关于新石器时代的农业生产方式，参见中国大百科全书总编委会编《中国大百科全书·考古学》卷"中国新石器时代的农业"条，中国大百科全书出版社，1986，704—706 页。

3 《太平御览》卷第八百三十三"资产部十三·陶""尸子曰，昆吾作陶。"（《吕氏春秋》同）。（宋）李昉等撰：《太平御览》第四册，中华书局，1960，三七一六页。

一位占星家[1]，说明上古制陶术与天象观察之间曲折而又必然的联系。

在权衡物我方面，即所谓"近取诸身，远取诸物"，先民主要是通过物的表象来探寻规律。这一过程既有外求，也有内证；强调了对外在于"我"（即"身"）的"物"所表现出来的特征和变化进行观察，更注重内在于"身"（即"人"）的"心"所获得的经验，以及人际之间经验的交流所形成的"共识"。

先民的造纹依据由此可略分"物""我"两个方面，前者主要是指围绕农耕的需要所着重观察的"天文"与"动植"，后者主要是指先民在静观天地万物之时所投入的人的主动性，包括对"物"或"物象"之运动、变化规律进行经验的总结和观念的赋予，把天文、动植等"物""象"纳入先民认识的天地结构模式当中。后来关于"参天两地"的"三才"观念可以说是对这种依据的总结。

三、取象模式：观象取则，依类象形

造纹依据形成了相应的取象模式。针对上述观察对象及其不同的层面，先民在彩画饰纹的创造上大体形成了两种取象模式："观象取则"与"依类象形"。前者多含数理，后者着重取象。

"观象取则"即所谓"仰则观象于天，俯则观法于地"。法象皆则，观即相法。《说文》："相，省视也。"段注："目接物曰相。"[2]《周易》"观"卦：坤下巽上，象风行地上，亦象地上之木，故象曰："大观在上，顺而

---

1 《史记·天官书》记载中国早期有多位"占星家"，其中就有昆吾："昔之传天数者，高辛之前，重、黎；于唐、虞，羲、和；有夏，昆吾；殷商，巫咸；周室，史佚、苌弘；于宋，子韦；郑则裨灶；在齐，甘公；楚，唐昧；赵，尹皋；魏，石申。"（汉）司马迁：《史记》，中华书局，1982，1343 页。

2 （汉）许慎撰，（清）段玉裁注：《说文解字注》，133 页。

巽，中正以观天下"，且"下观而化也"，[1]《说文》又云："易曰，地可观者，莫可观于木。"段注："地上可观者莫如木。"[2]是知以目观木，其相乃成，观木地上，地法自现，而天象亦如之。

一方面，先民通过观察天地万物的运动过程来总结其运行的规律，这样的规律实际上说明的是观察对象之间稳定的关系，对此先民选择了点画元素构成具有相对恒稳结构形式的饰纹来加以记录。另一方面，先民还通过观察天地万物的形象来认识其中所蕴藏的数理关系，同时融入对运动规律的认识模式来进一步认识数的演变规律，这同样依靠点画元素所构成的格式相对恒稳的饰纹及其演变来加以记录。这两个方面形成了观象取则的主要内容。通过这种模式来记录天地万物的运行规律和数理关系的结果，主要是彩画饰纹中结构与形象都较为稳定的各种几何饰纹，它们内在的结构关系是通过长期的观察、摸索、选择而不断总结出来的。

另一类重要的取象模式即"依类象形"，它对前述观察对象按照归类的方式来取象，并以点画元素来"拟诸其形容，象其物宜"[3]。彩画饰纹中的象形纹样主要就是通过这一模式来形成造型的。在这方面，文字与饰纹具有类似或相同的特点。《说文·叙》曰："仓颉之初作书，盖依类象形，故谓之文。"[4]而实际上最早创造的"文"就是饰纹。由观察对象所决定，彩画饰纹中的象形纹样主要有天象纹和物象纹两类，前者以星象纹和云气纹为主，后者主要是植物纹和动物纹，也有人物纹。

中国文化的观察方式、表现方式的独特性，决定了点画元素和造型观念的特殊性，因此依类象形而来的象形纹样主要记录了对象的类特征，它并不在意对象个体的特异性变化。由此可见，象形纹样与几何纹样一

---

1 《周易》上"观"卦彖辞，二一页。

2 （汉）许慎撰，（清）段玉裁注：《说文解字注》，133 页。

3 《周易》"系辞上"第八章，五九页。

4 （汉）许慎撰，（清）段玉裁注：《说文解字注》，754 页。

样，也强调通过恒稳结构形式的总结来记录和把握规律性的认识。这是现在来认识此类饰纹应该着重注意的问题。

　　总之，中华先民以天地、动植作为观察的主要对象，以仰观俯察和权衡物我作为主要的行为方式，在物象与我心之间形成与天地同构的模式，以此作为造纹的根本依据，进一步完善观象取则和依类象形的取象模式，也就导致了造型有别而原理如一的象形饰纹与几何饰纹的产生和形成。二者分别侧重于尚象与重数的性质，对中国文化的方向和中华艺术的发展，都具有重大的意义。

从作册般铜鼋漫说“庸器”

董珊

北京大学考古文博学院

摘　要：文章在已有对商代作册般铜鼋解读的文献基础上，对相关器型的性质、文字及功能等作了进一步的阐发。

关键词：作册般铜鼋；庸器

中国国家博物馆新近入藏了一件商末铜制鼋形器，鼋颈部中一箭，背负三箭。在背甲上有铭文4行33字。该器铭文及器型经李学勤、朱凤瀚、王冠英三位先生的介绍和解释，已经让我们了解到这件器物的珍异之所在。[1] 这里根据三家的讨论，再略作补说，并对有关器物的性质略作阐发，希望能免于续貂之讥。

铜鼋背甲铭文为：

　　丙申，王（埶）于洹，只（获）。王一射，狛（？）射三，率亡

1　李学勤《作册般铜鼋考释》、朱凤瀚《作册般鼋探析》、王冠英《作册般铜鼋三考》，均见《中国历史文物》，2005（1），1—13页。下面凡引此三文不出注。

（无）法（废）矢。王令寝馗兄（貺）
于作册般，曰：奏于庸。作母宝。

三家的讨论已经指出，铭文记载商王
在洹水获得此铜鼋所象之鼋，四射皆中，
因而命令寝馗把这个中箭之鼋交给作册般，
作此器的目的是纪念此事。在这样理解的
基础上，还可以再谈谈以下几点。

图1　作册般鼋，中国国家博
物馆藏，晚商

铭文"获"在"射"之前。此鼋可能
是先被捕获，之后用来作为射箭之鹄的，
而并非射取。文献记载射礼，常说"搢三
挟一个"（《仪礼·乡射礼》），四矢为一组，
称为"乘矢"。这件铜鼋正好身中四箭，不
知是否能跟射礼有关。

"王一射，狃（？）射三"当从朱凤瀚
先生断句和理解。"狃（？）"词义似为"再
次"。所谓"狃"字，虽然在字形上还有疑
问，但"一"与"狃（？）"似都是修饰动
词"射"的副词，可比较《周礼·春官·典
命》"其卿三命，其大夫再命，其士壹命"
句中的"三""再""壹"。此鼋身上所中之
箭可以分为两组，可能分别表示商王的"一
射"和"狃（？）射"。

图2　作册般鼋背部铭文拓片

"王令寝馗兄于作册般"，各家都已经
指出"兄"读为"貺"。商周铜器铭文所见
"兄（貺）"的直接主语大多是命令的执行
者，例如旟鼎"王姜锡旟田三于待曷（？），

师楷酤（造）兄（贶）"（《殷周金文集成》02704，以下引此书著录号略去书名）；又例如宰丰雕骨"王锡宰丰，寝小旨兄（贶）"（《甲骨文合集补编》11299），这两例"锡""贶"同见，可见"贶"的词义内涵，只是执行命令去"给予"，"赏赐"的意思较弱。作册般鼋铭的"贶"与此同。"兄（贶）于作册般"是省略直接宾语的双宾语结构。作册折方彝"令作册折兄（贶）望土于相侯"（06002、09303、09895），也是用介词"于"引出间接宾语。此器由于有器型提示，读者很容易补出铭文中省略的成分。

对于"奏于庸"，朱凤瀚先生据《广雅》训"奏"为"书"，并认为"庸"即《周礼·春官》"典庸器"之"庸器"，句意为"铭记功于庸器"。我很赞成朱先生的这个看法。然则铜鼋的性质，可以确定为文献中的"庸器"。

铭末三字，李学勤、王冠英二位先生释为"作母宝"。此器跟作册般之母恐怕不会有什么关系，所以朱凤瀚先生认为"作母宝"的讲法很费解。因此，朱先生改释为"作女（汝）宝"，译为"作为你的宝物"。

我觉得"作母宝"的意思就是做一个象形宝器。"母"可以读为"模"，意思是"象形"。《周礼·天官·膳夫》记载王膳八珍有"淳熬""淳毋"，《礼记·内则》"淳毋"郑玄注："毋读曰模，模，象也，作此象淳熬。"《释文》："毋，依注音模，莫胡反。"孔疏："法象淳熬而为之，但用黍为异耳。""毋""母"古本同字，"象形"与"法象"词义间有引申关系。铭文"母（模）"的意思，用今天的话来说，就是模型。

为了确定此器的性质，朱凤瀚先生提出六项殷墟兽骨刻辞，铭辞记载商王猎获虎、兕、鹿，刻辞之骨即取自猎获之兽。与此情况相类的，是殷墟也曾发现至少十几片人头骨刻辞，其中最著名的一片，是所谓"人方白（伯）"刻辞，现藏故宫博物院。这些人头骨刻辞乃是俘获敌方的首领，用之为祭祀人牲，并且取其头骨加刻铭辞，以炫耀胜利者的武功。

由上面的类例，这里还可以举出另一件铜器，跟作册般铜鼋制器意匠能够较为切近。这就是前些年发现的一件铭文有"晋侯"字样的西周铜人。铜人铭文云："唯五月，淮夷伐格，晋侯搏戎，获厥君家（？）师，侯扬王于丝（兹）。"这件铜人呈跪坐反绑状，赤裸上身。苏芳淑、李零二位先生已经结合铭文指出，这个铜人就是晋侯所俘获的淮夷君长的形象。[1]

作册般铜鼋和晋侯铜人器型都仿写被俘获的对象形象，铭文都记载对象被俘获的经过和铸器目的。获鼋而四射皆中，与俘获淮夷君长，两件事的意义大小轻重虽然不同，铸器的立意和匠心则有相似性。

李学勤先生还举出狱子卣因周王赏鹿而铸饰鹿纹、盠驹尊因周王赏驹而模仿驹形这两例，来跟作册般铜鼋做比较。根据我们所理解的铭文，并非作册般把商王赏赐当作个人荣耀，而是作册般为了记录商王的功庸而制作这件器物，这是他的职责。但是从文化心理上来看，狱子卣的鹿纹与盠驹尊的驹形，确实跟作册般铜鼋以及上述晋侯铜人的匠心立意有相似之处。古人因功劳获得赏赐，或田猎征伐有所获，这些事情关乎"功烈勋劳庆赏声名"（《礼记·祭统》），在当事人看来，都是需要纪念的不寻常事件，因此为了直观地表现这些功劳庆赏的事件，或因事取材，雕铭于兽骨或人骨；或者冶铸象生模型，铭勒事情经过于其上。这些器物作为可以流传的宝贵纪念品，将有功者的荣誉彰显出来，其纪念性是一致的。制器的方式虽因人因事而异，但都有因事取材或取象而制器的特点。总而言之，这类器物从功能上都可以称为广泛意义上的"庸器"，可视为一种特殊的礼器。由此来看，我认为铭文"作母（模）宝"的意思是做象形铜器，文义既能跟上文"奏于庸"紧密联系，从本器和上述器物都采取了比较形象的纪念方式来看，也可得到一些支持。

1　苏芳淑、李零：《介绍一件有铭的"晋侯铜人"》，见上海博物馆编：《晋侯墓地出土青铜器国际学术研讨会论文集》，上海书画出版社，2002，411—420 页。

二

关于"庸器",还可以进而言之。前几年我曾在拙作《战国题铭与工官制度》（北京大学中文系博士论文，2002年5月）中讨论《周礼·春官·典庸器》与某些铜器铭文的关系。下面所讲，即取资于旧作。

上述庸器的制作，有因事"取象"或"取材"两种方式，这里需要补说的是：更有以取得的器物本身作为庸器的做法，可以称为"取器"。取象纪功的方式也许相对少见，而取材或取器以为纪功的庸器，在传世文献与铜器铭文中都有些记载。下面先说取材。

《周礼·春官·典庸器》叙官郑玄注："庸，功也。"郑司农云："庸器，有功者铸器铭其功。"《春秋传》曰："以所得于齐之兵，作林钟而铭鲁功焉。"其引《左传》文见"襄公十九年"。

用战争所获兵器熔铸礼器的事情，见于铜器铭文记载。1981年陕西扶风下务子出土一件西周晚期师同鼎，铭云："列畀其井，师同从。折首执讯，孚（俘）车马五乘，大车廿，羊百刱（个），用造王，羞于畐；孚（俘）戎金胄卅、戎鼎廿、铺五十、剑廿，用铸兹尊鼎，子子孙孙其永宝用"（02779）。铭文记载师同参加周王朝对北方戎人的战争，把战俘和战获的车马、羊等物品献给周王，其他战获铜器则用来熔化铸这件鼎。鼎铭记载此事的目的，是为了表明师同的功绩，希望子孙记住。在有关战争的西周金文中，俘金铸器例子还有一些，这里不能备举。

在安徽寿县李三孤堆出土楚器中，有两件楚王鼎铭为："楚王酓（熊）忓（悍），战获兵铜，正月吉日，窒（煎）铸乔鼎，以共岁尝。"（02794、02795，10158盘铭略同）这两件鼎属于战国晚期楚幽王熊悍，也是用"战获兵铜"来铸造的，并且明记鼎的用途是"以共岁尝"，就是用于楚国的国家大祭祀典礼中。

河北平山县出土中山王方壶铭云："唯十四年，中山王厝命相邦贾，择郾吉金，铸为彝壶，节于禋齍，可法可尚，以飨上帝，以祀先王。穆穆济济，严敬不敢怠荒。因载所美，邵蔡皇工，祗邲之讹，以儆嗣王。……"（09735）。从铭文知道，此器利用从燕国掠夺来的吉金铸成，作器的目的，是祭祀上帝和先王，也表明中山王的功劳。这吉金可能是铜料，与熔旧铸新的做法有所不同。

取器以为庸器的做法，在文献中见于《周礼·春官》"典庸器"职郑玄注："庸器，伐国所获之器，若崇鼎、贯鼎及以其兵物所铸铭也。"所谓"崇鼎""贯鼎"，孙诒让《周礼正义》解释说："《明堂位》云：'崇鼎、贯鼎、大璜、封父龟，天子之器也。'郑注云：'崇、贯、封父皆国名。文王伐崇。古者伐国，迁其重器，以分同姓。'是其事也。"

根据上述文献以伐国所获重器为庸器的说法，著名的战国齐陈璋方壶（09703）、圆壶（09975）[1]以及燕王职壶[2]，都可谓取器铭功以为庸器的显例。陈璋两壶铭文相同，或称为"陈璋两铭"，其铭文云："唯王五年，郑易陈得再立事岁，孟冬戊辰，大臧（藏）钱（祼）孤（壶）。陈璋内（入）伐郾，胜邦之获"[3]；燕王职壶铭云："唯郾王职，践阼承祀，乇（度）幾（机）卅（三十），东讨敯（？）国。命日任（壬）午，克邦残城，灭齐之获"。[4]这两种铭文记载燕、齐之间互相的两次侵略战争，一称"灭齐之获"，一称"胜邦之获"，可见器物本身都是掠夺而来，即"伐国所获之器"。三件器物装饰都极为华美，在上面加刻铭文，目的是表现胜利者的功勋，正是合于"典庸器"职郑玄注所讲"崇鼎、贯鼎"之类的重器。

上海博物馆购自香港的14枚晋侯苏钟，加上北赵墓地M8出土的2枚，共16枚。据研究，这16枚钟不是晋器风格，且可以分为不同的两

1　方壶藏美国宾夕法尼亚大学，圆壶现藏南京博物院。

2　周亚：《郾王职壶铭文初释》，见上海博物馆编：《上海博物馆集刊》第八期，上海书画出版社，2000，144—150页。

3　关于陈璋两铭的考证，详另文。

4　董珊、陈剑：《郾王职壶铭文研究》，见北京大学中国古文献研究中心编：《北京大学中国古文献研究中心集刊》第三辑，北京大学出版社，2002，29—54页。

组，合为一虡乃是后来拼凑，钟铭出于刻划而非铸出，记载的是晋侯苏伐夙夷之功劳。从上述现象，彭林先生认为：苏钟为此次战争所获而加刻功勋事迹，应属于庸器之列。[1]

《周礼》"典庸器"职："及祭祀，帅其属而设筍虡、陈庸器；飨食、宾射，亦如之。"郑玄注："陈功器，以华国也"。庸器在祭祀等隆重场合陈设，这是因为古人认为"天命靡常"（《诗经·大雅·文王》），因此在祭祀的时候要竭力用这些"庸器"及其铭文表现自己的征伐功劳与能力，希望能够常得到天命以及祖先鬼神的保佑。

古人所称"庸器"，在今日社会还随处可见与其功能类似的物品。例如我们通常所谓"文物"，在某种意义上就起着"庸器"的作用。这里关于"庸器"的讨论，无疑可以给我们审视"文物"的概念，提供一个新的视角。但这方面的问题，就不是拙文所能容纳的了。

若以今人的眼光来看，跟纪念伐国之功的庸器比较起来，狩猎有得而做纪念，不过是庸器中之小者；而商王获鼋四射皆中，这件事情只是有趣的游戏而已，至于纪念意义，实在就是小之又小了。拙文就作册般铜鼋而漫说庸器，也未免有小题大做之嫌。其中或有不当，敬请识者指正。

1　彭林：《听松山房读〈礼〉札记》，见《李学勤先生学术活动五十年纪念文集》编委会主编：《追寻中华古代文明的踪迹——李学勤先生学术活动五十年纪念文集》，复旦大学出版社，2002，161 页。

编后记

　　文集的出版，算是对自己和支持我的学者们有了一个交代。回首 2017 年 3 月 24—26 日，经过近一年的策划与筹备，"制器尚象：中国古代器物中的观念与信仰研究"会议终于在徐州顺利召开。会议中学者们发言异彩纷呈，但因每个学者的发言时间根据安排只有十几分钟，结果不免会出现报告刚讲到精彩之处却戛然而止，或者来不及充分展开的情况。这本文集的最终出版，不失为一个弥补。

　　书出版了，遗憾也随之而来。清华大学的陈颖飞、中山大学的周繁文、南京博物院的沈骞等几位学者或是千里迢迢，或是于百忙之中抽空而来参会，但因种种缘故，文集最终未能如愿编入他们的大作，遗憾之至，也抱歉之至！

　　编辑过程费了不少周折，主要原因是 2017 年 4 月至 2018 年 5 月期间我受国家艺术类特殊人才培养计划公派在斯坦福大学艺术与艺术史系访学，与国内沟通不畅，编辑工作因而延宕良久，直到 2018 年春节后才最后交稿。在此期间就学术规范、图文处理等有关细节与编辑、学者们几经推敲，最后形成现有的风貌。希望这本文集在反映学者研究理念、治学态度的同时，也能在学术规范与研究方法上为造物文化研究者及有关学术同行提供借鉴与参考。

　　在此，特别要感谢江苏师范大学汉文化研究院朱存明院长、文学院王怀义副院长以及会议筹备组与会议工作组的同学们，他们为会议的顺利召开做了大量的统筹与安排工作。还要感谢花木兰出版社的杨嘉乐老师，没有她的推荐，文集的出版不会如此顺利。